云南

传统聚落
研究

杨庆 著

中国建筑工业出版社

内容提要

该书系统地论述了云南传统聚落的定义、形成、分类、特征、传统文化、传统规划思想、传统建筑形式、营建智慧、农耕文明、空间系统、空间治理与空间规划、新乡村规划、风貌保护、美丽乡村建设，以及云南省独有民族中5个具有典型性的传统聚落案例等内容；深入地揭示了云南民族传统聚落的规划思想、营建智慧、优秀传统文化、防御灾害的意识等优秀思想观念；创新性地提出了聚落优秀传统文化的传承发展，聚落空间规划、新乡村规划、风貌保护、美丽乡村建设，以及不同类型传统聚落保护与发展的思路等。该书是云南有关传统聚落研究的一部并不多见的学术著作，具有明显的系统性、创新性和时代性等特点。

该书适合高校建筑与规划专业师生、从事规划工作和相关科研人员，以及对云南传统聚落感兴趣的广大读者参考阅读。

Content summary

The book systematically discusses the definition, formation, classification, characteristics, traditional culture, traditional planning ideas, traditional architectural forms, construction wisdom, farming civilization, space system, space governance and space planning, new village planning, feature protection, beautiful village construction, and five typical cases of traditional settlements among Yunnan's unique ethnic groups. This paper deeply reveals the planning thought, construction wisdom, excellent traditional culture, disaster prevention consciousness and other excellent ideas of Yunnan ethnic traditional settlements. Innovatively, it puts forward the inheritance and development of outstanding traditional culture of settlements, settlement space planning, new village planning, feature protection, beautiful village construction, and the protection and development of different types of traditional settlements. This book is a rare academic work on the study of traditional settlements in Yunnan Province, with obvious characteristics of systematism, innovation and timeliness.

The intended readers of the book are teachers and students of universities specializing in architecture and planning, planning and related scientific research staff, as well as readers interested in traditional settlements in Yunnan.

作者介绍

杨庆，1969年生，同济大学城市规划学士、昆明理工大学建筑学硕士。云南大学建筑与规划学院教师，副教授，硕士研究生导师，国家注册城乡规划师，云南省国土空间规划委员会专家。

作者在攻读硕士学位期间，师从著名建筑学家朱良文教授，学习云南民族建筑及其文化。从此，开始云南少数民族传统聚落与建筑及其文化的研究。先后在《思想战线》《昆明理工大学学报》《云南社会科学》《云南民族大学学报》等中文核心期刊上，发表了多篇论文，论及云南少数民族聚落与建筑及其文化，多次被相关论著引用。2004年，经上海同济大学建筑与城市规划学院博士生导师阮仪三先生推荐，荣幸获得并如期完成联合国教科文组织世界遗产中心签约项目"中国云南傣族和越南、泰国、老挝傣族传统聚落及乡土民居研究"（No.450001424），撰写并提交了英文版研究报告。作为副主编出版了《云南城市特色规划研究》学术著作，2023年7月出版专著《云南少数民族建筑及其文化研究》（云南大学出版社）。作者作为建筑师，先后主持设计了中国丽江铂尔曼度假酒店、中国澄江悦椿度假酒店和泰国普吉岛温德姆酒店。

美丽乡村——诗画中的家园

序

杨庆历时三年撰写了《云南传统聚落研究》一书，洋洋洒洒，可喜可贺。

在国家全面推进乡村振兴战略的背景之下，研究传统聚落，推出具有时代价值的著作，其重要意义，显而易见。

关于云南传统聚落的研究，一些学者在其著述中有所论及，杨庆在其研究中，充分汲取了他们的一些见解，充实和完善了自己的研究。杨庆以多学科的视角，对云南传统聚落进行研究，从而在诸多方面取得了突破，大大丰富了有关云南传统聚落的研究内容。

对《云南传统聚落研究》一书，我有下述看法：

一是该书对云南传统聚落进行了全面系统的研究。全书共16章，论及云南传统聚落的定义、形成、分类、特征、优秀文化、规划思想、建筑形式、乡土智慧、农耕文明、空间系统、风貌保护、空间治理与空间规划、新乡村规划、美丽乡村建设，以及有典型性的聚落案例等。这十多个方面的论述，涵盖了云南传统聚落的方方面面，并层层递进，逐步深化；既传递了历史信息，又回应了时代呼唤，从而形成了一个较为完整的认知系统。

二是该书有一定深度和创新性。该书关于云南传统聚落形成的影响因素及分类与特征，关于云南传统聚落的优秀文化及其传承与发展，关于云南传统聚落营建的规划思想及乡土智慧，关于云南传统聚落承载的农耕文明，关于边疆地区空间治理和空间规划，关于云南的新乡村规划及美丽乡村建设等，都提出了许多有新意的见解和创新性观点。

三是该书有较高的学术价值。该书对云南传统聚落全面系统的研究和所提出的创新性观点，深化了云南传统聚落的研究，向前推进了云南传统聚落的研究，是云南建筑规划学领域的重要研究成果之一。

此外，该书也有不足之处：一是由于云南传统聚落种类繁多，因此对云南传统聚落保护的研究，还需针对不同类型的聚落提出切实有效的保护措施。二是代表性案例还可增加一两个聚落，如"一步跨千年"的基诺族和独龙族的聚落，如此更能体现案例的代表性。

基于以上看法，我认为杨庆的《云南传统聚落研究》是一部有广度和深度，有新意和创见的学术著作。该书的出版，将助力正在全面推进的乡村振兴，同时有助于对云南传统聚落的进一步研究和建筑与规划学科的建设与发展，也将向广大读者提供一部全面深入认识云南传统聚落的著作。

《云南传统聚落研究》一书即将付梓，于此，我向杨庆表示由衷的祝贺，并期待他有新作问世。

此为序。

徐坚*

2023 年 8 月 29 日

*云南大学建筑与规划学院教授、常务副院长。建筑学硕士，生态学博士。国家注册建筑师。中国城市规划学会山地城乡规划学术委员会委员、中国亚洲经济发展协会乡村振兴委员会副主任、中国生态学会人类生态学专委会委员。

前　言

云南传统聚落是云南各族人民的家园。几千年来，云南各族人民世代赓续，在这里生产、生活和繁衍。

云南传统聚落是云南农耕文化的根基和精髓，是云南农耕文明的摇篮和载体，承载了大量的历史记忆、思想观念、建筑哲学和社会发展轨迹，是不可再生的文化遗产。

云南传统聚落蕴含的优秀思想观念和人文精神，具有鲜明的时代价值和传承意义，是乡村振兴的深厚基础，也是农业农村现代化建设和中华民族现代文明建设的坚实根基。

云南省位于我国西南边陲，是我国少数民族种类最多的省份，自古以来便是众多民族生息繁衍之地。第七次全国人口普查，云南省总人口4720.9万，其中，少数民族人口1563.61万，占总人口数的33.12%；全国56个民族中，云南省人口在6000人以上的世居少数民族就有25个，其中，白族、哈尼族、傣族、纳西族、傈僳族、拉祜族、佤族、景颇族、布朗族、阿昌族、怒族、普米族、德昂族、独龙族、基诺族等15个民族为云南省所独有，使云南省具有复杂的民族构成。云南少数民族有"不同民族大杂居、同一民族小聚居"的特点，不同的民族群体聚居、杂居或散居，分布在云南省的不同地区（图1）。云南省的地形西北高，东南低，山地和高原占全省面积的94%，境内高山耸立，河流纵横交错，地形地貌复杂多样；因高山、河谷盆地等不同地形，形成海拔垂直变化的地形地貌、立体气候和丰富的生态及生物多样性。云南省的水资源十分丰富，有六大江河水系的六百多条河流。丰富的水资源、富饶的动植物物种、多样的地形特征、立体的气候条件，是云南自然生态的表现。这样的自然地理环境，客观上为各民族生存繁衍创造了良好的条件。

云南人居环境具有四个特点：自然条件的多样性，民族构成的复杂性，历史发展的特殊性，文化特质的多元性。[1]基于这些特点，不仅产生了风格迥异的各民族建筑和极具特色的民族传统聚落，而且对传统聚落的选址、平面布局、空间形态等都有着直接

[1] 蒋高宸. 云南民族住屋文化[M]. 昆明：云南大学出版社，2016：11.

的影响。云南省是边疆省份，与我国内地其他许多省份相比，虽然在一些方面较为落后，然而，恰恰是社会经济发展滞后的特殊性，使具有民族特色的传统聚落以及住屋形式得以完整地保存下来。从 2012 年至 2023 年，我国住房和城乡建设部等部门先后公布了 6 批《中国传统村落名录》，云南省有 777 个村落被列入《名录》，居全国第二位，其中有 6 成以上分布在少数民族地区。2009年，国家民委、财政部联合开展了少数民族特色村寨保护与发展试点工作，云南省 247 个少数民族村寨被先后命名为"中国少数民族特色村寨"。云南传统聚落类型多样、特色鲜明、内涵丰富、历史文化价值珍贵，有不少保存程度较好，其发展演变构成一部鲜活的聚落发展史。云南传统聚落作为民族文化的载体储存了大量的时代信息，是不可再生的、弥足珍贵的民族文化遗产，具有重要的历史价值、文化价值、科学价值、艺术价值和旅游资源价值，在我国乡村聚落中占有特殊的重要地位。

近二三十年来，我国的传统村落由于建设性破坏、乡村空心化、人口老龄化、发展动力不足等问题，导致空间形态异化，民族特色和传统风貌逐渐消失，村落的整体环境特征遭到破坏，村落的可持续发展受到阻碍；旅游业的盲目开发造成环境严重破坏和污染；传统村落以每天 80~100 个的速度消亡。"在少数民族地区，村落就是民族及其文化的所在地，如果传统的村寨瓦解了，这个民族也可能就名存实亡，不复存在"。❷传统村落保护已上升为一项国家战略。

20 世纪末，我在昆明理工大学建筑工程学院攻读硕士学位，师从著名建筑学家朱良文教授，学习民族建筑及其文化。从此，开始接触和研究云南少数民族传统聚落。当时主要研究傣族传统聚落及其文化，先后发表了 10 余篇相关论文。

近几年来，我在教学中涉及云南少数民族传统聚落的许多问题，逐渐产生了对云南传统聚落进行全面研究，并撰写一部研究云南传统聚落专著的想法。为此，我进一步查阅了不少相关的史

❷冯骥才. 传统村落的困境与出路: 兼谈传统村落是另一类文化遗产[J]. 民间文化论坛, 2013(1): 7-12.

志等历史文献，阅读了近几年来学者们的有关论著，又多次进行田野调查，从而积累了大量有关少数民族地区传统聚落的资料，其中，不少是第一手资料。在此基础上，经过一段时间的整理和思考，形成了一个聚落研究的整体构架，并草拟了撰写大纲。经反复修改，最后成为本书的目录框架。我按照"大纲"进行撰写，历时近 3 年，完成了全部章节。初稿完成后，又对全书反复修改完善，甚至三易其稿，最后成为今天呈现在读者面前的这一著作。

8个市级行政区	昆明市	石林彝族自治县
		禄劝彝族苗族自治县
		寻甸回族彝族自治县
	玉溪市	峨山彝族自治县
		新平彝族傣族自治县
		元江哈尼族彝族傣族自治县
	丽江市	玉龙纳西族自治县
		宁蒗彝族自治县
	普洱市	宁洱哈尼族彝族自治县
		墨江哈尼族自治县
		景东彝族自治县
		景谷傣族彝族自治县
		镇沅彝族哈尼族拉祜族自治县
		江城哈尼族彝族自治县
		孟连傣族拉祜族佤族自治县
		澜沧拉祜族自治县
		西盟佤族自治县
	临沧市	双江拉祜族佤族布朗族傣族自治县
		耿马傣族佤族自治县
		沧源佤族自治县
	保山市	无
	曲靖市	无
	昭通市	无
8个少数民族自治州	德宏傣族景颇族自治州	无
	怒江傈僳族自治州	贡山独龙族怒族自治县
		兰坪白族普米族自治县
	迪庆藏族自治州	维西傈僳族自治县
	大理白族自治州	漾濞彝族自治县
		南涧彝族自治县
		巍山彝族回族自治县
	楚雄彝族自治州	无
	红河哈尼族彝族自治州	金平苗族瑶族傣族自治县
		河口瑶族自治县
		屏边苗族自治县
	文山壮族苗族自治州	无
	西双版纳傣族自治州	无
合计29个少数民族自治县		

图1　云南民族聚居及行政区划

《云南传统聚落研究》包括 16 章，本书主要有三方面的特点：

一是系统性。本书全面、系统地论述了关于云南传统聚落的诸多方面，包括聚落的定义、形成及影响因素、分类、特征、传统文化、传统规划思想、传统建筑形式、农耕文明、营建智慧、空间系统、风貌保护、边疆民族地区空间治理与规划、新乡村规划、美丽乡村建设，以及云南省独有民族中五个具有典型性的传统聚落案例等。大凡有关传统聚落的内涵与外延均作了详细论述，从而形成了一个系统的知识链和一个全面的认知系统。读者通过阅读本书，对云南民族传统聚落的历史、发展变化、特质和特征、风貌与文化内涵、新时代民族传统聚落的保护与发展，以及美丽乡村建设等，都将获得清晰的认知和美好的憧憬。因此，本书是迄今为止并不多见的一部全面、系统论述云南传统聚落的著作。

二是创新性。本书在建筑学与城乡规划学的基础上，还运用了民族学、地理学、历史学、文化学等学科的基本理论和方法，对云南民族传统聚落进行了多学科、多角度和全方位的深入研究。该书关于云南传统聚落形成的影响因素及分类与特征，关于云南传统聚落的优秀文化及其传承与发展，关于云南传统聚落营建的规划思想及乡土智慧，关于云南传统聚落承载的农耕文明，关于边疆地区空间治理和规划，关于云南的新乡村规划及美丽乡村建设等，都提出了许多有新意的见解和创新性观点，从而深化了云南传统聚落的研究，将云南传统聚落的研究推向一个新的发展阶段。因此，本书是一部具有一定创新性的学术专著。

三是时代性。本书秉持新时代的新发展理念，对云南民族传统聚落所蕴含的优秀思想观念和人文精神等进行了全面深入的挖掘，并揭示了其时代价值和传承意义。如：对传统规划思想的研究，提出了各民族先民崇尚山林水土的生态观、遵循因地制宜的生存理念，以及防御灾害的意识等，具有鲜明的现实意义；对民族传统聚落营建的乡土智慧，提出了因循自然的村寨选址、井然有序的空间布局、因地制宜的住屋建造、适应居住地自然条件的生产方式，以及防灾减灾的措施等，显然对今天民族村寨的建设具有宝贵的借鉴意义；对民族聚落传统文化的研究，不仅全面挖掘和梳理了 22 种文化，还深入论述了其中 12 种优秀传统文化，并提出了保护与传承发展的思路；对民族地区新乡村规划的研究，提出了颇为明确的思路，即借鉴国外乡村规划的成功经验，传承民族聚落传统规划的思想及乡土智慧，创新发展乡村规划的思维；对于云南民族地区美丽乡村建设，不仅总结了此前取得的成功经验，还提出了新的建设思路；对云南省独有民族中 5 个有典型性的民族传统聚落案例的分析，提出了不同类型聚落保护与发展的思路等。可见，本书对于云南乡村振兴和农业农村现代化，以及云南传统聚落的保护和可持续发展具有明显的时代价值与现实意义。

《云南传统聚落研究》一书的出版，将向广大读者传递有关云南传统聚落的丰富而珍贵的信息，深化云南传统聚落的研究，助力云南乡村振兴和农业农村现代化建设。

《云南传统聚落研究》书中的错漏之处，敬候专家及读者不吝指教。

是为前言。

杨庆

2023 年 7 月 20 日

目 录

聚

落

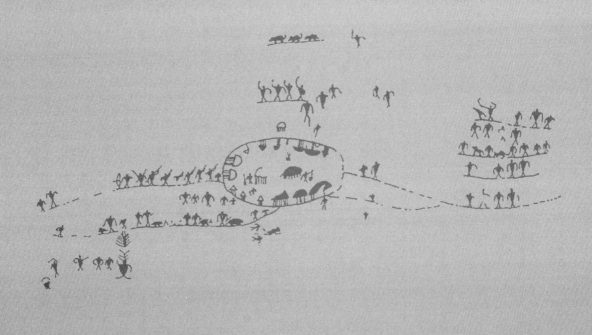

"聚落"的定义

第一章

『聚落』的定义及相关学科

"聚落"一词的本义是指村落，如《辞海》解释为，"聚落：村落，人们聚居的地方。"吴良镛先生所著的《广义建筑学》称"人们聚居的地方成为聚落"。[1]周星先生认为：聚落是"按照一定的生产关系和社会关系（在史前主要表现为血缘关系）所组成的共同体，人们居住生活得以实现的空间，是居民居住生活方式的物质实体。"[2]

历史上，有诸多文献对"聚落"作了叙述，如东汉班固《汉书·沟洫志》："或久无害，稍筑室宅，遂成聚落。"北魏郦道元《水经注·淯水》："其聚落悉为蛮居，犹名之为黄邮蛮。"唐代薛能《凌云寺》诗："万烟生聚落，一崦露招提。"宋代沈括《梦溪笔谈·杂志二》："甲峒者，交趾大聚落。"明代徐弘祖《徐霞客游记·黔游日记一》："又西下，升陟陇壑，共七里，得聚落一坞，曰白水铺。"清人章炳麟《五无论》："国界虽破，而聚落犹未破，则残烈之战争未已"等。

对于聚落，学者们的研究成果使我们得到以下更进一步的认识。

"聚落"，英文为"settlement"。聚落是指在特定生产力条件下，人类为了定居而形成的相对集中、具有一定规模的住宅建筑群及其空间环境。在"聚落"的这一概念中，"特定生产力条件"是聚落存在的历史时代背景。这一概念中的"定居"，系指农业与畜牧业分工后，定居成为聚落发展的起始，它不同于人类早期在畜牧业时代游牧民族的居住状况。此外，"相对集中"和"一定规模"，系指在人类定居发生的早期，聚落多以血缘或族缘的关联而具有一定的规模并且聚居在一起，成为防卫侵扰和族群繁衍的一种支撑。它不同于分散和零星的住宅建筑。❶

聚落不仅是物质环境、空间类型、建筑形制的集合，更是社会文化、政治制度、经济技术等因素共同作用的集合体。广义的"聚落"，指人类社会的各种聚居方式的集合，既满足人类生活、居住、交往等基本行为的需求，又涵盖农耕、经济等生产生活的集群，囊括了政治、经济、文化等诸多因素的各个层级。狭义的"聚落"，指具有物质形态的建筑聚居集合体，通常指从事种植业、农业或简单手工业，空间规模较小，未经规划设计，自然生长发展而来的乡村聚落。其中，聚落的物质形态指地点、场地、环境、建筑物、道路、绿地、水系等；聚落的社会形态是政治、经济、文化、科教、医疗等方面的表达；聚落的经济形态是产业层级、资源转变等；聚落的文化形态是民俗风土、传统文化等。❷

聚落与土地利用、开发等密切相关，包括：定居的范围与场所、受控的社会关联、地区以及乡野、社会必要集体、综合规制、调节层次与类型等。❸聚落具有时间和空间两个维度。从空间上看，聚落是不同地区，人类聚居地的集合；从时间上看，聚落是不同时期，人类聚居地的集合。二者共同构成了人类丰富的聚落实践。[3]

《聚落地理学》一书对聚落作了如下解释：聚落，是人类住屋及其附带的各种营造物之集合体。[4]聚落，是人类活动的中心，它既是人们居住、生活、休息和进行各种社会活动的场所，也是人们进行劳动生产的场所。因此，聚落不仅是房屋的集合体，还包括与居住地直接相关的其他生活设施和生产设施。可见，"聚落"泛指人群聚居的地方，包括乡村、城镇和都市等。世界上的聚落千差万别，大小悬殊，大至拥有上千万人口的大城市，小到只有三五户人家的小村落。

由于生产力水平的不同，聚落可以分为在传统农业生产力水平下的传统聚落以及在现代农业生产力条件下的现代聚落。从这个意义上看，如果说现代住宅区是工业革命之后机器生产条件下可大规模建造、以居住功能为主的城市人居环境类型的话，那么，传统聚落是指在传统农业社会背景和手工生产条件下小规模建造的人居环境类型。❸

❶杨贵庆. 我国传统聚落空间整体性特征及其社会学意义[J]. 同济大学学报(社会科学版), 2014, 25(3): 60-68.
❷张楠. 作为社会结构表征的中国传统聚落形态研究[D]. 天津: 天津大学, 2010: 1-2.
❸杨贵庆. 我国传统聚落空间整体性特征及其社会学意义[J]. 同济大学学报(社会科学版), 2014, 25(3): 60-68.

从上述定义和叙述可知，"传统聚落"是历史上人类以各种形式聚居和活动的场所，是人们聚集活动的中心，具有多种功能：首先是居住功能，其次是经济功能，第三是社会功能；传统聚落作为人类适应、利用自然的产物，是人类文明的结晶，其外部形态、组成形式无不深深地打上当地自然地理环境的烙印；传统聚落是重要的文化景观，在很大程度上反映了区域的经济发展水平和风土民情；传统聚落空间具有整体性特征，并具有与自然环境条件的协调性、居住与生产活动空间组合的有机性、建筑群体空间形态的聚合性，以及聚落内部公共中心场所的标识性。传统聚落具有综合性，综合性是聚落本身的基本特征。[5]

"民族聚落"是指不同民族，由于地理位置、地形、气候、水文、植被、建材等环境因素和民族文化、风俗习惯等的差异，而形成的具有各不相同居住特点和建筑形式的民族村寨，及其有关的生产与生活方式及设施。民族聚落反映了各民族地理分布的空间形态特征。

"村落"指村庄 (辞海 (缩印本), 1979 年)，村庄是乡民聚居之处 (汉语大词典, 2000年)。我国汉族聚居的自然村多称为村庄，少数民族聚集的自然村多称为村寨，它们都可以通称为村落。[6]

传统村落是指村落形成较早，拥有较丰富的传统资源，具有一定历史、文化、科学、艺术、社会、经济价值的村落。传统村落中的现存建筑有一定的久远度，传统村落拥有物质形态和非物质形态文化遗产，传统村落承载着中华传统文化的精华，是农耕文明不可再生的文化遗产。传统村落凝聚着中华民族精神，是维系华夏子孙文化认同的纽带。传统村落保留着民族文化的多样性，是繁荣发展民族文化的根基。为了在当前工业化、城镇化快速发展的时期，促进传统村落的保护和发展，国家于 2012 年至 2023 年，认定了 8155 个具有重要保护价值的村落，列入《中国传统村落名录》。云南省有 777 个村落列入《名录》，其中 6 成以上分布在少数民族地区。本书研究的主要对象——云南传统聚落，主要指云南少数民族地区的传统聚落。

2
聚落研究的相关学科

聚落研究具有多学科交叉的属性。概括起来，与云南传统聚落相关的主要学科如下。

2.1 城乡规划学

"城乡规划学"是一门应用型学科，是实践型交叉学科。城乡规划学"以城乡建成环境为研究对象，以城乡土地利用和城市物质空间规划为学科的核心"。学科领域包括："认识城乡建设和发展规律，预测城乡未来发展趋势，预先综合安排城乡建设和发展，保证城乡规划得以实施等方面"。❶城乡规划涉及的相关知识领域非常广泛，包括社会学、经济学、法学、公共管理学等。城乡规划学经过100多年的发展，已在缓解区域与城乡尖锐对立的社会矛盾，引导城乡经济建设与发展，维护生态与环境等方面显示出无可替代的社会经济价值。

现代城乡规划学开始于19世纪的工业革命，是在借鉴相关学科理论的基础上逐渐形成与发展起来的。城市学家、现代城乡规划学科开拓者——英国学者霍华德倡导的"花园城市"，现代城市研究和区域规划的理论先驱之一——英国学者格迪斯的"人与自然融合"，美国著名城市规划理论家刘易斯·芒福德的"区域整体协调"等思想，极大地推动、深化和提升了现代城乡规划的理论思想，并在解决工业革命所造成的"城市病"方面发挥了重要的作用。这些理论的渗透和拓展，促进了现代城市规划学科的诞生。1999年国际建筑师协会（UIA）召开的世界建筑师大会上，我国学者吴良镛的主题报告中提出"人居环境科学"思想，指出建筑学、城市规划和风景园林学科的综合目标是为人类生活营建理想的聚居环境。"人居环境科学"思想在国际和国内得到普遍的认同和响应。[7]

城乡规划学中的城乡规划与设计、住房与社区建设规划、城乡发展历史与遗产保护规划、城乡生态环境与基础设施规划、城乡规划管理等学科是建设少数民族聚落美丽乡村，实现乡村振兴和农业农村现代化，构建山水林田湖草生命体的时代需求的重要知识体系和手段。

❶ 石楠. 新时代城乡规划学转型升级的思考[EB/OL]. 中国城市规划网(http://www.guihuayun.com), 2019-03-08.

2.2　地区建筑学

"地区性是建筑的根本属性之一"，基于这一事实，"地区建筑学"成为建筑学研究的一个重要方面。建筑的地区性，除了自身建造和存在的地点性之外，是与更大的文明的地区性相关联的。可以认为，几千年来人类文明的演进，包括建筑与城市的发展历史，都是以地域形态呈现的，而这种地域形态也是文明多样性的基础。地区建筑学具有多学科交叉的属性。它不仅强调从社会学、文化人类学、历史学、地理学、政治经济学，以及民族学、民俗学、行为学、心理学、美学、生态学、环境学、现象学等诸多其他学科的视角研究建筑，更强调在此基础上，地区建筑学与建筑学领域内相关研究的交叉拓展，如地区建筑学与民族建筑学、乡土建筑学、景观建筑学研究之间的关联研究。[8]

2.3　民族学

"民族学"是一门社会科学，是研究民族共同体的学问。对于民族学，中外学界历来有多种定义和解释。现代意义的民族学，是从西方传来的一个学科。在国际学术界，民族学（Ethnology），又称"文化人类学"（Culture Anthropology）或"社会人类学"（Social Anthropology），是研究民族、族群及其社会和文化的学科。在我国民族学界，比较多地强调民族学主要是对不同民族、民族关系和民族问题等的研究。[9]以"民族"这个客观存在的主体作为研究对象，包括古今不同发展阶段的所有民族共同体、中国版图内的少数民族及其文化，以及中国少数民族地区的现代化问题等层次。研究内容包括各民族在不同发展阶段的社会形态及经济类型、社会组织、宗教信仰、风俗习惯、文学艺术等文化变异规律。

实地调查或田野工作是民族学的主要研究方法。民族学对传统聚落的研究，主要通过聚落的精神空间层面反映到聚落的物质空间上，民族文化基因反映在聚落的空间构成、功能结构、公共空间等之中。

2.4　民族地理学

"民族地理学"是一门介乎于民族学与地理学之间的交叉型新兴边缘学科，是人文地理科学体系中的一门分支学科。民族地理学是从地理学的角度，运用民族的生态观点，研究民族的形成、构成、移动、分布特征及其与自然地理、人文地理的相互关系，揭示

民族地区各种历史、经济、人口、聚落、文化等要素的地理背景和发展变化规律的科学。

民族聚落地理是民族地理学学科的内容之一，它首先研究的是"民族聚落的聚散状态，聚落的位置、类型及其建筑物的形式、结构、建筑材料，民族人口的静态分布，民族的地域特点，民族通过聚落环境与自然环境之间的协调及适应"等。❶

2.5　聚落地理学

"聚落地理学"是人文地理学的主要分支学科之一，是研究聚落的形成条件与发展演变规律，聚落分类、分布，聚落内部空间组织，聚落体系与结构等的一门学科。德国地理学家 J.G.科尔是最早对聚落做较为系统的地理学研究的学者，他于 1841 年出版《人类交通居住与地形的关系》一书。1906 年德国人文地理学家 O.施吕特尔发表《对聚落地理学的意见》，第一次提出"聚落地理"的概念。以后经德国地理学家 F.拉采尔等人的推进，到 20 世纪 30 年代，聚落地理研究遍及全世界。

由于聚落有乡村聚落和城市聚落之分，聚落地理学也分为乡村聚落地理学（Rural Settlement Geography）和城市地理学（Urban Geography）两大分支学科。第二次世界大战以后，城市地理学发展较快，形成了一门独立学科，而对乡村聚落地理的研究不仅数量少，且理论和方法也发展较慢。

❶ 管彦波. 民族地理学的研究对象和学科内容[J]. 云南社会科学，1996(3): 52-58.

主要参考文献

[1] 吴良镛. 广义建筑学[M]. 北京: 清华大学出版社, 1989.
[2] 周星. 黄河中上游新石器时代的住宅形式与聚落形态[G]//《中国考古学研究》编委会. 中国考古学研究文集. 西安: 三秦出版社, 1987.
[3] 倪振宇. 空间人类学视野下的聚落空间形态与结构[D]. 南京: 东南大学, 2019.
[4] 胡振洲. 聚落地理学[M]. 台北: 三民书局, 1994.
[5] 谢吾同. 聚落观[J]. 华中建筑, 1996, 14(3) .
[6] 王莉莉. 云南民族聚落的空间解析: 以三个典型村落为例[D]. 武汉: 武汉大学, 2010.
[7] 吴良镛. 人居环境科学导论[M]. 北京: 中国建筑工业出版社, 2001.
[8] 单军. 地区建筑学系列研究丛书"缘起"[M]//吴艳. 滇西北民族聚落建筑的地区性与民族性. 北京: 清华大学出版社, 2016.
[9] 杨圣敏. 民族学是什么[J]. 新疆师范大学学报(哲学社会科学版), 2012(1): 51.

我国的传统村落与国外的乡村社区及其保护与更新是世界各国在农村建设中面临的共同课题,国内外都予以了足够的重视。

1 国外乡村社区研究现状

20 世纪 70 年代以来,国外对乡村社区的研究主要关注其可持续发展,先后经历了基础设施现代化和回归传统乡村特色的发展阶段。对乡村社区的研究主要包括:对乡村社区概念、范畴和分类的深入探讨,对乡村社区形态影响因素的发掘,以及各类物质和非物质因素对乡村社区形态影响方式的分析等。❶德国的 "城乡等值化",是乡村自上而下引入专业技术人员与自下而上社区和当地居民及有关团体广泛参与的乡村更新规划。英国是将乡村规划纳入《城乡规划法》,使城市与乡村的土地得到统一管理;改 "发展规划" 为 "结构规划"。法国是 "新农村建设"。美国是 "生态村建设"。韩国是 "新农村运动"。日本分为 3 个阶段的 "新农村建设" 逐步缩小了城乡差距,从根本上提升了乡村的产业、文化、景观生态等多元价值,促进了魅力乡村建设愿景的实现[1];1979 年实施的 "一村一品" 运动充分开发乡村资源,使乡村焕发活力。发达国家的研究比我国起步早、起点高,其经验和教训值得借鉴。

2 国内乡村聚落研究现状

国内对传统村落的研究有近 30 年历史,内容主要包

❶钱云，郦大方，胡依然. 国外乡土聚落形态研究进展及对中国的启示[J]. 住区，2012(2): 38-44.

❷陈兴贵，王美. 反思与展望：中国传统村落保护与利用研究30年[J]. 湖北民族大学学报(哲学社会科学版)，2020(2): 114-125.

❸彭凤. 生计方式的改变对白族传统村落的影响：以大理沙村为例[J]. 荆楚学刊，2015(6): 43-47.

❹杨正文. 从村寨空间到村寨博物馆：贵州村寨博物馆的文化保护实践[J]. 中国农业大学学报(社会科学版)，2008(3): 5-20.

❺范生姣. 传统村落保护发展模式研究：以贵州省黔东南州为例[J]. 凯里学院学报，2017, 35(5): 18-22.

❻颜梅艳，母彦婷，杜钊. 文化遗产保护视野下的大理白族古村落发展模式探讨：以沙溪寺登村为例[J]. 云南地理环境研究，2015(1): 31-36.

❼程海帆，等. 传统村落更新的动力机制初探：基于当前旅游发展背景之下[J]. 建筑学报，2011(9): 100-103.

❽杨庆. 西双版纳傣族传统聚落的文化形态[J]. 云南社会科学，2000(2): 78-82, 85.

❾杨庆. 西双版纳傣族传统聚落规划思想的文化渊源[J]. 思想战线，2000(4): 87-90.

❿杨庆. 西双版纳傣族传统村寨的保护与开发[J]. 云南民族学院学报，2001(6): 49-52.

⓫宋丽美，等. 基于科学知识图谱的中国传统村落空间形态研究综述[J]. 华中建筑，2020(2): 94-98.

⓬吴必虎，肖金玉. 中国历史文化村镇空间结构与相关性研究[J]. 经济地理，2011(7): 6-11.

括传统村落的概念和内涵，村落的保护与发展、活化、旅游等方面。❷对西南地区少数民族村落的研究内容主要有：民族聚落研究的历史[2]，变迁机制及驱动力[3]；保护与发展的关系、模式、策略与路径等[4]；提出经济发展带动村落保护；❸探索生态博物馆、民族文化村等保护模式；❹❺❻建立"动力—过程—结果"更新机制；❼提出"保护要素分类处理、科学规划村落体系、引导产业科学发展"的思路[5]；分析民族村寨景观特征[6]；研究民族村寨时空分布、影响因素[7,8,9]；分析造就民族村寨分布的原因[9]；研究民族传统村寨的文化形态、文化渊源等；❽❾❿论述人口流动使民族文化面临的危机[10]等。2005年是"传统村落空间研究突现的时间"，近几年来，对村落空间和乡村风貌的保护开展了大量研究，内容集中在空间形态及其影响因素、空间形态演变及其机制、村落空间保护与传承⓫等方面。研究村落空间形态的专著《传统村镇聚落景观分析》[11]，全面系统地论述了村落形成因素和导致各地村落景观差异的原因；《古村落和谐的人聚空间》[12]，指出"中国古村落空间特征明显……无论是选址、布局、意境追求，还是景观建构，均呈现出显著的空间意象"；《传统聚落结构中的空间概念》[13]，研究聚落的空间组成与居住者的空间概念间的相关性，建立空间组成的数学模型。研究成果还有对村镇的空间分布格局及其旅游相关性的解读；⓬村落空间的表征[14]；采用空间句法[15]、GIS技术[16,17]、VR认知实验[18]等方法研究村落空间形态与优化、空间分布、空间分异特征，以及空间结构等。

3
国内对传统村落研究的不足之处

总结前人对传统村落的研究，可以归纳出以下不足之处。

3.1   研究内容存在多个不平衡，研究成果缺乏代表性

研究的学科领域不平衡：对传统村落的研究集中在建筑、历史、地理、文化遗产等学科，其他相关学科研究较少；地区分布不平衡：对我国少数民族主要聚居区的西南地区的研究较薄弱；民族分布不平衡：汉族地区研究较多，少数民族地区研究较少，研究成果缺乏代表性。

3.2   对传统村落整体保护意识研究不足，研究成果缺乏全面性

一些研究把村落归入物质文化遗产范畴，研究内容集中在乡土建筑、历史景观、环境和设施，而对村落空间精神文化内涵和民族习俗的研究，以及对文化与人类活动要素的研究较少；对村落空间保护的研究多为物质空间外观保护的研究，而对传统村落空间及其要素、文化精髓及活态传承的深入挖掘和研究较少，研究成果缺乏全面性。

3.3   多学科交叉的整体研究不足，研究成果缺乏普适性

研究要素和研究视角单一，缺乏对村落空间形成、发展因素等的综合考虑，少有学科交叉研究成果，不能完整地揭示村落空间的深层次结构和形态演变机制，研究成果缺乏普适性。

3.4   对村民的作用研究不足，研究成果缺乏针对性

对村民的主体性地位和参与方式研究不足，所提出的保护与发展对策缺乏针对性。

3.5   对乡村旅游的研究显示出较强的功利性，研究成果缺乏指导意义

上述传统村落研究的不足之处，是今后研究云南民族传统聚落中应予以关注的地方。

主要参考文献

[1] 王国恩, 等. 展现乡村价值的社区营造: 日本魅力乡村建设的经验[J]. 城市发展研究, 2016(1).

[2] 刘杉. 中国西南地区民族聚落景观研究动态及其进展[J]. 中国城市林业, 2018, 16.

[3] 杨宇亮. 滇西北村落文化景观的时空特征研究[D]. 北京: 清华大学, 2014.

[4] 李超, 蒋彬. 西南民族地区传统村落保护研究概况与展望[J]. 民族学刊, 2018(3).

[5] 曹易, 翟辉. 我国传统村落的保护性利用研究: 以云南省滇中地区为例[J]. 昆明理工大学学报(社会科学版), 2015(1).

[6] 刘沛林, 等. 中国少数民族传统聚落景观特征及其基因分析[J]. 地理科学, 2010(6).

[7] 杨东升. 论黔东南苗族古村落结构特征及其形成的文化地理背景[J]. 西南民族大学学报(人文社会科学版), 2011(4).

[8] 佟玉权, 龙花楼. 贵州民族传统村落的空间分异因素[J]. 经济地理, 2015(3).

[9] 康璟瑶, 章锦河, 胡欢, 等. 中国传统村落空间分布特征分析[J]. 地理科学进展, 2016(7).

[10] 徐义强. 商品化、家园感与人口流动: 哈尼族村寨农民工流动与社会影响探究[J]. 西南石油大学学报(社会科学版), 2013(2).

[11] 彭一刚. 传统村镇聚落景观分析[M]. 北京: 中国建筑工业出版社, 1992.

[12] 刘沛林. 古村落和谐的人聚空间[M]. 上海: 上海三联书店, 1998.

[13] 王昀. 传统聚落结构中的空间概念[M]. 北京: 中国建筑工业出版社, 2016.

[14] 陈映婕, 张虎生. 村落记忆与空间表征: 对山西上安村的文化地理学考察[J]. 山西师大学报(社会科学版), 2009(1).

[15] 刘一曼, 李伯华, 周鑫. 基于空间句法的传统村落空间形态与优化研究: 以张谷英村为例[J]. 资源开发与市场, 2017(11).

[16] 佟玉权. 基于GIS的中国传统村落空间分异研究[J]. 人文地理, 2015(1).

[17] 杨思敏, 许娟. 基于GIS的安康市传统村落空间分布的研究[J]. 建筑与文化, 2018(12).

[18] 苑思楠, 张寒, 张罡. VR认知实验在传统村落空间形态研究中的应用[J]. 世界建筑导报, 2018(3).

1

云南传统聚落的形成

旧石器时代中期，随着生产力水平的提高，人们的住居从"巢居"与"穴居"向地面建筑发展，出现了房屋和原始村落（聚落）。到新石器时期，人类社会第一次大分工（畜牧业从农业中分离出来），为了抵御恶劣的自然环境，人们聚集在一起，共同生产、生活及养育后代，形成了聚居地的雏形。随着人类社会的发展，出现了各种早期的人类文明。随着人类文明的进步，聚居地逐渐演化、发展，出现了真正的聚落——以农业生产为主的固定居民点。可以认为，聚落起源于旧石器时代中期。聚落是人类适应、利用自然的产物，是人类文明的结晶。聚落环境是人类有意识开发利用和改造自然而创造出来的生存环境。

我国最早的聚落起源之一为仰韶文化时期的母系氏族公社，伴随着农业的诞生，人们逐渐结束了逐水草而居的游牧生活，活动的重心由采集、打猎、放牧转向开垦、耕作，进而形成由单一生产关系所组成的原始农业聚落。在原始公社制度下，以氏族为单位的聚落是纯粹的农业村社。随着生产力的发展及社会文明的不断提高，各个氏族公社之间出现了商品交换。根据需要，氏族中开始产生社会分工，人与人之间的社会关系也不单单是最初的"血缘""亲缘"关系，而是变得更为复杂多样。进入奴隶制社会后出现了居民不直接依靠农业营生的城市型聚落，但是奴隶制社会和封建制社会商品经济不占主要地位，乡村聚落始终是聚落的主要形式，聚落是乡土社会的基本单元。进入资本主义社会以后，城市或城市型聚落得到广泛发展，乡村聚落逐渐失去优势而成为聚落体系中低层级的组成部分。城市聚落的产生为城市的出现奠定了基础。

云南的聚落大约产生于 3000 多年前的新石器时代晚期。考古发掘出土的元谋大墩子、宾川白羊村和剑川海门口等新石器时代遗址，考古学家们称之为"聚落遗址"。这些遗址就是当时较大的聚落。❶ 春秋晚期时的滇国，"耕田，有邑聚"❷，可见这时聚落已普遍出现。先秦时期，生活在我国西北甘青高原的氐羌族群和分布在南方的百越族群以及百濮族群先后迁徙进入云南。此后，战国时楚国庄蹻率兵入滇；秦国在云南开"五尺道"；汉晋时设益州郡、永昌郡，诸葛亮平定南中，爨氏统治南中；南诏大理国与内地往来密切；元明清三代大兴屯田和清代改土归流等。在这些历史发展变化的过程中，又有上述氐羌族系、百越族系、百濮族系的族群等不断移民入滇。8 世纪以后，还有今藏、蒙、回、苗、瑶、普米等民族先后进入云南。历史上先后迁徙进入云南的三大族系及其族群以及其他民族，经过与当地土著民族及入滇各民族之间长期的融合、分化、重组，最后成为今天云南境内的 25 个少数民族。这些少数民族基于其不同的生存之道，分别居住在平坝、河谷、半山区，以及山区。他们根据居住地的自然环境，建村立寨，建造住屋，从而形成了大大小小、各具民族特色的传统聚落。如西双版纳傣族早在原始社会的采集狩猎阶段，即建筑室宅，聚集而居，形成了自己最早的聚落。

聚落的产生、发展、演变，经历了长期的发展过程。在漫长的历史岁月中，生活在云南的 26 个民族，营建了许许多多具有鲜明地域性和民族性，多彩多姿、特色突出的聚落。云南聚落的发展演变，堪称一部鲜活的聚落发展史。

2
云南传统聚落形成的影响因素

❶ 马曜. 云南简史[M].
昆明：云南人民出版社，
1983: 27.
❷《史记·西南夷列传》。

国内外学者对乡村社区（传统聚落）形成的影响因素进行了大

量研究。

如法国地理学家，近代地理学奠基人维达尔·白兰士（Paul Vidal de la Blache）认为，不同地域的生活方式不仅是自然环境影响的结果，也是基于社会的、历史的多因素影响的结果。自然环境对人类提供了多种可能性，但这种可能性转为现实则完全是由人类的诸多条件所决定。因此，他认为：自然环境提供了可能性的范围，而人类在创造他们的居住地的时候，则按照自己的需要和愿望，凭借自身的能力来利用这种可能性[1]。又如美国建筑与人类学家阿摩斯·拉普卜特（Amos Rapoport）将"乡土聚落"进一步划分为"原始聚落（Primitive settlement）""前工业时期乡土聚落（Pre-industrial vernacular settlement）"和"现代乡土聚落（Modern vernacular settlement）"三个亚类。[2]按照他们的观点，可以将影响传统住屋与聚落形式的主要因素归纳为以下四个方面：

（1）材料、建造与技术因素——住屋建筑往往以当地易得的资源和当地居民掌握的建造知识为基础。

（2）环境因素——适应地理环境和气候条件，为抵御恶劣气候条件的种种考虑。

（3）社会文化因素——通常包括宗教、习俗、意识形态等方面的内容，如住屋和聚落的位置、布局、空间的类型、材料选择、施工方法、装饰形式、建造仪式等都体现了其文化属性。

（4）经济和政治因素——如对更广泛的社会经济、生产、就业和工作模式、政治环境等的思考。

其中，前两者可统称为"物质因素"，而后两者则称为"非物质因素"。❶

关于非物质因素对住屋形式的影响，加拿大建筑师、城市规划师、麦克希尔大学教授诺伯特·肖瑙尔（Norbert Schoenauer）认为乡土聚落可视为"一种对特定的社会经济和物质环境所固有的一系列文化和物质力量的建筑响应"[3]，他强调除地理差异以外，人类的社会经济运作模式应作为更重要的因素来解释聚落和住屋的不同形态。他以其生产生活方式的差异将乡土聚落和住屋划分为以下六类：

（1）适于游牧生活的"短暂临时"的聚落和居所。

（2）适于游牧与农牧过渡生活的"无规律临时性"聚落和居所。

（3）适于游牧/驯养生活的"周期性"聚落和居所。

（4）适于半游牧生活的"季节性"聚落和居所。

（5）适于简单耕作生活的"半永久性"聚落和居所。

(6) 适应农耕生产生活的永久性聚落和居所。

拉普卜特在总结这一问题时强调: 传统住屋和聚落的形式首先是各种非物质因素, 即全部社会文化因素下的产物, 其次才是通过物质因素进行修正。他将非物质因素视为包括宗教信仰、家庭宗族结构、社会组织以及社会关系、经济制度等因素。物质因素则包括气候、场地条件、施工技术以及材料等。[2]

近20年来, 我国学者对乡土聚落的影响因素开展了不少研究。如彭一刚先生立足于传统聚落的形成过程, 结合各种空间分析理论, 对造成中国传统聚落形态和景观差异的原因进行了全面系统的分析, 认为这些原因总体可分为自然环境和社会文化两大类因素, 前者包括地形与地貌状况、气候条件和地方材料三个方面; 后者包括宗法伦理道德观念、血缘关系、宗教信仰、风水观念、交往交易等五个因素。[4]有学者认为, 聚落作为人类群体出于生存需要, 形成的第一个既表现出亲自然的倾向, 又被烙上人类文化特点的地缘式或血缘式的"自组织"综合系统, 其形成与发展、形态与结构受到人类创造的诸多文化因素的影响。❷目前, 对乡土聚落的影响因素的研究尽管已有不少成果, 但其在各方面的分布不甚平衡: 总的来看, 关于单一影响因素的专项研究较多, 综合研究较少; 对于物质因素的分析在近年来随着RS (遥感技术, Remote Sensing)、GIS (地理信息系统, Geographical Information System)、元胞自动机等技术的引入不断深入, 但关于非物质因素的影响, 特别是经济运行和社会组织结构等方面影响的分析仍未能得到广泛重视。❸

由上所述, 国内外学者一致认为影响传统聚落形成的因素, 主要包括自然环境因素和社会文化因素两个方面。对于云南少数民族地区的传统聚落, 这些影响因素具体包括下述方面。

2.1　自然环境因素

聚落是人类适应、利用自然的产物。民族传统聚落的分布、外

❶ 钱云, 郦大方, 胡依然. 国外乡土聚落形态研究进展及对中国的启示 [J]. 住区, 2012(2): 38-44.

❷ 管彦波. 影响西南民族聚落的各种社会文化因素 [J]. 贵州民族研究, 2001(2): 94-99.

❸ 钱云, 郦大方, 胡依然. 国外乡土聚落形态研究进展及对中国的启示 [J]. 住区, 2012(2): 38-44.

部形态、组合类型等无不深深地打上当地自然环境的烙印。

2.1.1　地理环境

云南是一个多山的高原地区，山地与高原占全省面积的94%左右，地理环境十分复杂，大体上可以划分为三个部分：滇东和滇中——云贵高原的西北部分，其地势波状起伏；滇南——中南半岛的北部边缘，为中低山宽谷盆地区；滇西——横断山脉的南端，从西至东有高黎贡山、怒山、云岭三大山系呈南北走向，平行纵列。全省海拔高度相差很大，最高点德钦县境内的梅里雪山主峰卡瓦格博峰，海拔6740m；最低点河口县境内南溪河与红河汇合处，海拔仅76.4m，两地直线距离约900km，海拔高度差竟达6km以上，形成区域性的垂直立体地形。

云南整个地势由西北向东南倾斜，江河顺着地势呈扇形分别向东、南及东南方向流去，形成以下地貌特征。

(1) 高原地势波状起伏，地貌类型多种多样

云南全省地势纵横起伏，在一定范围内又有起伏和缓的高原面，形成一系列山间盆地。相对平缓的山区只占总面积的10%左右，盆地、河谷、丘陵、低山、中山、高山、高原相间分布，类型多样，各类地貌之间自然条件差异很大。

(2) 高山峡谷相间并存，形成著名的滇西纵谷区

滇西北地区高山峡谷相间并存的现象十分突出。这里的高黎贡山、怒山和云岭分别为恩梅开江与怒江、怒江与澜沧江和澜沧江与金沙江的分水岭。各条江河急剧下切，形成气势磅礴的怒江峡谷、澜沧江峡谷和金沙江峡谷。在这三大峡谷中，谷底为亚热带干燥气候，酷热异常；山腰清爽宜人；山顶则终年被冰雪覆盖。因此，在垂直几千米高差的距离内，其气候与自然景观的变化竟相当于从广东（20°13′N～25°31′N）至黑龙江（43°26′N～53°33′N）气候和景观的变化，为全国所仅有。

(3) 地势自西北向东南呈阶梯状递降，山地与河谷纵横交错

滇西北德钦、中甸一带是地势最高的一级阶梯层，海拔3000～4000m；滇中高原为第二级阶梯层，海拔2000～2500m，山间盆地海拔多在2000m以下；滇南、滇东南和滇西南为第三阶梯层，海拔1200～1500m，宽谷盆地海拔为600～1000m。各阶梯层内均有

不同的山地与河谷相切，纵横交错，从西北向东南平均每公里直线距离高度递降 6m，地形地貌十分复杂。

(4) 山间盆地、河谷和山麓星罗棋布，形成为数众多的"坝子"

在云南的山地和高原中，星罗棋布地镶嵌着许多相对平坦的山间小型盆地、河谷冲积平原、起伏较和缓的高原面、较大的山谷和山麓地带等地貌类型，当地人称之为"坝子"（盆地坝、河谷坝、山麓坝）。坝子是山区或者丘陵地带的局部平原（直径在 10km 以下）的地方名称。云南省面积在 1km² 以上的坝子共有 1442 个；面积在 100km² 以上的坝子有 49 个。坝子地势平坦、气候温和、雨量充沛，河流蜿蜒其中，适合农业生产和居住。云南省的坝子约占全省总面积的 6%，而坝子的耕地占全省耕地面积的三分之一以上，是高原上农业兴盛、人口稠密的经济中心，是云南文化和经济发展的重要支撑点，在一定程度上弥补了云南省缺少大平原的不足。[5]

(5) 江河纵横，水资源十分丰富

云南有 6 大江河水系（长江水系、珠江水系、元江水系、澜沧江水系、怒江（萨尔温江）水系、伊洛瓦底江水系）的 600 多条河流，还有湖面大于 1km² 的高原湖泊 37 个和众多的高山冰泽湖，构成了水系交织、河谷渊深、湖泊棋布的特色，水资源丰富。[6]

云南丰富的水资源使丽江、大理、西双版纳及滇中地区自古以来都有比较发达的水利灌溉系统。大理有苍山 18 溪，18 条溪水从苍山流到洱海，是一套自然的水利灌溉系统；西双版纳傣族聚落呈网格形状，其原因是西双版纳地区地处平坝，稻作文化发达，早期稻作灌溉系统先进，直接影响了聚落的形态。

2.1.2 气候条件

云南省地处低纬度高原，冬季主要受干燥的大陆季风影响，夏季主要受湿润的海洋季风影响，从而形成独特的冬干夏湿、冬暖夏凉的季风气候。[7] 同时因海拔较高，气温随地势的升高而降低。因此，气候具有以下特点：

(1) 年温差小，日温差大。夏季，最热平均温度 19～22℃；冬季，最冷平均温度 6～8℃，年温差一般为 10～15℃，但日温差达 12～20℃。

(2) 干湿季节界限分明。云南雨量充沛但季节分配不均，降水量在季节上和地域上差别很大，降水量最多的 6～8 月为雨季，降水量约占全年的 60% 以上；11 月至次年 4 月为旱季，降水量只占全年的 10%～20%，甚至更少。

(3) 气候垂直变化十分明显。由于水平方向上的纬度增加与垂直方向上的海拔增高相吻合，加上境内多山脉和河流，形成山高谷深的地形，导致气候的垂直差异十分明显。一般高原海拔每上升 100m，温度即降低 0.6℃左右，由河谷到山顶存在着因高度上升而产生的气候类型差异，同一地区呈现出热带、温带、寒带等不同气候类型，形成典型的"一山分四季，十里不同天"的立体气候。

2.1.3　自然环境因素对云南传统聚落的影响

总的来看，自然环境因素对云南传统聚落的分布、居住模式、聚落形态、规模、景观格局等方面产生了如下明显的影响。

(1) 形成多民族"大杂居、小聚居"的分布格局

受复杂的地缘形貌的影响，云南各民族在地理分布上十分复杂，传统聚落的分布既呈现出水平空间分布的规律性，又存在着立体分布的差异性，有着明显的区域性特征，形成少数民族与少数民族之间、少数民族与汉族之间交错居住的分布形式。同时，同一民族通常共同生活在适应其生存繁衍的一定的区域之内，有独自的组织结构、生态系统、相应完整的宗法和生产关系，逐渐形成了自己的聚居区域。这样，绝大多数少数民族都有自己或大或小的聚居区，并与其他民族的聚居区交错穿插，从而形成了"大杂居、小聚居、交错居住、普遍散居"的分布格局。[7]在宏观上云南传统聚落可以根据其所在地的地缘形貌划分为高原山地聚落区和丘陵坝子聚落区两个亚型。❶

(2) 形成民族性特点鲜明的建筑样式、居住模式和景观格局

由于复杂的自然地理环境，使云南各民族在地理位置上处于封闭状态，民族之间的相互交往受到很大限制，形成各民族内向性的文化和"隔山不同语，隔村不同音"的状况。正是这种封闭性的特点，使众多民族保持着各自的文化特征，其固有文化根深蒂固。

各具特色的民族文化又处于发展的不同阶段，这就使云南民族文化保留下许多不可多见的人类文化遗存。不同民族聚落的建筑样式、居住模式和景观格局各具特色，沿袭自己民族几千年来的风格，不同的民族有不同的语言、不同的习俗、不同的服饰、不同的宗教信仰。但在民族杂居的地方，又可以看到各少数民族相互交融、相互汲取而衍生出的很多新的建筑样式。

(3) 形成多种多样的聚落形态和聚落规模

由于云南省地形、地貌、气候条件的差异非常明显，使聚落的形态多种多样。如对大理域内聚落的研究表明，受地理位置、气候、功能性质、历史发展进程、区域社会经济状况、地域村民生活习俗等众多因素综合作用，形成团块状、放射状、带状和散点状四种类型不同的高原山地聚落形态。在地形条件相对较好，适合建设用地较为集中的区域，聚落布局形态相对紧凑，呈现面状或团状形状特征；在局部用地相对平坦，但周围有陡峭山体的区域，聚落布局顺应地形地势向多个方向延伸，呈现放射状形态特征；在沿河岸或顺山谷的地区，聚落沿地势排开，紧相毗连，形成带状分布特点；在高原山地地区，通常所处自然环境最为恶劣，或所处海拔较高，或坡度较陡，或交通受限，聚落呈现散点分布形态。[8]不同垂直梯度内的聚落存在其特有的景观特征。

2.2 社会文化因素

2.2.1 族源的影响

云南的 25 个世居少数民族渊源于氐羌、百越、百濮、苗瑶四大古代族群及元明后迁入的蒙、回、满族等。一些民族，有着相同或相近的族源，例如彝族、白族、傈僳族、哈尼族、阿昌族、景颇族、拉祜族、怒族、独龙族、基诺族、普米族、藏族等同属于氐羌系；傣族、壮族、布依族、水族等同属于百越系；佤族、德昂族、布朗族等同属于百濮系；[9]苗族、瑶族等同属于苗瑶系。这些民族，

❶ 管彦波. 论中国民族聚落的分类[J]. 思想战线, 2001(2): 38–41.

发展程度不一，人口多少不等，但他们都是因种种历史原因先后迁徙到云南，再经过漫长的历史变迁和各民族之间的分化、融合和重组的过程，最终形成了各自独立的民族。各个民族具有有别于其他民族的文化和本民族特有的聚居风格与特色。各少数民族迁徙的路线见表3-1[7]。

表 3-1 云南各少数民族迁徙路线

民族	迁徙路线
彝族	滇西→滇池地区→滇东北、黔西、凉山→滇南、滇东南
纳西族	滇西→丽江地区→宾川县→丽江
哈尼族	滇北→洱海至滇池之间→滇南红河下游和澜沧江之间
傈僳族	滇东→滇西的维西、怒江峡谷
拉祜族	金沙江南北两岸→大理与楚雄之间→滇南→澜沧县一带
景颇族和阿昌族	澜沧江、怒江源头→丽江、大理→怒江以北的缅北→滇西保山、德宏
怒族	碧落雪山和澜沧江以东地区、丽江和剑川一带→怒江
独龙族	金沙江、澜沧江地区→怒江、独龙江及缅北
基诺族	滇西→滇南
藏族	青藏高原→滇西北
普米族	川西南→滇西宁蒗和兰坪等地
傣族	滇东南→滇南西双版纳→滇西南德宏
壮族、布依族和水族	黔西→滇东南
佤族、德昂族和布朗族	没有经历过长距离的迁徙，长期主要分布在滇西南、滇南地区

2.2.2 经济生活的影响

历史上不同的民族共同体因谋取食物的主要方式不同，导致人们的经济活动方式在空间组合上明显地分化为两种类型，即传统的主要以游猎、游牧、游耕为标志的散居类型，以及以农耕（锄耕、犁耕）为特征的聚居类型。聚落的经济生活关系到从生产、交换、分配至贮藏和消费的整个经济活动的全过程。任何形式的聚落及其住屋建筑的产生和发展，都建立在与之相适应的经济活动之上，服从并服务于一定的经济生活。❶由于地形、地貌、气候条件的明显差异，云南的传统经济形态多种多样：有高原湖泊和平坝农耕经济、山区半农半牧和高山游耕经济、河谷稻作农业经济，以及以采集渔猎为主、刀耕火种为辅的原始经济等多种形态,影响了传统聚落的形态和住屋建筑的形式。

在游猎、游牧、游耕民族的聚落组群中,其生存经济的流动性往往决定了"人随地(包括猎取动物群或草场)走,村(聚落)随人迁,居无常址,户无定居"的状况,呈现出不规则的散居状态,聚落规模小、公共性建筑少,住宅建筑简易、实用。如以游牧经济为主要生计方式的藏族、彝族,常以"帐篷式"和简易的住屋为其居住形式。这种住屋适宜于"随畜迁徙"不断变更牧场的经济生活。又如20世纪50年代以前尚在原始森林中过着采集游猎生活的拉祜族的苦聪人,其经济生活要随着季节的变化和猎取动物群的移动而在广阔的森林中不断迁徙,所以,其住屋为用木杈作柱子、用树枝或竹子作墙体、用竹叶或芭蕉叶作屋顶建造的简单易拆的"风篱式"窝棚。

农业聚落是云南传统聚落中最基本和最普遍的一种形式。农耕特别是以犁耕为主要特征的犁耕农业,由于将"生地"变为"熟地"等耕作技艺的介入,人们可以凭借先进的工具和技术条件来增大或改造生存环境,用不断增多的资源为不断繁衍的人口提供稳定的食物来源和丰富的食物保障。因此,奠定了农耕聚落的经济基础,提高了单位空间所能容纳的人口数量,使农耕民族定居或较长时期地居住在某一相对稳定的地理单元内,并使维持"人-地-粮"的平衡成为可能。随之建立起以农业、园艺、家畜饲养、各种手工业、加工业等综合型经济生活为基础的聚落,并在聚落内建造庙宇、庭院等公共性或较为复杂的建筑。如以坝区为主要农耕区的傣族和白族,其聚落规模较大,人口密集,成为特定社区的象征。在农耕聚落中,住屋建筑大多结构较复杂,工艺较精巧,融民族性、社会性、实用性、审美性于一体,同时还凸现出众多的公共性建筑或庭院式建筑。有的聚落以公共建筑为中心,住屋向四周扩散;有的聚落住屋以庭院式的房屋为主体,各家各户自立门户,整个聚落由众多的庭院有机地组合在一起。总之,基于农耕经济基础之上的

❶管彦波. 西南民族聚落的背景分析与功能探究[J]. 民族研究, 1997(6): 83-91.

聚落，一般人口的聚集程度较高，聚落的规模较大，聚落内各种物质要素的构成也较为完备和复杂。

由上所述可以看出，云南民族的经济生活对传统聚落的规模和形态、空间结构、住屋的结构等均具有明显的影响。

2.2.3　生产力发展水平的影响

云南传统聚落的形态和结构与各民族不同的生产力发展水平和技术条件相适应。生产力发展水平在总体上决定了聚落的规模、形态与结构；与生产力发展水平相衔接的技术条件则影响着聚落建筑的空间规模、建筑结构和基本的建筑形式。一般而言，尚处于以原始耕地方法与原始游猎、捕鱼、游牧来获取食物的民族，生产力发展水平十分低下，其住屋只能在当地砍树劈竹、采藤割茅，就地取材，以树叶、兽皮、柴草、板页岩等来建造；聚落受到自然力的严重束缚，规模小，职能单一，分散零乱；聚落内只能组织简单的生产和容纳一定数量的人口，很难有所扩展。过去独龙族、怒族等民族的住屋，其技术含量十分低下，而傣族的佛寺与佛塔的建造则需要具备一定专业技术的人才。

2.2.4　家庭制度的影响

云南传统聚落的社会组织大致有以血缘（父系或母系）为纽带形成的家族或氏族公社，以及以家庭或氏族等紧密的社会基层组织联合而形成的原始农村公社等形式。聚落内群体的聚合形式不外乎氏族、家族及不同民族不同姓氏的个体小家庭，组成了如下三种相互衔接的形式：同一氏族的人们聚居一起；同一家族的人们集中居住在一起；若干姓氏人家杂居在一起。20 世纪 50 年代以前，云南的许多少数民族还保留有原始氏族残余，处在父系或母系家族公社发展的不同阶段，其聚落及住屋建筑常以家庭为单位，同住在一幢大房子里，具有血缘关系的、同一祖先的一个大家族或具有强烈群体意识的几个大家族组成一个规模较大的聚落。在这种"宗族聚落"的大家族中，以基诺族、德昂族、独龙族、拉祜族、布朗族、佤族、傈僳族、哈尼族的大家族最为典型，血缘关系明显起着相当强的支配作用。❶

2.2.5　宗教信仰的影响

云南民族地区宗教种类之多，可称全国之冠，主要有原始宗教、佛教的三个派系

（汉传佛教、藏传佛教和南传上座部佛教，又称为"小乘佛教"）、道教、天主教和基督教、伊斯兰教。少数民族的各种原始宗教，以及外来的南传上座部佛教和藏传佛教对云南传统聚落的影响最为深远。

1）云南少数民族宗教的总体特点

（1）宗教类型多样

在云南，有的民族多种宗教信仰并存，而有的民族则只信仰本民族独特的宗教。如西双版纳州和德宏州的傣族，原始宗教与南传上座部佛教共存，其宗教体系具有两种宗教"二元一体"的重要特征[10]。而基诺族、纳西族、佤族、傈僳族、哈尼族、景颇族、阿昌族、独龙族、怒族、拉祜族、普米族、白族、蒙古族、彝族、苗族、瑶族、水族则主要信仰本民族的原始宗教。

（2）宗教的地方性和民族性突出

云南传统聚落中，从外部传入的宗教都经历了一番本土化的过程。这些宗教与当地民族的原始宗教经过长期的相互斗争、相互吸收，最后发展成为别具特色的少数民族本土宗教，具有明显的地方性。云南几乎每个少数民族都有自己的传统宗教，除了原始宗教外，有的民族还分别信奉佛教、道教、伊斯兰教、基督教和天主教；有的民族则信仰自己的传统宗教，如纳西族的东巴教、白族的本主崇拜、彝族的土主崇拜等，突出地体现了云南少数民族传统宗教的民族性。

（3）宗教的群众参与性广泛

在云南几乎每个民族都有宗教信仰，云南民族的传统宗教大多有广泛的群众参与、庞大的信众队伍和隆重的宗教活动。从地域层面来说，宗教活动多是以聚落为单位进行的集体活动，有的宗教活动则是不分地域的全民族性活动（如回族的开斋节、古尔邦节等）。宗教活动已成为云南各民族风俗习惯和民族传统文化的一部分，是民族认同意识的重要体现。

❶ 管彦波. 影响西南民族聚落的各种社会文化因素[J]. 贵州民族研究, 2001(2): 94-99.

（4）原始宗教的影响较大

受自然环境的制约和影响，云南绝大多数少数民族的传统宗教都具有更多的原始宗教色彩。从总体上看，历史上云南各少数民族的传统信仰以自然崇拜为主要特征；东部地区的哈尼族、藏族和川黔滇交界地的苗族等具有更多的祖先崇拜色彩。至今，许多民族仍存在自然崇拜（含天象、山川崇拜）、祖先崇拜、鬼神崇拜、灵魂崇拜、动植物崇拜、图腾崇拜、生殖崇拜、巫及巫术崇拜等原始宗教的观念。

2）云南少数民族宗教信仰对民族聚落的影响

（1）宗教建筑成为民族聚落的标志。宗教建筑凝聚着聚落内各种不同的人类群体，信仰原始宗教的云南少数民族在聚落建筑及其室内设施、装饰等方面，无不反映其祖先崇拜、自然崇拜、鬼神崇拜等观念。而信仰佛教、道教、伊斯兰教、基督教的民族，其各种形式的寺庙、宫观、清真寺、教堂等成了聚落内各民族的公共性活动场所、独特标志和权力的象征。

（2）宗教观念决定了聚落的面貌。无论何种形式的宗教，都有各种不同的宗教建筑和开展宗教活动的场所，这些建筑和场所都对民族聚落产生了明显的影响。如西双版纳傣族思想意识形态的一个特点是其宗教体系具有原始宗教与南传上座部佛教两种宗教"二元一体"的重要特征，因此，傣族传统聚落具有宗族聚落和宗教聚落的双重特征。"建造村寨时，先建各种宗教设施，"安排好灵魂的归宿，构筑好神灵的住居。一言以蔽之，宗教的观念作为一种社会的重要因素，决定了村寨的面貌。❶又如布朗族在寨心桩的周围用石块砌成一米左右的高台，作为寨神的住所，聚落内群体性的宗教祭祀活动围绕高台展开等。

（3）民族传统宗教对民族意识的形成和变迁起着不可低估的作用。传统宗教不仅支配着人们的精神生活，也支配着社会日常生活，与各民族的人生价值、传统观念、伦理道德、心理素质、人格特征，以及各种巫术、禁忌和节日习俗、风土人情、婚丧嫁娶、歌舞艺术、历史文化等关系密切，对各民族的民族意识的形成和变迁起着不可低估的作用。[7]

（4）聚落的形式受到多种宗教信仰的制约。如白族聚落既受到佛教、道教的影响，又留下本主崇拜的烙印。傣族聚落和藏族聚落分别受到小乘佛教和藏传佛教的影响，但各种不同的原始宗教在某一具体的时空范围内往往会在与聚落建筑相关的各种活动中表现出来。

❶ 杨庆. 云南少数民族
建筑及其文化[M]. 昆明:
云南大学出版社, 2023.

综上所述，地理环境和气候条件等自然因素，以及民族族源、经济生活、生产力发展水平及技术条件、家族制度、宗教信仰等人文因素对聚落的形成与发展都产生了明显的影响。此外，民族关系、人口流动、风俗习惯、伦理道德等也在一定程度上影响聚落的形成与发展。民族的风俗习惯、伦理道德主要影响聚落中人们的居住方式，如，居室中的尊卑、长幼、父母、子女、男女、主仆的顺序与区别都受制于宗法礼教与一定的伦理道德。

主要参考文献

[1] 史津. 城市发展要素及其生态作用机制[M]//刘先觉. 建筑历史与理论研究文集: 1927—1997. 北京: 中国建筑工业出版社, 1997.

[2] 阿摩斯·拉普卜特. 住屋形式及文化(House Form and Culture)[M]. 常青, 等, 译. 北京: 中国建筑工业出版社, 2007.

[3] 肖瑙尔. 住宅 6000 年[M]. 北京: 中国人民大学出版社, 2012.

[4] 彭一刚. 传统村镇聚落景观分析[M]. 北京: 中国建筑工业出版社, 1992.

[5] 童绍玉, 陈永森. 云南坝子研究[M]. 昆明: 云南大学出版社, 2007.

[6] 王冬. 记忆与阐释: 彩云之南的乡土聚落与建筑[M]//国家图书馆. 匠意营造: 中国传统建筑/学津清谈. 北京: 商务印书馆, 2019.

[7] 杨志明, 等. 云南少数民族传统文化研究[M]. 北京: 人民出版社, 2009.

[8] 徐坚. 与自然适应的山地聚落形态特征研究[J]. 建筑科技与经济, 2014(1).

[9] 尤中. 云南民族史[M]. 昆明: 云南大学出版社, 1994.

[10] 杨庆. 云南少数民族建筑及其文化[M]. 昆明: 云南大学出版社, 2023.

第四章 云南传统聚落的分类

聚落的分类对研究不同类型聚落的基本特点、分布规律，聚落治理措施，以及科学地制订聚落规划、建立合理的聚落体系等具有重要作用，它也是设置行政管理机构和城乡规划的依据之一。在由多民族和多元文化组成的中国社会，对千姿百态的民族聚落及其发展规律进行分类研究，有助于更好地认识聚落形成和发展过程中所表现出来的同一性和差异性，以及内部的本质联系。[1]

早在 1841 年，J.G.科尔（J.G.Kohl）在《人类交通居住与地形的关系》一书中，已经注意对不同类型的聚落进行比较研究，但在此后的半个多世纪中一直没有关于聚落分类的系统研究成果。20 世纪初期，城市地理学出现后，聚落分类问题受到重视。聚落地理学首先按照主要的经济活动方式，把聚落划分为乡村聚落和城市聚落两大类，然后按这两类分别作进一步的划分。乡村聚落是居民以农业为经济活动主要形式的聚落；城市聚落是以非农业活动和非农业人口为主的聚落。乡村聚落和城市聚落两者都受到自然条件和社会经济条件的制约。一般来说，乡村聚落的规模较小，城市聚落规模较大。城市聚落有大片的住宅和密集的道路，工厂等生产性设施，以及较多的商店、医院、学校、影剧院等生活服务和公共文化设施。城市聚落是一定地域范围内的政治、经济、文化中心。人类先有乡村聚落，后有城市聚落。本书所研究的云南少数民族传统聚落属于乡村聚落。

由于聚落都有自己的起源、历史发展、社会文化、自然环境、形态结构、规模以及经济活动和职能等特征，很难制定一个包括全部因素和属性的综合的分类系统。目前大多根据聚落的职能（经济活动）或形态特征或规模，辅以适当的指标来进行划分。对乡村聚落的类型，通常选择对聚落的形成、发展、结构和职能等方面有代表性的一项或几项特征为基础，按一定的原则或指标分类。

1

传统聚落按经济结构分类

传统聚落按照经济结构，宏观上可以分为农业聚落和非农业聚落（包括一些贸易集镇、工矿业村、军事、交通、宗教、旅游聚落）两大类型，微观上可以分为采集狩猎经济聚落、游牧经济聚落、农耕经济聚落、商业经济聚落等类型。❶

1.1 农业聚落

农业聚落是指以农业生产为主要经济活动的聚落，是传统聚落中最基本和最普遍的一种形式。可以具体划分如下：

1.1.1 采集狩猎型聚落

采集狩猎经济是人类在生产技术发展早期的一种生计类型，采集狩猎型聚落的民族群体流动性大，聚落分散凌乱。如西双版纳傣族在向自然索食和狩猎为生时期的早期聚落，其形态表现为略似太阳符号的聚落原型，以寨心、寨门、寨边界、道路等为主要构成要素。❷

1.1.2 牧业聚落

牧业聚落的村民主要从事畜牧业劳动，主要收入来源于畜牧业。牧业聚落主要分布在山区和有天然草原的地方，可分为定居聚落、季节性聚落和游牧的帐篷聚落。从事游牧经济活动的民族群体，都有比较稳定的游牧区，经济较为稳定。其聚落规模较采集狩猎型聚落大，呈现不规则的散居状态，聚落内公共性建筑少，住宅建筑

❶ 管彦波. 论中国民族聚落的分类[J]. 思想战线, 2001(2): 38-41.
❷ 杨庆. 西双版纳傣族传统聚落的文化形态[J]. 云南社会科学, 2000(2): 78-82, 85.

简易、实用。

1.1.3 农业聚落和林业聚落

农业聚落和林业聚落指以种植业为主的聚落，虽然有其他产业，但村民的主要劳动和收入来源是种植业，我国大多数乡村聚落都属于这一类型。村民除从事种植业生产以外，一般还兼营动物饲养、果树栽培和其他家庭副业。农业聚落和林业聚落通常是固定的，具有农舍、牲畜棚圈、仓库场院、道路、水渠、宅旁绿地，以及特定环境和专业生产条件下的附属设施。按其形态特征这一类聚落又可分为点状聚落（又称散漫型村落或散村）、线状聚落（路村、街村）及块状聚落（又称团聚型村落、团村或集村）。

如前所述，农业聚落在一定时期的某一相对稳定的地理单元内，维持了"人-地-粮"之间的平衡，聚落内建造有庙宇等公共性或较为复杂的建筑。这种有了源源不断的资源保障的农业聚落，其规模不断扩大，聚落的功能、结构与布局也更加多样、复杂和完善。

1.1.4 渔业村

渔业村指以从事海洋和淡水渔业捕捞、养殖为主的聚落，主要分布在沿海地带和江河湖泊附近，还有以舟楫为家的船户村。

1.2 非农业聚落

非农业聚落位于乡村，但并不以经营农业生产为主，而是介于城市和乡村两者之间的聚落，主要包括集镇、工矿业村、旅游村、疗养村、商业聚落，以及位于著名的宗教圣地附近，依靠观光、朝拜，供应游客膳宿、生活用品以及出售旅游商品而形成的宗教聚落等类型。

非农业聚落中的商业聚落，即以商品交换为主要经济活动而形成的聚落，其前身是"街村"，发展成了"圩镇"、城镇（城堡）和城市。这种聚落一般都有比较完整的公共建筑及公共设施、道路系统、居民住屋、商业区等；聚落中的圩场、集市及主要街道不仅承担着商品交换的功能，还具有聚落中心广场的功能。每个圩场所在地就是一个商业聚落。

2

传统聚落按空间形态分类

　　传统聚落受经济、社会、历史、地理诸条件的制约，具有不同的平面形态。按聚落的形态可分为块状聚落、线状（条状）聚落和点状聚落三类。历史悠久的聚落多呈团聚型，开发较晚的区域移民聚落多呈散漫型。集聚型聚落中住屋聚集在一起，又可分为团状、带状、环状等三种类型。团状聚落的平面形态近于圆形或长方形或不规则多边形，这种聚落多分布在平原或盆地地区；带状聚落多分布在河流沿岸和山谷地区；散漫型聚落中的住屋零星分散分布，以孤立农舍为基础，表现为点状分布的形态，在广大山区、牧区较为常见。

3

传统聚落按民族类别分类

　　传统聚落按民族的类别分类，如傣族聚落、彝族聚落、纳西族聚落等。

4

传统聚落按地理位置分类

　　自然环境中的地形、地貌、地质特性、河湖和山脉系统、气候、土壤、植被等都不同程度地影响着人类的居住生活和聚落分布。

我国的传统聚落按地理位置不同分为山地聚落（包括缓坡地带的聚落）、高原聚落、平原聚落（含低洼盆地、平坝的聚落）、草原聚落、沿海丘陵聚落、湖滨水域聚落等类型。一般而言，山地聚落较闭塞落后，人口聚居程度较低，有的山区资源丰富但开发不够，有的资源贫乏，经济结构单一；平原、滨湖、沿海等地的乡村聚落人口较密集，耕地较多，经济、文化等都较发达，社会比较开放，社会流动较频繁，居民容易接受新事物；草原上多是牧区，原来的牧民以游牧生活方式逐水草而居，随着畜牧业的发展，多半牧民开始种植牧草，围圈草场，定居下来，形成草原聚落。

如前所述，云南省的地形以山地和高原为主，西北高，东南低，境内高山耸立，河流纵横交错，地形地貌复杂多样，有山地、高原、丘陵、盆地（即坝区）、河谷等。云南省的地形地貌，不仅使各分区之间气候差异大，即使在同一区域之内，因山高谷深，从河谷到山顶，随海拔高度变化，气候和生态环境及动植物资源呈现出明显差异。一般河谷山麓地带气候炎热，雨量较少；山腰地带气候温和，降水较多；山顶地带气候寒冷，降水量多，人们形象地称此为"垂直变化的""一山分四季，十里不同天"的立体气候。这种垂直变化的立体气候不仅影响植被、自然景观、作物布局、耕作制度，在一定程度上也影响人口和民族的垂直分布。古代，从内地进入云南的各民族先民，经屡次迁徙流动，寻找适合自己生存的环境；而定居之后，即因地制宜选择适合自己的生产生活方式，在此繁衍生息，世代赓续，成为云南的世居民族。

云南省地形地貌和气候条件具有多样性特征，根据比较一致的地形地貌，传统聚落的分布区域可以划分为高原山地聚落区和丘陵坝子聚落区两个亚型。不同亚型聚落的规模、形态、结构不尽相同，具有各自不同的特点。[1]总体来看，云南传统聚落有的在平坝（包括河谷），有的在半山区，有的在高寒山区。同一地理单元内的民族聚落呈立体状分布，呈现出不同的亚型，形成所谓"十里不同天，一山不同族"的聚落分布。

云南民族中，居住在河谷平坝区的民族有汉族、白族、纳西族、回族、满族、阿昌族、傣族、壮族、布依族、水族、蒙古等11个民族，约450万人。坝区地势平坦，土层较厚，有河流湖泊，水利条件好。各少数民族充分利用优越的自然条件，大力发展农业耕作，种植水稻，并发展经济作物。如景洪坝，位于澜沧江下游，海拔较低，热带气候，长夏无冬，气温高，降水较多，湿度较大，水热资源丰富。居住于此地的傣族等民族广泛种植水稻并推广双季稻，大力发展热带、亚热带经济作物、经济林木，以及热带水果种植等。

居住在半山区的民族有哈尼族、佤族、景颇族、拉祜族、布朗族、德昂族、基诺族、瑶族和部分彝族等，约500万人。这里山脉纵横，山高坡陡，江河从山谷流过；属亚热带山地季风气候，气候温和，雨量较充沛，干湿季较明显；有丰富的森林、药材和牧草等资源。居住在半山区的哈尼族，在这里开垦梯田，种植粮食作物，产品以稻谷、玉米、红薯为主，小麦、荞麦、大豆、蚕豆次之。经济作物有花生、草果、烤烟、咖啡、柠檬、茶叶、芒果等。

居住在高寒山区的民族有傈僳族、怒族、普米族、藏族、苗族、独龙族、彝族等，约400万人。云南山区面积广大，山峦起伏，山高谷深，江河纵横，气候寒冷，雨量较多。自然资源丰富，有用材林木、经济林木和药材，还有高山草甸等。居住在山区的各族人民主要种植山地作物和发展畜牧业。如居住在怒江州山区的傈僳族，为了适应居住地的自然环境，选择种植适宜在高寒山区生长的荞麦、玉米和豆类等作物。此外，利用广阔的草山牧场大力发展畜牧业，其产品有牦牛、黄牛、绵羊、山羊和马等。

多种类型的生态环境导致了云南文化的多样性，也造成了聚落分散且规模较小的状况。这提示我们，在传统聚落研究中要同时关注大生态环境和微生态环境与聚落的关系。

5

传统聚落按社会结构分类

农村的社会结构是由农村各种社会因素构成的社会关系模式以及相关的行为规则（引自《中国大百科全书》）。血缘关系是乡村聚落中占支配地位的社会关系，在聚落的经济、政治和社会生活中发挥着重要的作用。

族群在民族学中指地理上靠近、语言上相近、血统同源、文化同源的一些民族的集合体，也称族团。云南少数民族族群的演变发展，经过 3 个大的历史阶段：血缘族群→地缘族群→业缘族群[2]。

5.1 血缘族群与血缘型聚落

5.1.1 血缘族群

血缘族群是以血缘关系为纽带构成的族群。血缘族群中，人际关系由家族或宗族血缘所决定，族群成员天然地处于一定的血缘关系之中。血缘族群的基本社会结构是"氏族-部落-部落首领-家庭-族群成员"，它既带有原始共产主义的痕迹，又有农耕社会生活与生产的初期特征。在此基础上，人们在空间上聚集于某个地方，形成原始社会的生存共同体及其原始聚落。

5.1.2 血缘型聚落

血缘族群的聚落是人类的早期聚落。在聚落诞生的原始社会阶段，人类基本以血缘关系为纽带形成聚族而居的聚落雏形，人与人之间的社会关系多以血缘关系为基础并进一步扩展和加固，某种程度上可以说人类的聚落起源于血缘型聚落。大多数以血缘和亲缘相结合形成的宗族聚落，彼此间的交往相对较少。每个聚落的功能、结构、布局基本相同。我国西南地区遗留有大量少数民族血缘型聚落，如彝族、侗族、哈尼族聚落等。险恶的自然条件将云南山区内的少数民族同外部社会隔离开来，直到 20 世纪 50 年代，云南大多数少数民族仍处在原始社会末期或向阶级社会过渡的阶段。原始社会低下的生产力迫使他们只有依靠血缘关系相互协作才能完成种植、采集等生产活动，也才能维持其生存及繁衍。[2]

1.血缘型聚落形态的特点

（1）防卫性强

因为血缘族群比较弱小，需要时刻保护自己，所以，设定聚落边界非常重要，以防御毒蛇、猛兽和其他部落的入侵。

（2）内聚性强

血缘型聚落一般有一个中心，这个中心可以是一个广场，而广场的中心是大房子，通常是部落首领居住的地方，周边是对偶家庭的小房子，并产生生产区域、祭祀区域、祖先陵墓区域等的分区。这种形态的痕迹在当下的一些佤族、拉祜族聚落中仍可以看到。[2]

2.血缘型聚落空间的营造特征

（1）聚落中家庭住屋相对简单、原始，而充分强调公共性要素，如中心广场、大房子、壕沟、公墓、竜林（神树林）等。

（2）聚落的空间图形明显带有宇宙崇拜、万物有灵、祖先崇拜的仪式特征。

（3）居住区、公墓区、水塘、水碓房、作坊等体现了聚落最基本的生活和最原始的功能分区。

（4）血缘族群是最早期的人类命运共同体，生产力低下，人们不得不聚居和团结在一起。因此，聚落建造的过程中人们相互帮助，这一过程是相对公共性的、有序的集体行动。

（5）聚落藏匿于自然环境之中，自给自足，与外界基本上没有什么来往。[2]

3.血缘型聚落的整体布局和空间结构

血缘型聚落的整体布局和空间结构带有强烈的民族特征与地域特色，以彝族血缘型聚落为例，表现为以下几个方面。

（1）由"聚合性"形成聚落的"内核"和空间层级结构

血缘型聚落由于其自身血缘关系的凝聚力量，表现出很强的聚合性，聚落内部一般设有在地理和精神中心的"内核"式建筑或空间。"内核"空间多为祭祀场所或议事广场，如彝族聚落中的蒙格广场。族人围绕"内核"空间根据族内等级高低由内向外建屋居住，从而在结构上形成了明显的空间层级结构。"内核"空间是血缘型聚落的骨架，成为控制聚落结构和形态的核心。

（2）组团式或团块式聚落形态

彝族血缘型聚落中各分支迁出后相对独立聚居，各家支的形态清晰，边界完整，肌理均质，聚落之间均有一定的距离间隔，从而呈现出明显的团块式形态。

（3）"三界宇宙观"

云南地区的彝族多分布在山地环境中，其指导聚落分布的宇宙观、宗教观与自然地形结合在一起，形成了与自然环境紧密结合的分布特点。在长期的发展过程中，自然崇拜和祖先崇拜成为彝族宗教文化的核心之一。而由于其长期生活在山区内，竖向空间明显的层级感与其宗教崇拜相结合，进一步划分出了"天——神灵居住区、人——聚落居住区、地——物居住区"三个层次，从而形成了相应的"三界宇宙观"。[3]

5.2 地缘族群与地缘型聚落

5.2.1 地缘族群

随着社会的发展，人们逐渐脱离原始社会，进入农耕社会，人们以土地为核心，土地把所有的人连接在一起。地缘族群就是由地理缘由构成的族群。地缘族群中，人际关系由聚居地及土地所决定。地缘族群的定居与土地有着非常密切的联系，人们都在土地上耕作、劳动。因此，我们将这种聚落称为地缘族群的聚落。地缘族群中，社会治理层级是"国家-家族-家庭-族群成员"；基本的生产方式是土地、农耕、小农经济、自耕农、家庭小生产；基本的社会特征是家族化、乡土社会、稳定的聚居、地缘社会；文化则是中国乡村常见的礼制文化、耕读文化等；基本社会结构则是费孝通先生所说的乡土社会是"差序格局"和熟人社会，是村民基于土地的稳定的聚集和定居，大家"今天不见明天见、抬头不见低头见。"[4]几千年来，中国乡土社会的社会关系一直是由血缘与地缘两种主要的关系组成的"差序格局"。[5]

5.2.2 地缘型聚落

地缘型聚落是由地缘族群定居形成的聚落。地缘族群带来了聚落建造的中层积累。

人类进入农耕时代后，由原始共产主义的集体生活转变为家庭生活，开启了小农经济时代。聚落和人们的生活与土地发生密切关系，家庭生活和家庭经济塑造了较为私密和精致的住屋建筑，并在此基础上形成了建造的规则、工匠体系。在与土地、农耕的密切关系中，衍生出聚落公共场所及设施的完整性、共同建造及其营造体系。

1）地缘型聚落形态的特点

（1）聚落格局呈现出街巷道路相对完整的几何形态和公共场所。

（2）住屋的空间分布较密集，建造等级较高，工艺较精致。

（3）聚落中开始出现集市，家庭农耕生产剩余的农副产品被拿到集市上换取所需的物品。随着农耕生产、产品交换、公共生活的日益发展，集市逐渐成为聚落中重要的空间节点，也成为聚落空间营造的重要内容。

（4）一些聚落中出现了祭祀祖先的宗祠，宗祠是聚落的精神核心，常常成为聚落的空间核心。

（5）住屋建造的规则和工匠体系形成，出现了"换工制"，即一家建房时全村各家各户出工帮忙共同建造的传统。[2]

2）地缘型聚落空间的营造特征

密致化、精致化、等级化、整体化。[2]

地缘关系主要受到传统农业经济的影响，具有一定的地域性、封闭性及局限性。随着经济活动的不断演进，商品开始在地域之间相互流通。经济要素的辐射和延伸，带动了产业类型的大范围调整，使业缘关系逐渐成为行业间占主导地位的社会关系。

5.3 业缘族群与业缘型聚落

5.3.1 业缘族群

业缘族群是基于成员劳动与职业间的联系而形成的族群。业缘族群中，人际关系是人类聚居在血缘与地缘的基础上，发展到一定程度，产生多种分工之后，由职业或行业的活动需要而结成的一种关系。业缘族群的基本社会结构是自耕农-家庭手工业者-商贩-治理者-农商社会及近代产业从业者。随着农耕社会向农商社会转变，乡村从简单的商品交换过渡到开始有集市、市场和贸易，更多的人不再从事农耕，而是有了各种各样不同的职业。这时，人们的关系中开始有了商品的链接和不同职业的链接。在这种社会背景下形成的聚落，我们称之为业缘族群的聚落。

在我国内地，族群的这三个发展阶段呈明显的时间先后次序：血缘族群→地缘族群→业缘族群。但是在云南，由于历史发展和民族情况的特殊性，这些族群的出现不完全呈现时间的先后关系，而是有时空交错。如 20 世纪 50 年代甚至到现在，在云南边境一带的一些少数民族聚落中，仍可以看到明显的原始社会血缘聚落的痕迹。[2]

5.3.2 业缘型聚落

当聚落生产力发展到一定程度的时候，初始影响聚落的血缘与地缘关系逐渐淡化，业缘关系成为影响一个地区聚落发展的主要因素。业缘聚落是由业缘关系组成的一种介于农业聚落与城镇聚落之间的传统聚落，是传统聚落趋于城镇化的一种聚落形态。业缘聚落有自己的经营体系，商业业态较城镇聚落单一，是以一种或两种手工业形式作为主要产业而发展形成的聚落。业缘聚落与周边聚落之间互为依托，相互之间进行贸易往来。业缘聚落的出现与发展代表着一个地区手工业发展的演进过程，其聚落空间构成及建筑形态均受到经济业态的影响。业缘族群带来了聚落建造的上层建构。

业缘族群生产关系和社会结构下的村镇聚落在云南数量不少，种类也很多，尤其是在商道和马帮基础上形成的聚落，如云南滇西北与西藏进行商品交换的重要之地——丙中洛，就是一个茶马古道上的重镇。

1. 业缘型聚落空间的营造特征

原有聚落的早期空间要素发生转化，村镇聚落空间更加有序；各功能空间及公共设施更加完善；商业空间逐渐形成，市井氛围愈加浓厚；建造行为由封闭逐渐向外开放；公共建筑、标志建筑与景观逐渐世俗化，即血缘族群的神性越来越少，而面向社会生活的日常性活动越来越多。

2. 业缘型聚落人居环境和住屋营造

业缘型聚落显现的总体规律及相关特征是修集场、兴集市，开商铺、构街坊，重教化、盖学堂，拓住屋、成宅院。[2]

（1）精致的等级再提高

业缘型聚落农商社会的生活更加丰富，文化更加拓展，聚落空间在地缘族群聚落已经比较精致的基础上更加精致化，开始出现商业街。由于更加凸显的农商社会以及产业和商贸特质，业缘型聚落后来演变成为云南近现代的主要城镇和城市。

（2）聚落空间及其营造更加复杂、精致

业缘型聚落的道路街巷在原来地缘聚落的基础上更加发达，各宗族片区和功能片区愈加清晰，公共空间愈加发达，不少聚落还建盖了学校等文化教育设施。中国第一个乡村图书馆就出现在腾冲的和顺乡。业缘型聚落的房屋非常密集，但很多空间和街巷还都与田野有关，即通向田野。

（3）建造的房屋将农耕时代的本土建造技艺与外来的建造形式和技艺糅合在一起

在蒙自、迤萨一带，建筑的门楼、窗子、入口等往往包含一些西方或东南亚的形式元素。[2]

6

传统聚落按宗教信仰分类

云南少数民族不仅有着多样的原始宗教，而且还分别信仰南传上座部佛教、汉传佛教、藏传佛教、伊斯兰教，以及从中原地区传来的道教及外国传教士带来的基督教、天主教等。宗教的多元并存成为云南少数民族地区一种特有的文化现象与社会现象。

云南大多数民族的信仰是多种宗教兼而有之，在其聚落文化上有明显的体现。如白族聚落既受到佛教、道教的影响，又留有本主崇拜的烙印。又如傣族聚落受到原始宗教的影响，至今保留有寨心、寨门、寨边桩等与原始宗教信仰相关的象征物，又受到南传上座部佛教的影响，"村村有佛寺，寨寨有僧侣"，聚落中的佛寺、佛塔作为傣族信仰佛教最显著的外在表现，对聚落的位置、形式及其周边建筑等均有规定性的作用。在云南许多少数民族地区，不同的宗教信仰，有着不同的物质象征和开展宗教仪式的场所，许多民族建造聚落时宗教信仰作为社会的一种重要因素，决定了聚落的面貌。因此，人们将这种受宗教信仰影响较大的聚落称之为"宗教聚落"。

在同一个宗教聚落中，人们具有同一宗教信仰和强烈的宗教意识，且聚落中必有一个较为宏伟华丽的宗教建筑标志，如寺庙、宫观、教堂、清真寺、塔等。我们可以笼统地把云南民族地区的聚落，按宗教派别分为原始宗教聚落、佛教聚落、伊斯兰教聚落、基督教聚落、道教聚落等不同类型。[1]

6.1 原始宗教聚落

云南的景颇、独龙、基诺、佤、苗、阿昌、哈尼、傈僳、怒、瑶、普米、拉祜等民族在策划建造聚落时，大多要开辟一个处所作为原始信仰的祭祀之用，并以巨石或神树、木桩等作为神的象征，定期或不定期地进行祭祀活动。如苗族山神"嘎玛"的住屋、阿昌族祭寨神"户撒"的矮墙、普米族祭神鬼的"神鬼楼阁"、哈尼族的小神房、瑶族的山神庙等都是聚落群体性宗教祭祀活动的重要场所。

6.2 佛教聚落

在我国，凡信仰佛教的少数民族，其聚落建筑无不受佛教的影响。如大理白族地区，与唐宋以来佛教的兴盛及佛寺的建筑相适应，城乡山野分布着许多佛塔。又如西双版纳和德宏等地的傣族，受原始宗教和南传上座部佛教的影响，具有原始宗教和小乘佛教"双重信仰"。这种"二元一体"的宗教文化对西双版纳和德宏地区傣族传统聚落形态产生了重要的影响：聚落中除了原始宗教的寨心、寨门、寨神庙等外，以佛寺、佛塔为主体的南传上座部佛教建筑蔚为壮观，随处可见。笔者在研究西双版纳傣族的聚落形态时，就注重分析两种宗教对聚落的影响，形象地把西双版纳傣族聚落表述为"神灵之村寨"和"佛之村寨"。[6]

6.3 伊斯兰教聚落

清真寺是伊斯兰教聚落的典型建筑，信仰伊斯兰教的民族的文化心理、文化传统、文化现象具有显著的趋同性，其聚落生活都具有伊斯兰教影响的印迹。

6.4 道教、基督教聚落

道教、基督教对民族聚落也有不同程度的影响。

综上所述，云南传统聚落的分类方法有多种，主要有按经济结构、按聚落形态、按民族、按地理位置、按社会结构、按宗教信仰等分类。这些分类，都有助于人们深入认识传统聚落，并探寻传统聚落的发展演变规律。云南传统聚落类型划分依据的多元，类型的丰富，也从一个侧面说明了传统聚落的复杂性、灵活性与适应性。聚落研究，需要从多个学科、不同视野、不同侧面展开，力求全面、系统、客观、深刻地认识聚落，厘清不同类型聚落的成因，演变的规律及其发展过程。

主要参考文献

[1] 管彦波. 论中国民族聚落的分类[J]. 思想战线, 2001(2).

[2] 王冬. 记忆与阐释: 彩云之南的乡土聚落与建筑[M]//国家图书馆. 匠意营造: 中国传统建筑/学津清谈. 北京: 商务印书馆, 2019.

[3] 柳博. 汉彝两族血缘型聚落空间形态初步对比性研究: 以浙江省诸葛村和云南省高平村为例[J]. 建筑与文化, 2017(8).

[4] 费孝通. 乡土中国[M]. 北京: 北京大学出版社, 1998.

[5] 谢建社, 牛喜霞. 乡土中国社会"差序格局"新趋势[J]. 江西师范大学学报(哲学社会科学版), 2004(1).

[6] 杨庆. 西双版纳傣族传统聚落的文化形态[J]. 云南社会科学, 2000(2).

第五章 云南传统聚落的基本特征

聚落是人们居住生活得以实现的空间,是人们居住生活方式的物质实体。云南传统聚落由多种物质要素构成,受制于复杂的自然因素与人文因素,如多样的地理、气候、生态环境,与内地不同的社会和历史发展进程及族群生活,各少数民族文化的多样和深厚等,云南传统聚落和乡土建筑具有云南独特的、各民族不同的生长模式和以下基本特征。

1 传统聚落社会组成的血缘性

血缘族群的聚落是人类的早期聚落。以前,云南少数民族社会发育程度低,许多民族还保留着原始经济残余,处在父系或母系家族公社发展的不同阶段,聚族而居。血缘聚落以血缘纽带联系为主,地缘联系为辅,以一定的血缘、地缘和宗教信仰为基础,成为一种特殊的亲属系统集结单元,血缘组织在聚落中具有相当强的支配作用。聚落住屋建筑常以家族为单位,一个家族住在一幢大房子里。云南省的基诺族、德昂族、独龙族、拉祜族的传统聚落是典型的以家族血缘纽带联系为主的聚落。如聚居在云南景洪基诺山的基诺族,每个"周米"(聚落)以两个"阿珠"或"内珠"(由血缘关系组成的氏族或家族)的成员为基础组成;每个"阿珠"之下,又以血缘关系为基础分别组成大小不一的"玛"(一种共同居住在一幢公共长房里的大家庭)。[1]又如镇康、耿马等地的德昂族,称自己的聚落为"牢",每个"牢"由三五个"克勒"(氏族)组成,其住屋被称为"刚当"(为干栏式建筑),"刚当"是父权制大家庭的公共房屋,一个"刚当"内居住着同一父系祖先的若干代子孙,多者六七十人,少者二三十人。[2]再如独龙族称具有共同血缘关系的父系氏族集团为

"尼勒",由"尼勒"的近亲成员组成一个个家族公社,具有共同血缘关系的一系列家族公社多分散在一个相邻近的区域内,组成血缘聚落,独龙语称为"克恩",每个"克恩"有自己的地域,"克恩"与"克恩"之间以山峰、峡谷或河流为界。[2]再如澜沧县糯福地区的拉祜族在中华人民共和国成立前尚保存着原始共产制的大家庭形态及其变异形式,拉祜语称这种大家庭为"耶娄玛",若干个具有相同血缘关系的"耶娄玛"又组成一个"卡"(聚落),即具有母系血统的大家庭所组成的血缘式聚落。[3]

进入现代社会以来,云南传统聚落的社会组成发生了多方面的变化,特别是随着母系或父系血缘纽带联系的松弛,家族制度的变化,许多传统聚落已在很大程度上摆脱了单纯的血缘家族组织形式,更多的是多民族、多家族、多姓氏组成的聚落。但无论是血缘式的聚落,还是地缘式的聚落,宗族群体的血缘纽带联系仍是聚落中的一种基本形式。

2

传统聚落分布与形态的多样性和复杂性

云南少数民族地区,由于自然生态环境复杂、社会经济发展不平衡、民族构成的差异和经济生活方式的多样,导致少数民族地区的传统聚落在整体上表现为水平空间分布的规律性和立体分布的差异性。传统聚落分布的地区与游猎、游牧、游耕,以及农耕(锄耕、犁耕)两种主要的谋取食物方式相关联,各民族的活动方式在空间组合上明显地分为聚居和散居两种类型。[4]多民族杂居的聚落或单一民族聚居的聚落交错分布在高山之上、河谷之中、山间盆地、坝区之内。在总体上呈现出"大分散、小聚居""聚居相间散居"的特点,传统聚落建筑所依附的地势也不尽相同,有山地、高原、有丘陵、台地、谷底、山顶、山腰,或山麓等。聚落延展的方式也不相同，有盘山脚蔓延、顺溪流平伸，或随山间的小洼地向四面扩展。

云南传统聚落具有不同的形态，有呈团聚状、环状、条带状，或呈串珠状。按聚落的平面形态可分为块状聚落、线状（条状）聚落和点状聚落三类。

由上述可知，云南传统聚落的分布与形态表现出明显的多样性和复杂性特征。

3

传统聚落正常运行和稳定秩序的自发性

云南传统聚落没有正式的法律与法规，只有"乡规民约"及原始习俗和规定。历史上云南从明代开始就已出现"乡规民约"，"乡规民约"于清代和民国时期在广大乡村普遍流行，许多少数民族地区的传统聚落也制定了自己的"乡规民约"。传统聚落的"乡规民约"，是村民自发订立并共同遵守的一种社会行为规范和共同行为准则，因此，村民能够自觉遵守。村民遵守聚落的"乡规民约"和继承下来的习俗，尊老敬老、守望相助、护林保水、讲信修睦、安居乐业，使聚落的秩序基本稳定，自发地保证了聚落的正常运行。

如关于生产耕作方面的习俗：布朗族聚落规定，在祭寨神和打井期间，任何人不得进出寨子；凡遇寨子的"达曼"（主人）播种这一天，寨子里其他人家都不能播种，要等到达曼播种完毕才能动工，否则冲了土地神，当年的庄稼就会歉收。苗族聚落规定，每年由"活路头"带头播种插秧，其他人不得先于"活路头"播种插秧，否则受罚。

又如居家生活中的习俗：普米族住屋正房一般设有上、下两个火塘，上火塘后方设有神龛，为祭祖和接待贵宾之处，妇女严禁在上火塘边就座；下火塘为日常起居的中心，人们围火塘而食，按传统习惯，老年妇女坐于火塘左边，男子坐于火塘右边，中青年大多蹲在火塘下方，若有贵客，则须单独请到上火塘用餐。永宁纳西族的母系制社会中，女子当家，火塘上方即靠近祖宗牌位的一方，是其当然的座位，他人不能随意去坐；男子大多坐于火塘的下方。这种起居习俗，实际上也是聚落居家生活的一种伦理秩序。❶

再如宗教祭祀行为中的习俗：傣族聚落一般都有祭"社神"和祭"寨心"的集体行为，祭祀时，由村社头人主持，每户至少有家长参加，外寨人不能进入，寨内人不得外出，具有严格的封闭性。这种祭祀，既是"统一村社成员意志的精神核心，又是协调人际关系的一条纽带。村社成员的凝聚力通过对神的崇拜而得到强烈的体现。"[5]

4
传统聚落社会组织的初级性

在云南民族地区，历史上曾经先后实施中原王朝统治、郡县制以及土司土官制等管理制度，但并未给民族社会有力的促进。大多数聚落未形成完整的行政管理系统，村民的生产、生活与社会关系大多未突破血缘（父系或母系）家族或氏族的界限，家族或氏族公社、农村公社是聚落中占主导地位的社会组织形式，聚落基本上靠自然权威或家族血缘、原始民主制的方式来管理，社会组织具有初级性。

如澜沧、孟连、耿马、双江等地的拉祜族，通常由聚落中的长者或族长协同选举产生"卡些"（聚落头人）。"卡些"主要负责对外联络、为土司派款、派夫等；对内调解纠纷，召集聚落会议。又如西盟等地的佤族，聚落的"扩"（头人）经选举产生，有大小之别，分别负责大、小事务，凡遇有关聚落的重大事情，由"头人会议"讨论处理。再如阿昌族聚落的"作借"（首领）早期由族长会议产生，后由土司任免，负责管理聚落、处理民事纠纷、领导生产。再如布朗族聚落的"召曼"（头人）在小乘佛教传入前，由村民民主选举产生，小乘佛教传入后，则由"神选"产生，负责组织聚落内重大的生产活动，主持聚落的祭祀活动，维持聚落的社会秩序，调解村民纠纷，管理聚落人口迁移等。另外，像哈尼族的"纠玛"（民间的宗教头人），基诺族的"寨父"与"寨母"，佤族的氏族酋长和"窝郎"（首领），布依族的"寨老"等，都是由村民民主选举或氏族家长世袭，或由土司、土官任免产生，在聚落中有自然权威的作用。

以上述的聚落首领为主，各聚落内一般都有相应的初级管理组织。如云南屏边等地瑶族，由"寨老""寨主""目老当龙师"组成了一套聚落管理制度"目老制"。基诺族聚落中，在商量和处理聚落的纠纷和各家负担等事务时，一般由传统的聚落会议"曼则"讨论决定。这些聚落组织大多是由民主或自然产生的聚落"大人物"

❶ 管彦波. 西南民族聚落的基本特性探微[J]. 中南民族学院学报(哲学社会科学版), 1997(4): 44-48.

组成的自发组织，政治色彩淡薄，没有完整的组织形式，更不可能具有统辖很多聚落的权力和能力。当然，像土司土官制、景颇族的"山官制"等较为完善的社会组织形式，所统辖和管理的区域比较大。不过，即使受制于土司土官或山官的聚落，其内部也保存有自己的初级的基层组织。[4]

5

传统聚落自我保护的防御性

历史上云南少数民族居住的地理区域内常有野兽出没，聚落间的械斗也时有发生，因此，同宗、同族、同姓的村民往往选择有利于防御的位置建造自己的聚落，并在聚落四周用栅栏、壕沟或围墙将寨域围合起来，使聚落成为封闭性较强的整体，具有自我保护的防御性，聚落内的村民感到如同生活在一个血缘大家庭之中，具有安全感。

如佤族常在聚落四周挖壕沟，壕沟内埋竹尖和倒钩刺，用竹木和荆棘围起寨墙，并在寨门前修一条刺棵密集、竹篷、密不透光、类似地道的通道。壮族的一些聚落也具有很强的防御功能。随着各民族经济文化的发展，社会文明程度的提高，与外界交往的增多，杂居散居程度的提高，各种组织机构的建立，以及聚落的城镇化，聚落中原来有形的围墙、壕沟、寨门已不多见了。但是，目前尚存的羌、藏、彝等族的碉楼式建筑，仍能充分体现昔日云南传统聚落的防御性特征。

藏族等的碉楼作为一种防御性能甚强的聚落建筑，一般据山扼水，建在视野十分开阔和地形极其重要的交通要道、山脊梁上或聚落中心，有家碉和寨碉两种，主要用来防御敌患。作战性能较强的战碉又高又大，楼内可容纳大量的物资、武器弹药、生活用具，村中的老弱妇孺和牲畜亦可躲藏在里面。[4]

6

传统聚落交往关系的封闭性与村民的互助性

每一个传统聚落都是由多种物质要素和设施构成的一个有机整体。在这个有机整体中，道路是交通和村民之间相互交往和沟通的重要设施；广场是村民社会生活和文化生活的中心。在大的空间内,人们生活在聚落里;在小的空间内,人们生活在住屋里,一切社会交往活动都与聚落的生产与生活紧密相联。

在云南传统聚落中,除了贸易性或宗教性的聚落有较为完整的道路系统外,一般的聚落由于受地理环境的限制,聚落内的道路形状多半不规则,道路随房屋排列变化自然形成,多为土路、乱石路,少有宽敞平坦的大道。有些山居民族先建寨后铺路,道路网络无一定格局。有些聚落建于非开阔地带,内部空间回旋余地小,房屋紧凑,道路更是狭窄。聚落的公共活动场所——广场,是村民在节日庆典、闲谈聊天及进行各种宗教祭祀活动时,有较广泛接触交往的空间。但是由于传统聚落地理环境的相互隔绝,经济生活的自给性和商品经济的欠发达性,使各聚落一般是分支自治,缺少相互间的互补与互动,族内联系频繁,但族际交往较少,大多是限于血缘亲属关系和聚落内部单向封闭式的交往,表现出极大的封闭性与单一性。

与聚落交往关系的封闭性相关联的就是聚落内村民社会生活的互助性。在生产力发展水平低下而生存环境艰苦的原始时代,村民互助强调了群体的力量,强化了血缘或家族的联系。在云南民族社会,由于自身经济的发展未能完全突破地缘和血缘的界限和聚落内村民社会交往的封闭性,使村民的社会生活及生产活动、婚丧嫁娶、起房建屋都表现出极大的互助性,且互助的形式多种多样。以前,基诺族聚落作为一个封闭的系统,其生产趋于一体化,靠自然协作,生产中普遍存在换工。又如在建造住房的活动中,许多传统聚落内都互相帮助,一家建屋,其他家庭或出工或出料前来帮忙,表现为统一的聚落共同行为。[4]

7
传统聚落资源获取的自给性

历史上云南各民族经济活动的主要方式大致有游猎、游耕、游牧，以及农耕（锄耕、犁耕）等几种形式，生产力发展水平一般较低。

游猎、游耕、游牧民族一年四季总是在较大的空间范围内追逐猎物、驱赶畜群、寻觅可用于刀耕火种的林地，不停地游动迁徙，自然环境给他们提供的资源相当有限。因此，村民们总是散居各地，一切生产的主要目的几乎都是满足聚落内村民生存的需要，满足衣、食、住、行等自给性的消费，而不是为了市场的需求。产品很少有剩余，缺少与聚落外部经济力量相联系的契机。生活资源获取的自给性导致资源消费主要是自给性，商品性消费较少。

农耕特别是以犁耕为主要特征的犁耕农业，使人们能周而复始地进行粮食生产，食物有了一定的保障，聚落内所能容纳的人口数量增多，聚落带有极强的农耕色彩。在农耕型聚落中，聚落内家族共同体的生活与农耕劳作浑然一体，每一个家庭成员都被固定在土地上，村民主要通过土地获取生存资源，围绕着耕种的特点和季节性组织劳作，同时兼作一些家庭手工业和饲养牲畜、家禽等作为农业的必要补充，生活基本上自给自足，生产不仅不受市场规律的制约，甚至和市场缺乏联系，整个聚落社会处于一种封闭的自给自足的小农经济系统之中。[4]

8
传统聚落的独特性

云南传统聚落，由于地理分布与气候条件的差异，民族种类及风俗习惯等的不同，形成了许多内在的独特性，主要有以下方面。

8.1 独特的生存环境

各民族的先民根据其传统的生产生活方式和风俗习惯，选择不同的生存环境。如傣族选择平坝与河谷，彝族选择山区，哈尼族选择半山区等。

8.2 独特的生产方式

各民族都有其传统的生产方式。如傣族以水稻农耕为主要生产方式，彝族以山地

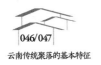

农耕和畜牧业为主要生产方式，哈尼族以梯田农耕为主要生产方式等。

8.3 独特的住屋形式

如傣族传统聚落内如出一辙的干栏式竹楼；彝族聚落的住屋为清一色高低错落有致的平顶土掌房；哈尼族聚落的住屋为状如蘑菇的草顶蘑菇房等。各民族聚落独特的住屋形式成为聚落民族属性的标志和民族文化的符号。

8.4 独特的风俗习惯

各民族的风俗习惯各不相同。如傣族爱水、敬水，崇尚蓝色与孔雀，喜食糯米；彝族崇尚黑色与老虎，喜食荞麦等。

8.5 独特的历史风貌

不同民族传统聚落的历史风貌各不相同，主要包括不同的聚落布局、建筑形式、街巷和公共空间、农业景观，以及传统农耕技术与手工艺技术、乡土文化等（详见本书第十四章）。

8.6 独特的民族文化

各民族传统聚落由于族源不同、种类不同、支系不同，其语言、信仰、婚俗、节庆、歌舞、饮食等民族文化各不相同。此外，一些传统聚落还拥有独特的文物古迹，其独特性也十分明显（详见本书第六章）。

上述传统聚落的特征包括血缘性、多样性、自发性、初级性、防御性、封闭性、互助性、自给性、独特性等，透过对这些特征的

分析与归纳，人们可以清楚地认识到传统聚落的发展深受自然因素的制约和人文因素的
积极作用。

主要参考文献

[1] 宋恩常. 基诺族社会组织调查[M]//中国人类学学会. 人类学研究. 北京: 中国社会科学出版社, 1984.
[2] 宋恩常. 镇康德昂族父权制家庭公社, 独龙族家族公社及其解体[G]//宋恩常. 云南少数民族研究文集. 昆明: 云南人民出版社, 1986.
[3] 《中国少数民族社会历史调查资料丛刊》修订委员会. 拉祜族社会历史调查: 二[M]. 北京: 民族出版社, 2009.
[4] 管彦波. 西南民族聚落的基本特征探微[J]. 中南民族学院学报(哲学社会科学版), 1997(4).
[5] 张公瑾. 傣族的农业祭祀与村社文化[J]. 广西民族研究, 1991(3).

第六章　云南传统聚落文化

云南传统聚落的文化，历史悠久、内涵丰富、特色鲜明，具有突出的时代价值与传承意义。

1 云南传统聚落文化的特点及内涵

1.1 云南传统聚落文化的特点

云南大地以高原山地为主，地处边陲，江河纵横，交通阻隔。世代居住于此地的少数民族在这种特殊的生存环境中，创造了具有鲜明特点的本民族文化。概而言之，传统聚落文化具有五个显著特点：

一是多元性。云南世居 25 个少数民族，其族源主要有北方的氐羌族群和南方的百越族群及百濮族群等。不同的族源，文化各不相同；同一族源的不同民族，其文化传承于不同的民族之中，因而也不尽相同，这就形成了传统聚落文化的多元性特点。

二是多样性。云南每一个民族都有自己的历史发展特点，社会发展水平不同，地理环境差异，不同的生产方式，以及不同的外来文化影响等，形成了各民族不同的文化类型。各个民族有各不相同的语言、住屋建筑、风俗、服饰、节日庆典、宗教信仰、祖先崇拜、神话传说以及不同的心理素质等；而同一民族的不同支系，文化也不尽相同。传统聚落文化的多样性特点显而易见。

三是原生性。中华人民共和国成立前，云南的少数民族，由于历史的原因，社会发育程度较低，经济发展滞后，文化发展缓慢，有的民族还处于原始社会的末期。中华人民共和国成立以后，在一些少数民族中，许多原始信仰以及一些原生的风俗习惯等不同程度地残留在其现代生活之中，从而表现出突出的原生性特点。如：以"万物有灵"观为基础的自然崇拜、鬼神崇拜和图腾崇拜等；保留着古老遗风的民风民俗，包括刀耕火种、抢婚、食生等；一些少数民族流行的"打歌"，实际上是远古先民歌、舞、乐三位一体的原始乐舞活动等。这一切构成了传统聚落文化的原生性特点。

四是独特性。云南各民族由于族源不同、种类不同、支系不同，其民族文化各不相同，具有独特性特点。此外，在云南白族、纳西族等独有民族的传统聚落文化中，有许多"人无我有"的独特文化。如：白族的本主崇拜，既不是原始宗教，也不是人为宗教，它只信仰以村社保护神为中心的各种对聚落和村民有益的神灵和被神话的人物等；纳西族的东巴象形文字是世界上唯一仍在使用的象形文字；纳西族摩梭人的母系制家庭和"阿注"婚俗，是世界上独具特色的家庭婚姻形态；基诺族的"长房"，是基诺族父系大家庭的住屋，被称为"最后的长房"等。这就是传统聚落文化的独特性特点。

五是包容性。云南传统聚落文化中，有的包含着中原内地汉族文化以及外来的南亚、东南亚文化的影响。最突出的例子是：剑川石宝山石窟。石窟中的人物造像不仅有中原文化的深刻影响，也有南亚、东南亚文化的影响。有的传统聚落中，各民族互相汲取文化因子，这在"大杂居"传统聚落中表现得尤为突出。如西双版纳州勐海县的曼密寨和曼赛因寨是傣族和回族杂居的聚落，文化互相包容。又如怒江州贡山县的丙中洛村，是傈僳族、怒族、藏族杂居的聚落，居住在同一聚落中的民族，彼此尊重、和睦相处，这是文化包容的典型实例。此外，云南还有藏回、白回、彝回和汉回民族杂居以及其他民族相互杂居的聚落等。这都反映了各民族传统聚落文化"你中有我""我中有你"的包容性特点。

研究上述云南传统聚落文化的五个特点，不仅有助于深入认识传统聚落的文化，而且有助于深入认识传统聚落的形成、分类、特征、建筑等内在特质。

1.2　云南传统聚落文化的内涵

云南传统聚落文化的内涵十分丰富，本书主要列举了以下22个方面，分别简述如下。

1.2.1　历史文化

如前所述，云南传统聚落大约产生于三千多年前的新石器时代晚期。先秦时期，生活在我国西北的氐羌族群和分布在南方的百越族群及百濮族群先后迁徙进入云南。至元明清三代及其后来，又有今藏、蒙、回、苗、瑶、普米等民族先后进入云南。历史上云南大多数少数民族都经历了不断迁徙，寻找适合生存的地方。各民族先民与居住地土著融合，根据居住地的自然环境，因地制宜，建村立寨，建造住屋，形成了各具特色的少数民族地区的传统聚落。

由以上所述可知，云南少数民族地区的传统聚落已有三千多年的历史。它们是在长期的民族迁徙中形成的，也是在长期的民族融合中发展的。简言之，传统聚落是云南少数民族迁徙、融合、分化、重组的历史产物。

1.2.2　迁徙文化

云南境内的各个民族大多是从内地迁入的。先是居住在西北青海、甘肃等地的氐羌族群，沿着横断山脉的河谷通道南下，进入今云南的西北地区，后来继续南下，到达滇西、滇西南地区。此后，分布在南方长江中下游以南至中南半岛北部地区的百越族群，也逐渐南迁，进入滇东南、滇南、滇西南等地。还有居住在江汉流域及其以南地区的百濮族群也进入云贵地区，后来，其中一部分迁入今保山、大理、曲靖等地。今天云南境内的 25 个少数民族大部分是先秦时期从内地迁入的，分别来自氐羌、百越、百濮三大族群。

1.2.3　农耕文化

1950 年以来，在云南广大地区先后发现的新石器时代遗址和墓葬多达数百处。在这些新石器时代遗址和墓葬中出土了大量远古时期与农业生产有关的遗物，包括用来砍伐树木、开辟土地的石斧、石锛、石凿，整治耕地的石铲，收割谷物的石刀、蚌刀、蚌镰等。这说明，早在三千多年以前，云南原始先民已经发明了农业，懂得种植稻谷等作物；其食物从采集野果到种植谷物，特别是最早将野生稻改良为栽培稻，使云南成为"亚洲栽培稻的起源地"。这是云南农业史上的巨大进步和伟大发明。

经过数千年的缓慢发展，云南历史从新石器时代跨入青铜时代。在云南青铜时代的遗址和墓葬中，出土各种青铜器一万余件，其中用于伐木和开辟耕地、挖土、中耕薅地、收割庄稼的农具多达 560 余件。当时青铜农具已完全取代新石器，人们广泛使用青铜农具进行耕田农作，大大提高了农业生产水平，反映了其锄耕农业的发展。

汉晋时期至近代的两千余年是云南农业不断发展变化的时期。在这段时期，有关农业发展变化的重大事件有：西汉时郡兵从事"屯戍实边"。东汉时内地铁制农具传入云南，并迅速取代原来的青铜农具，这是云南农业史上一个划时代的进步；与此同时，牛耕技术从四川传入云南。南诏建立后，以农立国，采用"二牛三夫"耕作技术，都标志着农业生产已从锄耕变为犁耕，这又是一大进步；推行稻麦复种，增加了农产品产量；山区开始垦种梯田，《蛮书》称"蛮治山田，殊为精好"。大理国时期，广泛种植稻、麦、粟、稷、黍等粮食作物及麻、蔬为主的经济作物，果、桑两种作物也异军突起，农业生产已达到内地水平。元明时期，全省范围内大规模开展屯田，军屯、民屯、商屯全面展开。内地大批军民涌入云南，为农业生产提供了大量劳动力；大片荒芜之地辟为耕地，粮食产量大幅增加；内地军民带来了先进的生产工具和生产技术，大大促进了云南农业生产的发展。清末至民国，云南传统农业开始实施对外开放，先后从南美、法国、缅甸和美国等，引进马铃薯、咖啡、棉花及烤烟等优良品种，并进行推广种植，改善了农产品结构，提高了农业生产水平。

综上所述，云南农耕文化历史悠久。早在原始社会晚期，云南各族先民将野生稻改为栽培稻，使云南成为"亚洲栽培稻的起源地"，从而创造了农耕文明。此后各历史时期，云南一直以农为本，不断推进农业生产的进步与发展，又先后创造了世界遗产："红河哈尼梯田文化景观"和"普洱景迈山古茶林文化景观"享誉世界的农耕文明（详见本书第十章）。

1.2.4 建筑文化

一个民族的建筑，特别是民居建筑是一定社会历史时期该民族传统文化的产物。关于建筑的文化性，不少学者作了论述，如同济大学建筑学系教授沈福熙认为"这种为人的物质和精神需求所构成的建筑，同时又反过来表现人自身，正是建筑的文化性"❶；施惟达先生等认为"一个民族的建筑不仅是挡风避雨的重要场所，而且是表达自己文化观念、传承文化意识的重要符号"❷。正如他们所述，云南传统聚落的民居建筑风格和布局体现了各民族的社会形态、家庭结构、宗教信仰、民俗传统以及对外部环境的理解；而宗教建筑的空间序列和独特外形则体现了宗教教义及宗教精神的庄严肃穆，这一切构成了云南民族建筑的文化特质。

云南传统聚落的建筑文化从新石器时代的穴居、巢居，到青铜时代的干栏式等建筑，以及铁器时代多种建筑形式逐渐形成。对于云南传统聚落建筑文化的形成和发展，自然环境因素和社会环境因素起了决定性的作用，外来文化也产生了巨大的影响。其中，自然环境因素包括地形地貌、气候、场地、材料等，主要作用于民居建筑的形态和结构；而社会环境因素包括社会形态、生产方式及生产力发展水平、宗教信仰等，则主要影响民族聚落和民居建筑的空间构成及布局。

1.云南传统聚落建筑文化的特点

云南传统聚落建筑文化的特点包括以下六个方面。

1）建筑文化的多元性

云南传统聚落建筑的形式多姿多彩，充分体现了建筑文化的多元性。可从民族渊源、宗教信仰、经济类型和外来文化的影响等方面进行分析。

（1）不同的民族渊源

历史上云南的 25 个少数民族分为属藏缅语族的氐羌族系（彝族、白族、哈尼族、傈僳族、阿昌族、景颇族、拉祜族、怒族、独龙族、基诺族、普米族、藏族等），属壮侗语族壮傣语支的百越族系（傣族、壮族、布依族、水族等），属孟-高棉语族的濮族系（佤族、德昂族、布朗族等），以及属苗瑶语族的苗瑶语系（苗族、瑶族等）。"不同民族有不同的居住习俗，有不同建筑风格和艺术；而不同的建筑风格和艺术往往反映不同地区、不同民族的文化特点"❸，云南的许多少数民族都有其代表性的住屋形式，如傣族的竹楼、普米族的木楞房、彝族的土掌房、哈尼族的蘑菇房、藏族的碉房、白族的"三坊一照壁"合院等。"民族建筑形式总是与他们的整个文化系统相适应的"❹，不同民族所特有的传统住屋形式以及属于同一族源的民族在民居建筑上反映出的许多相同的特征是其民族文化纵向传承的结果和传统文化的产物，具有可识别性，已成为该民族的标志，体现其民族属性。如果根据地理位置和气候条件的不同，将云南的民居建筑分为干栏式、井干式、土掌房式和合院式四个建筑文化圈，我们会发现居住干栏式住屋的主体民族是古百越、百濮

❶ 沈福熙. 中国古代建筑文化史[M]. 上海：上海古籍出版社，2001：1.

❷ 施惟达，段炳昌，等. 云南民族文化概说[M]. 昆明：云南大学出版社，2004：315.

❸ 斯心直. 西南民族建筑研究[M]. 昆明：云南教育出版社，1992：202.

❹ 段炳昌，赵云芳，董秀团. 多彩凝重的交响乐章：云南民族建筑[M]. 昆明：云南教育出版社，2000：21.

族群的后裔；居住井干式住屋的主体民族是古氐羌族系的后裔；居住土掌房式住屋的主体民族是古氐羌族系的后裔及部分百越族群的后裔；居住合院式住屋的主体民族除汉族外，主要是古氐羌族系的后裔及后来传入的回族和蒙古族。这表明，同一族群后裔的不同民族往往居住在同一类型的民居建筑中，该类型民居建筑有别于其他民族的民居，有相似的文化特征。因而，多元的民族文化是云南民族建筑具有多样性特征的重要原因之一，构成了云南民族建筑文化多元性的一个重要方面。

(2) 多元的宗教信仰

云南民族的原始信仰至迟在新石器时代就已形成，随着外来人为宗教的传入，在云南形成了多教并存的民族宗教环境。由于云南少数民族原始哲学思想中存在着先产生宇宙天地而后生成人类的认识顺序，并相信"万物有灵"的原始观念，因此，原始宗教普遍存在于少数民族之中，其崇拜对象多种多样，在全国最为典型。云南是我国人为宗教和教派最为齐全的地区之一，既有世界的三大宗教——佛教、伊斯兰教和基督教，还有中国本土宗教——道教，而且各个宗教的派系，如佛教的两系三传（大乘佛教和小乘佛教，汉传佛教、藏传佛教和南传佛教），伊斯兰教的逊尼派老教和新教两系，基督教的天主教和新教两系等在云南均存在。此外，云南的宗教信仰最为普遍，各个少数民族都有自己的宗教信仰和宗教文化。如傣族全民信仰南传上座部佛教，藏族全民信仰藏传佛教，回族全民信仰伊斯兰教；不少民族有多种宗教信仰，如白族和彝族信仰基督教和道教，纳西族和怒族信仰藏传佛教和基督教，哈尼族和景颇族信仰小乘佛教和基督教等。多元并存的宗教文化深刻地影响着云南民族的价值观念、价值取向和行为方式，并在民居建筑和宗教建筑中得到充分体现。就宗教建筑而言，形形色色的原始宗教建筑、两系三传佛教的佛寺佛塔、道教宫观、伊斯兰教清真寺、基督教堂等宗教建筑在云南同时存在，堪称世界一大奇观。多元并存的宗教文化构成了云南传统聚落建筑文化多元性的又一个重要方面。

(3) 经济类型的差异

云南地处云贵高原，高原和山地约占全省面积的94%，地势从西北向东南倾斜，海拔最高点与最低点之差达6663.6m，有高原、山脉、河谷、平坝等地形，地理环境十分复杂。云南各民族分别居住在高寒山区、山区、半山区和坝区，这些地区可划分为农耕区、林区、畜牧区和渔猎区，因而，不同的民族或同一民族的不同支系其经济类型各不相同。如居住在滇西北高山上的藏族等民族以畜牧业为主；居住在丽江地区的藏族与纳西族、普米族、彝族以农牧业为主；居住在河谷或坝子地区的白族、纳西族、傣族以农耕为主。经济类型的差别产生了不同的文化，平坝地区的傣族种植水稻创造了稻作文化；滇南哀牢山区的哈尼族创造了梯田农耕文化；居住在山腰地带的傈僳族、普米族、怒族、独龙族、基诺族、拉祜族，以刀耕火种为主，狩猎采集为辅，创造了游耕文化和采集文化。各民族社会经济的发展状况及生产生活方式的区别直接影响到民居建筑的规模、形制、结构及外形风格、建造水平等，表现了不同的居住文化。如农耕民族经济一般比较发达，其民居建筑有着与农耕文化相适应的特点，住屋稳固长久，规模较大，除卧室、堂屋、厨房等房间外，还需要晾晒和储存粮食的地方，房屋建造水平也较高；刀耕火种民族因生产和生活不稳定，不断迁徙，其民居建筑一般式样简单，规模小，建造水平低。多姿多彩的民族民居建筑形式反映了各民族社会经济发展状况和生产生活方式的差别。

（4）外来文化的影响

云南地处古代印度文明与中华文明两大世界文明的交汇地带❶，又是青藏文化、中原文化和东南亚文化叠合交汇的边缘地带。因此，云南的传统聚落建筑文化除了主要受我国中原地区汉式建筑文化的影响之外，还受到东南亚、中亚及欧式建筑文化的影响。

①汉式建筑文化的影响

自汉代以来，云南少数民族与汉族的文化交流逐渐频繁，汉式建筑随之开始在云南东北部地区出现。其后，特别是南诏、大理国时期，云南与中原地区交往的扩大和汉族移民的大量迁入，加快了汉式建筑在云南的传播。明清以后，汉族移民越来越多，分布越来越广，汉式建筑遂成为云南建筑中的主流样式，对云南民族建筑文化产生了巨大影响。"汉式建筑在云南的出现和扩散以及对少数民族建筑的影响和渗透是云南建筑文化史上最重要的现象之一。"❷在民居建筑方面，最为典型的是汉式建筑在传播中形成了分别以彝族一颗印、白族和纳西族"三坊一照壁""四合五天井"为代表的汉

❶ 李子贤，杨德鋆，张德文. 云南民族文化精粹[M]. 武汉：华中科技大学出版社，2003: 14.
❷ 段炳昌，赵云芳，董秀团. 多彩凝重的交响乐章：云南民族建筑[M]. 昆明：云南教育出版社，2000: 30.

族移民建筑的地方化、民族化，以及以建水、石屏县民居为代表的当地本土建筑、民族建筑的汉化两个趋势；同时，作为中原传统建筑重要特征之一的木构技术传入云南并被地方化；此外，在傣族等民族聚居地出现了汉式平房建筑，民居的院落组成及平面布局也发生了变化，民居建筑中汉式建筑的特征增多。历史上云南民族的宗教建筑也明显受到汉式建筑的影响，表现出民族宗教文化与汉式建筑文化的融合。例如，昆明到保山连线以北地区的寺庙、殿堂和古塔等建筑与内地基本一致，大殿多为歇山顶抬梁式结构、斗栱、红色砖墙、琉璃瓦；昆明的真庆观大殿、黑龙宫、大观楼，丽江的白沙琉璃殿、大宝积宫、大定阁等的建筑形制也完全汉化；有些喇嘛寺基本沿袭汉族传统佛寺"伽蓝七堂"的布局形式，在造型和细部装修上也受汉族宫式建筑传统艺术的影响。与此同时，云南的一些汉传佛教建筑受到民族文化的影响对中原制式有较大突破，如昆明昙华寺和西山太华寺以三叠式牌坊代替殿宇式山门；昆明西山太华寺、华亭寺及邛竹寺未修建法堂；昆明圆通寺未修建法堂和天王殿；昆明昙华寺以观音殿代替大雄宝殿，其主体建筑由山门、关圣殿、观音殿、藏经楼、方丈室组成❶；大理崇圣寺三塔中的千寻塔"属于唐代中国式之建筑"，但中部稍粗，轮廓略呈弧线形，浑厚静穆，柔和流畅，塔顶四角放置了唐塔所没有的铜铸金翅鸟（白族称为金鸡，鸡曾是白族先民图腾崇拜的动物之一），有独特的苍洱地区特色，表现了汉式建筑文化、土著文化与佛教文化的相融。可以认为，云南藏族、傣族等民族建筑的形成、发展及成熟过程，一直受到汉族建筑艺术及技术的影响。

②东南亚、中亚及欧式建筑文化的影响

受东南亚、中亚及欧式建筑文化的影响，各种宗教特有的建筑形式与云南本土的建筑形式相融合，形成具有地域特征的云南宗教建筑。如傣族的缅寺采用东南亚地区重檐多面坡的屋面造型和具有中原建筑特色的高基台和抬梁式屋架结构，并结合了傣族传统建筑的特点，构成了云南傣族独特的佛寺形制和造型艺术；又如保留了以圆顶、尖塔作为象征的阿拉伯或中亚地区清真寺风格，从外观形式到室内外装饰表现了汉族传统文化与阿拉伯伊斯兰文化结合的清真寺；欧式建筑与云南本土传统民族建筑形式相结合的基督教教堂等。

2）建筑文化的丰富性

云南的传统民居建筑和宗教建筑具有丰富的文化内涵，主要包括宗教文化、伦理文化、审美文化和火塘文化等。

（1）人神共处和多元并存的宗教文化

云南的民族传统建筑蕴涵了丰富的原始宗教和人为宗教文化内容，人神共处和多元并存的宗教文化使民族民居充满了宗教色彩。

①万物有灵的原始宗教文化

历史上云南各少数民族思想意识中普遍存在万物有灵的宗教观念，如独龙族和佤族信奉"万物有灵"的鬼神观；彝族"尚巫信鬼"敬畏鬼神，神鬼观念贯穿建筑营建活动的始终；白族以村社保护神和各种有益的神灵以及神性人物为崇拜对象的本土崇拜；纳西族的东巴教充满自然崇拜和祖先崇拜的色彩等。万物有灵的宗教观念对各民族的住屋文化产生了重要的影响，除了特定的宗教建筑外，人们把祈求神灵保佑风调雨顺、五谷丰登的心态及抵御自然灾祸和疾病的期盼反映到聚落的组织、住屋的布局、室内空间的划分、火塘和厨房的位置等住屋形式和结构方面；反映到寨心、寨门、还魂桩、人头桩、祖先牌位、石柱、木鼓房、鬼房、神树、祭坛等器物上，以及居家生活、供奉、祭祀等方面；还反映到住屋的建构行为上，使各民族的住屋形式、装饰布局，以及建构行为等无一不受到原始宗教的影响，具体表现在：

A. 住屋内供奉着不同的神灵。在人们的意识中，住屋从来就是人与神共居的空间。因此，在民居建筑内部供奉着不同的神灵，显示出民居内部最重要的不是人的位置而是神的位置的观念，以此取悦于神，求得神灵的庇护。如孟连竹楼屋脊两端有高昂的"千木"，是家屋神的象征，入口处悬挂的由竹篾编成的"达辽"是辟邪之物；"三坊一照壁"民居山墙顶角上白族饰以象征性的符号，祈盼幸福；纳西族在山墙顶角上悬挂木鱼，是"年年有余"的象征等。

B. 住屋处处皆有神。民族住屋的各个部分都有神：门神——景颇族的竹楼有分别供人和供天神"木代"出入的正门，还有供鬼出入的"鬼门"和第三道门；西盟佤族的木掌楼有鬼门、火门和客门；金平傣族竹楼有前后两道门，双楼梯对称设置体现了"人鬼不同道"，或男、女分梯进出。柱神——彝族、藏族、傣族、白族、布朗

❶ 段玉明. 西南寺庙文化[M]. 昆明：云南教育出版社，1992：117.

族、普米族、景颇族、纳西族摩梭人等均为有中柱崇拜的民族，如布朗族住屋左右两边的中柱分别为男、女家神柱；傣族竹楼卧室内有"主管"人死后上天之路和界定灵魂活动范围的灵魂柱，还有两根中柱，象征家神，"主管"家庭成员的生活；藏族土墙板屋厨房中有粗大的中柱，具有顶天立地、吉祥如意的意蕴，也是家庭财富的象征；永宁普米族木楞房正房中央有一大柱，称为"擎天柱"，是神灵所在之处，有祈求祖先保佑之意；彝族的柱是人神交往的通道，其柱神观念与崇拜赋予建筑空间以层次和意义，住屋按照"柱"观念模式分层布置，垂直方向神圣化，衍化为一种绝对的权威性，又物化在建筑的空间层次上❶；摩梭人主室中有男、女柱；怒族的屋内也有象征家神的独柱；白地纳西族木楞房正房中间立有中柱——擎天柱。家神——丽江纳西族火塘上方的搁板上供着竹篓，象征家神住所。火塘神——火塘是诸神聚集之地，各民族均有各种火塘崇拜和禁忌。

C. 建构行为充满了宗教意识。云南各民族在选材择地，决定聚落和住屋的规模、格局、方位取向、形式和空间划分，布置室内各种器具等建房过程中都有许多宗教活动。如傣族建新房前请祭司"波莫"测新地基的吉凶，祈祷神灵相助驱赶鬼邪，请风水先生"莫练"定方位走向；盖房前慎重地选择树干笔直、枝叶繁茂的大树作中柱，由男主人举行一系列祭祀仪式；盖房时先立中柱，日常生活中经常在中柱上贴彩纸，插蜡条进行供奉祭祀等。

D. 民族建筑中规定了诸多禁忌。为了表示对神灵的笃信，在民族建筑中普遍规定了诸多的禁忌，主要反映在被赋予了神灵寓意的建（构）筑物不得被"玷污"，住屋内的许多物体被视为"圣物"，禁止随意触摸等方面。如傣族竹楼中的火塘，人们不得跨越，不能随意敲打，三脚架不得移动，不得断绝火种，不得焚烧不洁之物，柴火从一定方向添加，火塘旁的座次有内外之分，里侧坐女成员，外侧坐男成员；德昂族禁止横穿室内通道；阿昌族禁止女子坐堂屋门槛和住在楼上；普米族妇女不准进入经堂；景颇族不许外人接近或探视鬼门、鬼房；傣族禁止别人靠在代表男性的中柱上……❷正是这些禁忌风俗，在民族传统建筑文化的传承中产生了很大的作用。

②多元并存的人为宗教文化

宗教建筑不仅是各种宗教教义的象征和进行宗教活动的场所，而且是宗教文化的载体。云南众多的佛寺佛塔、道教宫观、伊斯兰教清真寺以及基督教和天主教教堂等都具有各自鲜明的宗教主题和艺术魅力，反映了多种人为宗教文化同时并存的局面；而且一些庙宇甚至是佛教、道教、儒教、原始宗教数教合一的建筑，更充分地体现了云南宗教文化多元并存的特点。

(2) 规范社会道德的伦理文化

云南民族建筑的空间布局反映了各少数民族的社会特征、家庭结构和严格的伦理秩序。如基诺族的干栏式大房子及其内部空间布置，反映了以男性家长为中心的父系氏族社会的特征，是其集体主义大家庭的典型反映；永宁摩梭人井干式木楞房住屋中"一梅"的布局，以及室内最为尊贵的下火塘是以女性家长为首领的女性空间，与其母系氏族社会有密切的联系；彝族土掌房中父母卧室位于左边厢房，长子媳的卧室位于楼下左边次间，次子媳的卧室位于楼下右边次间，反映了彝族"以左为尊"的家庭尊卑秩序；兰坪普米族木楞房内家长卧室中的"高火床"是家庭活动的中心以及宗教祭祀和待客的地方，是家庭成员地位和权势的标志；大理白族"三坊一照壁"的正房供长辈居住，两侧厢房供晚辈居住；傣族竹楼内室中主人席地而卧的排列顺序，人的居处根据柱子的重要程度和家庭成员的身份划分等。云南民族传统民居的住居行为体现了中国住宅文化中"长幼有序，内外有别"的家庭制度和规范社会道德的伦理文化，而合院式建筑的对称结构更加体现了一种稳定的、长幼尊卑不可逾越的人间秩序。

(3) 展现民族性格的审美文化

各个民族的文化类型、生存环境、历史文化渊源和演变轨迹均对该民族的心理、民族性格和审美意识造成影响，使各个民族都有着不同于其他民族的审美追求，从而深刻地影响民族建筑的风格，具体表现在建筑材料和地址的选择、房屋基本构架和结构形式的确定，以及房屋的装饰和细部处理等方面。反过来说，不同民族的性格、精神风貌，甚至历史文化也在民族建筑中得到明显的或抽象的展现。如彝族土掌房层层叠错、水平伸展，所显示的壮观之美表现了彝族热情坚韧的民族性格。傣族竹楼出檐深远、密密相邻，表现了傣族含蓄、内敛的民族性格；傣族寺庙建在寨子旁，掩映在绿树之中，表现了佛与世俗民众的亲近，并给人以安详静谧的感受；缅寺个体建筑屋面变化丰富，造型优美，上覆琉璃瓦，在明丽的阳光

❶ 郭东风. 彝族建筑文化探源[M]. 昆明: 云南人民出版社, 1996: 105.
❷ 杨大禹. 云南少数民族住屋: 形式与文化研究[M]. 天津: 天津大学出版社, 1997: 124.

照耀下，金光灿烂，熠熠生辉，体现了傣族追求宁静优美的审美心理。白族"三坊一照壁"民居的正房与耳房在布局、屋面及其间的联系上搭配和谐，白墙、黑瓦、红柱、蓝边、栗色木柱、石雕柱础、木雕门窗等使建筑色调素雅华丽，照壁以及墙面装饰使建筑错落有致、变化多样，体现了白族明快大方与精巧雅致的审美心理。丽江纳西族合院式建筑结合地形迂回曲折，给人以"庭院深深深几许"的意境。怒江傈僳族的木楞房简朴粗壮，反映了以力量、勇敢为美的狩猎民族的心理。藏族的碉楼给人以雄伟挺拔、俯瞰俗世的感觉，体现了藏族追求崇高的审美意识。

(4) 具有凝聚特性的火塘文化

云南大多数民族住屋中均设有火塘，火塘被神化，是火神、灶神以及祖先神的标志和各种神灵聚集之地；火塘的神灵群反映了从自然崇拜到祖先崇拜以及其他神灵崇拜的原始宗教演进序列❶。与此同时，火塘还具有很强的中心性和凝聚力。人们普遍认为火塘支配着家庭的生计，是死去父母的灵魂，火塘的生生不息象征着家庭的"香火"不断。如永宁摩梭人认为火塘是住屋的心脏；傣族认为火塘是家庭的主要保护神之一，也是人们生活的中心，新房盖成后，只有当火塘上方的三脚架安放妥当、点燃火种后，才能宣告新居的正式存在；德宏一带傣族村寨家家户户祭灶神；滇川交界处泸沽湖畔的纳西族和普米族，其传统的井干式木楞房中以火塘为全宅布局的中心等。此外，火塘还有如前所述诸多禁忌。

3) 建筑文化的多样性

云南特殊的自然环境与社会环境使民族建筑文化具有多样性特征。历史上云南民族的不断迁徙形成了民族的立体分布和同一民族大杂居、小聚居的分布格局以及不同民族交错杂居的状况。如滇西北地区，高山上居住藏族，山腰地带居住傈僳族、普米族、怒族、独龙族，河谷或坝子地区居住白族和纳西族；滇中和滇东地区除居住着彝族和少量白族外，还有迁徙而来的汉族、回族、蒙古族、苗族、瑶族、壮族；滇南地区主要居住着傣族、哈尼族、拉祜族、佤族、布朗族、基诺族、景颇族、阿昌族、德昂族、壮族、彝族、苗族、瑶族、傈僳族、汉族、回族等民族。又如德宏州，原土著民是傣族和德昂族，经过明清两代的迁徙，垂直方向上形成了傣族、德昂族、景颇族、傈僳族从低到高的立体分布顺序❷。云南的立体地形、立体气候和由此而形成的民族立体分布的特点使各民族与自然和谐，与自然为友，在对自然环境适应的过程中，形成了自己的建筑风格，使民居建筑蕴含着原始的宇宙观以及强烈的归顺自然、顺应自然的特点。因居住地自然环境和社会环境不同，同一民族的住屋"虽然都源于同一原始建筑雏形，也都属于同一结构体系，但随着时代变迁及受其他民族建筑文化影响情况不同，其建筑外观及风貌也会发生不同的变化"❸，从而形成了不同的住屋形式和住屋文化。如丽江古城一带纳西族的住屋是"三坊一照壁"，而滇西北山区的纳西族因当地森林茂密而居住于"木楞房"中，宁蒗县泸沽湖一带的纳西族分支居住于反映母系社会生活特点的大院式住宅中，金沙江两岸的纳西族的住屋用石头砌墙。又如滇中一带彝族的住屋是"一颗印"，元江的彝族住"土掌房"，滇西北的彝族住垛木房。再如生活在怒江峡谷的傈僳族住"千脚落地房"，维西一带的傈僳族住"木楞房"，丽江一带的傈僳族采用白族或纳西族的建筑形式。再如红河州和元江的哈尼族住"蘑菇房"，而西双版纳州的哈尼族住"干栏式"住房等。在建筑材料上的因地制宜也带来不同的建筑风格，如白族的住屋形式是"三坊一照壁"，苍山脚下石头多，当地的白族用石头砌墙，而剑川一带的白族因取石困难则用土夯墙或土坯砌墙等。与此同时，居住在同一地区的不同民族有相似的民居建筑形式，如生活在滇西北高寒山区的普米族、纳西族、怒族和部分白族其住屋形式均主要为"木楞房"；生活在西双版纳的傣族和哈尼族都住"干栏式"竹楼等。

云南各民族文化的纵向传承与横向传播相融合的结果，使得云南民族建筑的形式与云南少数民族在地域上的分布不完全一致，而是与当地的地理、气候等环境相适应，甚至不同地域同一民族民居建筑的差别大于同一地域不同民族的同类型建筑的差别，民族建筑的地域文化特征比民族文化特征更加强烈。民族文化与地域文化的结合，使云南的民族建筑形式具有多样性特征。

4）建筑文化的原始性

由于自然环境阻隔、社会经济发展滞后、文化交流与传播艰难，云南民族文化发展极不平衡，一些民族地区甚至处于文化封闭状态，至今仍保留着较为原始的民族民居和原始宗教建筑，存留着原生态的建筑形式。今天，在云南的不少地方还可以看到成片的或零

❶ 杨大禹. 云南少数民族住屋：形式与文化研究[M]. 天津：天津大学出版社，1977：119.

❷ 宋宁. 云南民族文化精粹[M]. 武汉：华中科技大学出版社，2004：18.

❸ 杨大禹. 云南少数民族住屋——形式与文化研究[M]. 天津：天津大学出版社，1977：96.

星的建于各个历史时期、具有各种形态和风格的民居建筑形式，如西双版纳州的勐腊地区保存着全国数量最多、风格最传统、形式最齐全的干栏式建筑；澜沧江两岸还保存有拉祜族母系大家族住屋遗迹；云南中部的哀牢山地区保存着完整的土掌房建筑群；元阳一带的山坡地上星罗棋布着哈尼族的蘑菇房。不少民族聚落中仍保留着原始宗教建筑，如彝族、哈尼族、普米族和纳西族聚落的原始祭坛、木柱和铁柱；阿昌族聚落的寨神；傣族和布朗族聚落的寨心、寨门、寨神庙等。此外，在云南各地还保留着早期的佛教、伊斯兰教、基督教、道教等宗教建筑群。

5) 建筑的营建思想及技术的合理性

(1) 因地制宜、因山就势、相地构屋、就地取材的营建思想

云南传统聚落民居的建筑技术虽然因受到社会生产力和经济基础的制约，总体来看比较落后，"捆绑节点、周边支撑、一把砍刀、全体村民参与"是对云南少数民族传统建构技术状况的描述❶。但从对干栏式建筑、井干式建筑、土掌房式建筑及合院式建筑的分析表明，云南各民族聚落的民居建筑都体现了因地制宜、因山就势、相地构屋、就地取材、适用方便的营建思想。各类传统民居建筑的选址、结构和造型都与当地的自然环境相适应；各类传统民居建筑所用材料（主要是竹、木、土、草和石）多就地取材，各尽其用，使传统民居建筑成为与环境相协调、相和谐的大自然的一个有机组成部分。[1]

(2) 创造性地吸收汉式木构技术

在云南传统聚落的建筑中，各族先民将汉族移民传入的木构技术地方化，形成了适应自己需要的构架系列。如居住在地震活动频繁的大理地区的白族创造了无中柱举架大梁和多柱短梁的五柱落地式举架，并在接点的卯榫结合基础上创造了"木锁"工艺，增强了房屋结构的稳定性，提高了房屋的抗震性能。白族、彝族和纳西族采用的抬梁与穿斗组合，获得了较大空间。丽江纳西族民居"每坊房屋的骨架由四榀木构架组成，两端山墙处多用穿斗式构架，设有中柱，中间的两榀不设中柱，多用抬梁式构架"，山架亦分为两种：一是用于硬山屋顶的"立人架"，一是用于悬山屋顶的"垛山架"❷，其木构架的形式随房间的功能、进深，以及厦子的情况多种多样，有其独到之处。

(3) 适应地理和气候条件的屋顶

云南传统民居的屋顶主要有歇山、重檐、四面坡、平顶、悬山、硬山等形式。屋顶形式的选择主要出于对当地地理和气候条件的适应，如傣族、景颇族的重檐四面坡屋顶，彝族土掌房的平顶，哈尼族蘑菇房的四坡面草顶等。

(4) 形式多样的墙体构筑

在墙体构筑方面, 云南传统聚落的民居主要用竹编墙、木板墙、夯土墙、土坯墙、石板墙、石砌墙、夹泥墙等, 其材料与形式的选择与当地地理、气候和资源条件相适应。其中, 大理三宝之一的"石头砌墙不会倒", 其垒石技术已有上千年历史。

6) 景观的独特性

云南的少数民族都有其代表性的住屋形式, 它们是各族先民在对生存环境选择和改造的长期演变积淀中形成的较为稳定的思维定式, 反映在认识上, 就是一种稳定的聚落和住屋文化的民族认同。这种物化的民族认同是构成民族差异的主要内容, 是民族归属与民族识别的标志, 在这一点上聚落和民居的物质形态成了民族的一种"身份牌"。在云南民族地区, 随处可见不同民族的传统聚落和民居, 给人以独特的景观意象, 仅以西双版纳傣族聚落和大理古城为例, 便可见一斑。

在西双版纳地区, 几千年来, 依山傍水的傣族传统聚落和百越族群创造的干栏式民居建筑形式依然普遍保存着。傣族传统聚落因深受村社文化、原始宗教文化和佛教文化的影响, 具有鲜明的地域文化、民族文化与二元宗教文化特色。将傣族传统聚落物质文化形态的内涵抽象化, 可将其形象地表达为以下西双版纳傣族传统文化中的四个聚落文化因子:

(1) 水之村寨——傣族是一个稻作民族, 水既是生产资料又是生活资料, 傣族视水为生命; 傣族古代神话认为: 人从水来, 又回水去, 水给人以生命和快乐, 因此, 傣族人像水一样善良、柔情和细腻, 心态委婉、含蓄, 崇尚和平和安宁。傣族文化就是水的文化。这种民族习俗和民族性格反映在传统聚落上, 就是"临水而居", 因而成为"水之村寨"。

(2) 越人之村寨——西双版纳傣族先民是古代南方百越族群的支系——"滇越"。傣族至今仍保留着百越族群的干栏式建筑形式、"纹身雕题"等习俗, 以及古越人种植水稻的生产方式。因此,

❶ 斯心直. 西南民族建筑研究[M]. 昆明: 云南教育出版社, 1992: 198.
❷ 朱良文. 丽江纳西族民居[M]. 昆明: 云南科技出版社, 1988: 13.

我们可以称西双版纳傣族传统聚落为"越人之村寨"。

（3）神灵之村寨——傣族先民最早信仰以神灵为中心的原始宗教，祭祀的神灵有祖先的灵魂，以及寨神和勐神，还有与农耕有关的水神、风神、火神、山神、地神等，至今仍然保留着寨心、寨门、寨边桩等上述神灵的象征物。因此，我们又将西双版纳傣族传统聚落称为"神灵之村寨"。

（4）佛之村寨——自从佛教成为傣族的主要信仰后，西双版纳"村村有佛寺，寨寨有僧侣"。佛寺和佛塔作为傣族信仰佛教最显著的外在表现，对聚落的位置、形式及其周边建筑等均具有规定性的作用。因此，西双版纳傣族传统聚落也可称为"佛之村寨"。

这四个聚落文化因子是傣族传统聚落文化有别于其他少数民族的基本特征。[2]同时，这四个聚落文化因子构成了西双版纳傣族的传统聚落文化，并使其沿着"敬天地""敬祖先""敬佛"的方向伸展，标志了不同时期聚落的文化特征，成为西双版纳傣族传统聚落文化的灵魂，衍生了具有人和神（泛指神、鬼、佛）共居的原始理性精神的、聚落的传统规划思想。这四个聚落文化因子使傣族传统聚落成为景观优美、文化内涵深厚、风格独特的人居环境，具有有别于其他民族聚落的独特形式，代表了云南傣族鲜明而独特的"个性"。从大的方面而言，缅寺在傣族聚落中的位置及其体量形成了傣族聚落的景观轮廓线；掩映于绿荫中沿等高线呈现的傣族竹楼屋脊，紧密相邻的、层叠的民居屋顶，变化多样的组合和富有韵律的重复，构成了聚落形体景观的一大特色。从小的方面而言，傣族聚落中的水井、凉亭、神龛、围合的寨心等无不体现着民族的审美追求。具体来看，傣族民居竹楼的底层架空，屋面为坡度较陡的重檐歇山式四面坡，人字形木构架；傣族缅寺大殿具有东南亚地区重檐多面坡的屋面造型特点，其歇山式屋顶庞大而陡峻，屋面轮廓丰富、曲线优美，屋脊变化多端。竹楼和佛寺构成了西双版纳傣族聚落独特的景观造型，具有强烈的民族代表性，其形式不可被其他样式所取代。

大理白族虽然是最早接受汉式建筑影响的民族，古城的白族民居建筑主要是"三坊一照壁"和"四合五天井"合院，但两类合院建筑仍明显具有本民族的特点。如平面布局独特；多为硬山式屋顶，重檐斗栱，檐口山尖用石板挑出，照壁和门楼屋脊四角起翘；廊厦中多用栗色木柱，石雕柱础，木雕门窗；屋顶用青瓦，墙用鹅卵石砌筑，石灰粉刷为灰白色，配以天然大理石装饰墙面；砾石或方砖铺砌的地面图案；院内特制的栽满花草的花台；门楼或用青砖斗栱或木雕梁坊承托屋面，这一切形成了绚丽多姿的白族建筑风格，是在白族传统建筑的基础上融合汉族先进建筑技术而形成的独具白族民族特色和景观意象的建筑样式。

2. 云南传统聚落建筑文化的价值

1）厚重的历史文化遗产

"建筑是最生动、最直观的历史""建筑不仅作为一个应用的对象随历史而变，更作为一种文化对象反过来影响人们的生活方式、习俗以及观念形态，从而加速历史的变革"❶。据蒋高宸教授的分析，云南民族住屋的发展经历了三次历史性的跨越。第一次跨越实现了从原始空间到人为空间的转变；第二次跨越建构了云南本土住屋文化的"原始底层"，决定了尔后云南住屋发展的基本道路；第三次跨越使云南本土住屋"汉"化，把本土住屋推向一个新的发展阶段❷。今天，虽然许多原始的民族民居已经消失，但在云南的山区具有浓郁乡土气息的民族民居建筑和传统聚落仍然有一些保留下来。存留下来的民族民居建筑最真实地反映了云南古代各民族的社会形态、家庭结构、生产生活方式、宗教信仰、伦理道德、审美观念，以及与自然环境相适应等特点，它们见证了云南少数民族社会形态中原始公社制、奴隶制社会、封建领主制社会、半封建半殖民地社会并存的"活"的社会发展史，是一份厚重的历史文化遗产，堪称古代民族文化的"活化石"和"博物馆"。民居就是一部文化史，"比用文字记述的历史更真实、更具体、更富有价值"❸。云南少数民族地区的传统聚落和民居建筑向世人展示了云南传统聚落建筑文化的多样性特征，丰富了我国建筑史和建筑文化的内容；它们既是云南各民族历史文化、民族文化和社会经济形态的载体，也是民族文化的传承场，是弥足珍贵的民族文化遗产。

2）人类学和民族学的知识宝库

传统聚落建筑是民族文化的物质载体，是一种物质文化的存在方式。它承载着丰富的民族文化内涵，并从多方面表现出各民族的文化类型、民族关系，以及所特有的文化心理等；它揭示了各民族居住环境及住屋形式形成的深层思想观念等。因此，传统聚落建筑及其文化是人类学和民族学研究的知识宝库。

❶ 沈福煦. 中国古代建筑文化史[M]. 上海：上海古籍出版社，2001：380.

❷ 杨大禹. 云南少数民族住屋：形式与文化研究[M]. 天津：天津大学出版社，1977：81.

❸ 沈福煦. 人与建筑[M]. 台北：斯坦出版有限公司，1993：25.

3) 发展文化产业和文化旅游业的重要资源

文化是经济发展的内在驱动力，而文化需要在经济发展中找到实现其存续和发展的契机。过去，云南少数民族经济主要是自然资源消耗型经济，忽视了对那些取之不尽、用之不竭的民族文化资源的利用，更没有将民族文化资源当作产业予以开发。云南传统聚落的建筑文化，是一份厚重而特色鲜明的优秀传统文化，在当前全面推进乡村振兴和农业农村现代化中，它是发展乡村文化产业和文化旅游业的重要资源。❶

1.2.5 古迹文化

在云南的许多传统聚落中或其附近存留了不少古代的文化遗迹，主要的文化遗迹如下：[3]

(1) 遗址：闻名于世的"元谋猿人"遗址在元谋县上那蚌村西北；云南最早的村落遗址在宾川白羊村西新石器时代文化遗址；作为云南古代文明开端的青铜文化遗址在剑川县甸南乡海门口村。此外，丽江市高土村有"丽江人"遗址；维西县塔城乡戈登村有新石器洞穴遗址；禄劝县屏山镇密打拉村北有大理国武定凤氏土司府遗址等。

(2) 墓葬：以出土"滇王之印"而享有盛名的晋宁石寨山古墓群在昆明市晋宁区晋城镇石寨山村；以出土牛虎铜案而著名的江川李家山古墓群在江川县龙街巷早街村李家山；出土稀世之宝铜棺的战国墓地在祥云县大波那村等。

(3) 佛寺：香格里拉县的松赞林寺，大理市庆洞村的圣元寺，孟连县娜允镇芒中村的芒中佛寺，景洪市勐罕镇曼春满村的曼春满佛寺，芒市勐嘎乡勐嘎村的观音寺，德钦县奔子栏乡书松村的东竹林寺，贡山县丙中洛镇赤可当村的普化寺等。

(4) 佛塔：景洪市大勐龙乡曼飞龙村后山的曼飞龙塔，芒市风平乡风平寨的风平佛塔，兰坪县金顶乡大公甸村的大龙塔，广南县小坝洒村的雁塔等。

(5) 宫观：丽江市龙泉村的三圣宫和白沙乡白沙村的文昌宫等。

(6) 清真寺：宾川县宾居镇东北的宾居清真寺，大理市凤仪镇芝华村的芝华清真寺，广南县珠琳镇西后街的珠琳清真寺等。

(7) 教堂：贡山县丙中洛镇白哈罗村的白哈罗教堂，德钦县茨中村的茨中教堂，维西县白济汛乡统维村的小维西天主教堂等。

(8) 官署：建水县南坡头乡回新村的彝族"纳楼司署"，孟连县那允镇允贺罕寨的"孟连宣抚司署"，泸水县六库镇六库村的土司衙署等。

此外，还有古城遗址，如大理市中和镇太和村的"太和城"遗址等；古矿遗址，如沧源县班洪、南腊、班老一带的"茂隆银厂"遗址，昆明市东川区舍块乡茂麓村的"茂麓铜矿"遗址，马关县都竜镇曼家寨的都竜矿冶遗址等；古桥，如宾川县力脚乡碧秀庄村的永宁桥，大理市湾桥乡古生村北的凤鸣桥，永胜县梁官镇兴文村东的永安桥，西畴县老街乡畴阳河上的牛羊太平桥等。

由上所述，云南传统聚落的古迹文化甚为丰富。这些历史文化遗迹是云南各民族生活的共同记忆，是传统聚落优秀文化遗产，是传统聚落悠久而深厚的历史文化的载体，具有历史、文化、艺术和科学价值。它们是乡村文化振兴的基础，也是乡村文化旅游的珍贵资源。

1.2.6 茶文化

云南省澜沧江中下游地区的普洱、西双版纳、临沧3个州市的许多村寨均有大片古茶树分布，如普洱市澜沧县富东乡帮崴村新寨，惠民镇景迈山的景迈大寨、勐本、芒埂、糯岗老寨、芒景上下寨、芒洪、翁基、翁洼等9个村寨，以及镇沅县千家寨；勐海县巴达区贺松乡黑山村和格朗河乡南糯山半坡寨；凤庆县小湾镇锦绣村香竹箐等村寨，生长着树龄为800～3200年的古茶树。这是世界上其他国家所未见到的。

云南的佤、德昂、布朗3个少数民族的先民最早发现茶树，并加以驯化、栽培、制作和品饮茶叶，随后，哈尼族、基诺族、傣族、拉祜族，以及汉族也种茶、饮茶。因此，世界茶学界公认云南是全球茶树的原产地。

普洱茶被称为"天下第一茶"，主要产自"古六大茶山"。如今全省茶农多达600万人。自唐宋以来，普洱茶沿着茶马古道源源不断地销往北京和内地各省、西藏并转运至尼泊尔和印度，以及越、老、缅、泰等国。这条茶马互市的古道，后来成为云南对外的商贸之道和文化交流大道❷（详见本书第十章）。

❶ 杨庆. 建筑文化[M]//杨寿川. 云南特色文化. 北京：社会科学文献出版社，2006：331-341.
❷ 史军超. 茶文化[M]//杨寿川. 云南特色文化. 北京：社会科学文献出版社，2006：634-655.

云南的茶文化历史久远，文化底蕴深厚。普洱茶是当下云南发展绿色产业、打造世界一流绿色食品的重要资源。

1.2.7　工艺文化

云南传统聚落中的工艺文化肇始于新石器时代，当时人们已经会用动物的骨、角、牙，以及玉石等材料来加工制作各种装饰品和工艺品，使生活中多了一份文化气息和美感。❶先秦以后，云南土著居民与来自北方和南方的族群相互交流与融合，大大推动了传统聚落中家庭手工艺的迅速发展，出现了许多颇有特色的手工艺品。有学者将云南传统的手工艺品分为九类：

(1) 纺织工艺品：主要有丝锦、棉锦、丝棉混合锦和麻棉混合锦，著名产品有傣锦、景颇锦和佤锦等。

(2) 染色工艺品：主要有扎染和蜡染，著名产品有白族的扎染和苗族的蜡染。

(3) 编织工艺品：主要有竹编、藤编、草编、编带等，著名产品有傣族的竹编和藤编、哈尼族的棕麻编织品等。

(4) 雕刻工艺品：主要有木雕、石雕、大理石和玉石雕等，著名产品有剑川白族木雕和大理石雕刻产品等。

(5) 泥塑工艺品：主要有陶器和瓦器，著名产品有纳西族的泥俑和陶器、傣族的黑陶和红陶、藏族的黑陶及白族的瓦猫等。

(6) 刺绣工艺品：主要有挑花、平绣等，著名产品有彝族的挑花绣、白族的立体绣、德昂族的贴布绣、苗族的染绣以及多民族共有的顺针平绣等。

(7) 面具工艺品：主要有吉庆面具、宗教面具和戏剧面具等，著名产品有彝族傩舞与傩戏面具和藏族宗教面具等。

(8) 饰品工艺品：主要有头饰、耳饰、项饰、肩饰、胸饰、腰饰、手饰和足饰等各种产品。

(9) 金属工艺品：主要有铜器、银器、锡器、金银器及银铜器等，著名产品有傣苗等族的银饰品、纳西族和白族的银铜饰品等。❷

云南传统聚落中的家庭手工艺凝聚着各民族工匠的勤劳与智慧，是其心智与手的杰作，同时也源于各民族的生存环境、生活背景及宗教信仰，反映了他们的审美意识、艺术创造和民族个性。传统聚落工艺文化产品的主要特点是：丰富多彩，造型独特，构图美观，制作精巧。云南各民族的许多工艺品在省内外和国内外都享有美誉。

云南传统聚落工艺文化是推进乡村产业振兴的重要资源。依托这一资源，大力开发乡村民族工艺产业，生产富有特色的精致美观的工艺产品，将促进乡村经济社会发展。

1.2.8　饮食文化

云南传统聚落中的饮食文化内涵丰富，颇具特色。各个民族都有自己的传统特色饮食。分类简述如下：

主食方面：有稻米、玉米、荞麦、洋芋、红薯等。主要名特食品有：白族的米饭粑粑、壮族的花糯米饭、佤族的鸡肉烂饭、苗族的打粑粑、傣族的竹筒饭和泼水粑粑、景颇族的麂血饭团、哈尼族的篾盒饭、独龙族的石板粑粑等。

菜肴方面：如哈尼族的炒竹虫、白旺（剁生）、竹筒叫花鸡；傈僳族的吃野猪；壮族的三七花炒田鸡、脆熘蜂儿；景颇族的春菜；布朗族的包烧鲜鱼、油炸花蜘蛛、谷花鱼；傣族的烤猪肉、烤竹鼠、蚂蚁蛋、青苔菜、酸肉、酸笋；佤族的煎柴虫；独龙族的酸笋；藏族和普米族的琵琶肉；白族的乳扇、生皮（剁生）、酸肝；苗族的土锅焖狗肉；怒族的酒炒肉；彝族的羊皮煮肉；回族的牛干巴、腊鹅；摩梭人的烤干鱼等。上述菜肴的原料主要有：野生动物和植物、野生菌类、苔类、蕨类、野菜、鲜花、昆虫等。菜肴的风味特征是鲜嫩、酸辣、浓香、酥脆等。

饮料方面：有白族的"三道茶"、傈僳族的酸酒、布朗族的翡翠酒和酸茶、哈尼族的新谷酒、佤族的泡酒、普米族的"酥里玛"（水酒）等。❸

云南传统聚落中的饮食文化具有多样性、野生性、兼容性和粗放性等特点。它是民族聚落发展特色产业和旅游业十分重要的乡土

❶ 郑良. 史前文化[M]// 杨寿川. 云南特色文化. 北京：社会科学文献出版社，2006：22.
❷ 金少萍. 工艺文化 [M]// 杨寿川. 云南特色文化. 北京：社会科学文献出版社，2006：345-366.
❸ 郭思久. 云南文化艺术词典[M]. 昆明：云南人民出版社，1997：371-383.

资源，也是云南省打造世界一流绿色食品的重要资源。

1.2.9　服饰文化

云南民族众多，其居住地的地理、气候、人文、社会、历史各不相同，加之山川阻隔、交通不便，彼此联系交流甚少，因此，服装服饰千姿百态、五彩斑斓。

民族服饰分为三种类型：高寒地区厚重宽大型、炎热地区轻薄型、内地平坝地区轻便型。服饰质地分为：树皮、兽皮、麻、棉、毛等。服饰形状分为：披的服饰（遮背式、披肩式、交叉式等）、围的服饰（遮前式、遮前蔽后式，即腰围）、套的服饰（贯头衣）、重的服饰（几种服装套着穿）。服饰色彩分为三类：明快素雅类、鲜艳热烈类、稳重扎实类。服饰及其色彩具有不同的社会功能：表现了民族属性、社会地位、性别、年龄和婚姻状况，以及审美需求和个性展示等。服装的装饰分为：衣饰（绣花、镶花等）、头饰（包头帕、裹头巾）、耳饰（耳环）、颈饰（项圈）、胸饰（绣花等）、腰饰（围腰、腰箍）、腿饰（用布裹腿）、鞋饰（鞋上绣花）以及纹身（傣族、佤族、布朗族等族男子较普遍）。

民族服饰代表人类生产力发展的一定水平以及人类生存的不同环境，反映着人类一定的社会关系，代表着一个民族的文化符号，还表现出各个民族的民族性格等。❶

云南传统聚落中的服饰文化丰富多彩、寓意深刻，传递着各个民族古老的文化信息，保留着各个民族的族属特征。因此，服饰文化是一份宝贵的传统文化，在乡村振兴中具有突出的开发利用价值。可依托服饰文化发展乡村特色文化产业，以及乡村文化旅游业等。

1.2.10　火塘文化

云南的少数民族以及居住在高寒山区的部分汉族都在其住屋内置有火塘。

云南的火塘创始于距今 170 万年前的元谋猿人，当时，他们已经能够在居住的洞穴里用火。在元谋大墩子等新石器时代遗址中，也发现人类用火的痕迹。原始先民在居住地用火只能称为火堆，还不是火塘。后来，人们定居以后，用石块围成火堆，又将火堆置入凹坑中，有的还采用三石鼎足式，进而在火堆上安置木三脚架，挂锅煮食，继后，又发明了铁制三脚架以代替支锅石。于此，真正意义上的火塘诞生了。

火塘具有炊爨、取暖、照明三个基本功能。炊爨的功能是最基本的，即用来支锅煮食、支壶烧水；取暖是重要功能，很多少数民族在火塘边设睡铺，全家人绕火塘而睡；照明也是重要功能，火塘烧火后，火光四溢，起到照明的作用。此外，火塘还有保存火种，震慑野兽，焙烧泥器、陶器，烤制或锻造木制或铁制武器、生产工具等作用。各族先民从学会用火、在洞内用石块围成火堆，再到使用铁制三脚架，火塘的功能不断扩增，这是一个划时代的进步，标志着人类文明不断向前发展的历史进程。

随着社会的发展，与人朝夕相处的火塘也不断与各民族的社会文化发生越来越多的联系，逐渐向精神领域延伸，从单纯的物质生活用具发展成为具有多种文化寓意的载体。首先是火塘被神灵化：人们在各种年节都要拜祭火塘及火塘神，还用火塘占卜来年丰歉或饥饱；很多民族认为火塘是已故父母的化身，于是，火塘成了家庭和祖宗的象征，而经常进行祭拜。其次是火塘的禁忌与祭祀繁多：许多民族敬畏火塘，认为火塘的神灵可以左右人们的吉祥与不幸，保佑人们安康足食，于是人们对火塘不轻易触碰或移动；人们生育、生病、过年过节、收获、盖房，以及宰杀家禽和牲畜时都要祭祀锅庄石和三脚架。第三是火塘礼俗甚多：火塘体现人们的地位、身份、性别、家族关系以及权力高低等。火塘之所以与文化发生如此密切的多方面的联系，具有丰富的文化寓意，以至于形成以火塘为中心的一种相对独立的文化现象——火塘文化，溯其成因，除了火塘是人们日常生活所不可缺少的工具外，还有一个重要的原因是对火的崇拜。❷火崇拜普遍存在于众多的民族之中，是其固有的自然崇拜之一。火塘、火塘中的火、锅庄石、三脚架成为火神的象征，对火神的崇拜，也就成为对火的崇拜。

火塘文化存在于许多民族之中。他们与火塘朝夕相伴，离不开火塘；他们固有的火崇拜衍生出对火塘的崇拜；对火塘的神灵化，产生出繁多的禁忌与祭祀，还出现不少的礼仪风俗等。火塘文化是古已有之的一种普适性文化，标志着人类文明的划时代发展，是家庭、家族和睦和谐关系的象征。它是传统聚落一种特有的优秀传统文化。

❶ 张保华. 云南民族文化概论[M]. 北京: 中国社会科学出版社, 2005: 156-179.
❷ 杨福全, 郑晓云. 火塘文化录[M]. 昆明: 云南人民出版社, 1991: 17-20, 23-26.

1.2.11 神话文化

神话是原始氏族社会及阶级社会初期这一历史阶段的产物。它是先民心目中的世界的象征性建构，既体现了先民对现实世界的原始理解，又成为先民的心理状态、思维模式与认知系统的表征。神话既是先民生命崇拜、"生命圈"崇拜、生命生生不息崇拜的产物，又是构建、维系现存宇宙秩序的依据和保障。

云南是"一个尚未崩溃的神话王国"。我们不仅可以从汉族文献和少数民族文献中去了解文献神话，还可以直接观察、体验活形态神话及口传神话。文献神话，是用文字将神话的叙事内容加以写定的神话样态，它一经被笔录写定之后就被固定下来，不再可能产生变异。活形态神话，是神话的原生形态，它存乎于心，存活于特定的信仰体系、文化语境与民俗环境，与人们的生产生活有着密切的联系。口传神话，它存乎于心，存乎于集体记忆，在民间口耳相授、世代相传，它是在任何场地、任何时间都可以"讲一讲的故事"。

云南少数民族地区传统聚落中的神话可分为以下几类：

（1）创世（天地起源）神话：如佤族神话说，过去天和地是被藤条捆绑在一起的，后来一位天神砍断了藤条，天和地就分开了。

（2）人类起源神话：如阿昌族神话说，人是从葫芦中出来的。独龙族神话说，是天神以土造人。彝族也有竹子生人的神话等。

（3）文化创制神话：如对于火的产生，傣族神话说，是螳螂教会人们从石头里取火。对于稻谷的来源，怒族神话说，稻谷是自然生成的；布朗族神话说，稻谷是飞来的；另外一些民族的神话说，稻谷是动物搬来的；有的又说，稻谷是神人或动物死后，从其尸体中化身出来的；还有的说，稻谷是祖先从远方某地取回来的。

（4）自然神话：云南各民族中广泛流传有关日、月、水、火、风、山、川等的神话。如有太阳神、月亮神、水神、山神之说等。

（5）风俗神话：云南各民族用神话来解释其各种风俗，如傣族的"泼水节"、纳西族的"三朵节"等。

（6）洪水神话：如傣族的神话说，洪水滔天时，远方漂来一只小船，船中有6个不分性别的人，后来是一条蛇将这6个人分成了男人和女人。

云南各少数民族的神话类型多样，清晰地显示出神话与自然生态的内在联系，而且就其故事内容而言，具有内涵丰富、特色浓郁等鲜明特征。❶

云南传统聚落中的神话文化，是云南传统聚落一种珍稀的传统文化，透过各种稀奇古怪的神话，人们可以认知自然界和人类社会演进、变化和发展的历程，从而提高人们认识世界和改造世界的能力。此外，在乡村文化振兴中，神话文化可以作为编写乡村故事的生动素材。

1.2.12 婚俗文化

云南省由于民族众多，其文化各不相同，反映在婚姻习俗上各具特色，从而形成了少数民族婚俗文化丰富多彩的显著特点。

1. 自由恋爱

云南少数民族中，大多数青年男女恋爱是自由的和开放的。历史上，许多民族的男女青年到十五六、十七八岁，过了"成年礼"以后，就可以恋爱了。哈尼、彝、基诺、独龙等族的聚落都有特定的社交场所"公房"，供青年男女对唱山歌、嬉闹、玩耍、吐露真情，若情投意合就互送信物，定下终身。阿昌、布朗等族还有一种颇为有趣的恋爱方式，称为"串姑娘"：当天黑以后，村中青年男女成群聚集到村边，对唱情歌，有的男青年到别的村寨中去找女孩对歌、玩耍，如遇到中意的姑娘就开始私下交往。各族男女青年选择对象的条件是，勤劳、诚实、孝顺父母，而经济、家庭状况则不是重要条件。基诺、哈尼、布朗等族男女双方恋爱关系确定后，就可以同居生活。摩梭人男女青年相识、相爱或建立恋爱关系后，男青年可以到女方家，与女孩同居。第二天一早回到自己家中生活劳动，称为"走婚"。

2. 提亲、定亲和结婚

各民族的青年男女确定恋爱关系后，都会请双方的父母相互沟通，一般由男方父母向女方父母提亲，给对方送茶叶、烟草、糖等礼物。如果对方父母收下礼物，提亲即成功。

提亲成功后，双方父母要进行多次商议，并邀请双方村寨中德高望重的长者参与见证婚姻，称为"喝小酒""许可酒"，实际上是订婚酒。喝酒订婚是少数民族中的一种普遍习俗。

各民族的婚礼仪式不尽相同，但都有迎亲和婚礼仪式，全村人都主动参加婚礼，一般持续2～3天。

❶李子贤. 神话文化：走进神话王国[M]//杨寿川. 云南特色文化. 北京：社会科学文献出版社, 2006: 217, 220, 221, 223, 231-235.

3. 组建家庭

在云南大多数少数民族中，男女结婚后女方到男方家居住，几年后再与长辈分家，自立门户，自主生产和消费。但是，也有一些民族婚后男方到女方家居住，如布朗、景颇、拉祜等族都有"从妻居"的习俗。此外，景颇、普米等族还有一种"转房制"的习俗，即丈夫死后，妻子必须留在亡夫家转婚，一般是转嫁给亡夫的亲兄弟或堂兄弟，不能改嫁外人。

云南少数民族还有两种特殊的家庭模式。一是基诺族的父系大家庭。一个父亲的后代们共同居住在一座大房子（长房）中，即使发展成一个大家族也住在一起。一个父亲的子子孙孙永远住在一起，共同劳动和消费，不能分家居住。二是摩梭人的母系大家庭。摩梭人男子不娶、女子不嫁，男方晚上到女方家与女方同居，白天则回自己家，这种婚俗俗称为"阿夏婚"（阿夏即朋友）。❶

云南少数民族传统的婚俗文化，具有鲜明的特点：一是丰富多彩，25 个少数民族各有不同的婚俗；二是自由恋爱，自主结婚，没有约束；三是布朗等族婚后实行"从妻居"，基诺族的父系"长房"，摩梭人的"阿夏婚"及其母系大家庭，在我国其他民族中都是不多见的。云南少数民族婚俗是一份特点突出的传统文化，不仅影响民族的生活方式和聚落及住屋建筑形态，而且具有突出的魅力和吸引力，是传统聚落发展特色文化旅游的重要资源。

1.2.13　歌舞文化

云南传统聚落中无论男女老少，人人都能唱歌跳舞。歌曲有山歌、小调、情歌、劳动歌、祝酒歌、祭祀歌、欢乐歌、悲哀歌等，如纳西族的"东巴古乐"、彝族的海菜腔、白族的大本曲、景颇族的文崩音乐等。少数民族音乐曲调悠扬、婉转高亢、激情洋溢、优美动听、充满生活气息。

云南传统聚落中的舞蹈也是丰富多彩，有学者将其分为四类：一是表现宗教祭祀活动的舞蹈，有祭天乐舞、祭地乐舞、祭祖乐舞、节日乐舞等；二是表现生产劳动的舞蹈，如景颇族的布滚戈舞表现其生产劳动的全过程；三是表现民族习俗的舞蹈，有生育乐舞、婚嫁乐舞、祛病乐舞、丧葬乐舞等；四是表现娱乐活动的舞蹈，有藏族的"锅庄"、苗瑶等族的芦笙舞、彝族支系撒尼人的阿细跳月和彝族的烟盒舞、傣族的孔雀舞、景颇族的"木脑纵歌"等。各类民族舞蹈具有古朴性、广泛性、娱乐性、表演性和艺术性，给观众

以优美、联想、震撼的感触，让人喜闻乐见。❷

云南传统聚落中的歌舞文化是乡村文化振兴、开发文化产业和旅游业的重要资源。

1.2.14　原始崇拜文化

云南少数民族长期生活在封闭的环境之中，与外界联系甚少，许多原始崇拜一直保留下来。

（1）自然崇拜：主要是对天地、山川、风雨、雷电、日月、星辰等自然现象的崇拜。

（2）动植物崇拜：崇拜的动物有蛙、蛤蟆、蛇、虎、牛、鸟、鱼、鹰、象、蝙蝠、蝴蝶、竹鼠等；崇拜的植物有树、草、花、稻、麦、粟、棉、蔬菜等。

（3）灵魂崇拜：许多少数民族都相信灵魂不死，当亲人过世，他们就送魂、别魂；当亲人生病，就招魂、叫魂。

（4）祖先崇拜：一些少数民族将祖先的魂灵视为保护本民族或自己家庭的一种神秘的力量来加以崇拜，举行各种仪式祭祀祖先。

（5）生殖崇拜：崇拜物为自然石，动植物纹样，雕刻磨制的石祖、木祖、陶祖等男根女阴的象征物。

（6）巫术崇拜：许多少数民族都相信巫术具有超自然的神秘力量，凡遇到天旱、洪涝、疾病、厄运、死亡、成功等，他们都要举行仪式，请来巫师加以解释，并希望借助巫术的力量消灾免祸。❸

此外，在云南传统聚落中还有几种颇具特色的原始崇拜文化。一是纳西族的东巴文化：它是纳西族原始崇拜受藏族苯教和藏传佛教影响而形成的一种宗教文化。其特点是自然崇拜、多神崇拜和崇尚占卜。其巫师称"东巴"，故名。东巴文集书画于一体，是世界上唯一仍在使用的象形文字，是人类社会文字起源和发展的活化石。二是白族的本主文化：白族的本主即"本境之主"，是指一个村寨的护卫之神，被尊为本主的很多是神话传说以及历史上的著名人物。白族先民博采中原文化之长，形成了以儒家文化承袭和转化为

❶郑晓云. 婚俗文化[M]//杨寿川. 云南特色文化. 北京：社会科学文献出版社, 2006: 275-291.

❷张保华. 云南民族文化概论[M]. 北京：中国社会科学出版社, 2005: 156-179.

❸张保华. 云南民族文化概论[M]. 北京：中国社会科学出版社, 2005: 48-55.

主，佛道共济，"三教共拜"为特征的本主信仰。❶本主崇拜是白族特有的宗教现象，本主庙几乎遍布白族聚落。三是藏族的苯教文化：这是藏族地区在佛教传入之前固有的一种本土宗教。它崇奉鬼神精灵和自然物，重祭祀、跳神和占卜，有独特的经典、教义、祭祀仪式，以及神鬼体系。

云南传统聚落原始崇拜文化具有突出的神秘性和原生性特点，以及悠久的历史价值。在建设文明乡村中应向村民进行科普知识的教育，提高他们取其精华、去其糟粕的能力。

1.2.15 宗教文化

1. 云南主要的人为宗教

云南少数民族几乎都信仰外来的人为宗教。他们分别信仰下述不同的宗教。

(1) 佛教

①汉传佛教于公元 7 世纪由中原地区传入云南，信仰者除汉族外，还有白族、彝族和纳西族等。

②小乘佛教于公元 7 世纪首先由缅甸传入云南，后来又从泰国传入云南，信仰者有傣族、布朗族、阿昌族、德昂族等。

③藏传佛教于公元 7 世纪末至 8 世纪初由西藏传入云南，信仰者除藏族外还有普米族、纳西族及其摩梭人等。

(2) 道教：中国本土宗教，公元 3 世纪初由四川传入云南。信仰道教的主要是汉族，此外，道教在彝族、瑶族、白族、壮族、纳西族和布依族中也有较大影响。

(3) 伊斯兰教：元代传入云南，信仰伊斯兰教的是分布在省内各地的回族。

(4) 基督教：在云南，基督教的信众主要是居住在边远山区的少数民族，有傈僳族、怒族、苗族、彝族、哈尼族，以及傣族、景颇族等。

宗教文化的遗存，大多保留在民族聚落中，主要有佛寺、佛塔、宫观、清真寺、教堂、祭堂、法器、经书、壁画、神话、诗歌、雕刻，以及工艺品等。❷

2. 云南传统聚落宗教文化的特点

(1) 历史久远

公元 3 世纪至 13 世纪的一千多年间，道教、佛教、伊斯兰教和基督教先后传入云南。

(2) 二元宗教信仰

外来宗教与本土原始崇拜相互渗透、彼此交融，形成"你中有我，我中有你"的二元宗教信仰。

(3) 宗教信众甚多

外来宗教的信众涉及的民族甚多，全省有 20 多个少数民族有宗教信仰。

云南传统聚落的宗教文化是一份重要的文化遗产。在乡村振兴中，要坚持我国宗教中国化方向，积极引导宗教与社会主义社会相适应，充分发挥其有益于社会的作用。

1.2.16 心理文化

每一个民族都有表现于文化特点上的共同心理素质，它是一个民族的社会经济、历史传统、生活方式，以及地理环境的特点在该民族精神面貌上的反映。一个民族，通过他的语言、文学艺术、社会风尚、生活习俗、宗教信仰，以及对祖国和人民的热爱、对乡土的眷念，表现出自己的爱好、兴趣、能力、气质、性格、情操、审美观、民族意识与自豪感，这就成为该民族在共同心理素质上的特征，而正是这些特征，使这一民族在精神面貌上区别于其他民族。一个民族的共同心理素质，不是阶级的意识形态，也不等同于风俗习惯，它具有极大的稳定性，但也会随着社会物质生活条件的变化而变化。民族特征有四个，即共同地域、共同语言、共同经济生活、共同心理素质，缺少一个就不成其为民族；然而，民族共同心理素质是维系一个民族的强有力的精神纽带，是民族特征中最活跃、最有生命力的持久因素。❸

云南各个民族都有各不相同的心理素质文化。举例加以说明。

回族：回族的先民来自中亚、西亚、阿拉伯和波斯，从唐代开始，经由陆上丝绸之路，陆续进入中国。他们先是居住在西北，后来依次入居华北、中原、东北、西南，小部分集中聚居，大部分分散居住。民族学者从回族的社会经济、历史传统、生活方式和地理环境等因素进行考察和分析回族共同心理素质的形成，认为回族共同心理素质的特征为：一是强烈的民族意识，即具有突出的民族

❶ 杨晓薇. 白族本主崇拜：儒释道融合的民间典型[J]. 贵州民族研究，2018(12).

❷ 张保华. 云南民族文化概论[M]. 北京：中国社会科学出版社，2005：56-64.

❸ 熊锡元. 民族心理与民族意识[M]. 昆明：云南大学出版社，1994：5-8, 49.

自识性和认同感, 素以内部团结与和衷共济著称。二是开拓与进取精神, 为谋生计, 勇闯门路, 好求知, 善经商。三是心理状态与宗教信仰、风俗习惯交织, 讲卫生、爱洁净。四是保族与卫国——在逆境中求生存, 经历了太多的坎坷与不平, 但在困难与逆境面前从不低头, 顽强抗争。❶

傣族: 傣族笃信小乘佛教。傣族地区城乡、集镇和村寨里, 佛寺佛塔遍布, 人人信佛、家家赕佛。民族与宗教不分, 宗教即民族, 宗教意识与民族意识合而为一。小乘佛教是形成傣族心理素质的重要因素, 表现于人际关系、道德伦理、行为方式方面, 一个主要的心理特征是温文尔雅、重和睦、轻纷争。傣族在人际关系、待人接物中, 态度举止落落大方, 有礼易处, 轻言细语, 笑容可掬, 令人没有异族感。傣族的这些美德, 在我国少数民族中, 表现得尤为突出。傣族在服饰、建筑风格、文学艺术中也表现了鲜明的审美观。❷

此外, 其他的各民族, 从气质与行为特点和性格来看, 其共同心理素质特征也是很明显的。如: 藏族具有豪迈豁达的特点, 彝族豪爽重义, 白族重情外向等。这些特点与这些民族的历史传统、生活方式和地理环境都有密切关系。

心理素质文化是民族特征之一, 并且是维系一个民族的强有力的精神纽带。深入了解每个民族的心理素质有利于民族之间的沟通和交流, 也有利于各民族的团结与进步。

1.2.17　土司文化

元明清三代, 中央朝廷在西南少数民族聚居地区先后实施一种特殊的政策, 由当地民族集团的酋长担任地方官, 历史上称这些地方官为"土司"或"土官", 学术界统称这种任用当地民族集团的酋长作地方官的制度为"土司制度"。土司制度在云南民族地区推行甚广, 仅在明代就设置了土官土司322家, 为全国之冠。土司制度规定: 中央朝廷对少数民族的大小首领分别授予一定的官职, 依次为宣慰使、宣抚使、安抚使、招讨使、长官使等, 使其"世长其民, 世领其地", 其死后, 子孙可以世袭。而土司的义务是: 纳贡、纳赋、保境安民。云南少数民族中的土司, 以傣族为最多, 其他族依次为哈尼族、彝族、白族等。土司制度始于元代, 盛于明代, 改于清代, 残存于民国, 终止于新中国成立后, 前后经历了600余年。

云南少数民族地区推行的土司制度退出历史舞台后, 尚有存留的18座土司官署遗迹，其中保存较完好的有4座，即建水彝族纳楼土司衙署、丽江纳西族木氏土司衙署、孟连傣族宣抚司衙署、广南壮族土司衙署。❸土司制度历史悠久，影响深远。它是我国封建社会特有的一种政治制度。历史上受朝廷封赐的大多数土司土官都忠于职守，保境安民，为保卫边疆、抗击侵略作出了一定的贡献。

云南土司文化是传统聚落一份特有的传统文化，它是开发乡村文化旅游的重要资源。

1.2.18 乡规文化

乡规民约是同村人共同制定和遵守的规约。云南历史上从明代开始就已产生乡规民约，清代和民国时期在广大乡村普遍流行，许多少数民族聚落也制定了自己的乡规民约。

传统聚落的乡规民约内容丰富，各具特色。概而言之，主要内容有四方面：

(1) 注重自我教化，倡导儒家"入孝出悌"的伦理道德；

(2) 改良乡风民俗，提倡邻里和睦，革除各种"陈规恶俗"；

(3) 保护山林水土，实行封山育林、保水节水；

(4) 重视法制功用，若村民违反规约，按规约处治而不服，即报官究治等。

制定乡规民约的目的是：要求村民尊老敬老、守望相助、护林保水，使乡村"风清俗美"，村民"讲信修睦"、安居乐业。

传统聚落的乡规民约，是乡村民众自发订立并共同遵守的一种社会行为规范，凝聚着村民的共识与智慧，体现了广大村民自我管理、自我服务和自我约束的理念，是村民文化自信的优良载体。

云南传统聚落乡规民约是一份珍贵的历史文化遗产。它是今天实施乡村振兴战略，振兴乡村文化，重塑乡村文化生态的基础；是实施公民道德教育、继承和发扬尊敬长辈优良传统的最佳乡土教材；是推进乡村精神文明建设、培育乡村文明乡风的珍贵乡土教材；还是保护乡村生态、改善人居环境、建设生态宜居的美丽乡村的优

❶ 熊锡元. 民族心理与民族意识[M]. 昆明：云南大学出版社，1994：34-42.
❷ 熊锡元. 民族心理与民族意识[M]. 昆明：云南大学出版社，1994：49, 51, 53, 56.
❸ 张保华. 云南民族文化概论[M]. 北京：中国社会科学出版社，2005：27-46.

良乡土教材。❶

1.2.19 礼仪文化

中国是礼仪之邦，全国各民族都信守和践行礼仪。云南少数民族聚落的礼仪文化十分丰富。布朗族的"报吉"，是成丁礼，男女青年到十五六岁就要举行成丁礼，从此便可以恋爱结婚。傣族的"贺新房"，凡新房落成，村里老幼和亲友都要来祝贺，并共同祭房神、家神、柱神及火塘，一起唱歌、跳舞、吃饭。德昂族的洗手洗脚礼，每当过年过节，幼辈都要为长辈洗手洗脚。独龙族每当喜庆或过节，主人和客人都要合饮"同心酒"，以示友好、亲善。基诺族规定青年男女到13～17岁，都要举行成年礼，如此才能获得社会正式成员的资格；基诺族的"上新房"是男子获得正式家长资格的盛大仪式。景颇族的"同六目瑙"是其部落之间化解和抛弃嫌隙的庆典。哈尼族每年冬月十五日都要举行"老人节"。纳西族的"穿裙裤礼"，是其民间流行的成年礼；纳西族还有尊老敬老的"求寿道场"。瑶族的"度戒"，是男孩满12岁时的成年礼仪等。❷

云南传统聚落的礼仪文化，不仅内涵丰富，而且简朴、温馨、亲和，是聚落文明建设的宝贵资源。

1.2.20 节庆文化

云南各个少数民族都有一些自己的节日，届时要举行各种庆祝活动。他们的传统节日分为以下六类：

(1) 农事节日，如白族的栽秧会和纳西族的新米节。

(2) 宗教节日，如藏族的施食节。

(3) 怀念节日，如基诺族的祭木鼓。

(4) 商贸节日，如白族的三月街。

(5) 社交节日，如纳西族的辞年节。

(6) 文娱节日，如彝族的插花节。

云南各民族的主要传统节日有：

彝族的火把节，傣族、德昂族、布朗族的泼水节，白族的三月街，哈尼族的十月年，壮族、布依族、水族的三月三，苗族的花山节，傈僳族的阔时节，回族的开斋节，拉祜族的葫芦节，佤族的新米节，纳西族的三朵节，瑶族的盘王节，景颇族的目瑙纵歌，藏族的藏历年，普米族的吾昔节，怒族的鲁花节，阿昌族的窝罗节，蒙古族的那达慕，基诺族的特懋克，独龙族的卡雀哇节，满族的颁金节等。❸

云南少数民族地区传统聚落的节庆文化内涵丰富、绚丽多彩、寓意深邃，具有古朴性、群众性、狂欢性等特点，是民族聚落文化振兴和发展特色文化旅游业的重要资源。

1.2.21 边寨文化

云南地处祖国西南边陲，与老挝、越南、缅甸接壤。在4060多千米的边界中方一侧，散布着许多少数民族聚落（据1996年底统计，共有1979个边寨聚落、13704户、118950人）。这些聚落与老挝、越南、缅甸边境线上的聚落，山水相连，彼此相望，鸡犬之声相闻，有的甚至村寨连接，一寨两国。例如，德宏州瑞丽市姐相乡有一个跨境聚落——银井村，与缅甸一侧的芒秀村"隔篱相望，隔沟相连"。两个傣族聚落虽然中间有71号界碑隔开，但是，它们语言相通、习俗相同，"共饮一井水，同赶一场集"，村民和睦相处，彼此往来密切，体现了"胞波"情谊。这是"一寨两国"的边境奇观。

在这些边境聚落中，主要的世居民族有16个，即怒、独龙、傈僳、景颇、阿昌、布依、布朗、拉祜、傣、佤、德昂、哈尼、瑶、苗、壮、彝等民族。这些跨境而居的民族与邻国相关的边民分别为同一民族，语言和生活习俗相同，相互通婚，经济文化联系密切。历史上，双方边民有跨国迁徙、过境种地，以及自由出入国境的习惯，并一直保持着和平相处与正常交往的传统。改革开放以来，云南边境地区与邻国的经济合作与文化交流不断扩大，与邻国人员的交往也日益增多；尤其是近年云南成为面向南亚、东南亚的"开放前沿"和"辐射中心"后，滇老、滇越、滇缅的经济文化联系与合作交流关系大大加强，边民互市、边境贸易随之大大发展。值得指出的是，随着云南边境地区与邻国的经济技术合作关系日渐增强，

❶杨庆，杨寿川. 云南传统乡规民约及其现实意义[J]. 民族艺术研究，2020(4): 144-148.

❷郭思久，等. 云南文化艺术词典[M]. 昆明：云南人民出版社，1997: 306-319.

❸云南省民族事务委员会. 民族政策法规与云南民族知识[M]. 昆明：云南民族出版社，1999: 201.

一些边境村寨所在地已成为对外开放的通道及口岸，如中缅边境的片马、猴桥、拉邦、拉影、姐告、南伞、清水河、永和、那妥坎、勐阿、打洛、勐宋、关累口岸，中老边境的磨憨、猛康口岸，中越边境的金水河、茅坪、船头、田蓬等口岸。其中，磨憨陆运口岸、金水河陆运口岸是国家级口岸，其余为省级口岸。❶此外，云南与老、越、缅三国的公路、铁路、航空交通运输也迅速发展，昆明至曼谷（途经老挝）的高速铁路、昆明至河口的高速公路等已经或即将开通，将大大便利双方边民的往来。云南与邻国的边民在近代还曾有过共同抗击英法侵略势力的光荣传统。

云南传统聚落的边寨文化，涉及云南与老挝、越南、缅甸跨境而居的各民族的历史、经济、文化、语言、民俗等诸多方面；积淀了悠久的历史文化、丰富多彩的民族文化、往来密切的友善文化，以及联合抗击外来侵略的传统文化等。它是一份厚重而特点鲜明的聚落传统文化，对于今天云南进一步扩大开放、推动与东南亚各国的交流与合作的发展具有特殊的现实意义。

1.2.22　生态文化

云南各民族在长期生存与发展的实践中，通过与各自所处的自然环境的互动与调适，创造了丰富多彩、各具地方与民族特色的生态文化。

生态文化是一个民族对生活于其中的自然环境的适应性体系，它包括了这个民族文化体系中所有与自然环境发生互动关系的内容，主要是这个民族的宇宙观、生产方式、生活方式、社会组织、宗教信仰、风俗习惯等。

云南各民族都有自己的生态文化。选择几个少数民族的生态文化，分别简述如下：

(1) 藏族的生态文化：藏族的原始宗教——苯教与后来传入的佛教相结合，形成了以神山崇拜为核心的生态文化。香格里拉县和德钦县约80%的山脉，被藏民赋予了神性，成为其村村寨寨和家家户户都崇拜的神山。神山上的一草一木、一鸟一兽都不许砍伐或猎取，否则便会受到神灵的惩罚。东竹林寺规定：每年正月初一至十五，所有藏民都要上山种树，种一棵树，可以延长5年寿命，反之要折寿5年。凡是生病或给孩子取名，都要种一定数量的树。藏族保护山林的种种规定，有效地保护了森林植被，使迪庆州至今仍然是生物多样性的富集地和云南省生态环境保护得最好的地区之一。

(2) 白族的生态文化：白族在历史上有植树造林、保护环境的优良传统。一是每年都有植树护林、封山育林的节日。二是大凡有"神"居住的地方，如佛寺、道观、本主庙等的周围都是保护区，不许砍伐树木、损坏水源。三是订立村规民约和习惯法，以此切实保护山林和水源，违者将被重罚。

（3）彝族的生态文化：彝族有保护生态环境的传统。大理市市郊乡的尖隆村，是一个有 1465 人的彝族村寨，全村人均有树林达 10 亩以上。该村"山上种两松（云南松和华山松）、山腰种果木、山脚种粮草、户养猪鸡鸭"。历史上，这个村寨的彝族就有造林护林的意识，形成了保护生态的优良传统。立于清咸丰元年 (1851 年) 的《永远护山碑记》和光绪三十年 (1904 年) 设立的《尖隆村禁止砍树牧养水利序碑》都规定了严禁砍伐树木、禁止在林地放牧牲畜等。至今，尖隆村绿树成荫、生机蓬勃。

（4）普米族的生态文化：普米族堪称"森林的朋友"，其所居住的聚落，都是森林环抱之地，是人与森林互为朋友、和谐共生的乐园。兰坪县的锣锅箐村坐落在海拔 3000 多米的高山草甸上，左右两边都是森林。该村有严格保护森林的传统，他们基于对神山、神树和动物神灵的崇拜，自古以来一直切实保护生态环境。全村有一座神山，每年正月初一，家家户户都要去祭拜。神山上的树不能砍伐。每户和每个人又有自己的神树，并严加保护。普米族对神山神树的崇拜，有效地保护了村寨周边的生态环境，至今仍然保持着林中有人、人中有林、人与森林互为朋友的绝妙景观。

（5）拉祜族的生态文化：拉祜族的宇宙观认为，世界万物都是成双成对、密不可分的，天宇与大地是一对、男人和女人是一对、人类与自然是一双；人类不能脱离自然，人类必须保护好生存环境。拉祜族的民间谚语说："养树就是养金养银""养树养森林就是养鼠养小雀养动物""没有森林就没有村寨可建""没有树成不了家"等。拉祜族信仰万物有灵，他们认为世上万物都有生命，而人与万物的生命，都是至高无上的神灵厄莎赐予的。树和草是厄莎的头发，土壤是厄莎的肉，水是厄莎的血液，大象和老虎是厄莎的宠物，岩羊是厄莎的坐骑等。因此，人类对动物和植物不能随意猎杀和砍伐。❷

云南传统聚落的生态文化具有鲜明的特点：一是凝聚着千百年

❶ 云南百科全书编撰委员会. 云南百科全书 [M]. 北京: 中国大百科全书出版社, 1999: 963, 967.
❷ 郭家骥. 生态文化: 可持续发展的宝贵资源 [M]// 杨寿川. 云南特色文化. 北京: 社会科学文献出版社, 2006: 568-588.

来各民族历尽艰辛千方百计保护生态的经验和智慧; 二是大多基于原始宗教信仰, 披着神的外衣、体现神的意志, 以获得民众的支持; 三是实实在在保护了自然生态和人居环境。云南少数民族的传统生态文化具有重要的历史价值, 它不仅有效地保证了数千年来云南自然生态的持续发展, 而且极大地丰富了中华民族"天人合一"的文化理念, 为中华文明的长期延续作出了独特的贡献。在当下实施乡村振兴战略中, 少数民族传统生态文化具有明显的传承意义。各族人民世世代代尊重自然、顺应自然、保护自然, 人与自然和谐共生, 这正是今天民族聚落改善生态环境和人居环境, 建设生态宜居美丽乡村的正确道路。

综上所述, 云南传统聚落的文化内涵丰富, 主要包括22个方面。在这些传统文化中, 历史悠久、意蕴深厚、特色鲜明, 具有明显的时代价值和传承意义的优秀传统文化有 12 种, 即历史文化、农耕文化、建筑文化、古迹文化、茶文化、工艺文化、服饰文化、歌舞文化、乡规文化、节庆文化、边寨文化和生态文化, 应予以切实保护, 更值得充分传承利用。

2
云南传统聚落优秀文化的保护

在实施乡村振兴中, 必须采取多种举措切实加强对乡村优秀传统文化的保护。乡村优秀传统文化保护的措施如下。

2.1 动员全体村民参与乡村文化遗产保护

在乡村振兴中, 要通过多种方式向村民宣传本村优秀文化遗产, 让村民充分了解其时代价值及传承意义, 以此激发村民的文化认同和文化自觉, 从而, 提高村民参与保护乡村文化遗产的自觉性和积极性。

2.2 制定"乡村文化遗产保护公约"

"公约"应规定: 保护乡村文化遗产是全体村民应尽的义务; 村中一切文物古迹不许移动、不许改变、更不许损坏; 实施村民挂牌承包保护办法, 以及奖惩机制等。

2.3　在"村规民约"中增加保护文化遗产的规条

在新时代编制的村规民约中，应列入保护文化遗产的规条，明确规定这是全体村民义不容辞的义务；并制定村民共同监督的相关办法。

2.4　编制"乡村文化遗产保护规划"

参照国家文物局提出的《历史文化名城保护规划编制要求》，组织专家对传统聚落文化遗产进行评估，确定保护项目的等级；依据其等级，分别提出保护和控制措施；制作保护对象的标识牌等。编制科学的保护规划，是实施有效保护的重要举措。

2.5　乡村文化遗产的整体性保护原则

乡村优秀传统文化保护要体现整体性原则，即要将文化遗产保护与传统聚落保护结合起来，作为一个整体去对待，这样才能从根基上实现精准有效的保护。

上述五方面的举措，切实加以实施，将对传统聚落优秀文化的保护产生重要作用。

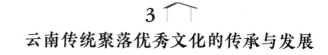

3
云南传统聚落优秀文化的传承与发展

乡村振兴战略是我国实现"两个一百年"奋斗目标和中华民族伟大复兴中国梦的必然要求。乡村振兴是乡村社会的全面振兴，包括产业振兴、生态振兴、文化振兴，以及人才振兴等。优秀传统文化是传统聚落的根脉，也是乡村振兴的基础和重要保障。在实施乡村振兴战略中，要深入挖掘、保护与传承、弘扬聚落的优秀传统文化，把民族优秀传统文化与社会主义文化紧密结合，赋予其新的时代内涵，丰富其表现形式，推动优秀传统文化创造性转化和创新性发展，为乡村全面振兴提供丰厚的文化滋养和无穷的动力。

3.1 聚落优秀传统文化是村民坚定文化自信的优良载体

云南传统聚落优秀文化蕴含着丰富的优秀思想观念、人文精神和道德规范，具体表现为坚韧不拔的奋斗精神、因地制宜的生存之道、尊老敬老的伦理道德、守望相助的睦邻乡风、护林保水的环保意识和传统聚落的营建智慧等，这是乡村振兴的基础、精神动力和文化滋养。基于此，要通过多种方式，让广大村民认知本土优秀传统文化，认同其时代价值和传承意义，从而增强文化自觉，坚定文化自信，提升村民在乡村振兴中的自觉性和积极性，凝心聚力全面推进乡村振兴。

3.2 聚落优秀传统文化是乡村产业兴旺的深厚基础

云南少数民族地区实施乡村振兴，产业兴旺是重点。要坚持因地制宜的准则，充分依托农耕文化、茶文化、工艺文化等固有的资源优势，大力发展特色农业，实施建设"一村一品"专业村和"一县一业"特色产业大县的战略规划。要推进农业绿色发展，围绕打造世界"绿色食品牌"战略，大力发展茶叶、咖啡、坚果、蔬菜、花卉、中药材等绿色产业。要加快推进高原特色农业现代化，促进传统农业向现代农业转型，将千家万户小农户培育成为新型农业经营主体，使小农户生产与现代农业发展有机衔接；推动农村产业融合发展，促进农业生产、加工、物流、研发和服务相融合，实现农产品多层次、多环节转化增值；构建乡村现代农业体系，包括产业体系、生产体系、经营体系；大力研发农业科学技术，强化现代农业科技和装备支撑。

3.3 聚落优秀传统文化是开发特色工艺产业的优质资源

充分依托聚落工艺文化、历史文化、服饰文化等，深入挖掘其民族文化符号的意蕴和民族审美的功能，传承和发展工艺文化。一是结合时代的发展，顺应现代生活的变化,突出体现民族工艺的审美价值,淡化民族工艺的使用价值。二是引进现代加工技术,开发新的高品质民族手工艺品,在发展和创新中传承民族工艺文化。❶

3.4 聚落优秀传统文化是发展乡村文化旅游业的重要资源

充分依托聚落历史文化、古迹文化、建筑文化、工艺文化、节庆文化、歌舞文化、边寨文化等,揭示其优良的资源禀赋,走文化和旅游融合发展的道路。大力打造富有特色的、高品质的文化旅游产品,如乡村田园风光游、乡村特色产业游、乡村蔬果采摘游、民族民间工艺游、乡村文物古迹游、乡村民俗体验游、乡村美食品尝游、乡村歌舞观赏游、边寨跨境游等。通过发展乡村文化旅游,推动乡村传统产业向现代产业转型,促进传统聚落特色产业和集体经济的发展。

3.5 聚落优秀传统文化是乡村文化繁荣的根脉

充分依托聚落历史文化、古迹文化、农耕文化、乡规文化等,盘活这些优秀传统文化资源,走特色化、差异化的发展之路。深入挖掘优秀传统文化的历史古韵、丰富内涵和特色文化符号,将这些文化元素融入传统聚落文化建设之中,构建诗意闲适的人文环境和人文之美,重现原生地域特色、历史记忆和乡情乡愁,从而重塑乡村文化生态,推进乡村文化繁荣。同时,优秀传统文化是传统聚落一种最基本、最厚重,也最有力量的根脉,在乡村振兴中,通过转化与发展,激发其活力与内生动力,从而,为乡村全面振兴提供精神激励、智慧支持和道德滋养。此外,优秀传统文化是传统聚落发展特色文化产业的宝贵资源。挖掘和开发传统聚落固有的文化资源,打造具有鲜明特色的乡土文化产业,并不断丰富文化业态,逐

❶ 施维达,段炳昌. 云南民族文化概说[M]. 昆明:云南大学出版社,2004:301.

渐形成文化产业群，这也是传统聚落产业兴旺的一个组成部分。总之，文化繁荣将为乡村全面振兴提供重要保障。

3.6 聚落优秀传统文化是建设乡村公共文化服务体系的本底

充分依托聚落的历史文化、古迹文化、建筑文化、乡规文化、歌舞文化、礼仪文化等，实施乡村公共文化服务体系建设。如建立乡村博物馆、乡村图书馆、农家书屋、农家歌舞厅、农家乐文化广场和乡村敬老院等。此外，还可组织相关人员编写村志村史、乡村故事、乡村新乡贤传记和新时代乡规民约，组建乡村演艺队等。上述公共文化服务体系建设，不仅有利于繁荣乡村文化，提高村民文化素质和培养乡村文化人才，而且有助于推动乡村文化振兴，增强乡村全面振兴的文化力量。

3.7 聚落优秀传统文化是乡村精神文明建设的珍贵乡土教材

充分依托聚落历史文化、农耕文化、乡规文化、节庆文化等，深挖其丰富内涵、激发其内在活力，以此作为本土生动教材，对村民进行精神文明和传统道德的教育。倡导科学文明的生活方式和尊老爱幼、讲信修睦的道德规范，弘扬新风正气，推进移风易俗，培养文明乡风、良好家风、淳朴民风，从而不断提高乡村社会的文明程度。

3.8 聚落优秀传统文化是建设生态宜居美丽乡村的基底

充分依托聚落生态文化、历史文化、农耕文化、建筑文化、乡规文化等，传承各族先民人与自然和谐共生的生态观和敬畏自然、顺应自然、保护自然的理念；弘扬各族先民护林保水的环保智慧和优良传统，切实保护生态环境。

乡村振兴，生态宜居是关键。建设生态宜居的美丽乡村，首先要整治和改善乡村人居环境。其次，要加强乡村生态保护与修复，即加强生态系统保护以及退耕还林还草等生态修复工程。

综上所述，云南，由于历史悠久、地处边陲、交通闭塞、民族众多等原因，在广大少数民族聚居的传统聚落中，积淀了丰富、深厚而富有特色的传统文化，其中许多是优秀的传统文化。

乡村优秀传统文化是乡村的灵魂和珍贵的遗产，也是乡村振兴的基础和重要保障。因此，必须采取多举措切实保护和传承发展乡村优秀传统文化。

乡村优秀传统文化的传承和发展，首先要深入挖掘其所蕴含的优秀思想观念、人文精神和道德规范，揭示其时代价值和传承意义；其次，要践行新发展理念，实施创造性转化和创新性发展，赋予其时代内涵，丰富其表现形式。从而让乡村优秀传统文化生生不息，在新时代展现其生命力、传播力和影响力，在乡村振兴和农业农村现代化建设中弘扬光大。

主要参考文献

[1] 杨庆. 建筑文化[M]//杨寿川. 云南特色文化. 北京: 社会科学文献出版社, 2006.
[2] 杨庆. 西双版纳傣族传统村寨的保护与开发[J]. 云南民族学院学报(哲学社会科学版), 2001(6).
[3] 邱宣充. 云南名胜古迹辞典[M]. 昆明: 云南科技出版社, 1999.

第七章 云南传统聚落的规划思想

云南的聚落最早产生于新石器时代晚期，距今3000多年，当时已有元谋大墩子和宾川白羊村等一批有一定规模的原始聚落。

在云南省沧源县的勐省镇的勐来乡和糯良乡境内，考古学家们发现距今3800年至2700年之间史前人类制作的沧源崖画，这是我国西南地区不同于中华文明起源中心区域的史前艺术遗存。沧源崖画中的聚落图（图7-1）描绘了史前当地聚落的结构和布局。从图中可以看到，云南的原始聚落有椭圆形的地域线、道路、广场和出入口，地域内还有功能分区，中心区有一座较大的深色房屋（可能是仓库或其他房屋），围绕中心有许多相似的房屋，推测为村民的住屋。表明云南原始聚落有三个主要特征，即中心性、地域性和区域划分性。

图7-1 云南沧源崖画中的聚落图
（资料来源：汪宁生. 云南沧源崖画的发现与研究[M]. 北京：文物出版社，1985：34）

从墨西哥国立人类学博物馆展示的人类聚居图（图7-2），可以看出，墨西哥的原始聚落也具备了一般聚落的基本要素和特征：明确的地域界限和聚落之门，基本的功能分区，在聚落的中心区有一个广场和仓库，在居住区有房屋和树木，还有牲畜饲养圈、池塘等。

图7-1和图7-2中的原始聚落图十分相似，说明在第一次社会大分工之后，人们逐渐走出了他们巢居和穴居的住所，在特定的自然条件下选择某一合适的地方作为安家定居

之所。由于当时人们的生存方式和思想意识的类似，所以世界各地的原始聚落表现出惊人的相似性：具有中心性、地域性和区域划分性的共同特点，说明原始聚落已存在最初的规划思想。

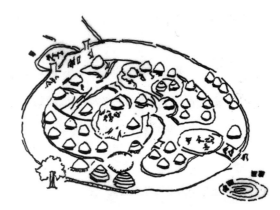

图 7-2　墨西哥国立人类学博物馆展示的人类聚居图
（资料来源：吴良镛. 广义建筑学[M]. 北京：清华大学出版社，1989：9）

云南少数民族的传统聚落也存在最初的规划思想。

如傣族创世史诗《巴塔麻嘎捧尚罗》中有这样的诗句"英叭搓下身上的汗泥和污垢，与海中的泡沫和渣滓糅合在一起，经过几万年的粘结、磨砺，终于搓捏成一个圆形的实体——罗宗补，即大地，漂浮在茫茫无边的大海上，将地与天分开了"[1]——表明傣族传统聚落已具有一条清晰的边界线；"应把天地再划分，使它像火塘，方方做道门，门旁立标记，有东又有西，天地才分明，才好辨四方。英叭搓下污垢，捏成四道门，安在天地的四方，称作东、西、北、南"[2]——在界定了生存空间之后，接着，明确了东、西、北、南、中五大方位概念。到定居农耕时，傣族人桑木底是傣族村寨和房屋的第一个"建筑大师"，他规定，"每个新村寨必须有一个寨心，寨心不得移动；每个村寨必须有四道寨门，供所有人进出，不允许有其他出入口。"桑木底对寨心、寨门和十字形道路的规定是傣族聚落早期规划中最明确、最重要、最深远的想法，它设置了聚落中心的位置和聚落的边界，确定了傣族传统聚落的空间布局，体现了傣族传统聚落原始规划思想的萌芽。这种规划理念逐渐变得成熟并成为后来修建傣族聚落恪守的"规则"。

[1] 岩温扁，译. 巴塔麻嘎捧尚罗[M]. 昆明：云南人民出版社，1989：1-4，35.
[2] 岩温扁，译. 巴塔麻嘎捧尚罗[M] 昆明：云南人民出版社，1989：1-4，35.

1

云南传统聚落规划思想形成的基础

1.1 原始农业为主的经济形态

三千多年前，云南原始先民走出巢居和穴居的住所，建盖了草木结构的住屋。定居之后，他们主要从事农耕，种植稻谷等作物，同时兼营畜牧、采集、狩猎和捕捞等。他们以磨制石器为工具，生产效率极低，生活水平十分低下。

1.2 以血缘为纽带的氏族社会结构

当时，原始先民处于以血缘为纽带的母系社会。人们集体劳作，产品共有。氏族是社会的基本细胞，几个氏族组成一个部落；部落有明显的领土范围，还有其独特的风俗习惯以及语言和原始信仰等。❶

云南少数民族传统聚落的规划思想就是在上述原始农耕经济基础之上萌芽的，也是在原始先民以血缘为纽带的母系氏族社会中逐渐孕育而形成的。

2

云南传统聚落规划思想的主要内容

云南传统聚落的规划思想由多个方面的文化理念组成，主要包括以下五方面内容。

2.1 人与自然和谐共生的生态观

历史上云南大多数少数民族都经历了不断迁徙，寻找适合生存的地方，并根据居住地的自然环境，因地制宜，建村立寨，建造住屋，形成了大大小小、各具特色的少数民族聚落。各民族由于生产力水平低下，认识自然、改造自然的能力有限，因此，自然条件的优劣对聚落的生存起着决定性的作用。

各民族先民早就认识到生态环境的重要性，在选择居住地、营造居住环境及日常生产生活中，敬畏自然、尊重自然、顺应自然、保护自然，合理地利用自然优势，其主导思想是与自然和谐共生。少数民族聚落的构建采取顺应自然的方法，由于少数民族强烈的集体意识，使其聚落在无序中显现有序，形成了村落景观向心性强的特点。[1]

如西双版纳的傣族先民，起初努力使自己适应当地的自然环境，然后转向依赖自然环境，最后发展成为对该地区的民族认同感，最终定居下来并分布在西双版纳的平坝近水之处，形成沿水而居型、坐山朝水型和半山型或山地型三种自然类型的聚落，体现了与自然环境为友的生存观念（图7-3）。傣族建寨选址首先考虑的自然条件是山林、河流和平坝。正是由于对生态环境的依赖和与生存环境的融合，形成了傣族传统的自然观或生态观，即"有山才有水，有水才有田，有田才有粮，有粮才有人"和"大地是母亲，森林是父亲，只有从父母那里才能得到食物"，把人看作大自然的组成部分。这种自然观的核心是山、水、田地和树林。这是傣族聚落自然生态和农业格局的基础，是傣族祖先在长期生存斗争中对生态环境变化规律的总结，也是他们对山、水、田地与森林关系的理解和把握。❷傣族择居时对水的依赖，是其民族精神中一种延续了数千年的内在思想观念的体现。❸

❶ 李昆声，钱成润. 云南通史：第一卷[M]. 北京：中国社会科学出版社，2011: 158, 172, 179, 181.

❷ 杨庆. 西双版纳傣族传统聚落规划思想的文化渊源[J]. 思想战线，2000(4): 87-91.

❸ 郑晓云. 水文化与生态文明：云南少数民族水文化研究国际交流文集[M]. 昆明：云南教育出版社，2008: 22.

图7-3 与环境为友的傣族村寨（刘建华摄）

又如红河州的哈尼族，经历过采集、狩猎时期和随畜迁徙的游耕时期后，迁徙到红河南岸的哀牢山区定居下来。哈尼族选择寨址必须考虑有森林、水源、平缓的山梁或山坡等垦殖梯田不可缺少的自然条件，并遵循"山头宜牧，山坡宜居，山脚宜耕""上方森林，下方梯田"的祖训,选择居住于海拔800~1800m的亚热带气候温和的中山地带,以1500~1800m高度上分布最为集中,既便于下山耕耘,又易于上山狩猎。哈尼族利用高山森林涵养水分形成的"山有多高,水有多高"的自然条件造就的常年流淌不枯的"高山绿色水库",千百年来辛勤垦殖,构建了"高山森林-中山村寨-低山梯田"人与自然和谐共生的"三位一体"的农业生态系统与生存空间❶[2]和世界文化遗产——"红河哈尼梯田"。山顶上的森林除了作为水源林外,还为村民提供建房所需的木材和日常生活用的柴火,以及丰富的野生食物,森林中大自然的馈赠成为梯田农耕经济的重要补充,形成了哈尼族"靠山吃山,靠水吃水"的传统习俗。哈尼族居住地的选择是他们对哀牢山整体自然生态环境的深刻认识和把握的结果,体现了哈尼族崇尚自然的生态观。[2]哀牢山区森林、聚落、梯田,以及山脚的河流,在不同海拔高度上的有序分布,是哈尼族巧妙地选择自然条件,适应自然条件,利用自然条件,变自然生态为梯田农耕生态的杰作❷,哈尼族传统聚落充分表明了人与自然的高度和谐,体现了人与自然和谐共生的规划思想。

又如普米族世世代代保护山林,始终保持着对自然的崇拜和尊重。凡是普米族聚居的地方,村中的古树被称为"母亲树",村中的小河称之为"母亲河"。如果有人家盖房子需要木材,则需要经村民同意,并指定可以砍伐的树木,再由族中长者祭拜山神后才能砍伐,体现了普米族尊重自然,敬重生态,保护生态的强烈意识。

再如拉祜族聚落选址一般依山傍水,紧邻森林,聚落四周环绕着浓密的荆棘带。

在一些少数民族的创世史诗中,也有关于人与自然和谐共生思想的叙述。

如彝族创世史诗《梅葛》中有这样一段描述:"没有火,没有水,没有吃的,没有住的。吃的山林果,住的老山洞。"❸表明彝族聚落选址多考虑地势较高的斜坡或山区,向阳而居,既防水患,又能抵御外敌进攻。彝族史诗表明聚落选址有四个基本要素❹,即树林、近水、向阳、靠山,其中,"树林"要素最为重要,这是因为树林和草地对于彝族的生产和日常生活十分重要。

藏族口传和书面史诗《格萨尔》描述了藏族的祖先一直过着游牧生活,高原峡谷的生态环境支撑着部落人口的繁衍和发展。因此,藏族人对自然生态有着原始的尊重,坚信周围的神山、溪流和树木是聚落的保护神。于是人们崇拜神山和神湖[3]。受其影响,藏族传统聚落多建在群山环抱的坝区,或地势平坦的河谷。[4]

纳西族史诗《创世纪》描述纳西先民依水而居,反映了对水体和水源的崇拜。在纳西族聚居的丽江大研古城区,水网的分布决定了聚居网络的构成,聚落顺应水系呈自由布局;玉河水网、面状水系及点状水系共同促进了纳西族聚落分布形态的形成。其中，点状水系"三眼井"(丽江古城中的井，顺溪流方向，自上而下按不同用途将水井分为上、中、下三个部分。第一口井为水的源头，水透明洁净，为饮用之水；第二口井为洗菜、洗涮炊具之用；第三口井为洗衣之用，用过之水排入水沟，用于农田灌溉) 在很大程度上反映出纳西族敬畏自然，尊重自然，与自然和谐共生的传统生态观念。

2.2　因地制宜的生存理念

云南各少数民族在聚落的营建中，都体现了因地制宜、顺应自然的理念。传统聚落中住屋建筑的形式和结构是因地制宜生存理念的充分表现。

云南传统聚落中的住屋建筑主要包括干栏式建筑、井干式建筑、土掌房式建筑和合院式建筑四种类型。各类住屋形式和结构对当地自然环境条件的适应具体表现如下 (详见本书第八章)。

2.2.1　干栏式建筑

西双版纳地区和德宏地区的傣族、景颇族的住屋都是干栏式建筑。这类房屋透风、凉爽、防潮，并可避免虫蛇侵害；歇山或悬山式屋顶，屋面坡度较陡，出檐深或配以重檐，可防止阳光的直射，达到最大的遮阴和散热效果，这一布局组合充分体现了对热带气候和地理环境的适应。

怒江地区山势陡峭，高山峡谷之间没有坝子，凡是较平坦的地方都开垦为耕地。居住在河谷湿热地区的傈僳族将房屋的地基选择在能躲避山洪和泥石流的相对平缓的向阳坡地上。建房时不须平整地基，先在地面上打入数十根木桩为基础，再在缓坡上依地势竖几十根长短不等的木桩作为整个房子的支柱，将房屋建盖于密集排列的若干柱脚上，称为"千脚落地房"——干栏式建筑的一种形式。这种房屋依山而建，因地制宜，就地取材，省工省料，实用方便，

❶ 王清华. 梯田文化论: 哈尼族生态农业[M]. 昆明：云南大学出版社，1999: 25.

❷ 王清华. 哈尼族梯田农耕系统中的两性角色[M]//李期博. 哈尼族梯田文化论集. 昆明：云南民族出版社，2000: 44-58.

❸ 李世武. 万物一体：彝族史诗"梅葛"演述传统蕴含的生态智慧[J]. 原生态民族文化学刊，2020(5): 1-8.

❹ 非艳芹. 彝族史诗《梅葛》的生态观及其当代启示[J]. 牡丹江教育学院学报，2018(4): 8-10.

冬暖夏凉，防水防潮，且便于搬迁。[5]

2.2.2 井干式建筑（木楞房）

井干式建筑具有良好的保暖性，木材用量大。因此主要分布于取材方便的云南西北部寒冷林区，如贡山、兰坪、宁蒗、丽江、中甸，以及楚雄州的山区。以井干式建筑为住屋的民族有纳西族、怒族、普米族、藏族、独龙族、彝族、白族等。

2.2.3 土掌房式建筑

土掌房的墙体厚实，用土坯砌成或泥土夯成，隔热良好，室内冬暖夏凉，主要分布在炎热少雨的滇中河谷新平、红河、元江、元阳、绿春一带，以及滇西北寒冷缺雨的德钦地区，是当地以定居农业为主的彝族、哈尼族和部分傣族的主要住屋形式。土掌房一般依山而建，就天然斜度安排楼层，屋顶可用作农耕作物必需的晒场。

如峨山彝族聚落的土掌房住屋在坡地上分台，在平地十分稀少的山区，土平顶提供了做家务、晾晒、游玩、休息和交往的场所；利用平台体系，各家平屋顶相连或辅以楼梯邻挨邻、户接户，建立起立体的第二层面通道。

又如哈尼族蘑菇房的四坡面草顶，坡度大、正脊短，状如蘑菇，适应红河下游元阳一带年降雨量较大的需要。在地形起伏的地段上作分台错半层布置，耳房平屋顶用作晒谷场。

再如藏族土库房（即碉房），层次错落建于高山陡坡之上，适应高海拔的地理环境。

2.2.4 合院式建筑

如大理白族的"三坊一照壁"和"四合五天井"合院的大门多开在东北角朝东，正房面向东方，采用木构架硬山式屋顶，山墙两头屋顶不挑出屋檐并用薄石板封住后檐与山墙顶部，以适应大理地区风大、风向多为西风或南偏西风、主要山脉（苍山）为南北走向，造成的大风袭击。

又如丽江纳西族的合院多背坡向阳、临水而建，结合地形高差不同院落高低错落，富有情趣。

除了上述因地制宜而各具特色的民族聚落住屋建筑外，由于历史上云南各少数民族经济社会发展水平较低，交通不便，各类住屋建筑多就地取材，采用当地盛产的竹、木、藤、泥土、石板、茅草等修建；此外，聚落内的道路多自然形成，随房屋排列，蜿蜒交

错，路面狭窄，也体现了传统聚落因地制宜的理念。

2.3 体现特色的思想

在云南传统聚落中，有许多聚落规划得颇有特色。其特色主要有下述3个方面：

一是环境特色。云南传统聚落大多坐落在山水之间，有的位居平坝、河谷，兼有山林水土；有的地处半山区，周边有树林、水源和耕地；有的分布在高寒山区，附近有森林、耕地和草场。顺应地形的聚落布局和与自然和谐的居住秩序，使聚落与自然环境融为一体。这一规划思想表现了各族先民对聚落周边环境的整体性认知和体现环境特色的意识。

二是文化特色。云南传统聚落的文化底蕴丰厚，主要包括农耕文化、民族文化、历史文化、建筑文化、宗教文化和民俗文化等。各种特色文化表现在聚落的物质形态之中，构成各民族传统聚落独特的村寨景观。如傣族聚落周边为成片的水田、干栏式住屋、原始宗教和南传佛教建筑、适应环境的聚落布局和建筑组合，表明傣族传统聚落的原始规划思想具有多元文化的特色，蕴含了古代百越文化、傣族文化、原始信仰文化和南传佛教文化等都对傣族传统聚落的规划思想产生了深刻的影响。说明传统聚落的规划思想充分体现了各民族的文化特色，表现了聚落的民族属性。

三是建筑特色。云南民族聚落的建筑主要包括住屋建筑和宗教建筑。

各民族的住屋建筑具有鲜明的民族性、地域性、多元性、丰富性、原生性和景观独特性等特征。[1]如西双版纳傣族继承百越族群"居干栏"的住屋传统，其住屋是人居其上，畜居其下的"干栏式"竹楼。[2]彝族的住屋为依山分台而建的"土掌房"。哈尼族的住屋为屋顶坡度大、正脊短的"蘑菇房"。普米族的住屋是用圆木或方木相扣、层层交叉堆砌而成的"木楞房"。白族和纳西族的住屋是"合院式住

❶ 杨庆. 试论云南民族建筑的文化特征[J]. 云南民族大学学报(哲学社会科学版)，2007(1)：93-97.
❷ 王冬. 记忆与阐释：彩云之南的乡土聚落与建筑[M]//国家图书馆. 匠意营造：中国传统建筑·学津清谈. 北京：商务印书馆，2019.

屋"等。各民族不同形式的住屋都能适应居住地不同的自然条件。

传统聚落的各种宗教建筑，文化内涵不同，建筑形式也不同。云南传统聚落拥有三种派系的佛教建筑：白族聚落的佛寺，蕴含汉传佛教文化，采用传统的"伽蓝七堂制"模式；傣族的缅寺，蕴含南传上座部佛教文化，采用硕大的"重檐歇山式多面坡"屋顶；藏族的喇嘛寺，蕴含藏传佛教文化，按"都纲法式"的建筑型制建造。云南各地的道教宫观，蕴含中国道教文化，采用传统的宫殿、神坛建筑形式。回族聚落的清真寺，蕴含伊斯兰教文化，其圆顶和尖塔具有阿拉伯建筑风格。傈僳族和苗族等的教堂蕴含基督教和天主教文化，采用本土传统建筑和欧式建筑融合的形式，以十字架为象征等。

以上住屋建筑和宗教建筑的特色在传统聚落规划思想中都得到充分体现。

上述体现民族聚落环境特色、文化特色和建筑特色的规划思想，不仅保护了聚落的民族特色、农耕文化、传统风貌和生态环境，而且相对完整地保护了各民族的文化基因，凝聚了各民族文化的结晶，是一种宝贵的乡土智慧。

2.4 氏族血缘的影响

血缘型聚落是人类聚落的起源。如本书第四章所述，云南少数民族族群的演变发展，经过三大历史阶段，即血缘族群→地缘族群→业缘族群。在云南，由于历史发展和民族情况的特殊性，这些族群的出现不完全呈现时间的先后关系，而是有时空交错。[6]20 世纪 50 年代甚至如今，在云南边境一带的一些少数民族聚落中，仍可以看到明显的原始社会血缘聚落的痕迹。[7]蒋高宸教授提出血缘族群的聚落及建筑营造模式——"惹罗"模式。"惹罗"模式是哈尼先祖开始成为南方农耕民族并安寨定居的民族更新或形成时期出现的聚落模式。按照"惹罗"模式，村民们要先认同大环境，先站稳、考量这个地方，营造可居的环境，盖房子是之后的事，即"先居后建"；聚落营造呈现出神性和神圣空间。哈尼族的"惹罗"模式可以被认为是血缘族群聚落营造的一个普遍范式。[7]

血缘关系在聚落空间布局中有着明显反映，许多少数民族聚落的布局充分体现出宗族血缘的凝聚力。血缘族群的聚落形态防卫性强，设定了聚落的边界，以防御毒蛇、猛兽和其他部落的入侵；血缘族群的聚落由于其自身血缘关系的凝聚力，表现出很强的聚合性，聚落内部一般设有一类在地理或精神中心的"内核"式建筑或空间，多为祭祀场所或议事广场，广场中心是大房子，通常是部落首领居住的地方，族人围绕中心，根据族内等级高低由内向

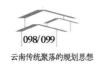

外建屋居住，在聚落中形成一种明显的空间层级结构，[8]产生了居住区、生产区、祭祀区、公墓区等最基本的生活和最原始的功能分区。这种形态的痕迹在当下的一些佤族、拉祜族聚落中还可以看到。[7]

进入农耕社会后，人与土地、耕作、养殖发生了密切的关系，血缘族群发展为地缘族群，聚落表现出住屋营造的精致性和相似性，聚落营造出现了"元——本主"模式，可描述为：认环境、择基地，立宗祠、建庙宇，盖住屋、营场院，兴水利、凿灌溉，设集市、构中心。

在农耕社会向农商社会的转变中，云南不少少数民族地区的地缘族群逐渐向业缘族群转变。在这一社会历史背景下，聚落营造出现"公本芝"模式。聚落人居环境和住屋营造显现的总体规律及相关特征是：修集场、兴集市，开商铺、构街坊，重教化、盖学堂，拓住屋、成宅院，在地缘族群村镇聚落已经比较精致的基础上再精致化，精致的等级再提高。[7]

由上所述可见，民族族群由血缘族群→地缘族群→业缘族群的演变发展，出现了民族聚落营造由"惹罗"模式向"元——本主"模式，再向"公本芝"模式的变化。[7]民族族群的演变发展，对云南少数民族地区传统聚落的营造产生了明显的影响。

2.5　宗教信仰的观念

历史上，云南少数民族由于生产力发展水平低下，长期生活在封闭的环境之中，与外界联系甚少，人们信奉万物有灵的原始宗教。至今，许多民族仍存在自然崇拜、祖先崇拜、鬼神崇拜、灵魂崇拜、动植物崇拜、图腾崇拜、生殖崇拜、巫及巫术崇拜等原始宗教的观念。外来宗教的传入，使有的民族除了信奉原始宗教外，还信奉佛教或道教、伊斯兰教、基督教、天主教，造成有的民族多种宗教信仰并存，有的民族则只信仰本民族独特的宗教的状况。而无论是多种宗教信仰并存，还是只信奉单一宗教，宗教信仰对民族聚落空间的形成都有着重要的影响。[1]

如西双版纳傣族在向自然索食和狩猎为生时期的早期聚落，其形态表现为略似太阳符号的聚落原型，以寨心、寨门、寨边界、道路等为主要构成要素，表现出明显的蕴含原始信仰的规划理念。人们信奉万物有灵的原始宗教，认为村寨有寨心神，保护全寨人畜平安、五谷丰登；寨口有寨门神，用以驱挡邪恶。建寨之初，首先确定寨心，然后竖寨门，定边界（竖木桩），立寨墙（牵草绳），再建住屋。四个寨门相连，形成街道，住屋成组成片地修建。在这里，寨门和寨墙划定了村民的世俗生活空间，道路、水井、广场等构成了村寨内部主要的公共空间，而竹楼则是家庭和个人的日常起居空间。[9]这种在原始宗教驱使下，使聚落布局呈现主次分明、先后有序、分区明显的空间形态，是聚落初期的、原始的规划思想的萌芽。[1]傣族原始聚落形态中的三个主要特征，即中心性、地域性和区域划分性，构成了西双版纳傣族传统聚落的空间原型（图7-4）。这一空间原型表明，西双版纳傣族先民按照其原始信仰，开始对生存的自然环境进行人为组织，并赋予其特定的环境秩序；通过聚落空间原型中的边界和中心这两个重要元素，进一步加强聚落成员的共同归属感和空间领域感。空间原型元素的确定是西双版纳傣族原始价值观念选择的结果。[10]

自小乘佛教传入西双版纳以后，傣族的宗教信仰体系具有了原始宗教与小乘佛教两种宗教"二元一体"的重要特征，由原始宗教文化所操控的传统聚落寨心的功能部分被佛教中心——佛寺所取代。因此，其聚落空间原型具有了佛寺和寨心双重中心的特点，见图7-5。佛寺建在聚落的入口处或聚落中心，有时成为道路的底景，任何建筑不得高于佛寺，聚落以佛寺为重心或焦点展开布局，佛寺成为傣族传统聚落中极为重要的构成元素。在这里我们可以看到，傣族传统聚落经历了从"原型"的模仿、积累，到逐渐变异，最后形成一定"范式"的过程，从纯粹的满足功利之中走向了一种文化承脉。

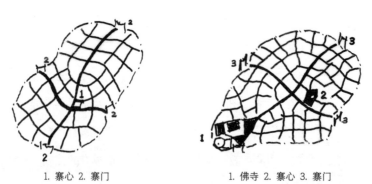

1. 寨心 2. 寨门　　　　　　1. 佛寺 2. 寨心 3. 寨门

图7-4　佛教传入前西双版纳傣族聚落的原型　图7-5　佛教传入后西双版纳傣族聚落的范式

（资料来源：朱良文. The Dai or the Tai and their architecture & customsin south China[M]. Bang kok D. D. Books, 1992: 19)

又如大理州的白族，除崇拜本民族的英雄"本主"之外，还对大榕树异常崇拜，视其

为生命和吉祥的象征，几乎每个聚落都有受保护的大榕树，并以大榕树为主体，配以本主庙、戏台和广场，形成村民活动的中心和共享空间，整个聚落以大榕树为核心展开布局。大理周城白族聚落，就是以大榕树为节点形成聚落空间的典型例子。[1]

再如佤族的聚落布局，具有较为明显的向心性，寨桩和榕树多为聚落建筑的中心，从中心向四周扩散。榕树、寨桩、寨墙、寨门为聚落的精神核心，体现了原始崇拜的特征。布朗族在寨心桩的周围用石块砌成1m左右的高台，作为寨神的住所，聚落内群体性的宗教祭祀活动围绕高台展开等。

由上所述可知，宗教观念对民族聚落产生了明显的影响。各民族在"建造村寨时，先建各种宗教设施"，安排好灵魂的归宿，构筑好神灵的住居。一言以蔽之，宗教观念作为一种社会的重要因素，决定了聚落的面貌。[10]

2.6　具有防御功能的意识

从原始社会开始，人们为了躲避凶猛野兽的攻击，减少自然灾害造成的危害和避免外来部落的骚扰，保障自身的生存，便开始营造具有防御功能的聚落环境。中国古代村落的选址布局普遍考虑了防御功能。防御意识作为一种心理积淀，长期影响着中国古代村落的空间布局，始终是中国古代村落规划思想的重要组成部分。[1]我国山地村落利用地形进行安全防御是古已有之的功能。❶

在云南传统聚落营造中，防御功能的意识主要表现在下述两个方面。

1.选择有利于防御的位置建造聚落

历史上云南少数民族居住的地理区域内常有野兽出没，聚落间的械斗也时有发生。因此，村民往往选择有利于防御的位置建造自己的聚落。

如藏族的碉楼作为一种防御性能甚强的聚落建筑，一般据山扼

❶徐坚. 浅析中国山地村落的聚居空间[J]. 山地学报, 2002(5): 526-530.

水，建在视野开阔和地形重要的交通要道、山脊梁上或聚落中心，主要用来防御敌患，观察敌情，指挥作战。目前尚存的藏、彝等族的碉楼式建筑，仍能充分体现昔日云南传统聚落的防御性特征。❶

2.聚落周围设立保护性设施

村民在聚落四周用栅栏、壕沟或围墙将寨域围合起来，使聚落成为封闭性较强的整体，具有自我保护的防御性。

如佤族在聚落四周用竹木和荆棘围成寨墙，使聚落成为封闭性较强的整体，具有自我保护的防御性。佤族还在聚落周围挖壕沟，壕沟内埋竹尖和倒钩刺，并在寨门前修一条刺棵密集、密不透光、类似地道的通道，防止外来人兽的入侵。

3
云南传统聚落规划思想的实例

生活在西双版纳的傣族是一个古老的民族。早在 2000 多年前，居住在南方的百越族群的一个支系，为了寻找适合其生存与发展的自然生态环境，辗转迁徙至今云南的澜沧江流域等地区。他们为了适应新的自然环境，结成稳定的社会群体，于是出现了一个个由几户、几十户或几百户家庭组成的傣族聚落。这些傣族聚落，继承了百越先民"依山傍水""滨水而居""火耕水耨"和居住干栏的生产生活习俗，以种植水稻为主，兼营狩猎与捕捞等。

西双版纳的傣族先民一直信奉万物有灵的原始信仰。他们崇拜祖先和自然，将许多自然现象和居住环境神化为神灵加以崇拜。公元 7 世纪，南传上座部佛教传入后，对傣族社会产生了巨大而深刻的影响。

上述傣族先民生存的自然环境中，土地、水源和山林成为其聚落传统规划思想的基因，而农耕经济、社会结构及其演变、原始信仰与外来佛教等成为聚落规划思想的构成要素和影响因素。

傣族传统聚落的规划思想涉及的内容较多，主要有以下四个方面。

3.1　与水共生的生态观

傣族是一个崇尚水的民族，他们爱水、敬水。在傣族社会中，水不仅是一种自然物

质，同时被赋予了丰富的文化内涵，从而形成了自身的水文化。❷
傣族的民族性格像水一样的温情，他们"滨水而居""沿水而居"
"坐山朝水"。对傣族而言，水，不仅是人畜生命之源，而且是种植
稻谷不可缺少的水源，故有"天下无越不爱水"之说。"水文化"是
对西双版纳傣族传统文化的概括，傣族的"水文化"通过聚落文化
因子反映在聚落的物质形态之中：聚落周围的水体、聚落中的水井、
凉亭里的水钵、竹楼凉台上的水罐、驱旱祈雨的泼水仪式和傣族人
民的传统节日"泼水节"，以及日常生活中在河中沐浴等。特别是
在水井上方筑塔，赋以神圣意蕴；将泼水节赋予吉祥的象征等，让
人们敬水、爱水、珍惜和崇敬水，处处都体现了水对聚落形态、聚
落文化和聚落生活的作用和傣族对水的认识。因此，在傣族传统聚
落的规划思想中，水成了十分重要的因素，充分体现了傣族与水共
生的生态观，这是十分突出的特点。

傣族传统聚落规划思想中，对聚落附近的山林也十分重视。如前
所述，在傣族创世史诗中，有这样的古训："有林才有水，有水才有
田，有田才有粮，有粮才有人"。这又将人的生命之源归结于森林和
水土。基于此，傣族将林和水作为崇拜的对象，塑造了神树、神林、
水神、河神等神灵；在其乡规民约中，规定了保护这些神灵的举措。

3.2　扩大聚落空间的规制

傣族主要以种植水稻为生。因此，治理河流、兴修水利受到人们
的高度重视。因为这一重大事项非一个聚落，即"曼"所能承担，而必
须几个聚落联合。为此，同一区域内的一些聚落便组合成为一个共同
体，称之为"勐"，其中自然条件较好或建寨较早的聚落成为"勐"的
中心，称为"曼庄"。于是，聚落规划的范围从一个"曼"扩大成一个
"勐"，即从一个聚落扩大为一个区域，聚落规划扩大为区域规划。扩
大后的区域规划，不仅涉及单个聚落及相关区域，而且涉及区域内的
江河治理、农田管理、水利灌溉系统及水源分配等诸多方面，从而大

❶管彦波．西南民族聚
落的基本特征探微[J]．
中南民族学院学报(哲学
社会科学版)，1997(4)：
44-48．
❷郑晓云．傣族的水文
化与可持续发展[G]//水
文化与生态文明：云南
少数民族水文化研究国
际交流文集．昆明：云
南教育出版社，2008：19．

大丰富了聚落规划思想。可见傣族传统聚落的规划思想,不仅反映了发展农田水利灌溉的需要,也反映了聚落空间扩大的状况,这应是又一大特征。

3.3 人神共处的信念

傣族先民信仰万物有灵。他们祭祀祖先,崇拜自然。首先是崇拜与农业生产有关的神灵,如天神、地神、山神、水神、树神、林神、谷神、日神、月神、风神、雷神等;其次,崇拜与居住环境相关的神灵,如寨心神、寨门神、寨神、勐心神、勐门神、勐神等。在傣族传统聚落规划中,充分体现了万物有灵的原始信仰,突出表现为诸多崇拜的神灵设置了住所或标志。按照桑木底关于每个聚落必须有寨心和4道寨门的规定建立的傣族聚落,其寨心、寨门等构成要素,被披上了神灵的外衣,称为寨心神、寨门神,同时设立了寨神庙等。傣族先民认为,寨心神是聚落的灵魂,也是聚落的标志,没有寨心神,聚落也就不存在了。因此,每年三月全村人都要举行祭祀寨心神的活动。傣族先民认为,四道寨门不仅是聚落与外部世界间的界限和聚落地域边界的标志,同时,寨门也是神灵,象征着神灵所在。每道寨门一般都由两根木柱之间架一横木构成,横木中央挂一竹片,象征"神器",用来驱鬼除邪。聚落末端的寨门,称为"黑门",村民死后只能从这里抬出,它是通往"鬼"的世界的唯一通道。傣族每年举行仪式祭祀寨神时,要沿着寨门围之以草绳,象征"寨墙",用来表示人与"鬼"应当分开,不能交往。可见,寨门、寨墙都被神化,成为神灵的象征。傣族传统聚落规划扩大后出现的"勐心""勐门"也都被赋予了神圣的意蕴,成了神灵的象征。总之,傣族传统聚落规划思想充分体现了人神共处的信念。

3.4 佛教成为主导思想

大约在公元7世纪,南传上座部佛教从缅甸传入西双版纳地区,使傣族的经济、政治、文化受到了深刻的影响,原始信仰被渗透和掺和,佛教逐渐成为傣族民众的主要信仰,同时也成为傣族传统聚落规划的主导思想,主要表现如下。

3.4.1 佛寺、佛塔成为聚落的重要构成要素

公元671年,在今勐海县建成了第一座南传上座部佛寺,即"曼拉阁寺"。此后,一

千多年间，西双版纳地区先后建立了一千多座佛寺、数百座佛塔，形成"村村有佛寺""佛塔多如林"的状况。佛寺成为佛教活动的中心，佛塔则是埋葬佛祖和僧侣骨灰的地方。在聚落规划中，对佛寺、佛塔的选址、建筑体量及其附近空间等都有明确的规定，即大多数佛寺建在离聚落数步之遥或聚落外围之处；总佛寺、中心佛寺和村寨佛寺三级佛寺的大小均有区别，佛塔也如此。❶

3.4.2 亭台、楼阁建成为佛寺的附属建筑

例如，建于清康熙四十年（1701 年）的勐海景真八角亭，就是当地扎滩寺的戒堂和藏经楼等。

上述傣族传统聚落规划思想具有显著的典型性特点。寻其文化渊源，这种聚落规划思想具有鲜明的地域文化、民族文化和"二元宗教"文化（原始宗教与外来佛教）的特色，因此，可以认为它是傣族文化的一个缩影。傣族传统聚落规划思想使傣族聚落成为"水之聚落、越人之聚落、神灵之聚落和佛光照耀下的佛之聚落"。

4
云南传统聚落规划思想研究的现实意义

云南传统聚落的规划思想，萌芽于原始氏族社会。随着农耕经济的迅速发展，原始氏族社会的瓦解，传统聚落的规划思想发生了重大变化，得到了充实和提升。与自然和谐共生的生态观、因地制宜的理念、体现特色的思想、氏族血缘的影响、宗教信仰的观念和具有防御功能的意识等纷纷融入聚落规划的思想范畴之中。至近代以前，云南传统聚落规划思想已经较为完善，并已成为一份优秀的民族文化遗产。

云南传统聚落规划思想蕴含着许多优秀的思想观念和人文精神，诸如以上论及的生态观、生存理念及防御意识等都值得进一步研究和总结。在当今全面推进乡村振兴中，传承民族传统聚落规划

❶ 杨庆. 西双版纳傣族传统聚落规划思想的文化渊源[J]. 思想战线，2000(4): 87-91.

思想，具有明显的现实意义。

4.1 充实、提升和完善少数民族地区村庄规划

传承传统聚落规划思想，可以充实、提升和完善少数民族村庄规划，有助于改善少数民族聚落人居环境，加强少数民族地区生态保护和生态修复，建设美丽乡村。

4.2 保护传统聚落的民族特色和传统风貌

大力传承和弘扬民族传统聚落规划思想，可以保护传统聚落的民族特色和传统风貌，遏制民族聚落传统特色丧失的势头，使保护传统聚落风貌的战略真正落到实处。

4.3 保护优秀文化遗产

通过宣传使传统聚落规划思想是一份优秀文化遗产的认识变成村民的共识，激发村民的文化自觉和文化自信，让全体村民都来参与对这一文化遗产的保护行动，使传统聚落规划思想得以传承和弘扬。

吴良镛先生曾经指出，"作为城市规划工作者，一个重要的学习研究方法就是总结前人的思想、经验、教训，分析当前的问题，并有预见性、创造性地探索未来"。[11]这正是研究云南少数民族传统聚落规划思想的重要意义之一。

主要参考文献

[1] 刘沛林. 论中国古代村落的规划思想[J]. 自然科学史研究, 1998(1).
[2] 王清华. 哈尼族的梯田文化[M]//云南省民族研究所. 民族调查研究.[出版地不详]: [出版者不详], 1984.
[3] 杨大禹, 朱良文. 云南民居[M]. 北京: 中国建筑工业出版社, 2009.
[4] 翟辉, 柏文峰, 王丽红. 云南藏族民居[M]. 昆明: 云南科技出版社, 2008.
[5] 段炳昌, 等. 多彩凝重的交响乐章: 云南民族建筑[M]. 昆明: 云南教育出版社, 2000.
[6] 王冬. 族群、社群与乡村聚落营造: 以云南少数民族村寨为例[M]. 北京: 中国建筑工业出版社, 2013.
[7] 王冬. 记忆与阐释: 彩云之南的乡土聚落与建筑[M]//国家图书馆. 匠意营造: 中国传统建筑·学津清谈. 北京: 商务印书馆, 2019.
[8] 柳博. 汉彝两族血缘型聚落空间形态初步对比性研究: 以浙江省诸葛村和云南省高平村为例[J]. 建筑与文化, 2017(8).
[9] 田玉玲. 人、神、自然的和谐共聚: 西双版纳傣族传统村落空间格局研究[C]//云南大学贝叶文化研究中心, 西双版纳州贝叶文化研究中心. 贝叶文化与民族社会发展: 第二届全国贝叶文化研讨会论文集. 昆明: 云南大学出版社, 2007.
[10] 杨庆. 云南少数民族建筑及其文化[M]. 昆明: 云南大学出版社, 2023.
[11] 吴良镛. 吴良镛城市研究论文集: 迎接新世纪的来临[M]. 北京: 中国建筑工业出版社, 1996.

第八章 云南传统聚落建筑

云南是一个以汉族为主体的多民族杂居的省份，6000人以上的世居少数民族有25个，是我国少数民族种类最多的省份。云南的少数民族在漫长的历史发展过程中与自然环境相适应，各民族相互交流、融合、分化，形成同一民族大分散、小聚居，以及同一地区不同民族交错杂居、和谐共处的分布格局，并在各民族文化的基础上，吸收外来文化，创造了丰富多彩的传统聚落建筑。

早期人类住居有两种基本结构体系——"巢居"与"穴居"。所谓"巢居"，即利用天然的树干为柱，在相邻的几棵大树之间悬空架起横木，并用藤葛捆扎固定，再铺上树枝、树叶、树皮、茅草等物，营建成如鸟巢状的一种掩蔽所。"穴居"，即居住在洞穴里，意即"营窟而居"。"巢居"与"穴居"在建筑材料的选取、建筑结构的确定、建筑模式的演进等方面有着许多相似之处，在一定程度上交融衔接。[1] "巢居"与"穴居"是我国西南民族最早的居住形式，是"西南民族民居的两个主要渊源"❶，西南民族地区住居的形成与演化包括"巢居"与"穴居"两大序列。历史上西南地区的一些民族为适应狩猎、采集经济或防止猛兽、虫蛇的侵袭，都程度不同地"依树积木""并林木而居"或"悬虚构屋"于高树，有着"巢居"的习俗。随着社会生产力的发展，人口数量的不断增加，以及活动范围的逐步扩大，人类的居住形式从远古的"巢居"阶段发展到"穴居"阶段。

"巢居"和"穴居"也是云南最原始的住居。据考古发现，旧石器时代，云南与我国其他地区一样，人们都是以天然洞穴为居住场所。新石器时代的住屋主要有洞穴居、巢居、地面（包括半穴式）木构建筑和干栏式建筑❷，表明新石器时代云南先民开始了住屋的营建活动。青铜时代的住屋建筑为木结构，以干栏式房屋为主要居住形式，还有井干式建筑或二者的混合形式。至迟在西汉以前，云南各民族先民"逐

❶ 斯心直. 西南民族建筑研究[M]. 昆明：云南教育出版社，1992：11.
❷ 张增棋. 云南建筑史[M]. 昆明：云南美术出版社，1999：4.

渐创造出 3 种具有浓厚地方本土特色的住屋模式：即干栏式、井干式和土掌房，成为云南民族住屋的原始底层"，并"以这三种住屋模式为基础，发展为三类住屋体系（干栏体系、井干体系、土掌房体系）"。❶有学者认为，云南百越和百濮族群后裔的干栏式建筑是巢居的发展，井干建筑既源于干栏式，又是其分支及进一步的发展；而氐羌族群后裔的住屋是由天然洞穴到人工洞穴，再发展为原始地面建筑。❷自汉代以来，内地大量汉族人口进入云南，汉文化的影响使云南少数民族地区的建筑风格、结构布局及建筑材料发生了较大变化，内地的汉式建筑开始在云南出现和传播。

在长期的生产和社会活动中，云南各民族先民由于各自的历史渊源，造就了民族建筑的独特性；由于"大杂居，小聚居，多数散居"的居住形式，造就了民族建筑的相互融合；由于复杂的地理环境，造就了民族建筑的多样性和地域性，这一切使云南民族建筑具有明显的民族性和地域性。云南各民族先民创造的绚丽多彩、具有自身特色的民族住屋建筑类型，是各个民族的象征型艺术[2]，充分反映了生活在不同地域的各民族对所处地域自然生态环境的适应及人与自然的和谐；反映了各民族在不同历史时期的社会形态、经济发展水平与家庭结构；还反映了各民族的文化类型和文化差异、审美心理，以及民族文化交流的影响，体现了云南各民族的智慧和创造力，具有浓厚的乡土气息，是中国建筑乃至世界建筑的一大奇观。传统聚落的住屋建筑是云南民族建筑的一个重要组成部分。

云南是我国原始崇拜最为典型的地区，崇拜对象多种多样；云南又是我国宗教信仰最为普遍的省份；云南的宗教品系最为齐全，具有我国现存的各式宗教及其派系。鉴于以上三方面的原因，原始崇拜、宗教信仰和宗教意识与云南各族人民的日常生活结合为一体，在民族传统聚落建筑中得到强烈的体现，不仅其住屋建筑的布局、构件和装饰等方面蕴涵着丰富的原始崇拜、宗教文化内容和浓厚的宗教意识，体现出人神共居的局面，而且还修建了大量的宗教建筑群。

云南传统聚落建筑在漫长的历史演变中，与内地的官署建筑风格相结合，营造了独具特色的土司建筑；随着边境贸易的发展，马帮的兴盛，出现了举世闻名的茶马古道，其沿途修建了大量客栈和商肆建筑。另外，由于云南江河众多等地形特点，各民族先民还修建了多种桥梁，桥梁建筑也是各族人民智慧的结晶。

由上所述可知，云南传统聚落建筑包含住屋建筑、宗教建筑和其他富有特色的建筑三个方面。

1

云南传统聚落住屋建筑类型及其地理分布

具有代表性的云南传统聚落住屋建筑主要包括干栏式建筑、井干式建筑、土掌房式建筑和合院式建筑四种类型。这四类建筑按平面布局分别属于两种结构体系，即"封闭式的土木结构体系，主要包括土掌房、庭院式、碉房等；开放式的木竹结构体系，主要包括草房、干栏式、井干式"。❸四类住屋建筑的类型和特点分述如下。

1.1 干栏式建筑

所谓"干栏"式建筑，《唐书·南蛮传》载："人楼居，梯而上，名为干栏。"其主要特征是底层架空，人居楼上、畜居楼下；结构上采用柱承重；以竹木作房屋的桩柱、楼板和墙壁（图8-1）。[3]干栏式建筑是中国最早、南方最具代表性的建筑形式之一，是中国长江流域及其以南地区广泛存在的一种土著建筑形式，为古百越和百濮族群所创建，是古百越族群最显著的文化特征之一和百越民族社会文化遗产的一部分。❹随着古越人的迁徙入滇，这种建筑形式被带到云南，主要分布于云南的西双版纳州、德宏州、怒江州、文山州，以及临沧市等。以干栏式建筑为住屋的少数民族主要有傣族、景颇族、德昂族、拉祜族、佤族、独龙族、傈僳族、布朗族、基诺族、壮族、水族以及部分白族、哈尼族等。

❶杨大禹. 云南少数民族住屋：形式与文化研究[M]. 天津：天津大学出版社, 1997: 28.
❷斯心直. 西南民族建筑研究[M]. 昆明：云南教育出版社, 1992: 11.
❸斯心直. 西南民族建筑研究[M]. 昆明：云南教育出版社, 1992: 193.
❹蒋高宸. 云南民族住屋文化[M]. 昆明：云南大学出版社, 1997: 141.

图8-1 傣族的干栏式住屋

在云南傣族传统聚落中干栏式住屋主房的长脊一般与河流或山

坡等高线方向一致, 楼梯朝向主路; 歇山或悬山式屋顶, 屋面坡度较陡, 出檐深或配以重檐, 具有特殊的轮廓丰富的外形, 并可防止阳光的直射, 达到最大的遮阴和散热效果; 房屋透风、凉爽、防潮, 并可避免虫蛇侵害; 其布局组合充分体现了对热带气候和地理环境的适应。

云南傣族是古代百越族群的后裔, 主要分布在低纬度、低海拔、气候炎热而雨量集中的亚热带临水地区。居住在这些地区的傣族继承了古百越族群的干栏式住屋形式, 以当地盛产的竹材为主要材料建造竹楼, 称为 "傣族竹楼"。由于居住地自然环境、经济发展水平和居住习惯等的差别, 云南的傣族竹楼主要有西双版纳型和德宏型两种类型, 孟连和金平地区的傣族竹楼与其大同小异。此外, 怒江傈僳族和独龙族的 "千脚落地屋"、景颇族的 "矮脚长屋" 等也具有干栏式建筑的主要特征, 仅在住屋的立面外观、空间规模、平面布置及功用、屋顶外形等方面有其各自的特点, 也属于干栏式建筑之列 (图8-2～图8-4)。

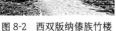

图8-2 西双版纳傣族竹楼　　图8-3 德宏傣族竹楼　　图8-4 千脚落地屋的柱脚

1.1.1　傣族竹楼

傣族竹楼是最为典型的高脚干栏式建筑, 以干栏为代表的居住文化是傣族文化的特点之一。

1) 傣族竹楼的空间组织

云南傣族的生活习俗产生了傣族竹楼独特的空间组织。一般来说, 傣族竹楼主要由楼上的卧室、堂屋、晒台、前廊、楼梯及下面的架空底层六个基本部分组成, 见图8-5。[4]

图8-5 云南傣族干栏式住屋的结构

(1) 架空的底层

西双版纳傣族竹楼由几十根木桩支撑着楼上的质量, 房屋架空, 建在木桩上。底层高度约为2m，四周一般无围墙。楼下架空层（底层）用于圈养牲畜和堆放家居用品、农具、木柴、舂米用的臼和杵等，部分用作谷仓。过去，在底层和二楼之间只有一层木地板，卫生条件非常差。近二三十年来，人们在屋外建造了畜厩，牲畜搬出底层，卫生条件得到改善。

(2) 楼梯

楼梯是连接底层和二楼的唯一垂直通道，一般每户一架。在过去，除了头人的庄园有多级楼梯外，一般百姓的房屋只有9～11级楼梯（单数级）。根据传统，最低的一级必须朝向东方。

(3) 前廊

前廊在二楼楼室门外，从底层经过楼梯直通前廊。前廊是一个连接堂屋和晒台的过渡性空间，有顶无墙，一侧搭着上下楼的木梯，一侧搭着露天晒台。三个侧面没有墙壁，但大部分都有多个重檐屋面以遮阳避雨，屋檐下有椅子。前廊比较宽阔，开敞通风，比室内房间更凉爽，更明亮。前廊是一个乘凉，做家务和接待客人的重要场所。

(4) 堂屋

傣家竹楼二楼室内用竹篱笆将房间纵向或横向分成两部分，较大的一间靠里部分为堂屋。堂屋是傣族竹楼的重要组成部分，地板上通常都铺有由竹条编成的竹垫，供家人起坐和接待客人。靠外部分设有火塘，是取暖、做饭的地方，火塘上面放有一个铁三脚架用于烹饪食物和煮茶。火塘及架在它上面的铁三脚架是神圣的物品，不能跨越，不能敲击，更不能随便拆掉。传统傣族竹楼的墙上没有窗户，因此室内很暗，光线通过门、山墙端和竹墙的缝隙射入室内照明。一些家庭会在后墙中间开一扇小窗户让一些光线进入。傣族人均饮井水，饮用水桶通常放在堂屋的屋檐下，盖上盖子以保持饮水清洁。傣族很注意室内的卫生，在进入房间之前必须脱鞋，客人也是如此。从农田里工作回家，他们会在走进堂屋之前在晒台洗脚。

(5) 卧室

竹楼二楼室内用竹篱笆分隔的较小的房间是卧室，卧室与堂屋相连，其间有1、2扇门，没有门板，只有棉布帘子（头人的卧室是个例外)。卧室里没有窗户，光线来自竹墙的缝隙。室内没有床，地板上有垫子，人们席地而卧。卧室是通间，里面没有房间的分隔，只用帘子隔开，全家几辈人同宿，无论几代人，所有家庭成员都睡在同一间房间里，没有隐私。睡觉的垫子按照辈分的顺序放置。根据傣族的习俗，外人不能进入卧室，睡觉时头必须向东方。

(6) 晒台

晒台位于楼上前廊的一端，无顶，四周有矮栏杆或无栏杆，地板比前廊低一级，以保持前廊干燥。晒台用于家人洗漱、冲凉和晾晒衣服及农作物。晒台上放着盛水的坛坛罐罐。晒台通常仅与前廊连接，有一些房屋的堂屋，为了方便起见（特别是 L 形平面房屋）有通向晒台的门。

2) 傣族竹楼的建构与住居行为

傣族在选定建房地址以后，竹楼的建构和住居行为蕴含着明显的宗教意识和等级观念，简述如下：

(1) 具有宗教意识的住屋建构。建房前，首先选择好用于制作男、女中柱的木材，然后祭祀两棵树的"灵魂"；由巫师或长老主持为新宅地念经，驱赶鬼神，保佑宅地平安。

(2) 宗教信仰在家庭生活中占据一定的地位。住屋是人神共居的空间，住屋中大多设有神（佛）龛。

(3) 住屋的柱子数是住户身份的标志。一般人家的住屋的柱子数为 36 根，柱底不得有柱础；富裕人家柱子数为 48 根；而王室成员的柱子数最多达 120 根，且均有柱础（图 8-6）。[4]

图 8-6　西双版纳的宣慰府宫殿

(4) 火塘是住屋的灵魂。火不但供人取暖、照明、熟食，也是家族兴旺的希望所在，因此，住户对火神非常崇敬。每个家庭新房盖好后，只有当火塘上方的三脚架安放妥当、点燃火种后，才宣告新居的落成；火塘有许多禁忌；火塘旁的座次有内外之分，里侧和外侧分别坐女成员和男成员。

3）两种类型的傣族竹楼

(1) 西双版纳型傣族竹楼

西双版纳型傣族竹楼的平面为近方形；楼上堂屋和卧室纵向并列，堂屋中设火塘，卧室中家庭成员由长及幼自里向外顺序排列席地而卧；楼室下和楼室内柱高分别约为 6 尺和 6.5 尺，柱子有其固定的位置和功能；歇山式四面坡屋顶由人字形木构架承载，脊短坡陡，重檐居多，屋面组合交错，外形轮廓丰富，覆盖以草排或缅瓦；木板墙或竹篾墙，基本无装饰，其平面组合见图 8-7，房屋框架示于图 8-8。[4]

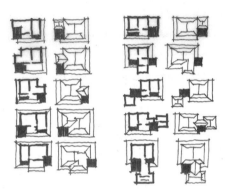

图 8-7　西双版纳型傣族住屋的平面组合

（资料来源：朱良文. The Dai or the Tai and their architecture & customs in south China[M]. 曼谷: (泰)D. D. Books, 1992: 93, 96）

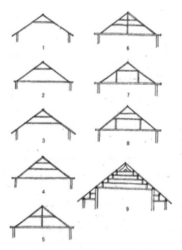

图 8-8　西双版纳型傣族房屋框架的类别

(2) 德宏型傣族竹楼

德宏型傣族竹楼多为东西走向，平面为长方形；楼室中部横向有一排柱子，将堂屋和卧室作前后递进式分隔开；室内中柱以东部分稍宽大，为男性空间，而以西部分较小，为女性空间，堂屋内设有火塘；竹楼底层有围合墙面，柱高仅5~6寸；双楼梯，有主次、内外之分；屋顶平直，出檐短浅，有歇山式、悬山加坡檐式及双连式，瓦楞铁覆盖或草顶；木制或竹制构架承重，竹或木楼板，竹板、木板或竹篾墙，墙面开落地窗，装饰华美；几乎每家住屋内皆有佛龛，位于正门入口处右侧，由墙面出挑40~50cm；厨房为单层建筑，与正房分开，附近另建有畜圈（图8-9），其房屋框架见图8-10。[4]

西双版纳型和德宏型傣族竹楼的框架有所不同（图8-11）。

图 8-9　德宏型傣族竹楼的建筑形式
（资料来源：杨大禹. 云南少数民族住屋：形式与文化研究[M].
天津：天津大学出版社，1997: 34. 图 2-23）

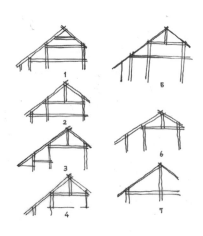

图 8-10　德宏型傣族竹楼的房屋框架

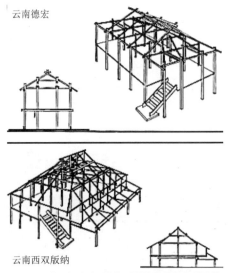

云南德宏

云南西双版纳

图 8-11　西双版纳型和德宏型傣族竹楼框架的比较
（资料来源：朱良文. The Dai or the Tai and their architecture & customs in south China[M]. Bangkok: D. D. Books, 1992;
云南省设计院《云南民居》编写组. 云南民居[M]. 北京：中国建筑工业出版社，1986: 238. 图 5-64）

1.1.2 傈僳族千脚落地屋

居住在横断山脉中心地段怒江大峡谷地区的傈僳族，由于居住地地形环境复杂，受到当地原住傣族的影响，其住屋建盖于密集排列的若干柱脚上，称为"千脚落地屋"（图8-12）。其屋顶为悬山式，斜面形，上铺茅草或木片；以竹篱笆为墙，木板铺地；室内分前后两间，各有一火塘，分别作客房和卧室。[5]

图 8-12 傈僳族的千脚落地屋

（资料来源：杨大禹. 云南少数民族住屋：形式与文化研究[M]. 天津：天津大学出版社，1997: 37）

1.1.3 景颇族矮脚长屋

景颇族主要居住在德宏傣族景颇族自治州的山区，其矮脚长屋（图 8-13）平面呈长方形，室内以屋脊为界纵向分为两部分，一部分为通敞的大空间，另一部分隔成若干小间，供家庭成员居住，每间均设有火塘；竹木结构，悬山式屋顶，独有的"长脊短檐"倒梯形双坡屋面，下层架空低矮，柱脚高度约 1m；入口位于山面一端；厨房功能独立。

图 8-13 景颇族矮脚长屋

（图片来源：美篇：56 个民族大团结，2019）

1.1.4 德昂族和佤族竹楼

德昂族竹楼的屋顶为椭圆形，坡度平缓，檐口深远；山面两端屋顶和檐口向上呈圆弧形；有家庭成员共同居住的"大房子"和小家庭住屋两种竹楼，大房子设有分主次的双入口、双楼梯、双火塘。佤族竹楼两端屋面也呈圆弧形，但坡度与德昂族屋面不同。"在云南民族住屋中，仅有德昂族和佤族的民居建筑两端屋面呈弧形，区别只是坡度不同。"❶（图8-14）

图8-14 德昂族和佤族竹楼
（图片来源于德宏秘境和美篇"乐途"，2020）

1.1.5 基诺族长房

基诺族长房（图8-15）为双排房，双走道，中间设有火塘，房屋两端有门；仓库、柴房、饲料房等建在大房子外。每一个父系氏族大家庭成员集中住在一栋大房子内，在男性家长统领下家庭成员共同居住、共同生产和消费。家中的成年男子及其配偶和子女共同组成一个个"火塘家庭"，每个火塘家庭使用同一个火塘。

图8-15 基诺族长房
（图片来源于 i.yiche.com）

1.1.6 僾尼人"拥戈"

居住在西双版纳的哈尼族支系僾尼人的住屋"拥戈"（图8-16），室内分为两部分，其一为男性住室兼客厅，有火塘用于取暖、烧茶；另一部分为女性住室，有火塘，除取暖、烧茶外，还用于煮饭；两架楼梯分设于男室和女室入口处。

图 8-16 傻尼人"拥戈"

（图片来源于人民资讯：了解哈尼族村寨建筑特色，认识不一样的民族建筑文化，2021）

1.2 井干式建筑

　　井干式建筑（图 8-17）或称"木楞房"，是云南古老的建筑形式之一，与穴居有着文化传承关系。井干式建筑不用木构架，而用圆形或方形木料扣成"井"字形，层层交叉堆砌成房屋底架和墙壁，再加盖屋顶而成；平面呈长方形或方形；悬山式屋顶，坡度平缓。由于这种建筑具有良好的保暖性，而且木材用量大，因此主要分布于取材方便的云南西北部寒冷林区，如贡山、兰坪、宁蒗、丽江、中甸，以及楚雄州的山区。以井干式建筑为住屋的民族有纳西族、怒族、普米族、藏族、独龙族、彝族、白族等，其中，以普米族和纳西族的井干式民居最具代表性，大理洱源西山白族的"木栋栋房"和怒族的"垛木房"也属于井干式建筑之列。

图 8-17 井干房（板屋）

（图片来源于搜狐：国内遗存下来的 14 个神奇村落，2021）

❶ 杨大禹. 云南少数民族住屋：形式与文化研究[M]. 天津：天津大学出版社，1997：39.

　　云南井干式建筑的形式和特点如下。

1.2.1 普米族井干式木楞房

(1) 兰坪普米族木楞房

怒江州兰坪白族普米族自治县普米族的木楞房多为两层房屋，其平面有带外廊或不带外廊的单间式、双间式和三间式；住屋门朝东；家长居住的卧室是全家活动的中心，有高出地面约85cm的"高火床"，供长辈取暖，男、女家长分别居其左右。

(2) 永宁普米族木楞房

丽江市宁蒗彝族自治县永宁乡普米族的木楞房多为宽敞的四合院，每户有三坊或四坊，自成院落；正房较高大，正对院门，前方为门楼，两侧为厢房；正房中间为正室，有上下两个火塘，分别用于待客和煮饭，中央有一大柱；正房的左、中、右三坊建圈房，用于储藏和加工粮食。

1.2.2 纳西族井干式木楞房

居住在川、滇、藏交界处等高寒山区的纳西族普遍以木楞房为住屋。木楞房"家家户户形式如一，主房皆坐北朝南，正西为经堂，大门皆南向"。❶房屋的高度一般较低，圆木墙壁，卯榫结构，正面和山面挑出较长；门槛高、门楣低，出入需低头躬身，应验了"见木低头"的民族民间传说。因地域不同，纳西族木楞房有以下几种形式。

(1) 永宁摩梭人木楞房

永宁乡纳西族摩梭人母系氏族家庭的木楞房，其住屋多为各自独立的四坊房屋围合成的院落。上方位居北面的是一层的正房（摩梭语称为"一梅"），为女性空间，其进深大，双坡屋面，横向分为中屋和上、下室，中屋又分为前、中、后三室，中室是院落的核心，用于居住和议事，室内以男柱和女柱两根中柱为界，设有下火塘和上火塘，分别为女性和男性空间；其余三坊皆为两层房屋，左坊楼上为经堂，另外两坊楼上分为若干小房间，均内置有火塘，供摩梭男女"阿夏"偶宿使用。

(2) 白地纳西族木楞房

香格里拉市三坝乡白地村纳西族的木楞房由正房、草楼、畜圈和仓库组成。正房为男性空间，立有中柱，内有火塘，还有分别为男性家长和女性家长坐卧的大木床和小木床，这与其社会性质从母系社会向父系社会过渡密不可分。

1.2.3 怒族井干式木楞房

居住在怒江州贡山县的怒族的住屋多为井干式建筑，其平面形式包括两种，一是中间内凹作入口，分别进入左右两间；二是缩小左边的房间，形成有敞廊的入口。外观形态也分为两种，一是巧妙结合地形的平坐式木楞房，二是采用木墙与土墙相结合墙体的井干式民居。

1.2.4　藏族土墙板屋

藏族土墙板屋的平面近似方形，两层，上层住人，下层关养牲畜；楼层各居室以厨房为中心布置，厨房中有粗大的中柱；住屋外墙保持藏族碉房的特征。

1.2.5　彝族木楞房

居住在南华县哀牢山一带的彝族，其住屋是木楞房或垛木房。墙面采用去皮圆木相扣、交叉、堆垛而成，外墙不开窗；墙基用毛石砌筑；坡屋顶，出檐较深。平面形式有一字形、曲尺形、三合院等，内部分为堂屋、卧室和储藏间。

1.2.6　白族木栋栋房

大理市洱源县西山乡白族的传统住屋是木楞房，当地称为"木栋栋房"。房屋依山随势，左右相连，主房坐西朝东。

1.3　土掌房式建筑

土掌房即平顶土木结构的夯土房，是在木制密楞上铺柴草抹泥，结构上采取木柱承重、土墙围合的平顶房屋（图8-18）。[3]土掌房主要分布在炎热少雨的滇中河谷新平、红河、元江、元阳、绿春一带，以及滇西北寒冷缺雨的德钦地区，是当地以定居农业为主的彝族、哈尼族和部分傣族的主要住屋形式。

土掌房为长方体或正方体，两层或三层，一般依山而建，就天然斜度安排楼层；平面多为三开间，分前后两个部分，前为一层厢房，后为两层正房，前后地面错半层；正房楼下为堂屋，其后墙设祖先堂，

❶周汝诚. 永宁见闻录[M]//云南省编辑组. 纳西族社会历史调查：二. 昆明：云南民族出版社，1986.

楼上堆放谷物；内院天井较小，仅供采光、通风和排水，屋顶作晒场；墙体厚实，用土坯砌成或泥土夯成，隔热良好，室内冬暖夏凉。土掌房就地取材，造价低廉，并解决了山区平地稀少的困难。彝族土掌房是其典型，分布在云南中部哀牢山区。元阳一带哈尼族的"蘑菇房"和德钦藏族的"平顶碉房"亦属于土掌房系列的住屋。[6]各民族土掌房的形式和特点如下。

1.3.1　峨山彝族土掌房

玉溪市峨山彝族自治县的彝族聚落顺坡而建，房屋在坡地上分台。在平地十分稀少的山区，土平顶提供了做家务、晾晒、游玩、休息和交往的场所；利用平台体系，各家平屋顶相连或辅以楼梯邻挨邻、户接户，建立起立体的第二层面通道；房屋由正房和厢房组成小院落，大多采用"回"字形平面布局，这不但源于古羌文化，而且"外墙封闭、内开天井"的格局，保证了住屋抗热保暖，空间内敛、私密；中间的天井是人与"神"联系的通道；正房两层，上存粮、下住人，入口居中，前后地面错半层，空间景观富有层次。

1.3.2　哈尼族蘑菇房

红河哈尼族彝族自治州元阳等县的哈尼族蘑菇房的结构和外形与彝族土掌房相似，最大区别在于蘑菇房是四坡面草顶，坡度大、正脊短，状如蘑菇（图8-19）[3]，以适应元江下游元阳一带年降雨量较大的需要。蘑菇房为土木结构，两层或三层，建在半山的向阳坡地，背靠茂密森林，在地形起伏的地段上作分台错半层布置。红河与金平的蘑菇房又分为"糯比"和"糯美"两种：平面为曲尺形，正房与耳房连成一体的为"糯比"型；正房底层隔为两间，正房与耳房分开布局的为"糯美"型。

图 8-18　土掌房群落

图 8-19　哈尼族蘑菇房

1.3.3　德钦藏族土库房

迪庆藏族自治州德钦县藏族的土库房即碉房，层次错落建于高山陡坡之上，为2～3层，平面呈"回"字形，各个房间围绕天井；外墙上薄下厚，柱与梁架分层建构，不相联系；一般底层关养牲畜，2、3 层居住或作他用。藏族对土库房的建筑模数有所控制，往往以 9 尺为柱距，采用 9×9 的方格网，并形成 12 柱、20 柱、24 柱、30 柱、36 柱、42 柱、60 柱等建筑定式。藏族最喜爱白、红两色，居住性建筑的外墙用白色，体现了藏族吉祥、善良、温和的民族本性。藏族的居住观念中，楼以高为贵，因此，赋予宗教精神的建筑空间，如经堂、喇嘛净室等设在顶层；佛龛与火塘放在居住空间中，火塘中的三脚架为神化物，三脚架越大越显示主人对原始神灵的虔诚和家庭的富有；住屋的中柱是人与"神"的通道，人们每天绕着中柱诵经，让"天神"听到人的心声，因此中柱选材粗大、装饰华丽。

1.4　合院式建筑

合院式建筑是汉式建筑，原生于黄河流域。随着云南与中原地区的交往和汉族移民的迁入，中原建筑文化传入云南，与云南各少数民族的传统建筑文化相融合，形成带有浓厚地方特色的合院式民居建筑。除汉族外，合院式建筑主要为彝族、回族、蒙古族等民族居住。合院式住屋在传播中形成了汉族移民建筑的地方化、民族化和当地本土建筑、民族建筑的汉化两个趋势。[7]合院式建筑在云南的分布呈近似"V"形，从东部地方化的汉式建筑即"移民式合院"走向西部汉化的本土建筑即"汉化式合院"。汉式合院建筑以昆明彝族"一颗印"住屋、大理白族和丽江纳西族的"三坊一照壁""四合五天井"住屋为代表；移民式合院以建水、石屏民居为代表。

1.4.1　一颗印住屋

"一颗印"是昆明地区汉族、彝族普遍采用的一种住屋形式。一颗印是由土掌房围合封闭的形式与坡顶建筑相结合，并吸收汉式民居特点产生的建筑形式（图 8-20），也可以认为是土掌房与中原穿斗木构架技术相结合的产物。

图 8-20 滇中地区的"一颗印"四合院

（图片来源于昆明文旅：流芳千古-昆明"一颗印"特色民居建筑，2021）

(1) 彝族的一颗印住屋

彝族的一颗印住屋为楼房，采用独院式空间结构，由两层正房、厢房和门廊组成四合院，中间有一个小天井，厢房堂屋开敞有前廊，两边厢房为 2 层挑厦；不对称长短坡硬山式屋顶，门廊屋顶长坡向内，短坡向外，形象内敛、体形方整、简朴敦实；瓦顶土墙，外墙封闭，仅有个别小窗；在山地、平坝地区单幢或两户双拼、多户连排修建；其平面和外观方方如印，显示出彝族人所具有的封闭感和向心感的民族特征。一颗印民居主要有 3 间 2 耳（或 4 耳）、5 间 6 耳两种，还有无耳房和单身房。

(2) 汉族等民族的一颗印住屋

汉族的一颗印住屋民间称为"3 间 4 耳倒 8 尺"，即正房 3 间，两侧厢房各 2 间，与正房相对的倒座其进深 8 尺，有楼，主要集中分布在昆明地区。回族一颗印的特点是对厅的强调及过厅的使用。蒙古族的一颗印与彝族一颗印相似，只是在组合及尺度上有所差别。

1.4.2 "三坊一照壁"和"四合五天井"住屋

"三坊一照壁"是以一个大天井为中心、由一坊正房两坊厢房和面对正房的照壁组成的院落，其照壁见图 8-21；[3]而由一坊正房两侧厢房和门廊组成、有中央天井和四角四个漏角小天井的合院，称为"四合五天井"。三坊一照壁和四合五天井以庭院天井为中心组织各坊房屋，是大理白族和丽江纳西族民居的主要形式，是云南本土建筑最早接受汉文化影响的产物。

(1) 大理白族三坊一照壁住屋

大理白族三坊一照壁住屋的正房和厢房一般为两层；正房前有廊，用于日常生活起居；屋顶山面多为硬山或封火山墙及单坡式山面。四合五天井由四坊房屋组成。大理白族的两种合院式建筑体现了白族文化中的开放性和包容性，以及对当地地理和气候环境的适应。由于大理地区风大，风向多为西风或南偏西风，主要山脉（苍山）为南北走向，当地的合院建筑须防大风袭击，因此，合院大门多开在东北角朝东，正房面向东方，采用木构架硬山式屋顶，山墙两头屋顶不挑出屋檐并用薄石板封住后檐与山墙顶部。

图 8-21　白族"三坊一照壁"合院住屋中的照壁

(2) 丽江纳西族的合院式住屋

丽江纳西族的合院式住屋受汉族、白族建筑的影响，形态近似三坊一照壁和四合五天井。其三坊一照壁的山面形体为悬山，后墙和山墙的立面造型生动，使其具有典型特色，山墙顶角上悬挂木鱼，是"年年有余"的象征。四合五天井的漏角小天井中有一个用于大门入口，设门楼，亦多朝东、南。合院多背坡向阳、临水而建，门前有水渠、院后有水巷，因地制宜，结合地形高差不同院落高低错落，富有情趣。丽江纳西族合院式住屋还有前后院和一进两院两种。前后院是在正房的中轴线上分别用前后两个大天井来组织平面，后院为正院，通常由四合五天井平面组成；前院为附院，常为三坊一照壁或两坊与院墙围成的小花园。一进两院，即在正房一院的左或右侧设另一附院，形成两条纵轴线。正、附院的组成与前后院相同。[8]

2
云南传统聚落宗教建筑类型及其地理分布

云南的宗教包括原始宗教和人为宗教，前者是云南本土产生的宗教，后者是从中原或国外传入云南的宗教，包括佛教、道教、伊斯兰教、基督教、天主教等。多元并存的宗教文化使云南成为我国宗教寺庙（教堂）类型最齐全的地区之一。种类繁多、形态丰富的各种宗教建筑与地方建筑相结合形成了独具特色、个性鲜明的云南宗教建筑。总的来看，云南的寺庙建筑在结构上以土木构架为主，如抬梁式木构架、斗栱，或穿斗式木构架等，也有砖石构架；在屋顶上，大殿多采用歇山顶和重檐顶，附属建筑多采用硬山顶和悬山顶，喇嘛寺用平顶，清真寺用穹隆顶。按照宗教类型，云南的宗教建筑可分为以下五类。

2.1 原始宗教建筑

云南的原始宗教种类繁多，崇拜对象多种多样，包括自然崇拜、动植物崇拜、灵魂崇拜、祖先崇拜、图腾崇拜、生殖崇拜、巫及巫术崇拜七个方面。[9]为了表达对原始神灵的笃信和炙热的情感，以及举行各种宗教活动的需要，自魏晋南北朝以来在云南各地各民族建起了形态迥异的原始宗教建、构筑物，且由于"各种社会关系的制约，生产实践的深度和广度的限制"❶，云南的原始宗教建筑具有直观性，往往以可以感知的自然现象为依据而修建。原始宗教建筑的体量小、结构简单、造型水平低、没有统一的形制和要求，但作为原始神灵的居所却神圣不可侵犯。原始宗教建筑中不仅有供物，而且每隔一段时间就要重新修缮。由于原始宗教观念对聚落建设起着决定性的作用，各民族在建造聚落前必举行隆重的仪式，并先建各种宗教设施，以构筑好"神灵"的住居，安排好"灵魂"的归宿。云南除常见的竹王祠、山神庙等外，还有下述各色各样具有代表性的原始宗教建、构筑物。

2.1.1 寨神或天神祭祀物
如傣族和佤族的寨心、寨神庙；阿昌族建在村头路边的短墙；纳西族、彝族、哈尼族用石块砌成的露天祭台；普米族用松木搭成的楼阁；苗族山神居住的小屋等。

2.1.2 祖先祭祀物
如彝族立于祭祀场所、用于划分祖先空间层次中的神灵空间与人的现实空间的中柱；傣族、布朗族等民族房屋中代表祖先的中柱；基诺族的"黄牛柱"等。

2.1.3 保佑生育和生殖崇拜祭祀物
如永宁摩梭人在聚落中设立的雕刻木祖，即男根；哈尼族寨门圆柱下一对男女裸体木雕像；佤族屋脊上的男性裸体像等。在一些民族聚落中，寨心的标志物也具有一定生殖崇拜的特征。

2.1.4 农耕神祭祀物

如哈尼族在正房旁建的小神房等。

2.2 佛教建筑

佛教建筑中最具代表性的是寺庙、塔和幢。佛教的三大分支：汉传佛教、藏传佛教和南传上座部佛教在云南都有具有自身特色的寺庙和塔、幢建筑。在云南各少数民族中，佛教寺庙具有崇高的地位，不仅占有大量物质财富，而且是政治、文化及教育的中心。佛教建筑内部均着意宣扬佛国的美好、佛的神圣，以及佛教因果报应等思想，具有鲜明的宗教主题和艺术感染力。

2.2.1 藏传佛教建筑——喇嘛寺、喇嘛塔及其地理分布

藏传佛教也称喇嘛教，于公元7世纪传入云南迪庆地区，信奉的民族有藏族、纳西族及其摩梭人、普米族等，其寺庙和佛塔分别称为喇嘛寺和喇嘛塔，主要分布于云南西北部迪庆藏族自治州及丽江市。喇嘛寺的特点是将藏族碉房的灵活布局与汉族的轴线式布局相结合，按"都纲法式"的建筑形制建造，平面是个"回"字形空间；其下大上小的梯形轮廓给人以敦实、稳重之感和心灵上的震撼，使人对佛肃然起敬。喇嘛寺通常由经堂、佛殿、噶厦（政教合一宗教的办公机构）、扎仓（附设的佛教学院）、康村（围绕扎仓的集体宿舍）等组成。小型喇嘛寺的平面布局与藏族民居相同。大、中型喇嘛寺的组群布局按有无轴线贯穿分为"均称"与"不均称"两类，前者多建于河谷、山间的平缓地带，平面布局有方形和圆形两种，主体建筑居中，附属建筑或呈十字展开，或居四角，布局严整，注重对称，突出中心，反映了佛教的宇宙观和弃绝尘寰的情趣，四周多有围墙；后者多依山而建，平面布局不统一，大小建筑循山顺势错落重叠，与山势融为一体，巍峨壮观。喇嘛寺中多有以唐喀（藏

❶ 王建. 云南少数民族原始意识初探[M]. 昆明：云南民族出版社，1988: 285.

语音译，意为卷轴画）为代表的绘画，具有鲜明的民族色彩、宗教色彩和独特的工艺技巧，具体内容包括佛像、菩萨、神像、宗教人物、寺院、神话故事、历史传说等。云南民族地区现存的著名喇嘛寺有位于迪庆藏族自治州香格里拉县的云南省规模最大的藏传佛教寺院——松赞林寺（始建于 1679 年），德钦县的东竹林寺，维西县的来远寺等。除喇嘛寺外，喇嘛教最高首领活佛的住所称为拉让，由经堂、佛殿、客厅、起居室、办公室及各种辅助用房组成，也应属于佛教建筑。

随着佛教的传入，藏传佛塔——喇嘛塔在迪庆藏族地区广为建造。喇嘛塔为覆钵式塔，主要由台基、塔刹、塔身构成，顶置华盖。平面有折角形、仰角形、八角形等，平面组合有单塔、三塔、五塔等形式。民族地区著名的喇嘛塔有大理白族自治州大理市千寻塔内所藏的金塔，香格里拉县建塘镇白塔寺正面山坡上的群塔等。

2.2.2　南传上座部佛教建筑——佛寺、佛塔及其地理分布

（1）佛寺

南传上座部佛教约于公元 7 世纪中叶由缅甸传入云南，主要分布在西双版纳、德宏、思茅、临沧、保山等地，信仰的民族有傣族、德昂族、布朗族、阿昌族、佤族等。南传佛教寺庙于 16 世纪在云南景洪地区开始修建，并随佛教向德宏、孟连地区的传播，而大量修建于傣族地区，形成村村有寺庙的局面。傣族地区南传佛教的佛寺和佛塔建筑受缅甸影响较大，故又称为缅寺和缅塔。由于南传佛教文化的影响，加上地缘文化的内在联系，这一区域的佛教建筑具有相似的形式，并均有严密的组织系统和明显的等级差别。傣族地区的缅寺位于村寨中地位显要、风景优美之处。缅寺有落脚式和干栏式两种建筑式样。缅寺受缅甸和泰国佛寺的影响，吸收了中原建筑文化的内容，结合了云南傣族传统建筑的特点，多采用重檐歇山式屋顶。缅寺的屋顶硕大而陡峻，上下分层、左右分段、中央部分突出，或分段举折，或重叠递升，覆盖红色长方形片瓦，屋面凹曲成弧，其外形轮廓丰富而优美，加上变化多端、装饰华美的屋脊，构成了云南傣族独特的佛寺造型艺术。缅寺中多有壁画和布画，其内容多为贝叶经中的故事。云南缅寺与喇嘛寺相比，规模和体量一般较小，分为西双版纳和德宏两种类型。西双版纳型的缅寺由寺门、佛殿、前廊、经堂、僧舍、鼓房、佛塔等建筑组成，多为东西向纵向布局，无论在总体布置还是个体建筑形象上都表现出傣族地区建筑群体布局灵活自由和形象轻巧灵透的特殊风格，没有严格的对称和对中要求。德宏地区的缅寺一般由佛殿、泼水亭、僧舍几部分组成，平面布局更为自由灵活。具有代表性的云南南传佛教寺庙有西双版纳州景洪市的总佛寺（洼龙佛寺）（图 8-22）、曼阁佛寺，勐海县西定哈尼族乡的西定佛寺、勐罕镇的曼苏满寺，德宏州芒市的五云寺，瑞丽市姐相乡的大等喊寺，临沧市沧源佤族自治县的广

允寺，普洱市景谷傣族彝族自治县迁糯村的迁糯寺等。

图 8-22　西双版纳傣族佛寺

（2）佛塔

佛塔是埋葬佛骨舍利的纪念性建筑，作为佛的象征供信徒顶礼膜拜。缅塔由塔座、塔身和塔刹组成。塔座多为方形，高度 1m 左右，四隅建有供奉钱财的小龛；塔身一般为圆形，呈葫芦状，有金钟式、金刚宝座式、密檐式、折角多边式与亭阁式五种形式❶，造型优美、修长隽雅、高耸挺拔；塔刹逐级变小由各环堆积而成；上面是塔针，塔尖上悬挂银铃。缅塔有的塔随寺建，有的寺随塔建，有的独立存在，还有单塔、双塔和群塔之分。建筑材料以砖为主，或砖石结构，有的塔身还饰以绘画、贴金和雕刻。景洪大勐笼曼飞龙塔（图 8-23）是西双版纳群塔的代表，其他有名的还有景洪市勐罕镇的曼苏满佛寺塔和曼听佛寺塔、德宏州芒市"广姆姐列"塔内的树包塔、景谷威远镇大寨的勐卧佛寺内的"树包塔塔包树"、德宏州盈江县城的允燕佛塔（又称曼勐町塔）、芒市的勐焕大金塔，瑞丽市姐勒寨的姐勒大金塔等。

❶ 段玉明．西南寺庙文化[M]．昆明：云南教育出版社，1992：158.

图 8-23　西双版纳曼飞龙佛塔
（图片来源于西双版纳报：乡村文明之花在曼飞龙绽放，岩温扁先生摄，2018）

2.2.3 汉传佛教建筑——佛寺、佛塔及其地理分布

(1) 佛寺

佛教约于汉朝从印度传入中国，逐步与中国本土文化相融合形成了具有中国特色的汉传佛教，并于隋唐时期传入云南，主要分布在昆明、大理、保山等地，信奉的民族除汉族外，还有白族、彝族及部分拉祜族。南诏时期汉传佛教寺庙在云南大量修建，主要分布于大理、昆明、楚雄、曲靖、玉溪等地。云南汉传佛教的寺庙建筑通常采用传统的"伽蓝七堂制"模式，"一般是将主要建筑摆在南北中轴线上，依次为山门、天王殿、大雄宝殿、法堂"。❶

(2) 佛塔

云南汉传佛塔的形式有亭阁式、密檐式、覆钵式、圆柱式等，其中以密檐式塔最为多见，如著名的大理白族自治州大理市崇圣寺三塔以及弘圣寺塔、祥云县水目塔、鸡足山金顶寺楞严塔等。崇圣寺三塔中的千寻塔为方形，有 16 层，高 69.13m，是中国佛塔中层数最多的塔，具有典型的唐塔风格和独特的苍洱地区特色。

(3) 经幢建筑

具有代表性的佛教经幢建筑主要有建于大理国时期的昆明地藏寺经幢，被称为我国石雕艺术的精品。

2.3 道教建筑

道教约于南北朝时期传入云南，元明清时期得到广泛传播和发展，云南不仅有的汉族信奉道教，彝族、白族、纳西族也多信奉道教。道士修道、祀神和举行宗教仪式的场所称为宫观（道宫和道观的合称）。云南的道教宫观与汉传佛寺相似，基本采用传统的宫殿、坛庙形式，沿中轴线布置，只是布局较随意、自由，神明之气较为淡薄，具有世俗性。历史上，云南道观很多，现保存较好的有 40 余座。云南省主要的道教建筑有大理州巍山彝族回族自治县巍宝山的青霞观（建于 1633 年）和玉皇阁（始建于明代），以及丽江市白沙镇白沙文昌宫，腾冲县的云峰山的道观，临沧的三元观等。

2.4 伊斯兰教建筑

元代伊斯兰教大规模传入云南，在云南修建了许多清真寺。云南清真寺采用汉式传

统的合院式布局和土木结构，保留了以圆顶、尖塔作为象征的阿拉伯或中亚地区清真寺外观风格的建筑式样，成为具有地域特色的清真寺建筑。清真寺由礼拜堂——朝真殿、召唤教徒即"叫邦克"的邦克楼和经堂、浴室、宿舍等组成。云南民族地区著名的清真寺有大理州凤仪镇凤仪村的芝华清真寺（建于清光绪三十三年，即1907年）、漾濞彝族自治县的上街清真寺、巍山县的回辉登清真寺，昆明市寻甸回族彝族自治县柯渡镇丹桂村的丹桂清真寺，通海县的纳家营清真寺和蒙自沙甸清真寺等。

2.5　基督教建筑

　　云南基督教堂除在昆明有一些外，多数集中于边远山区社会发展程度不高的民族地区，如怒江的傈僳族、怒族，德宏的景颇族，临沧、普洱的拉祜族、佤族、哈尼族，昭通的彝族、苗族等居住的地区。基督教堂采用本土传统民族建筑的形式，融合基督教建筑的标志和色彩。教堂一般由礼堂与居舍组成，规模较小。民族地区代表性教堂如贡山独龙族怒族自治县丙中洛乡白汉诺村的中西结合木构建筑白汉罗教堂（建于1898年），迪庆藏族自治州德钦县茨中村的茨中教堂（建于1867年）、维西傈僳族自治县法国传教士建造的小维西天主教堂，澜沧拉祜族自治县糯福乡的糯福教堂（建于1921年），大理市北门的基督教堂、新民路的天主堂等。

3
其他有特色的建筑

3.1　官署建筑

❶ 段玉明. 西南寺庙文化[M]. 昆明：云南教育出版社, 1992: 114.

　　历史上云南曾有许多官署建筑，但大多已不复存在。官署建筑具有民族特色和中原建筑的特点。云南代表性的官署建筑有孟连傣族拉祜族佤族自治县娜允古镇的"孟连宣抚司署"(始建于 1406 年),原为傣族土司刀氏的衙署,是云南边境民族地区 18 个土司衙门中保存较完整的一座,从明朝到民国 500 多年间,共有 28 代世袭土司在此行使统治权。现存的宣抚司署是光绪五年(1879 年)重建的。司署房屋共 3 栋,占地 1.2 万多平方米,有正厅、议事厅、后厅、厢房、门堂及其他附属建筑。房屋外有 2m 多高的围墙,四周有 4 道侧门,是一座独具特色的雄伟古建筑群。孟连宣抚司署既有傣族竹楼的建筑特点和雕刻纹饰,又有长檐、斗栱、木格门窗等汉式建筑风格。主体建筑议事厅是一座三重檐歇山顶傣族干栏式房屋。整组建筑群系木结构,其斗栱、飞檐等构件是汉族建筑形式,斗栱飞檐及雕梁画栋极其精美。孟连宣抚司署是中国仅存的由汉、傣两族建筑合璧的古代建筑群,是傣汉建筑融合的精品杰作,具有较高的历史和艺术价值,表现了边疆少数民族精湛优美的建筑技艺。其他还有建于清末的建水彝族纳楼土司衙门,以及红河县具有法式殖民建筑风格的土司衙门等。

3.2　客栈与商肆建筑

云南边境商业贸易的发展使交通沿线出现了大批商肆客栈建筑,尤其以茶马古道沿线乡镇的建筑最具代表性。如出产食盐的历史名镇黑井、石羊,出产普洱茶的历史名镇依邦、易武、鲁史等镇中的商业街上,布满马蹄印的青石板路两侧是一户一店面,或前店后院、下店上宅的建筑,门前设拴马桩,每户格局几乎一样。

3.3　桥梁建筑

云南的桥梁建筑历史悠久,数量众多,形式多样,结构各异,具有显著的地方民族特色。主要分为梁式桥、伸臂式桥、石拱桥以及索桥四类❶,其他还有浮桥等。较为著名的桥梁如下。

3.3.1　梁式桥

始建于明万历元年(1573 年)的大理州巍山县永建镇巡检村南巡检河上的木构风雨桥——巍山永济桥(巡检桥)为石木梁桥,是古代巍山通往大理、保山等地的重要桥梁。

永济桥用斜梁悬挂支撑中点的方法，解决了大跨径木桥受力的问题，体现了我国古代的桥梁科学技术水平。此外，禄丰通迎桥和弥渡云津桥是云南较大的石墩石梁桥。

3.3.2　伸臂式桥

始建于清乾隆四十一年（1776 年），重建于道光十五年（1835 年）的云龙通京桥为伸臂式单孔木桥，是云南现存木桥中跨度最大的一座。此外，还有龙川江上腾冲的野猪箐桥、澜沧江上的云龙彩凤桥等。

3.3.3　石拱桥

云南石拱桥有单拱、双拱和多拱、连拱几种。建于明万历年间的禄丰星宿桥为 7 孔石桥，用红砂石砌成，成为昆明通往滇西地区的咽喉，是云南现存石拱桥中建造最好的一座。始建于清乾隆年间横跨泸江和塌冲河的 17 孔建水双龙桥，全长 147.8m，是云南石拱桥中规模最大的一座。

3.3.4　索桥

云南的索桥有铁索桥、藤桥、溜索桥等几种类型。始建于明代弘治十三年（1500 年）的永平霁虹桥，曾是云南通往滇西地区和缅甸、印度的主要桥梁，是云南最大的铁索桥。此外，还有漾濞云龙桥、凤庆青龙桥、神川铁索桥、腾冲龙江桥等索桥。云龙县城北白石乡横跨沘江的藤桥用当地产的山葡萄藤编成长绳，其下悬吊用藤编成的长圆形网，网底穿一根木枋作行走的桥面，这在山高箐深多河流的滇西北地区，是方便的渡涉工具。溜索桥主要由怒江峡谷地区的怒族、独龙族、傈僳族使用，当地百姓用竹（藤）皮扭成索，横江系在两岸的大树上，以竹筒、木筒穿于溜索上高悬过江。❷

综上所述，云南传统聚落建筑历史悠久、类型多样，具有鲜明的地域特征和民族特征。其中，民族特征尤为突出。不同的族源、

❶国家文物局. 中国文物地图集[M]. 昆明: 云南科技出版社, 2001: 61.
❷杨庆. 建筑文化[M]//杨寿川. 云南特色文化. 北京: 社会科学文献出版社, 2006: 319–331.

不同的民族、同一民族的不同支系、同一民族居住地区不同，其建筑都各不相同，表现为不同的建筑形式、不同的空间格局、不同的住屋结构、不同的建筑材料，甚至不同的外观色调等，让人一看到建筑，便能判定其民族属性，传统聚落建筑已成为民族识别的文化符号和标志。绚丽多彩的云南传统聚落建筑是各民族历史文化、民族文化和社会经济模式的载体，是不可再生的、弥足珍贵的民族文化遗产，是我国民族建筑的瑰宝。云南传统聚落建筑大大丰富了我国传统聚落建筑的宝库。

主要参考文献

[1] 杨大禹. 云南少数民族住屋：形式与文化研究[M]. 天津：天津大学出版社，1997.
[2] 杨庆. 建筑文化：解读云南各民族的象征型艺术[M]//杨寿川. 云南特色文化. 北京：社会科学文献出版社，2006.
[3] 王冬. 记忆与阐释：彩云之南的乡土聚落与建筑[M]//国家图书馆. 匠意营造：中国传统建筑·学津清谈. 北京：商务印书馆，2019.
[4] 云南省设计院《云南民居》编写组. 云南民居[M]. 北京：中国建筑工业出版社，1986.
[5] 段炳昌，赵云芳，董秀团. 多彩凝重的交响乐章：云南民族建筑[M]. 昆明：云南教育出版社，2000.
[6] 施惟达，段炳昌，等. 云南民族文化概说[M]. 昆明：云南大学出版社，2004.
[7] 蒋高宸. 云南民族住屋文化[M]. 昆明：云南大学出版社，1997.
[8] 朱良文. 丽江纳西族民居[M]. 昆明：云南科技出版社，1988：8.
[9] 杨学政. 略论云南宗教文化[J]. 云南宗教研究，1988(2).

第九章 云南传统聚落营建的乡土智慧

传统聚落记录着各民族的历史与现在，是中华民族传统文化之根，蕴含着丰富的乡土智慧。乡土智慧是乡村里几千年农耕文明积累的一些土办法。乡土智慧体现了聚落与自然环境的密切关系，解决了聚落生存和发展中存在的问题，是聚落空间营建不能脱离的"生命土壤"。本书将云南传统聚落营建的乡土智慧归纳为传统生态智慧、传统生产智慧和传统生活智慧，具体为：因循自然的聚落选址、井然有序的空间布局、因地制宜的住屋建造、适应居住地自然条件的生产方式和防灾减灾的措施五个方面。

1 因循自然的聚落选址

云南各民族在长期生存与发展的实践中，通过与各自所处自然环境的互动与调适，创造并形成了丰富多彩、各具地方与民族特色的生态文化，有力地保证了各民族数千年的持续发展。[1]云南传统聚落的选址，主要以生产生活方式及自然环境为依据，使传统聚落适合自身生存和发展，并成为自然环境中的有机组成部分，体现了云南各民族的生态智慧。

1.1 彝族聚落的选址

彝族历史上以农牧经济为主，是农牧兼营的民族，主要从事山地农耕和畜牧业。为了适应传统的生产方式，彝族聚落大多建在地势险要的高山或斜坡上，有险可守，有路可走，高能望远并有水源、耕地以及水草牧场，"上边有坡养牛羊，下边有田种口粮"的地方，少数建在河谷地带。彝族聚落依其所在地的自然地势而分布，一般高山区多为散居，半山区

❶郭家骥. 生态文化: 可持续发展的宝贵资源[M]// 杨寿川. 云南特色文化. 北京: 社会科学文献出版社, 2006: 572.

和河谷地带分布比较集中，反映了彝族聚落分布的特点。彝族聚落的选址和分布完全适应彝族居住在山区，以山地农耕和畜牧为主的传统生产方式。

1.2 白族聚落的选址

白族多聚居在云南省西部，高原的西南峡谷区，洱海之滨。白族主要从事农业、手工业和商业，聚落多选择在缓坡地带的溪流附近建造，依山傍水，星罗棋布，掩映在青山绿水之中，表现了人、聚落与自然和谐共处。

1.3 傈僳族聚落的选址

怒江州的傈僳族，分布在怒江、澜沧江和独龙江三大峡谷地区。历史上大部分傈僳族过着狩猎和采集生活，以游耕和狩猎为主要生产方式，"喜居悬岩绝顶，垦山而种，地瘠则去之，迁徙不常"❶。傈僳族的聚落大多建在独龙江、怒江、澜沧江三大江河沿岸及高寒山区，以适应农、林、牧、渔为主的传统生产方式。

1.4 景颇族聚落的选址

德宏地区的景颇族是一个典型的山地民族，以旱地农业为主，兼及采集与狩猎。景颇族居住在山区地带，聚落依山就势，修建于靠近水源的山坡或者山脊旁。民居一般建在山脊两侧较为平坦的地方，根据地形平行等高线灵活布置，对房屋位置和朝向无明确规定，村内道路顺应地势自然弯曲。景颇聚落的选址完全适应其生存环境。

1.5 佤族聚落的选址

佤族是一个典型的人与自然和谐相处的民族，自然崇拜的思想促进了佤族地区对生态环境的保护。榕树、神林、水源林是佤族聚居地的标志，其中，榕树是佤族的"神圣之树"。在佤族聚落选址前，一般先种下一棵榕树，榕树长得是否茂盛决定了聚落是否在此处修建；佤族先民建寨时要围着聚落种一圈榕树，榕树伴随聚落一起生长；村民每年

要祭祀聚落周边的大榕树，祈求神灵保佑；榕树不仅是聚落的守护神，也是聚落空间的边界，防止聚落无限扩展侵占聚落外的土地。聚落中的神林（风景林、生态林）也是神圣的地方，平时严禁入内，里面的花、草、树、石等绝对不能搬动。佤族视水为生命之源，水源附近有水源林，村民对水源林进行严格保护，不仅禁止砍伐，而且每年都要举行祭祀水神的活动。

1.6　哈尼族聚落的选址

哈尼族建造聚落时，地址的选择必须考虑有森林、水源、平缓的山梁或山坡等垦殖梯田不可少的自然条件。如本书第七章所述，红河州哀牢山地区的哈尼族聚落大多分布在多雨的亚热带半山区平缓山坡或凹地上，背靠森林茂密的高山，便于从高山水源林中引水种植梯田和生活需要；聚落两侧及寨脚的缓坡和山梁开垦为梯田，建立了"高山森林-中山聚落-低山梯田"三位一体的自然生态系统❷，创造了"红河哈尼梯田"世界文化遗产。哈尼族利用红河南岸地貌、气候等的垂直立体分布特征，建构了与之相适应的生存空间及农业生态系统。这既是哈尼族对当地地理和气候等自然条件的理性选择，也是其勤劳与智慧的体现。[1]

1.7　百越族群后裔聚落的选址

傣族及壮族、布依族等都是古代百越族群的后裔，他们传承了其先民农耕种植生产方式，主要种植水稻等作物。因此，其聚落选址大多依山傍水，沿水而居。西双版纳境内的傣族基于其祖先在长期生存斗争中对生态环境变化规律的总结，和对山、水源、田地与森林关系的理解与把握，建寨选址首先考虑的自然条件是山林、河流和平坝，聚落融入大自然的怀抱中，成为大自然的有机组成部分。

上述实例说明，云南传统聚落的选址，主要原则是因循自然，

❶ 余庆远. 维西见闻纪[M].
❷ 王清华. 梯田文化: 哈尼族历史与社会生活的雕塑[M]// 杨寿川. 云南特色文化. 北京: 社会科学文献出版社, 2006: 508, 509.

充分反映了各民族的生态智慧。

2
井然有序的空间布局

本书第七章沧源崖画中的聚落图（图 7-1）描述了史前聚落的结构和布局。从中可以看到，云南少数民族的原始聚落有椭圆形的地域，聚落内有功能分区，中心区有一座较大的房屋，围绕中心有许多相似的房屋，表明云南少数民族原始聚落已具有中心性、地域性和区域划分性三个主要特征，并明确了东、西、南、北、中五大方位。随着各民族的发展，聚落不断产生。构成传统聚落空间的物质要素，无论其规模大小，也不论其为哪一个民族，都由下述一些实体单元集合而成：住屋及辅助用房、佛寺、庙宇、寨心、寨桩、寨门、神林、神树（风水树）、节日活动场所（集镇广场、四方街）、道路、街巷、边界（围栏、围墙）、田地、水体（井）等[2]，这些物质要素位置的安排，体现了各民族井然有序的空间布局和特色鲜明的空间秩序。

2.1　傣族传统聚落的空间布局

本书图 7-4 "傣族聚落的原型" 及图 7-5 "傣族聚落的范式" 表明，西双版纳傣族先民开始对生存的自然环境进行人为组织，并赋予其特定的环境秩序。

2.1.1　傣族聚落物质形态构成要素及其空间布局

西双版纳傣族传统聚落的物质形态由以下 10 个要素组成，即寨心、寨门、寨神庙、菩提树、水井、佛寺、住屋、道路、地景（包括山林和水体）、竜林（公共墓地）。[3]笔者从功能的角度将这 10 个要素划分为自然要素、生活要素和宗教要素三组❶，其划分及空间布局如下。

1）自然要素

（1）麦西利

傣语菩提树之意。受南传上座部佛教影响，菩提树被视为圣树，种植在聚落的寨头、

寨尾、寨心或佛寺旁。它不仅是重要的标志点，而且是聚落内部对环境自然元素的点缀。

(2) 地景

傣族传统聚落依山傍水，其外部形象是地表连续多变，向外无限扩展，周边山峦、树林和水体界定其空间；内部形象表达为建筑形态错落有致，富于韵律感。傣族先民生活在这样富有"人情味"的地域空间中体验大自然的美，形成了与自然和谐的居住秩序。

2) 生活要素

(1) 住屋

直到现在，作为古代百越人识别特征的干栏式建筑一直是云南傣族的住屋形式。傣族家庭的住屋一般包括干栏式住屋、竹篱笆、谷仓、稻草棚等。主屋的长脊通常与河流的方向或山坡的等高线方向一致，楼梯朝向主要道路。其布局组合充分体现了居住地亚热带气候和依山傍水的地理特征。

(2) 水井

在傣族传统观念中，水不仅是日常生活中不可缺少的物质，它还能带给人们幸福或"洗去罪过"，因此水是其物质命脉和崇拜对象。由于傣族对水格外珍视，所以聚落里的水井造型优美而别致，水井一般位于寨头，在某种程度上，它也具有方位标识的功能。

(3) 道路

通常，聚落里的主要道路呈"十"字形，通向佛寺和寨心；而次要道路呈"井"字形。道路呈棋盘状组合或网状组合，密集分布，线形自然，路面宽度刚好可以让人和家畜并排行走。主要道路两旁都有排水沟。

3) 宗教要素

(1) 佛寺

由于南传上座部佛教与傣族原始信仰整合重组，调整了傣族传统的价值观念，在聚落中除寨心外，出现了第二个精神中心——佛寺。佛寺是傣族进行赕佛等宗教活动、僧侣居住的场所，它也是人

❶杨庆. 建筑文化[M]// 杨寿川. 云南特色文化. 北京：社会科学文献出版社，2006：319-331.

们进入或离开这个世界到"另一个世界"的"门槛"。佛寺通常位于聚落入口或聚落尾部，成为道路的底景。它在规模、技术和艺术价值上超过并制约了聚落里的民居建筑，具有强烈的方位认知功能。

(2) 寨心

傣族先民认为他们居住的聚落和"勐"如同自己的身体一样，有头、有心、有灵魂。聚落之"心"就是寨心，它"生活"在聚落之中央（并不一定在聚落的几何中心）。寨心是聚落中联结东、西、南、北的"十"字街的交汇点。寨心具有聚落地域中心标志性和体现民族意志凝聚性两个功能。寨心形式上由石块或竹木等作为标志，主体埋在地下。佛寺出现后，虽然寨心的作用有所削弱，但在精神生活中，寨心仍具有与佛寺并驾齐驱的作用。佛寺、寨心和其他一些建筑物旁都有类似广场的空地供人们聚集在一起交流，或做交易及其他活动。

(3) 寨门

傣族聚落的寨门设在聚落通往寨外的路口。每个聚落一般有东、西、南、北四道寨门，多为两根直立的木柱，上端绑一根横木构成。寨门是原始文化传承和保护意识的体现。寨门不但明确标识聚落的位置，还确定了聚落的范围。在傣族民众心中，寨门也是生与死、人与"鬼"分隔的界限。寨门形式简单，但却意味深长，满足了傣族民众的心理要求。

(4) 寨神庙

寨神庙是祭祀祖先的一种建筑形式。根据傣族的说法，家有家神、寨有寨神、勐有勐神，各位神灵（天、地、水、火、土、祖先等）在保佑着稻谷丰收和人畜平安。寨神和勐神崇拜是其民间信仰的核心。聚落里的寨神庙通常建在主要道路旁，其形式是小型的干栏式建筑。

(5) 竜林——公共墓地

傣族的生死观表现为生为了死，死为了生。所以，除佛寺之外，傣族的公共墓地也成为人们"生死轮回、灵魂不死、信奉来世"的重要场所。为灵魂祈祷永生，并将他们的希望寄托于来世。聚落里的公共墓地选择在浓密的树林之中，以使其得到大自然的"呵护"。

2.1.2 傣族传统聚落意象

傣族传统聚落中的各个构成要素与原始的街道和广场组成一个有机整体，共同形成了聚落意象的五个方面：建筑意象、道路意象、区域意象、标志意象、节点意象（图9-1）。

(1) 聚落的建筑意象——主要指聚落中的干栏式竹楼和公共谷仓。

（2）聚落的道路意象——主要指聚落中的"十"字形道路格局。

（3）聚落的区域意象——主要指聚落的寨门以及地景中的山体和水体。

（4）聚落的标志意象——主要指聚落中的寨心、高大的佛寺、佛塔等。

（5）聚落的节点意象——主要指聚落中的水井、集市、村头凉亭和菩提树等。

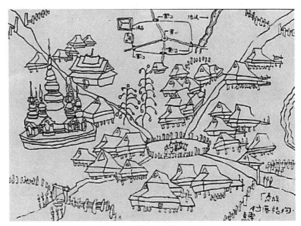

图 9-1　傣族聚落模式意象图

（资料来源：杨大禹. 云南少数民族住屋形式与文化研究[M]. 天津：天津大学出版社，1996: 133）

2.1.3　傣族聚落的空间构成

傣族传统聚落可以划分成环境空间、生活空间和精神空间，三个空间呈同心圆序列布局。

（1）环境空间——人与自然和谐共生的空间。在西双版纳傣族传统聚落的环境空间中，人与自然和谐相处，"建筑自然而然地加入美丽的自然场景中"。

（2）生活空间——人与人和睦共处的空间。干栏式住屋是傣族主要的生活空间，其中，卧室是外人不能进入的私密生活空间；堂屋、前廊和晒台是半公共交往空间；村头的集市和水井、田边的赶摆场、村中路旁的菩提树下，是傣族重要的公共交往空间。可见，傣族传统聚落的生活空间由私密生活空间、半公共交往空间和公共交往空间组成。

（3）精神空间——人与"佛""神（鬼）"友善共居的空间。傣族传统聚落的精神空间是傣族社会人与"神（鬼）"共存特点的表现。作为宗族社会和宗教社会的共存体，傣族传统聚落中的寨心和佛寺体现了各自不同、但均为强大的精神作用，是傣族求天地、祈生死之核心场所。

这样的空间划分，反映了傣族对大自然的认识和理解，表现了民间原始信仰和南传上座部佛教"二元一体"的宗教信仰和宗教文化对传统聚落物质形态及空间布局的影响，同时也体现了傣族朴素的、以家庭为单元的生产生活方式。这一切均折射了傣族传统聚落适应环境的建筑结构和聚落布局，清晰明确的聚落组织和方位体系，以及独特的聚落景观意象。[3]

云南傣族聚落的建筑意象、道路意象、区域意象、标志意象、节点意象，以及聚落的空间构成表明傣族传统聚落特色鲜明的空间秩序，反映了傣族聚落的营建智慧。

2.2 景颇族传统聚落的空间布局

景颇族聚落大多分布在半山及山地区域，聚落一般依据山势，修建于靠近水源的山坡或者山脊旁。

2.2.1 景颇族聚落的构成要素

景颇族聚落主要由寨门、拢尚、目瑙广场、住屋等要素构成。

2.2.2 景颇族聚落构成要素的空间布局

（1）寨门

景颇族信仰鬼神，认为自然界中存在的鬼神能给村民带来祸福。因此，景颇族的寨门设在聚落入口，寨门两边的门柱上悬挂着水牛头作为装饰，中间横梁上是两把交叉放置的刀，门柱上印刻着龙齿锯纹，以达到驱鬼避邪的作用。

（2）拢尚

拢尚是景颇族聚落中进行祭祀活动的主要场所，一般位于聚落的出入口处或者交叉路口。

（3）目瑙广场

目瑙广场是景颇族举办节日活动的场所，其地址不固定，一般选取聚落内较为开阔、平整的土地作为活动广场。在广场上竖立有"诗栋"，也称"标牌"或者"目瑙柱"，上面

绘制着景颇族的迁徙过程和生活经验，展现景颇人的勇敢和智慧。

(4) 住屋建筑

景颇族有这样的话："选基不过寨桩，做家不骑脊梁。"因此，村民建房时都选址于寨内，大多没有固定的朝向，一般根据聚落所处的地理环境，依据山脊的方向来布置住屋，故形成了散落布局和集中排布等多种形式组合而成的空间布局形式。住屋屋面呈倒梯形，屋脊向山墙方向伸出以获得较好的防雨效果。景颇族住屋所具有的"倒梯形屋顶"四壁低矮的竹楼是景颇族民居的独特形式。

(5) 道路

聚落内道路顺应地形自然弯曲。

2.3 佤族传统聚落的空间布局

佤族是一个自然崇拜、信仰万物有灵的民族。佤族聚落是佤族先民原始崇拜的精神空间。佤族聚落大多坐落在半山腰的平缓地带，与树林相依。充足的水源和郁郁葱葱的树林是佤族村寨必有的自然元素。村寨周围有神山、神林、水源林。

2.3.1 佤族聚落的构成要素

在原始社会条件下，佤族通过崇拜鬼神来祈祷和期盼农作物丰收、人畜平安。佤族聚落中的神林、寨桩、牛头桩、木鼓房、女神图腾柱等是神灵崇拜的表现，它们和住屋一起构成聚落的物质要素。

2.3.2 佤族聚落构成要素的空间布局

(1) 神林

神林一般位于聚落东方或东南方，高于聚落的地方，林中有神树和神石等。

(2) 寨桩

寨桩象征着佤族聚落的心脏，寨桩的筑台立于聚落中央，寨桩上是刻木记事的图腾。聚落布局以寨桩为中心。在佤族村民心中，寨桩不仅是佤族聚落的标志，还主宰着全村人的祸福；寨桩所在的区域也是全寨人娱乐休闲的中心之一。

（3）住屋

佤族住屋多为草、竹、木建筑，分为干栏式楼房和座地（即四壁落地）房两种。佤族聚落多建在山坡或小山巅，住屋随山势而建，不拘方向，由高而低。

（4）牛头桩

佤族聚落中有很多悬挂牛头的桩柱。牛头挂在家里显示富裕，挂在祭祀点则是奉献给神灵。牛头桩表现了佤族的牛崇拜。

（5）木鼓房

木鼓是佤族所特有的一个鼓种，是佤族原始自然崇拜中视为至高无上的通天神器，是佤族聚落的保护神。木鼓一是用于祭祀，祈祷木鼓保佑聚落平安、谷物丰收、人畜兴旺；二是用于报警，聚落发生火灾或外来侵犯等紧急事件时，敲响木鼓报警，召集寨人应急，保护聚落利益；三是用于歌舞娱乐。每个佤族聚落里至少有一个木鼓房和一对木鼓（大木鼓为母鼓，居左，小者为公鼓，居右），有的一个聚落就有多个木鼓房。木鼓房位于聚落中的高地上，为竹制结构，供放置木鼓。

（6）女神图腾桩

"女神图腾桩"是佤族女神"梅依吉"崇拜的标志，是以刻木记事的方式对《司岗里》创世史诗的部分传承。图腾桩由三部分组成：一是头部，有高举的双手、眼、鼻、口；二是颌部，没有图案；三是身部，有很多图案和符号。女神图腾桩一般位于聚落中显眼的地方，如翁丁村的女神图腾桩立于佤王府对面。

3
因地制宜的住屋建造

云南传统聚落住屋的建造，主要以居住地自然环境、生产生活方式及民族文化为依据。本书第八章述及云南传统聚落中的住屋建筑主要包括干栏式建筑、井干式建筑、土掌房式建筑和合院式建筑等四种类型。各类住屋的形式、结构和所用建筑材料都表现了因地制宜的营建思想、生产生活方式的需要和传统民族文化的传承。

3.1 住屋建筑的形式及特点

3.1.1 傣族的传统住屋

傣族是百越族群的后裔，继承了百越族群的传统聚落形态、干栏式住屋形式，以及农耕种稻、水利灌溉技术。干栏式住屋的结构和布局组合充分体现了对亚热带气候和当地地理环境的适应。

3.1.2 哈尼族的传统住屋

哈尼族蘑菇房特有的大坡度四坡面草顶和厚实的土墙，适应红河下游元阳县一带年降雨量较大的气候条件；耳房平屋顶用作晒谷场和活动场地，满足了半山地带平地少、交通不便和缺少农业生产必需的晒谷场的需要。

3.1.3 基诺族的传统住屋

基诺族的住屋"长房"为双排房，每一个父系氏族大家庭是基本的生产生活单元，集中居住一栋长房内，共同居住、共同生产、共同消费。长房内每个小家庭是一个"火塘家庭"，每个家庭使用同一个火塘。"长房"的住屋形式体现了基诺族的社会基层组织形式及生产生活习俗。

3.1.4 景颇族的传统住屋

景颇族传统的"矮脚长屋"竹楼住屋以竹木结构为主体框架，草铺屋顶，平面为长方形，下层架空低矮，柱脚高度约1m。因为地处亚热带低纬度高原山地地区，降水充沛，气候温和，为了获得更好的防雨效果，景颇族将屋脊向山墙方向伸出，形成"长脊短檐"倒梯形屋顶，这是景颇族住屋独特的形式。景颇族盖房的方式源于自然，在他们的创世史诗《目瑙斋瓦》中有这样的记载：景颇族的祖先搭建的房屋不牢固，为了让自己的房屋变得坚固，他们从周边找到结实的木材，以此来加固房屋的结构；通过野草上长藤蔓的现象，他们学会铺横木和竹篱笆；发现牛皮上附着牛毛，便在屋顶上加盖茅草。通过学习大自然，景颇族在独特的地理环境下，创造了独特的住屋建造智慧。

3.1.5 彝族、白族和纳西族的传统住屋

云南少数民族的合院式建筑是中原建筑文化与云南民族建筑文化相互交融的产物，以昆明彝族"一颗印"住屋、大理白族和丽江纳西族的"三坊一照壁""四合五天井"住屋为代表。彝族的一颗印住屋形象内敛、体形方整、简朴敦实；瓦顶土墙，外墙封闭，仅有个别小窗，显示出彝族人所具有的对外封闭感和对内向心感的民族特征。白族、纳西族住屋的特点是封闭空间，院外一般不开窗或只开小窗，有利于防风、防沙和防盗。

3.1.6 德昂族、佤族的传统住屋

关于德昂族和佤族的由来，德昂族神话说：他们的祖先是从葫芦里出来的；❶佤族创世神话《司岗里》说：人类起源于"司岗"，而西盟佤族认为"司岗"是石洞，即人从石洞中出来；沧源等地的佤族认为"司岗"是葫芦，即人从葫芦中出来；也有佤族认为"司岗"是竹筒，即人是从竹筒中出来的。[4]德昂族和佤族住屋的屋面是弧形，这种特有的弧形屋面是对葫芦、崖洞或竹筒等所共同含有的"圆"形的抽象表达和崇拜，形象地再现了早期栖身所居的洞穴、葫芦和竹筒。这或许是他们对自身文化认同所产生的一种民族文化心理回归，以及这种文化心理在空间物质上的外显反映。❷

3.1.7 居住在寒冷林区民族的传统住屋

居住在云南西北部寒冷林区，如贡山、兰坪、宁蒗、丽江、香格里拉等市县，以及楚雄州山区的纳西族、怒族、普米族、藏族、独龙族、彝族、白族等民族，由于高山地区森林密布，盛产木材，交通不便，建筑技术不发达，多采用井干式木楞房为住屋，基本满足生活生产要求。这种建筑具有良好的保暖性，适应滇西北的资源条件和寒冷的气候条件。

3.2 传统住屋的建筑材料

"乡土住屋总是用最方便就能到手的地方自然材料来建盖。"如何用最经济的手段来建造住屋，取得最大的舒适，各民族都掌握了一个普遍的原则，就是与自然合作。❸云南各民族住屋建筑一般因地制宜，以当地易于取得的建筑材料和当地村民掌握的建造知

识为基础，采用天然的竹、木、藤、泥土、石板、茅草等材料建造，使住屋建筑与大自然融为一体。

上述事例说明，云南各民族住屋形式和风格的形成，以及住屋建造与各地的地形及气候等自然条件、经济结构、民族传统文化等密切相关，体现了各民族住屋因地制宜的建造智慧。

4

适应居住地自然条件的生产方式

由于地形、地貌、气候条件等的明显差异，云南各民族先民历经屡次迁徙流动，寻找适合自己生存的环境。而当他们以"大杂居、小聚居、部分散居"的方式定居在云南的山地、高原、丘陵、盆地（即坝区）、河谷等地之后，即选择和发展适合当地自然条件和民族传统文化的生产生活方式，导致云南传统聚落的传统经济形态多种多样：有高原湖泊和平坝农耕经济、山区半农半牧和高山游耕经济、河谷稻作农业经济，以及以采集狩猎为主、刀耕火种为辅的原始经济等多种形态，体现了传统聚落的生产智慧。

4.1 哈尼族的生产方式

红河南岸的哈尼族基于对哀牢山区自然生态环境的深刻认识，利用当地的立体地貌、立体气候、立体植被、水土等特征，根据当地的地形、地势、土壤、气候、植被、水源等自然条件，将水稻从低海拔的平坝地区引种到海拔 2000m 左右的山区，创造了与哀牢山区自然生态系统相吻合的梯田农业生态循环系统。他们充分利用"天然的高山绿色水库"[4]，以其高超的智慧开发水源，修筑水坝，开挖沟渠和沉淀沙石的深坑，架接渡槽，修建独特的梯田稻作农业水利系统，使每块梯田都是水渠，并采用木刻分水、轮流放水等一系列水资

❶ 宇华，等. 德昂族文化大观[M]. 昆明: 云南民族出版社, 1999: 119.
❷ 杨大禹. 云南少数民族住屋: 形式与文化研究[M]. 天津: 天津大学出版社, 1997: 41.
❸ 杨大禹. 云南少数民族住屋: 形式与文化研究[M]. 天津: 天津大学出版社, 1997: 86, 93.
❹ 王清华. 梯田文化: 哈尼族历史与社会生活的雕塑[M]//杨寿川. 云南特色文化. 北京: 社会科学文献出版社, 2006: 508, 509.

源管理制度，满足生活和梯田灌溉需要。自古以来，哈尼族建村立寨就十分注重人地关系的平衡与协调，一般根据可耕土地面积和生存空间，分散地建立村寨[5]，村寨的大小、人口和梯田面积及其分布的配置相适应，形成梯田和聚落人土构建均衡的格局，有效地避免了因人多田少可能引发的纷争，导致人际关系恶化；也不至于因人少田多造成土地荒芜。这种均衡的人土构建关系，实现了人尽其能，地尽其力，人土契合，自然和谐。[6]

今天，红河南岸亚热带崇山峻岭中的梯田壮景，是哈尼族世世代代勤劳和智慧的创举；哈尼族创造的独特的山区梯田农业水利工程是千百年来辛勤劳作生产经验的集中体现；哈尼族的梯田农业，以及利用梯田养鱼养鸭的复合型经营模式，是云南亚热带山区的农业奇迹。哈尼族如此巧妙地尊重自然、适应自然、利用自然，变自然生态为农业生态，是哈尼族勤劳智慧的结晶。❶

4.2 傣族的生产方式

傣族继承了百越族群农耕稻作的传统，在西双版纳地区的河谷平坝定居后，以水稻种植为主要生产方式，发展了百越族群特有的水利灌溉技术体系。该体系主要包括水源与水渠、分水器、水田和水稻、计量标准四个环节。❷其中，前三项属于器物形态，第四项"计量标准"是非器物形态的技术，它与分水器和水田联系在一起发生作用。傣族的水源地是半山腰的山泉，其地势高于水田。傣族从半山腰的山泉修建沿山形地势盘绕缓缓而下的水渠，直达适于耕作的梯田，利用水渠高于水田的地势差，用"自然漫灌"的方式进行灌溉，形成了当地的灌溉特色。100多年前，景洪地区就已经开凿了12条人工渠道，并由此形成了一套完整的灌溉体系。❸中华人民共和国成立前傣族就在整个景洪坝区修建了完整的农田水利网。傣族由于发明了有效的分水器和形成了具有民族特色的分水技术，解决了从水渠到水田的分水和灌溉问题，表现了其高超的生产智慧。

4.3 彝族的生产方式

彝族属山地民族，主要从事山地农业生产，以种植玉米、马铃薯、荞麦、燕麦等农作物为生。在长期的生产生活中，彝族先民通过对太阳、月亮、北斗星等的观察，创造了依据太阳、北斗星来确定冬夏寒暑的历法系统——"彝族十月太阳历"。彝族十月太阳

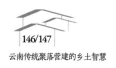

历以 12 届相轮回计日，3 个属相周期（36 日）为一个月，30 个属相周期为一年。即 1 年有 10 个月，360 天。另加 5 天"过年日"，全年 365 天。每隔 3 年多加 1 天，即闰年（闰日），为 366 天。按彝族十月太阳历，一年的平均长度为 365.25 天，把一年内各季节划分得十分准确。

历法，是人类文明的标志，是农业文明的产物，最初是因为农业生产需要而创制的，是结合农业生产形成的一种系统知识。人类掌握了时序变化的规律，就可以有效地认识自然，掌握自然物质和生命运动的规律；运用严格的时间观念，为人们的生产、生活提供便利条件。在远古时期，谁先掌握了准确的历法，谁就掌握了领先农业，也就有了生存的基本保障。[7]彝族十月太阳历渊源于远古伏羲时期，约有上万年历史，是彝族先民创造的、保留至今独具特色的历法系统，充分体现了彝族先民高度的生产智慧。

4.4 傈僳族的生产方式

居住在怒江州山区的傈僳族，为了适应居住地的环境，选择种植适宜在高寒山区生长的荞麦、玉米和豆类等作物。此外，利用广阔的草山牧场大力发展畜牧业，其产品有牦牛、黄牛、绵羊、山羊和马等。傈僳族先民在长期的山地农耕生产实践中，注意观察物候变化和自然界时间变化的规律。随着农业生产的发展，他们总结植物的生息枯荣与自然变化之间的密切联系。最初，尝试着借用花开鸟叫来确定时令，不失时机地进行农业耕作。继而逐渐形成了"但候草木以记岁时""耕种皆视花鸟"的原始记时方法，即被称为"花鸟历"的"物候历"。在农业生产中，傈僳族听到鸟鸣便开始翻土晒地，听到布谷鸟啼鸣开始播种；看到桃花、樱桃花开放时便撒播荞麦、点种洋芋；麻栎树、核桃树、漆树发芽时点种玉米；山茶花开时表示节令已过，不能再下种了。❹傈僳族的"花鸟历"是以大自然的变化为依据而形成的一种原始的、古老的自然历法，是傈僳族生产智慧的生动体现。

❶ 王清华. 梯田文化：哈尼族历史与社会生活的雕塑[M]//杨寿川. 云南特色文化. 北京：社会科学文献出版社, 2006: 505-509.

❷ 李伯川. 西双版纳地区傣族传统水利灌溉技术体系研究[J]. 古今农业, 2008(3): 43-48.

❸ 郑晓云. 水文化与生态文明：云南少数民族水文化研究国际交流文集[M]. 昆明：云南教育出版社, 2008: 23.

❹ 斯陆益. 傈僳族文化大观[M]. 昆明：云南民族出版社, 1999: 85, 92.

4.5 德昂族的生产方式

德昂族是一个农业民族，历史上以种植水稻为主，有些居住在山区的德昂族多种植旱稻，也种植玉米和薯类。德昂族居住在亚热带地区，气候明显地分为雨季与旱季。德昂族在生产中通过观察雀鸟和昆虫的活动及云彩呈现的现象来预测晴雨，安排生产生活。德昂族总结出：听到一种鸟鸣叫两天后，天将降雨；山中竹鸡鸣叫，将要下雨；飞蚂蚁出洞漫天飞舞，天将下雨；浓云笼罩山峰，天将降雨，云雾飘散，天将晴；彩虹出现，天会晴；雨后飞蚂蚁飞舞，预示天晴等。这也体现了德昂族先民的生产生活智慧。❶

5
防灾减灾的措施

"自然灾害始终与人类社会的发展相伴随"。灾害的历史与人类的历史一样久远，人类在受到灾害打击的同时开始认识灾害，有了防灾、减灾、救灾的思想和实践。[8] "防灾"和"减灾"是一种既相互联系又相互区别的系统概念，防灾减灾工作的核心是防灾，防灾的目的是减灾，减灾的目的是增加人们的抗灾能力。"防灾"定义为"全面防止致灾因子（一种危险的现象、物质、人的活动或局面，它们可能造成人员伤亡，或对健康产生影响。造成财产损失，生计和服务设施丧失，社会和经济被搞乱，或环境损坏）和相关灾害的不利影响"，减灾被定义为"减轻或限制致灾因子和相关灾害的不利影响"。防灾减灾方法分为结构性方法和非结构性方法。结构性方法主要是工程的方法，包括翻新结构、加强结构等；非结构性方法主要是社会文化的方法，包括短期计划，如应急计划、教育计划、影响预测、警告过程，还包括长期计划，如房屋建设、土地使用控制、保险、教育和培训等。[8]

云南省是我国地震发生频繁、灾害严重的省份之一。全省 129 个县（市、区）有 102 个处于地震烈度 7 度以上的高烈度区。地震频率之高，危害程度之大，是其他省份所没有的。❷历史上，云南曾频发各种自然灾害，除地震外，还有火灾、洪水、泥石流等。云南少数民族在数千年的生存发展中，积累了大量防灾减灾的生活智慧。

5.1 云南传统聚落住屋的防震措施

5.1.1 传统木结构的使用

　　云南少数民族住屋建筑的传统木结构有抬梁、穿斗、井干、人字木屋架、密梁平顶等五种方式。其中，抬梁、穿斗式木构架为白族、彝族、纳西族等民居采用，常有在两端山（墙）间用穿斗式，中间用抬梁式的混合结构法；人字木屋架为傣族竹楼所用；密梁平顶用于彝族等的土掌房。这几种传统木构架的承重结构与围护结构分开，如同现代框架结构，可满足不同的使用要求；其重要特点是木构架节点用榫接，如扣榫、银锭榫（又叫木销拼接榫、蝴蝶榫，是一种两头大、中腰细的榫卯结构，因其形似银锭而得名），能增强建筑构架的整体性，适应地震区防震的要求，减少地震的危害；[3]二是发生地震时，"墙倒屋不塌"，这一做法表现了"中国古代的人本思想"。[4]此外，承重结构用木材、竹材，墙体用夯土墙、土坯墙、卵石墙、垛木墙、木板墙、竹笆墙等，便于就地取材和适应各地气候条件。

　　在上述传统木结构中，穿斗式木构架由柱、梁、穿枋等构件组成，房屋构造形式较多，常用的有三柱式木构架和五柱式木构架的两坡房屋，多为两层或带有阁楼的两层房屋。一般为瓦屋面，立柱和横梁是横向主要承重构件。柱子之间两两用横梁（通常是两层叠合梁）拉结，梁柱结合处用燕尾榫接（燕尾榫由头榫和尾榫构成，是一种平板木材的直角连接节点，梯台形的榫可以使工件的角部高强度接合，避免在受力时脱开）。横梁下用一根穿枋，保证木构架横向刚度和稳定性。[5]

5.1.2 耐震性好房屋的特点

　　白族对防震措施有明确认识：耐震性好的房屋，一般具有以下特点：①层高低矮；②五柱落地；③扣榫认真；④土墙厚实；⑤多用串枋（即上述"穿枋"，指用断面约 5cm × 12cm 的整根直木枋穿过木柱的对穿榫眼，将一排柱子连接成整体的一种抗震构件）；⑥多

❶宇华，等. 德昂族文化大观[M]. 昆明：云南民族出版社，1999: 105.

❷高建国. 具有抗震性能的云南省农村穿斗式木结构房屋[M]// 周琼，高建国. 中国西南地区灾荒与社会变迁：第七届中国灾害史国际学术研讨会论文集. 昆明：云南大学出版社，2010: 13–19.

❸云南省设计院《云南民居》编写组. 云南民居[M]. 北京：中国建筑工业出版社，1988: 11.

❹沈福煦. 中国古代建筑文化史[M]. 上海：上海古籍出版社，2001: 9.

❺高建国. 具有抗震性能的云南省农村穿斗式木结构房屋[M]// 周琼，高建国. 中国西南地区灾荒与社会变迁：第七届中国灾害史国际学术研讨会论文集. 昆明：云南大学出版社，2010: 13–19.

用合柱（指两枋房屋相交处合用 4 根柱子，或互为交叉），可增加各枋房屋之间的关联，使其互相扶持，地震时不易倒塌。❶

此外，哈尼族等的土墙房屋一般都建造得比较低矮，这在一定程度上增强了房屋的抗震性能。

5.1.3 "卵石墙"和"瓦衣"的使用

"鹅卵石砌墙不会倒"被称为大理三宝之一。大理地区用卵石砌墙的历史早在公元 8 世纪的《蛮书》上就有记载。卵石墙主要利用苍山十八溪中随山洪奔流而下的卵石砌墙，有干砌、夹泥砌与包心砌三种做法。卵石墙经历数次地震考验，仍能保持房屋完好。❷

大理保留完好的明代住宅，屋顶都有"瓦衣"，即在屋顶的筒板瓦上，铺上用细竹条密编的篱笆，并用篾条缚紧，成为"瓦衣"。这种做法使发生地震时瓦片不易松动滑落伤害人畜。

5.2 云南传统聚落住屋的防火措施

云南大多数民族住屋中均设有火塘，火塘被神化，是火神、灶神以及祖先神的标志，以及各种神灵聚集之处；同时，火塘还具有很强的中心性和凝聚力。因此，民族住屋中的火塘往往长年不熄，极易造成火灾。各民族先民在火灾的防范中，采取了各种措施。

5.2.1 封火顶的使用

红河州元阳、绿春、红河县一带的彝族，住屋为有局部瓦顶或草顶的土掌房，其正房的瓦顶或草顶下，有一层泥土封火顶，其构造如泥土楼面。此层封火顶可以起到一定的防火作用。

5.2.2 高山墙的使用

彝族茅草房一般为土木结构，以石块垫基，夯土筑墙，用结实的圆木或方木为柱，为双面坡斜顶，茅草盖顶。盖草顶时，先打尽茅草的草绒，泼上冷水，接着放火燎茅草，浸透水的部分因风吹不干而不易燃烧，形成结实的草顶。这种房屋的山墙筑得较高，高度超过茅草屋顶，并在山墙上盖石板，使发生火灾时山墙挡住风力和火苗，控制火势，避免火舌乱窜，殃及四周邻居。

5.2.3　对薪柴种类的限制

佤族聚落中的盐酸树（一种漆树科植物）和漆树在燃烧时会火花四溅，容易引起火灾，因此佤族禁止砍伐这两种树作为薪柴。

5.2.4　其他的防火措施

一些传统聚落还采用其他防火措施，例如：

（1）挖水塘蓄水。佤族每年的"新火节"有"灭旧火、取新火"的习俗。新火节后，全寨人通过挖水塘蓄水等方式来预防火灾。沧源县翁丁村内还保留着大小不一的几个水塘作防火用。有的聚落中，还备有水缸存水，作为防火备用。❸

（2）减小住屋密度。景颇族民居屋内火塘终年日夜不熄，常引起火灾，故建房时房屋布局分散，利于防火。❹

（3）定期巡逻。佤族聚落中规定每家每户轮换对聚落进行巡逻，防止发生火灾。

5.3　云南传统聚落的其他防灾措施

5.3.1　防风措施

大理地区以风大著名，常年风向是南偏西和西风。因此，避风是房屋布局的一个重要问题。大理白族的住屋适应风向，常以正房背向主导风向，成为"大理三宝"中的一宝：即"大理有三宝，风吹不进屋是第一宝"。大理民居的硬山式封火檐用一种称为封火石的特制薄石板封住后檐和山墙的悬出部分，也起到防风作用，形成了白族民居的特色。"三坊一照壁""四合五天井"和"一颗印"合院建筑是封闭的空间，院外不开窗，或开小窗，有利于防风、防沙和防盗。

5.3.2　防洪措施

佤族居民定期清理疏通山沟，防止山洪。

哈尼族在搭建蘑菇房土墙的泥灰里拌入一些草，并在表层抹上

❶云南省设计院《云南民居》编写组. 云南民居[M]. 北京：中国建筑工业出版社，1988：45.
❷云南省设计院《云南民居》编写组. 云南民居[M]. 北京：中国建筑工业出版社，1988：41.
❸云南省设计院《云南民居》编写组. 云南民居[M]. 北京：中国建筑工业出版社，1988：173.
❹云南省设计院《云南民居》编写组. 云南民居[M]. 北京：中国建筑工业出版社，1988：330.

防水石灰，在暴雨来临时土墙不会被水渗透而倒塌。

景颇族的"长脊短檐矮脚长屋"，为了获得更好的防雨效果，将屋檐向山墙外延伸。

在云南历史上，地震、火山、洪水、泥石流等自然现象，即自然致灾因子曾经造成了严重的灾害，酿成人员、财物，以及环境的损失。云南各民族先民在长期的防灾减灾中，逐渐扩大和加深了对各种灾害的认识，并形成了防灾减灾的传统知识。他们基于这些认识，采取了许多有关防震、防火，以及防御其他灾害的措施，这些措施均具有明显的实用性和一定的科学性，充分体现了云南各族先民丰富的生活智慧。深入挖掘云南各民族对防御不同类型灾害的传统知识，将提高民族聚落的防灾减灾能力，对防御灾害起到积极的作用。

云南各民族先民的生态智慧、生产智慧和生活智慧更突出的表现是，他们凭借其坚韧不拔的奋斗精神，创造了闻名于世的农耕文明，其主要标志有：震惊中外的古滇国青铜器，云南是亚洲栽培稻的起源地，是"红河哈尼梯田文化景观"世界遗产地，"普洱景迈山古茶林文化景观"世界遗产地。云南各族人民共同创造的具有世界意义的农耕文明是云南各族人民勤劳与智慧的结晶（详见本书第十章）。

综上所述，云南传统聚落营建的乡土智慧，是云南各族先民在漫长的历史发展过程中形成、积累、升华而成的优秀思想观念、人文精神和科学技术等。它们是自然的、生态的，至今依然鲜活、富有生命力，是未来乡村建设的重要借鉴。深入挖掘和梳理云南传统聚落的乡土智慧，汲取其精华，探寻其传承与弘扬的有效途径，将可以增强文化自信，对于时下民族聚落的保护及可持续发展、乡村振兴及美丽乡村建设，具有重大的理论价值和现实意义。

主要参考文献

[1] 范元昌，何作庆. 哈尼族人与自然和谐相处的文化特征[J]. 云南民族大学学报(哲学社会科学版)，2008(6).
[2] 杨大禹. 云南少数民族住屋：形式与文化研究[M]. 天津：天津大学出版社，1997.
[3] 杨庆. 云南少数民族建筑及其文化研究[M]. 昆明：云南大学出版社，2023.
[4] 宇华，等. 德昂族文化大观[M]. 昆明：云南民族出版社，1999.
[5] 王冬. 记忆与阐释：彩云之南的乡土聚落与建筑[M]//国家图书馆. 匠意营造：中国传统建筑·学津清谈. 北京：商务印书馆，2019.
[6] 毛佑全. 哈尼族梯田农耕文化与生态系统[M]//李期博. 哈尼族梯田文化论集. 昆明：云南民族出版社，2000.
[7] 黄虓鹏. 彝族文化的明珠：十月太阳历[EB/OL]. 彝族人网，2021-05-01. http://m.yizuren.com/tradition/wzwhyzrkx/41661.html.
[8] 李永祥. 论防灾减灾的概念、理论化和应用展望[J]. 思想战线，2015(4).

云南传统聚落产生于新石器时代晚期。三千多年来，云南各族先民在建村立寨、营建聚落，以及生产生活中，表现出了丰富的乡土智慧，创造了闻名于世的云南农耕文明。云南传统聚落涵养和承载了农耕文明，是云南农耕文明的重要载体，也是农耕文明的基本构成，还是农耕文明的活态存在。

农耕文明，指在几千年的农业生产和农耕生活中沉淀下来的，并维系着农业社会有序运行的思想、观念、知识、技术、道德、习俗等的总和。自古代以来，云南社会一直以农业为主.在漫长的农业生产劳动中，云南各族先民凭着勤劳、智慧和坚韧不拔的奋斗精神创造的云南农耕文明历史悠久，内涵丰富，特点鲜明，意义深远。

1

云南农耕文明的形成与发展历程

1.1 新石器时代：云南农耕文明的萌芽

1950 年以来，在云南广大地区先后发现许多新石器时代遗址，其中具有代表性的遗址有元谋大墩子、宾川白羊村等，其年代最早距今约六七千年，晚至距今约三千年。[1]在这些新石器时代遗址和墓葬中出土了大量远古时期与农业生产有关的遗物，包括石器、陶器、骨器、蚌器以及竹木器等，表明原始农业是新石器时代云南最主要的产业。

新石器时代较之旧石器时代出现了许多重大变化和显著进步，主要有三方面：第一是生产工具从打制石器变为磨制石器，从而使工具耐用、实用、效率较高，从打制石器变为磨制石器的重大变革是人类社会发展的巨大动力。第二是发明了农业，开始种植多种作物，表明远古先民从食物的采集者变为食物的生产者，这是第一次生产力的飞跃，是一个历史性的重大进步。第三是破天荒地将野生稻改良为种植稻，这是云南农业发展史上的伟大发明。

上述新石器时代生产工具的变革、农业种植的出现和栽培稻的发明，标志着农耕文明的萌芽。

1.2　古滇国时期：云南农耕文明的形成

1. 滇国的青铜器

经过数千年的缓慢发展，云南新石器时代逐渐衰落，跨入青铜器时代。

云南青铜器时代的遗存分布在全省各地，其中著名的有剑川海门口遗址，以及晋宁石寨山、江川李家山和楚雄万家坝古墓群等。从这些遗址和墓葬中发掘出土的青铜器共计一万余件，❶其数量之大、种类之多，在我国边疆地区实属罕见。

云南青铜器时代大约出现于商代前期，即公元前 14 世纪，其上限距今约三千三百年，下限延至东汉早期，即公元 1 世纪初。云南青铜器时代与古代史籍中记载的滇国存在的时间大体一致，所以云南青铜器又可称为滇国的青铜器。

2. 滇国的农耕文明

滇池区域的墓葬中，先后出土了 420 件青铜农具，楚雄万家坝也出土了 142 件青铜农具。这些青铜农具中，有用于伐木和开辟耕地的铜斧、铜锛、铜凿，用于起土的铜钁、铜铲、铜锹，用于中耕薅地的铜锄，还有用于收割庄稼的铜镰等。这说明当时农业生产各个主要环节所需的青铜农具已一应俱全。滇人广泛使用青铜农具进行耕田劳作，大大提高了农业生产水平，反映了滇国的锄耕农业颇为发达。

滇国农业生产的状况，在汉代以及后来的史籍《史记·西南夷列传》和《后汉书·西南夷列传》等都有记载。这些记载说明，滇国时期滇池区域农业高度发达，滇人在宽阔肥沃的土地上从事"耕田"，在湖泊中捕捞，从而收获了"田渔之饶"。

上述滇国时期广泛使用多种青铜农具从事农耕，从开垦耕地、播种，到中耕、薅锄，再到收割，在农业生产的全过程中都使用青铜农具。标志着滇国时期云南农耕文明业已形成。

3. 汉晋至近代：云南农耕文明的演进

1）汉晋时期

据《汉书》《后汉书》《三国志》《华阳国志》等史籍记载，西汉时，西南夷等边疆各郡都有"郡兵"从事"屯戍实边"。东汉时，内地铁制农具传入云南，取代了青铜农具，这是云南农业发展史上一个划时代的重大进步。与此同时，牛耕技术从中原经四川传入云南，这也是一大进步。三国时，蜀国诸葛亮领兵平定南中后，在滇东地区开展大规模屯田，促进农业生产迅速发展。西晋时，在建宁郡（今滇东北）也设立"屯兵参军"，实施屯田，大大促进了农业生产的发展。

2）唐宋时期（南诏大理国时期）

南诏建立后，以农立国，大力提高农耕技术。广泛采用"二牛三夫"耕作技术，[2]标志着云南农业生产已从锄耕进入犁耕阶段，大大推动了农业生产的发展。据唐代《蛮书》记载：当时一些山区已垦种梯田；宁州（今景东一带）大范围种茶（详见下文）。

3）元明时期

元代，云南行省为了"养兵息民"和"以供军储"，开展了大规模的军民屯田。明代，在云南大力推行"屯田之制"，兼有军屯、民屯、商屯三种类型。仅军屯田地就有130多万亩，占全省总耕地面积的42%。元明时期的屯田，对云南农业生产发展起了巨大的推动作用。首先是内地大批军民涌入云南，云南人口大增，为农业生产提供了大量劳动力。其次是大片荒芜之地辟为耕地，云南田亩大增，粮食产量随之大幅增加。再次，是内地军民带来了比较先进的生产工具和生产技术，不仅提高了云南的粮食产量，还增加了农产品种类等。

4）清末至民国

道光二十八年（1848年），引进原产秘鲁和玻利维亚安第斯山区的马铃薯。[3]

光绪二十八年（1902年），法国传教士将咖啡引入云南种植。[4]

民国二十三年（1934年），引进美国棉花籽种试种，效果较好。[5]

上述清末至民国时期，一向封闭的云南传统农业实施对外开放，先后引进了马铃薯、咖啡、烤烟及棉花的优良品种，推广种植，从而增加了农产品种类，改善了种植业结构，提高了农业生产水平。传统农业对外开放，推动了云南农耕文明的向前发展。

❶张增祺. 滇国与滇文化[M]. 昆明：云南美术出版社，1997：16.
❷欧阳修. 新唐书·南蛮传[M].
❸云南百科全书编纂委员会. 云南百科全书[M]. 北京：中国百科全书出版社，1999：505.
❹云南百科全书编纂委员会. 云南百科全书[M]. 北京：中国百科全书出版社，1999：508.
❺牛宏斌，谢本书. 云南通史：第六卷[M]. 北京：中国社会科学出版社，2011：255.

由上所述，云南传统农耕文明从萌芽、形成到不断演进，经历了三千多年的岁月。在这一漫长的过程中，云南各族先民凭借其勤劳和智慧，发明农业和栽培稻谷，发明并广泛使用青铜农具，推广铁制农具，广泛使用牛耕，开展大规模屯田，引种国外优良农作物品种，实现了农业近代化。这就是云南传统农耕文明形成及演进的历程。

2
云南传统农耕文明的主要标志

云南传统农耕文明在漫长的形成与发展过程中，逐渐沉淀和衍生出许多维系与推动农耕社会发展的思想观念、人文精神、知识、技术等，并凝聚、形成了闻名于世的四个主要标志，分述于下。

2.1 震惊中外的古滇国青铜器

如上所述，滇国时期的墓葬中，先后出土各种青铜农具多达 560 余件，当时农业生产各个主要环节所需的农具均一应俱全，这说明在滇国的农业生产中，已经广泛使用青铜农具，青铜农具已经完全取代了新石器。这不仅表明农业生产工具的历史性变革，同时，也反映了滇国农业生产的划时代进步。滇国的青铜农具具有突出的独特性，国内其他地区迄今未见类似大批、多种及实用的青铜农具出土。此外，滇国时期的墓葬中，还出土了诸如铜鼓、铜贮贝器、铜扣饰等文物珍品。滇国的青铜器以及同时出土的"滇王之印"受到国内外考古学界的重视。因此，震惊中外的、以青铜农具为重要组成部分的古滇国青铜器成为云南传统农耕文明的主要标志之一。

2.2 云南：亚洲栽培稻的起源地

1. 云南具备稻谷生长的自然条件

云南地形地貌复杂多样，有山地、高原、丘陵和盆地。云南受大陆季风和海洋季风影响，形成独特的冬暖夏凉的季风气候，且气候垂直变化十分明显。年日照 960~2840h，

年降水量 900～1100mm。这样的地理环境和气候条件，适合各类植物生长。云南稻谷栽培垂直分布，从海拔 40m（河口县）至海拔 2600m（维西县）均能种稻。目前，云南的农作物有近万份品种资料，其中稻谷有三千多个品种，主要有籼稻、粳稻、黏糯等，[2]可见，云南得天独厚的自然环境，成为稻谷生长的良好条件。

2. 云南有现代野生稻的分布

野生稻分为普通野生稻、药用野生稻和疣粒野生稻三种。在我国同时具有这三种野生稻分布的地方只有云南和海南两省。20 世纪 50 年代以来，调查发现，云南的西双版纳、红河、大理、德宏、保山、丽江、普洱、临沧等州市的 94 个地点都有野生稻分布；特别是在海拔 1000m 以下的热带、亚热带河谷地区还发现了成片的野生稻。在历史文献记载和少数民族的神话传说中，也有关于野生稻的记载与描述，印证了原始时代云南广泛地生长着野生稻，这为野生稻驯化成为栽培稻提供了丰富的资源。

3. 云南有古代栽培稻的出土

自 20 世纪 50 年代以来，在云南发现的元谋大墩子等 10 个新石器时代遗址中，出土了碳化的稻谷和米、稻壳、稻谷凝块、白色稻叶、谷穗与稻壳印迹及灰烬等。这些出土稻谷遗存的遗址，其年代最早的是 4000 年前的宾川白羊村遗址，较晚的是距今约 3115 年的剑川海门口遗址。说明这些遗址中出土的稻谷遗存，产生于距今 4000～3000 年之间。这些稻谷遗存，经过鉴定，大多是"人工栽培的粳稻，即通常所说的'旱稻'；少量是栽培型的'籼稻'，即'水稻'"。这说明云南最早的栽培稻是耕作技术粗放的旱稻。[2]

4. 百越是驯化野生稻的民族

历史学家和考古学家通过对古代文献的研究认为，远古时代，在中国长江以南地区活跃着百越、百濮及苗瑶系统等民族集团，其中百越族群分布在今浙江、福建、江西、广东、广西、台湾、贵州和云南等地。古代云南的越人主要居住在今文山、红河、滇池区域、西双版纳、普洱、临沧、德宏等地。近代云南的壮、傣、水、布依等少数民族即古越人的后裔。[2]百越族群是一个农业民族，最早驯化野生稻和栽培稻谷。

由上所述，云南具备稻谷生长的自然条件，既有现代野生稻的分布，又有古代栽培稻的出土，而自古代以来居住在云南广大地区的百越族群擅长水稻种植。基于此，考古学家们认为："云南是亚洲栽培稻的起源地"。❶这成为云南传统农耕文明的又一主要标志。

2.3 世界遗产：红河哈尼梯田文化景观

2013 年 6 月 22 日，在柬埔寨金边召开的第 37 届世界遗产大会正式批准将中国云南"红河哈尼梯田"列入世界文化遗产名录。从此，哈尼族千百年来辛勤创造的梯田震撼神州，名扬世界。"红河哈尼梯田"作为世界文化遗产，具有十分丰富而深厚的文化底蕴，包含显著的农耕业绩与农耕奇迹，具有传承后世的珍贵价值。

1.梯田：哈尼族传统文化的载体

梯田是红河哈尼族经济社会的基础。梯田孕育并承载着哈尼族丰富多彩的民族文化，主要有迁徙文化、农耕文化、水利文化、住屋文化、饮食文化、服饰文化、风俗文化、祭祀文化等。以梯田为载体的哈尼族文化，"集中体现了哈尼族这个负重着艰难历史、饱经风霜和具有卓越创造力的民族的本质。"[4]

2.梯田：哈尼族农业垦殖的业绩

哈尼族先民经过漫长的迁徙，最终进入红河南岸的哀牢山区之后，根据当地的地形、地势、土壤、气候、植被、河流等自然生态条件大力开垦梯田。他们依山就势，充分利用每一寸适宜种植的土地，一代接着一代，开垦出大小不一的层层梯田。梯田沿着蜿蜒的山势展开，伸展数十里，跨村连县，层层叠叠多至三千多级，似道道天梯由山脚直逼山顶。其规模宏大，气势磅礴，令人震撼。

哈尼族是一个优秀的山地农耕民族。他们在长期从事梯田耕作的过程中，积累了丰富的生产经验，并不断改进和提升农耕技术，创造了许多别出心裁的梯田耕作技能和管理方法。千百年来，哈尼族将梯田作为其生存之道，创造了辉煌的业绩。

3.梯田：哈尼族农田水利的奇迹

在哀牢山区，干热的气候使下方红河里的水汽大量蒸发，聚集到天空形成厚厚的云层，在阴冷的高山上凝聚为绵绵雾雨，终年不断。海拔 2000m 以上的密林涵养大量水分，成为"水源林",并造就了常年流淌不枯的"高山绿色水库"。[4]哈尼族以其高超的智慧和奇特的方式,充分利用"高山绿色水库"的水源,历经多年建成了完整的农田水利系统。他们在层层梯田之间,修建了众多大大小小的沟渠,将沉淀后除去砂石的林中溪流自上而下引入梯田,成为灌溉梯田的不竭水源;同时,还将山水引入聚落,成为人畜饮用之水。这是哈尼族适应自然、利用自然、变自然生态为农业生态的成功之举,是哈尼族在梯田农耕中创造的奇迹。

4.梯田:哈尼族创造的世界奇观

哈尼族是中国梯田的最早发明者和首创者之一。[4]千百年来,人们不断赞扬哈尼梯田,歌颂哈尼梯田。晚唐时期的官员樊绰,奉命出使,途经云南时亲眼看到哈尼梯田,不胜惊叹道:"蛮治山田,殊为精好。"❷明代著名农学家徐光启在其《农政全书》中,最先将梯田列入我国7种田制之中,并写道:"梯田,谓梯山为田也。"❸清代嘉庆时期的《临安府志·土司志》也称赞哈尼梯田:"依山麓平旷处,开凿田园,层层相间,远望如画……"。❹当代学者对哈尼梯田更是赞赏有加。称梯田是哈尼族的"伟大创举""山地农业的最高典范""人间奇迹"和"世界奇观"。当然,红河哈尼梯田获得的最高殊荣是成为"世界遗产"。

由上所述,千百年来,哈尼族人民世代赓续,以其勤劳、智慧和坚韧不拔的奋斗精神在崇山峻岭中开辟层层梯田,并创造了梯田农耕的重大成就和奇迹,创造了人与自然和谐共生的山地农业的典范。"红河哈尼梯田"受到世人赞誉,成为世界遗产,是云南传统农耕文明的又一主要标志。

2.4 世界遗产:普洱景迈山古茶林文化景观

1.学界共识:世界茶树的原产地在云南

自古以来,世界各国一直认为中国是世界茶树原产地。1823年,在印度阿萨姆省的沙地耶发现了一棵13m高的野生茶树后,英国

❶李昆声,钱成润.云南通史:第一卷[M].北京:中国社会科学出版社,2011:161.
❷樊绰.蛮书·云南管内物产[M]//向达.蛮书校注.北京:中华书局,1962:188.
❸徐光启.农政全书(卷5)·田制·农叠诀田制篇,引自王祯全书·梯田.
❹转引自:李朝博.哈尼族梯田文化论集[M].昆明:云南民族出版社,2000:25.

和印度学者支持"世界茶树原产地在印度"的说法。两种观点的争论延续了100多年，一直未取得共识。1961年10月，在中国云南省西双版纳州勐海县巴达区贺松寨的原始森林中，发现了一棵野生大茶树，树龄1700年，棵高32.12m，堪称举世无双的"野生大茶树王"。这一消息立即在中外茶学界引起震动，学者们纷纷前来考察，一致认为巴达大茶树较之印度茶树远为古老。巴达野生大茶树的发现提供了云南是世界茶树原产地的第一个活证。[3]此后，云南又发现了许多更古老更高大的野生茶树(详见下文)，从而世界茶学界公认云南是全球茶树的原产地，全世界的茶树都是从云南澜沧江中下游地区生长发育出去的。

2.古茶树密集分布在云南

云南古茶树主要集中分布在澜沧江中下游的普洱市、西双版纳州和临沧市的27个县，其分布特点是面积大、密集度高、树龄长、径围粗、株高高、茶林生物多样性丰富等。

迄今云南已发现千年以上的古茶树共32棵。除上述巴达野生大茶树王外，镇元县九甲乡千家寨森林中发现了两棵野生古茶树，树龄分别为2700年和2500年，是迄今世界上发现的最古老的野生茶树。澜沧县富东乡邦崴村新寨发现了迄今唯一古老的过渡型茶树，树龄1000年，为中国茶史和世界茶史填补了空白，是国宝级的珍稀植物。凤庆县小湾镇锦绣村香竹箐发现的栽培型大茶树，树龄3200年，是世界上最古老、最粗壮的单株茶树。由于茶树物种演化的程序是野生茶树—人工驯化产生的过渡型茶树—人工培育演变成的栽培型茶树，香竹箐发现的这棵茶树证明：早在3200年以前，云南已经有野生茶树，并开始驯化、栽培茶树了。因此，凤庆香竹箐大茶树，是云南和世界茶树起源的又一活证。[3]

1) 云南古濮人最早发现、驯化和栽培茶树

云南远古时代的百濮族群及其后裔 (今佤、布朗和德昂等族)，最早发现、利用、驯化和栽培了茶树，这从文化人类学的田野调查中得到证明。其一，勐海南糯山800年栽培型大茶树，是当时居住在这里的布朗族先民栽培的。澜沧县景迈山千年万亩古茶林中有布朗族的木塔石碑，上面刻记着1300年前，布朗族首领叭岩冷率众种茶之事。其二，在德昂、佤和布朗族的神话传说中，都有关于茶树起源及人与茶的关系等方面的叙述。德昂族的神话说，最早的人帕达然是从茶树中生长出来的，即人的生命是茶树给的。佤族的神话说，人类始祖玛农从司岗里山洞中出来后，看到的第一种食物就是茶，从此开始种茶。布朗族的神话说，叭岩冷说茶是吃不完用不尽的宝贝等。[3]自远古时代以来，

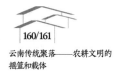
百濮及其后裔生活在茶树发源地的"茶环境"之中，茶可作食物和药物。因此他们驯化和栽培了茶树。

2）普洱茶名遍天下

普洱茶是云南茶中极品，也是中国茶中珍品。它是最古老的人工栽培茶，是云南先民创造的人间杰作，它开启了人类用茶的历史。普洱茶从古代以来就一直受到国人的青睐。在我国古代文献中，最早记载普洱茶的是唐代樊绰的《蛮书》，谓："茶出银生城界诸山（即今普洱市、西双版纳州和临沧市的广大山区），散收，无采造法。"❶明清时期，出现了许多记载普洱茶的文献。如明代万历年间，谢肇淛的《滇略》称"士庶所用，皆普茶也，蒸而成团。"清代雪渔的《鸿泥杂志》称"云南通省所用茶，俱来自普洱。"又檀萃《滇海虞衡志》也称："普洱茶名重于天下，出普洱所属六茶山……周 800 里，入山作茶者数十万人，茶客收买，运于各处……茶山有茶王树，较五茶山独大，本武侯（孔明）遗种，至今夷民祀之。"上述历史文献记载说明，明清时期，普洱茶生产有了很大发展，云南已成为当时中国的茶叶大省。

由上所述，云南是世界茶树的原产地。云南先民最早发现、驯化和栽培茶树，又最先将茶作为饮料。千百年过去了，如今，茶已成为世界三大饮料（茶、咖啡、可乐）之一。全世界已有 60 多个国家种茶，160 多个国家的 20 亿人口饮茶。国际科学界确认"茶是中国继火药、指南针、造纸术和印刷术之后的第五大发明"。[3]

2023 年 9 月 17 日，在沙特阿拉伯利雅得召开的第 45 届世界遗产大会上，正式通过审议，将"普洱景迈山古茶林文化景观"列入《世界遗产名录》，同时成为全球首个茶文化主题的世界文化遗产。❷理所当然，"普洱景迈山古茶林文化景观"世界遗产，自然成为云南传统农耕文明的又一主要标志。

综上所述，三千多年来，云南各民族先民依据传统的规划思想建造了上万个聚落，各族先民定居或半定居的稳定生活对于农耕文明的发展起了重要的作用。云南传统聚落蕴含着人与自然、人与社

❶ 樊绰. 蛮书·云南管内物产[M]//向达. 蛮书校注. 北京：中华书局，1962：214.
❷ 胡梅君，沈浩，杨质高，等. 普洱景迈山古茶林文化景观成首个茶主题世界文化遗产[N]. 春城晚报，2023-09-18（第二版）.

会和谐共生的农耕文化、生态文化等，是云南农耕文明的见证。云南传统聚落的营建智慧具有丰富的内涵与外延，涉及聚落选址、规划理念、住屋建造、生产生活、防御灾害等多方面的乡土智慧 (详见本书第九章)，显而易见，基于这些丰富的乡土智慧而营建的传统聚落在云南农耕文明萌芽、形成和演进中具有标志性意义，成为传统农耕文明的重要载体和基本构成，也是农耕文明的活态存在。同时，正是这些乡土智慧使云南传统聚落长期稳定地存在下来，云南传统农耕文明得以绵延不断，今天，在传统聚落中，都能看到农耕文明的印迹。云南传统聚落所涵养和承载的农耕文明铸就了云南历史上曾经的昌盛，并给后世留下了一份丰厚的、不可再生的农耕文化遗产。

几千年来，云南各民族先民共同创造了闻名于世的云南传统农耕文明。云南传统农耕文明拥有四大标志："震惊中外的古滇国青铜器""云南：亚洲栽培稻的起源地""世界遗产：红河哈尼梯田文化景观""世界遗产：普洱景迈山古茶林文化景观"。云南传统农耕文明蕴含着坚韧不拔的奋斗精神、寓意深邃的文化自信、因地制宜的生存之道、护林保水的环保意识等许多优秀的思想观念和人文精神，丰富了我国农耕文明的宝库，对伟大的中华文明作出了重要贡献。是一份十分厚重而珍贵的历史文化遗产。

云南传统农耕文明，悠久厚重，特点鲜明，内涵丰富，是乡村传统文化的精髓，也是社会主义先进文化的根脉，具有显著的时代价值和传承意义。在乡村振兴背景下，研究云南传统农耕文明，其目的在于传承和弘扬传统农耕文明的优秀思想和人文精神，为乡村振兴提供坚实的基础和精神动力，有助于提升广大民众对乡村优秀传统文化的理性认识和情感认同，增强文化自觉，坚定文化自信。同时，践行新发展理念，将传统农耕文明与现代文明要素结合起来，赋予时代内涵，丰富表现形式，实施转化与发展，将使传统农耕文明在新时代展现出无穷的魅力，焕发出巨大的活力及内生动力，从而全面推进乡村振兴和农业农村现代化，并助力建设中华民族现代文明。

主要参考文献

[1] 云南省文化厅. 云南省志·文物志[M]. 昆明: 云南人民出版社, 2004.
[2] 管彦波. 云南稻作源流史[M]. 北京: 中国社会科学出版社, 2015.
[3] 史军超. 茶文化: 普洱茶名遍天下[M]//杨寿川. 云南特色文化. 北京: 社会科学文献出版社, 2006.
[4] 王清华. 梯田文化[M]// 杨寿川. 云南特色文化. 北京: 社会科学文献出版社, 2006.

第十一章 云南传统聚落的空间系统

"空间"概念源自地理学对物质世界的认知，是客观存在的容积、载体和场所。空间是经济社会发展的缩影，亦是人们了解社会变迁的重要视角。[1]

1 乡村空间及乡村空间系统

乡村是乡村地理学的研究对象，国外对乡村的定义及乡村空间界定的研究已有较长时间。西方乡村地理学对乡村空间的认识经历了从物质层面到社会表征，从客体性空间到主体性空间的发展过程。[2]英国乡村地理学者 Halfacree 提出了"乡村空间三重模型"(the Three-fold model of rural space)，将乡村空间系统划分为相互之间联系紧密的三个部分，即乡村地方性(Rural locality)、乡村的表征 (Representations of the rural) 和乡村日常生活 (Lives of the rural)。[1]"乡村空间三重模型"追求的是乡村空间整体性 (Totality)，是现在国外乡村空间较为系统的理论架构，它对完善学界对乡村空间的理解有着重要的启示作用。国内在乡村地理学的理论探讨和实证研究中，对乡村空间的认识主要集中在物质空间层面，认为乡村本质上是一个空间地域系统，乡村地域具有明显的边界。乡村空间系统由经济空间、社会空间、聚落空间三大空间结构组成。经济空间指以聚落为中心的经济活动、经济联系的地域范围及其组织形式；社会空间指乡村居民社会活动、社会交往的地域结构；聚落空间指乡村聚落的规模等级、职能及其空间分布结构。三者之间存在着密切的相互关系。[2]

乡村空间包括物质空间和非物质空间。有学者认为，对乡村空间的理解与认识应以"人地关系"作为理论基础，空间的各个层面都是从人地关系地域系统派生出来的产物。[2]

❶ 张琦. 空间治理: 乡村振兴发展的实践路向: 基于Q市"美丽乡村建设"的案例分析[J]. 南京农业大学学报(社会科学版), 2021(6): 128-139.
❷ 李红波, 等. 乡村空间辨析[J]. 地理科学进展, 2018, 37(5): 591-600.

人地关系地域系统中物质的自然环境要素与人文环境要素构成了物质空间[1]，物质空间即实体的地理空间，是人类能够最为直观地感受与认识到的空间[1,3]，从功能属性上讲，乡村物质空间包括生产空间、生活空间和生态空间。❶非物质空间即建立在物质空间基础之上的次生空间，包括反映人类各种社会行为空间关系的社会空间以及建立在人类话语体系、秩序观念之上的文化空间[1,3]。物质空间、社会空间、文化空间三者之间存在着严密的逻辑关系，它们相互渗透、交叉融合，共同构成由"物质空间-社会空间-文化空间"组成的多层级、多维度的乡村空间系统。❷在乡村空间系统中，乡村物质空间通过乡村的土地利用、生态环境、建筑景观等物质要素来承载，是可感知的物理意义上的空间；乡村社会空间产生于人的广义社会行为，涵盖了社会、经济、政治等内容，体现在乡村组织治理、生产实践等日常生活的方方面面；乡村文化空间则是人的主观精神空间及各种乡村表征，主要由制度政策、价值观念、乡村意象来反映，乡村空间系统结构如图 11-1[1]所示。从物质空间、社会空间和文化空间三个层面对乡村空间进行剖析，可以形成对乡村空间更加完整的认识。

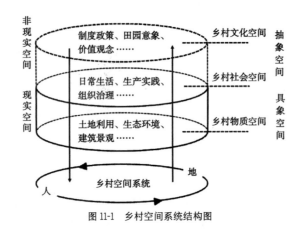

图 11-1　乡村空间系统结构图

2

乡村聚落空间

乡村空间包括中心镇、集镇、行政村、中心村、自然村等不同空间层级。乡村聚落空间是乡村空间系统的重要组成内容。乡村聚落除了前述"聚落的定义"一节中的解释外，还可以认为是指位于乡村地域，由住宅、道路、水渠、绿地、公共空间以及其他生活和生产设施等要素构成,具有一定空间结构和功能属性的乡村居民点。从结构上讲,乡村聚落以生活空间为主,包括部分生产空间和生态空间。

乡村聚落是早期人类共同居住、劳动与生活形成的聚居空间,是乡村人类居住、生活、社会活动和部分生产活动的空间场所,是乡村人类活动的条件和产物,以及乡村人类行为的空间结果。❸乡村聚落汇集了早期人类的智慧,作为一种实体,乡村聚落是在其演进与发展中与当时的生产、生活方式以及文化相适应的产物,真实地记录了各个时期各民族先民对人与自然关系以及人与人关系的理解、认识,以及居住理念和居住模式。乡村聚落是地域文化产生的主要场所,其物质空间布局形态和特征是物质景观和人文社会功能的融合,是外在物化特质与内在文化特质相统一的整体表征,是特定阶段社会生产力发展水平的反映,是乡村聚落在建筑层面最直接、最根本的体现,是聚落最为本质的内容,具有其特定的自然智慧和社会语义。❹因而,乡村聚落空间具有物质层面的价值和文化层面的价值。充分挖掘和研究乡村聚落空间的价值,才能理解乡村聚落的精髓,分析乡村聚落的物质和文化内涵,把握乡村聚落空间的影响因素,传承其中有价值的内容,注入新的发展理念和新技术,使乡村聚落得到有效的保护和传承。对于乡村聚落空间系统的研究不仅可为现代城乡空间规划设计提供科学经验,也将助力于乡村聚落的保护和发展,❺具有重要的理论价值与现实意义。

乡村聚落作为乡村居民的主要聚居区,可被视为乡村振兴的核心。❻实施乡村振兴战略的总要求是产业兴旺、生态宜居、乡风文明、治理有效、生活富裕,这是建设中国特色社会主义中经济建设、政治建设、文化建设、社会建设、生态文明建设“五位一体”总体布局在乡村发展上的具体体现。从人地关系方面看,乡村振兴战略中的这五个方面相互关联,其目标旨在促进乡村生产空间的集约高效、生活空间的宜居适度、生态空间的山清水秀、文化空间的灿烂

❶龙花楼. 论土地整治与乡村空间重构[J]. 地理学报, 2013(8): 1019-1028.

❷屠爽爽, 龙花楼. 乡村聚落空间重构的理论解析[J]. 地理科学, 2020(4): 509-517.

❸余斌, 等. 乡村生活空间研究进展及展望[J]. 地理科学, 2017(3): 375-385.

❹杨贵庆, 蔡一凡. 传统村落总体布局的自然智慧和社会语义[J]. 上海城市规划, 2016(4): 9-16.

❺宋丽美, 徐峰, 邓源, 等. 基于科学知识图谱的中国传统村落空间形态研究综述[J]. 华中建筑, 2020(2): 94-98.

❻樊静东, 李小建. 未来乡村有四种专业模式[N]. 南方农村报, 2017-12-26.

丰富，从而实现乡村聚落中人与生产要素的相互作用与提升。❶通过重组和优化乡村聚落及周围的生产要素，重塑乡村地域系统结构，促进乡村空间功能提升，达到乡村振兴的战略目标。

2.1 乡村聚落空间的形成

聚落是被限定了的空间领域。聚落空间是人类在自然地理环境的基础上，为了满足各种社会生产与社会生活的需要，不断实践与探索的结果，包含了各种社会维度与文化维度等。❷聚落空间是聚落居民及聚落建造者的空间概念物象化的产物和在现实空间中投射的结果，聚落的空间组成与居住者的空间概念相关，而自然地形对人的空间概念的形成起着决定性的作用。❸这种空间概念便是聚落空间环境产生所依赖的土壤。

乡村聚落空间指乡村聚落的整体空间，包括聚落的外围环境、街巷、水系、民居、田园等。乡村聚落空间不仅代表聚落的整体形象，还对维持聚落生态具有重要作用。因此，乡村聚落空间对自然环境的依赖性较强，自然地理条件是乡村聚落空间形成的物质基础。乡村聚落以通过家族等关系聚居为主，乡村聚落空间是生活在乡村聚落中的人们在土地上建造房屋、耕种土地、生存繁衍而形成的。乡村聚落空间一般规模较小，人口较少，每一个乡村聚落空间都是一个相对封闭的、自给自足的经济单元，长期的农业经济决定着聚落空间内部的生产和生活方式。

2.2 乡村聚落空间的属性

对聚落空间的属性，可以从以下方面认识。

聚落空间是一种社会形态结构。聚落空间是在复杂的人类社会中，具有相同的生活状态、生活经历、生活习惯、文化习俗及社会关系的人群，在一定的组织架构中，在一个固定的片区内，集体居住的社会形态结构。❹

聚落空间是一种空间组织形态。聚落空间物化着人类的各种经济模式、社会组织、政治控制和宗教信仰。而这种物化的组织形态，又会反作用于人类社会，作用于各种组织系统。

聚落空间是一种物质空间形态，承载着人类各种生产与生活实践，又维系着人类社

❶ 李小建, 胡雪瑶, 史焱文, 等. 乡村振兴下的聚落研究: 来自经济地理学视角[J]. 地理科学进展, 2021, 40(1): 3-14.

❷ 李立. 乡村聚落: 形态、类型与演变: 以江南地区为例[M]. 南京: 东南大学出版社, 2007: 3.

❸ 王昀. 传统聚落结构中的空间概念[M]. 二版. 北京: 中国建筑工业出版社, 2016.

❹ 余英. 中国东南系建筑区系类型研究[M]. 北京: 中国建筑工业出版社, 2001: 11, 12.

❺ 倪震宇. 空间人类学视野下的聚落空间形态与结构研究[D]. 南京: 东南大学, 2019.

❻ 孔翔, 卓方勇. 文化景观对建构地方集体记忆的影响: 以徽州呈坎古村为例[J]. 地理科学, 2017(1): 110-117.

❼ 刘易斯·芒福德. 城市发展史: 起源、演变和前景[M]. 宋俊岭, 倪文彦, 等, 译. 北京: 中国建筑工业出版社, 2005: 1, 5.

❽ 蒋晓飞. 传统村落空间重构及价值重塑[EB/OL]. 风景园林网, 2021-05-14.

❾ 倪震宇. 空间人类学视野下的聚落空间形态与结构研究[D]. 南京: 东南大学, 2019.

❿ 李君, 李小建. 综合区域环境影响下的农村居民点空间分布变化及影响因素分析: 以河南巩义市为例[J]. 资源科学, 2009(7): 1195-1204.

⓫ 杨贵庆. 我国传统聚落空间整体性特征及其社会学意义[J]. 同济大学学报(社会科学版), 2014(3): 60-68.

会的稳定与连续。

聚落空间是人类文化的载体。聚落空间和文化密切相关。在这一视野下, 聚落空间形态不仅是一种物质空间系统, 更是一种经济空间系统、社会空间系统、政治空间系统。❺聚落空间不仅折射出特定时期的人地关系, 也承载了当时人们的价值理念与地方情感, 更是基本适应了各时期的地方文化精神,❻蕴含着丰富的文化与精神内涵。

聚落空间是人类社会权力和历史文化的汇聚体、关系的总和。作为人类文化的广泛集聚, 满足了各种社会需求, 成为文化的象征与符号表达, 其标志是目的鲜明的、无比丰富的社会构造。在聚落空间中, 人类活动以自然形态为基础, 叠合了人文形态, 而人文形态又物化了组织形态。❼

总的来看, 乡村聚落空间是一种社会形态结构, 是一个多重空间的复合体, 是由自然空间、政治空间、经济空间、文化空间、宗教空间等构成的空间集合体。❽一切空间的组合, 形成了聚落内的空间系统。❾乡村聚落空间的构成要素一般包括村庄的区位, 分布形态, 职能规模, 演变的动力因素及模式, 内部结构特征, 景观外貌, 类型, 群体结构及乡村文化与地域环境的关系等。❿在聚落空间中, 住屋是最大量存在的建筑类型, 是最基本的空间组织单元。

2.3 传统聚落空间的整体性特征

传统聚落的空间具有整体性特征, 主要表现在以下方面。⓫

2.3.1 因地制宜, 与自然环境条件充分协调

传统聚落的选址建造, 一般要求居住地有充足、安全、不间断的饮用水源, 充分的日照条件, 良好的自然风景, 所需要的耕地, 避免各种自然灾害的条件等要素; 对于自然环境中的一些不利条件, 将有所取舍甚至是进行改造。传统聚落选址的要求, 使乡村聚落空间与自然环境条件协调共生, 反映了各民族先民对居住环境整

体性的认知和对于选择居住生存环境的智慧。

2.3.2 居住生活空间与生产活动空间有机组合

乡村聚落中的居住生活空间，以及居住生活延伸的重要公共空间，与耕作田地、河滩、石桥、集市等生产活动空间相距不远，共同构成不可分割的有机统一的整体。这种多元功能组合的整体性，成为乡村聚落空间的典型特征。

2.3.3 建筑所组成的群体空间具有强烈的聚合感

从建筑空间组织方式来看，聚落建筑鳞次栉比，建筑山墙相互搭接，建筑构件相互"咬合"，错落有致，形成系列的空间组合；从建筑形式、建筑材料和建造方式所形成的风貌特征来看，乡村聚落的共识和认知表达了十分鲜明的空间形态聚合性。

2.3.4 公共中心场所具有明显的标识性

公共中心场地和公共构筑物布置在乡村聚落用地的几何中心或聚落的活动中心，它们一般具有不同于住屋建筑外部空间肌理的特征。由于其位置显著、建筑功能类型特殊、建筑的高度和样式突出，公共中心场所和公共构筑物具有明显的标识性，这是传统聚落空间内部重要的整体性特征。

上述传统聚落空间的整体性特征是对于传统聚落整体性和结构性的认知，是对丰富多样的传统聚落物质空间形态的整体抽象。通过归纳提炼这些整体性特征，分析这些特征表象下的社会学意义，不仅可以更为深入地认识其存在的社会本质，理解其空间特征表象背后的社会发展动力，而且，对于传统聚落空间保护和再生的规划设计理论和方法也具有重要的启发意义，从而更好地促进传统聚落文化的传承。同时，基于对我国乡村聚落空间的整体性特征及其社会学意义的分析，可以获得以下两个方面的启发：❶

(1) 乡村聚落空间整体性特征的本质是当时当地社会、经济和文化的发展状态，具有特定的社会学意义。只有准确表达其特定的社会学意义，空间才具有社会性。这一认识要求规划师、建筑师、景观师应深入了解设计使用的对象，体现使用者的日常生活和社会结构的特点，从根本上形成原创性的规划设计作品，使作品具有特定意义的多样性，而不是片面追求空间形式的多样化。

(2) 感受到当今传统聚落物质空间保护面临的巨大挑战。今天，先民们在建造聚落

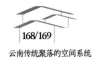

时的生产力和生产关系已经不复存在，现有的空间形式已经成为物质"躯壳"。对于传统聚落的保护和传承，不能只是从美学、建筑学和旅游者猎奇的角度去考虑如何美化，而是要从功能再生和社会动力上去作深层思考。

3
聚落的空间形态

　　聚落的空间形态是建筑学领域中非常重要的研究内容之一，也是聚落地理学中研究较多的内容。在建筑学和地理学中，聚落的空间形态通常指聚落空间的物质形态，涉及的内容主要有聚落的组成要素、聚落个体的平面形态、聚落的分布形态、聚落形态的演变、自然地理因素（主要是地形和气候）以及人文因素（包括历史、民族、人口、交通、产业）对聚落形态的影响等。在注重聚落景观研究的国家，还考察聚落内在不同历史时期所形成的建筑风格。由于聚落的空间形态是人类生活与社会、经济、技术等因素共同作用的结果，因此，不同历史时期和不同地域、不同民族所形成的传统聚落，承载着与历史时期、地域、民族相应的文化信息。乡村聚落的空间形态作为时代生活方式在物质空间上的投影，是其社会经济、意识观念、伦理道德、审美情趣、行为方式和社会心理等在地域空间上的折射。[2]研究乡村聚落的空间形态对于整体把握乡村聚落的状况与乡村聚落的发展保护有着重要的意义。

　　我国乡村聚落空间形态的研究开始于 20 世纪 80 年代，20 世纪 90 年代形成了乡村聚落空间形态研究的基本框架。2000 年以后乡村聚落空间形态研究迅速发展，其研究包括两个尺度：一是中观尺度，研究聚落整体空间形态及周边环境，包括聚落空间分布规律、聚落平面形态、肌理、山水格局等；二是微观尺度，主要研究聚落内的外部空间，包括聚落内部各功能区域的特点、土地利用、各要素之间的

❶ 杨贵庆. 我国传统聚落空间整体性特征及其社会学意义[J]. 同济大学学报（社会科学版），2014(3): 60-68.
❷ 邓春风，等. 桂北城镇聚落空间形态及景观格局浅析[J]. 城市问题，2007(9): 62-69.

相互关系、路径、节点等空间要素。空间形态研究还包括空间构成研究和聚落生长研究，具体为聚落空间形成因素及机制等方面。❶一些新的技术，如地理信息系统（GIS）、基于ArcGIS平台的探索性空间数据分析技术（ESDA）等用于宏观尺度的乡村空间形态分析；空间句法用于乡村空间微观尺度的外部空间特征分析，以及乡村形态的量化分析等。[4]西方国家聚落形态研究起源于德国。德国的形态学研究，以历史城镇为基础，注重聚落的地理位置、功能分布、空间形态、空间布局、建筑类型、建筑组织、边缘地带等。❷

3.1 聚落空间形态的概念

空间形态是一种具有边界的物质存在，公共空间由建筑围合而成。

"形态"即英文的"form"，指形式的构成逻辑。❸形态有多重含义，如形式、状态、结构、组织以及关系等。空间形态由建筑实体限定而成，与一定的物质表现形式及其内在结构特征对应。❹聚落空间形态指聚落的外部形态，包括公共空间与院落空间。公共空间如道路、广场、绿地、水系等，承担着社会公共生活、交通、联络等功能，形成内外一体的公共开放空间系统，具有社会属性；院落空间承担社会成员的个人活动，也解决通风、采光等，是一个零散的空间系统，具有私密性。

聚落空间形态是一种物质形态，同时，更是一种社会组织形态，前者是后者的物化，后者是前者的本质。在空间人类学视野下，聚落空间形态以物质形态为表层特征，以组织形态为深层特征。❺聚落中的自然生态系统、经济技术系统、社会组织系统和文化观念系统等共同作用，赋予空间形态不同的意义。有学者把农村聚落形态定义为农村聚落的平面形态，也指聚落内部各组成部分之间的结构，而将乡村平面形态分为团聚状与条带状，按照其平面形态或外部形态，将乡村聚落分为团状（块状）聚落，带状（条状）聚落和其他形态集村（闽南粤东为代表）。[5]通常情况下，地形、耕地资源等决定了农业生产活动的耕作半径以及地域空间所能承载的人口数量，从而形成团状、带状、串珠状等不同的聚落空间形态和面积规模，或称为集聚型（主要分布在平原和盆地）、长条形（主要分布在河流沿岸、山谷地带）、放射状（主要分布在河流交汇处等地）空间形态。❻

对云南几个传统聚落空间形态的研究表明，传统聚落空间形态带有明显的地域特征，与当地的地理环境、气候条件、生产方式、社会文化等要素存在着关联。如怒江自治州独龙江乡独龙族聚落空间形态带有明显的地域场所特征，这种空间特质的形成与发展和当地独特的地理环境、气候条件、社会文化等要素存在着内在逻辑关联。独龙族的聚落空间是由一种自组织的结构秩序将各个部分有机协调地组合在一起，顺应了地形、气候与自然条件，也映射了家庭与聚落、社会交往与生产之间的关系，具有强烈的地域特征——在地性。[6]澜沧县拉祜族是依山而居的民族，导致一些拉祜族聚落形态多为带状倾向聚落，且公共空间复杂多样，这一自然原生特征使其具有较强的空间结构性。[7]其他如红河哈尼梯田聚落空间形态具有同一性与异质性；大理喜洲村空间形态具有向心性，是集中型的乡村聚落等。

3.2　构成聚落空间形态的物质要素

聚落空间体系由不同层次的基本空间元素构成。对乡村聚落空间形态构成要素的研究可以从以下方面进行：

（1）按照聚落选址布局、水系空间、街巷空间、公共空间、院落空间、建筑空间和节点要素空间分析研究。

（2）按"点-线-面"的空间层级分析研究。

（3）按"宏观-中观-微观"视角将乡村聚落空间形态要素划分为三个层级，建立空间形态研究的框架，为乡村聚落保护及空间价值与特色研究提供参考❼。

传统聚落受制于其特定的自然环境与人文环境要素，每一个聚落一般都具有若干个村民生产与生活得以实现的功能空间。在这些空间中，具有各种不同功能的物质要素都从不同层面为村民居住生活方式的全面展开提供有效的保障。每一个聚落犹如一个小型社会，都有其各自的自组织原则和发挥不同功能的物质要素系统。其物质要素系统主要包括以下部分。

3.2.1　住屋建筑

聚落内的建筑包括住屋建筑、公共建筑和一些辅助性建筑，是聚

❶吕晶. 国内传统村落空间形态研究综述[J]. 广西城镇建设, 2012(4).

❷段进, 邱国潮. 空间研究 5：国外城市形态学概论[M]. 南京：东南大学出版社, 2009: 35.

❸武进. 中国城市形态：结构、特征及其演变[M]. 南京：江苏科学技术出版社, 1990: 6.

❹李立. 乡村聚落：形态、类型与演变：以江南地区为例[M]. 南京：东南大学出版社, 2007: 14, 62.

❺倪震宇. 空间人类学视野下的聚落空间形态与结构研究[D]. 南京：东南大学, 2019.

❻屠爽爽, 龙花楼. 乡村聚落空间重构的理论解析[J]. 地理科学, 2020(4): 509-517.

❼宋丽美, 等. 基于科学知识图谱的中国传统村落空间形态研究综述[J]. 华中建筑, 2020(2): 94-98.

落最主要的物质实体。其中，住屋建筑是聚落的核心和基础，住屋的形式影响到聚落的形态。

3.2.2　公共建筑和辅助性建筑

公共建筑和辅助性建筑是为满足聚落成员的社会生活需要而营建的。如傣、德昂等族聚落中的小乘佛教建筑，藏族聚落中的喇嘛寺，白族聚落中的多层密檐塔等。由于其独具特色的形式和结构，使其成为识别聚落民族属性的显著标志和重要的人文景观，是民族聚落的"身份牌"。

3.2.3　窖穴与禾仓

窖穴与禾仓在聚落的形成与演进过程中有着不可替代的作用。在新石器时代聚落的遗址中，发现了许多窖穴。这些窖穴作为史前先民定居生活的象征和标志，表明当时人类群体基本上摆脱了"饥则求食，饱则弃余"的蒙昧状态，聚群而居过着稳定的生活。近现代民族聚落的粮仓、晒台、杂物间及储藏室多为小家庭所有，一般是住屋的附属建筑。窖穴向粮仓的演进以及粮仓的私有化、家庭化，是私有制产生和发展的结果，也是聚落住屋建筑多元化发展的产物。

3.2.4　水利设施与道路系统

一般的聚落都必须根据当地水资源的丰欠程度设立相应的、可满足饮水，生活用水和农作物灌溉的水利设施，如沟渠、水井、塘堰、水车、水碾等。道路是聚落内部村民之间相互交往和沟通的重要设施。在民族传统聚落中，除了贸易性聚落和宗教性聚落有较为完整的道路系统外，一般聚落受地理环境的限制和社会经济发展水平的影响，聚落内的道路多不完整，呈不规则状。道路随房屋布局变化自然形成，多为土路、卵石路。有些山居民族先建寨后铺路，道路网络无一定格局，或夹于两栋房屋檐下，或顺山势蜿蜒交错。

3.2.5　广场与公房

聚落内的广场是人们社会生活与文化生活的中心，占有显赫的空间位置。广场有各种不同的形式，承载着众多的社会功能，如宗教建筑及其周围的开阔地带往往是人们活动的中心；聚落中的圩场、集市及其主要街道不仅担负着商品交换的功能，还兼有聚落中心广场的功能；丰富多彩的社会生活和文化活动以及各民族的传统习俗也规范着其他

形式的广场，使聚落的广场成为一个充满自组织变量的文化场。公房是青年男女婚前社交、结识异性朋友、集体住宿、聚众娱乐的场所。公共墓地的结构形式不同程度地浓缩着聚落的结构，大致可分为氏族墓地、家族墓地和村寨墓地等。❶

3.3 乡村聚落空间形态的特征

乡村聚落空间形态具有以下特征。

3.3.1 地域性和多样性

我国的乡村聚落长期处于农业社会的历史背景下，生产力水平低，建筑材料就地取材，难以规模化复制，因此，造就了丰富多样的乡村聚落空间形态，其空间显示出更多的地域性和多样性特征。

3.3.2 小型化、封闭性、低开发强度

自给自足的经济模式，个体劳动力与小块土地相对应。在这种模式下，乡村聚落对外界商品的需求很少，空间形态呈现出小型化、封闭性、低开发强度的特征。

3.3.3 乡村聚落与耕地密不可分

农耕社会以乡村为家，以土地为生，从用地布局上看，传统聚落的居住生活空间与生产活动空间形成了相对分离但又是有机统一的整体，聚落与耕地密不可分。因此，乡村聚落周围都有大量耕地，乡村聚落与耕地的距离不远，如前所述，这种多元功能组合的整体性，构成了乡村聚落边缘的物质形态，成为传统聚落空间的典型特征。❷

3.3.4 "有机的"与"规整的"两种空间形态共同存在

聚落空间是一个不断演变的产物，在乡村聚落空间中，人们通过长期的文化习得，本能地与自然环境共生、因地制宜、邻里共处，空

❶管彦波. 西南民族聚落的背景分析与功能探究 [J]. 民族研究，1997(6): 83-91.
❷杨贵庆. 我国传统聚落空间整体性特征及其社会学意义[J]. 同济大学学报(社会科学版), 2014(3): 60-68.

间形态相对稳定，呈现出自下而上的自组织性。但自下而上和自上而下两种机制并非绝对地二元对立，在大量聚落空间中自下而上的"自组织性"和自上而下的"他组织性"形成机制并存，共同作用于聚落空间演变，导致"有机的"与"规整的"两种空间形态共同存在。

3.3.5 延续性和稳定性

乡村聚落以农耕经济为主，聚居生息繁衍，保持相对稳定的聚落空间环境，具有很强的延续性和稳定性。

3.4 聚落空间形态的影响因素

聚落空间的物质形态作为人类活动的场所和载体，是一定的社会、经济、技术和文化等因素综合作用的结果，其本质是人类的生产方式与生活方式，社会组织、政治组织形式以及文化观念等。自然环境和土地条件是乡村聚落空间形态的主要影响因素。乡村聚落空间的内部形态是小农社会阶层构成的直接体现。

居住模式对乡村聚落物质空间形态具有根本的影响。聚落中的建筑类型是小农生活的物化，村民住屋是聚落空间的基本建筑，住屋与家庭相对应，是村民家庭人口、生产和生活方式在建筑上的物化。在空间人类学视野中，人类通过婚姻关系，建立了最小的社会组织单元——家庭，进而决定了最小的物质空间单元——住屋，成为物质空间组织的细胞，因此，婚姻的基本形式对于聚落物质空间形态具有很大的影响和决定性。

梳理影响聚落空间形态的因素，空间形态的影响因子如图 11-2 所示❶。

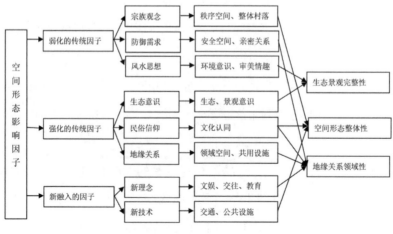

图 11-2 传统聚落空间形态的影响因子

4
聚落的空间结构

乡村聚落空间结构指农业地域中居民点的组织构成和变化移动中的特点，以及聚落分布、农业土地利用和网络组织构成的空间形态及其构成要素间的数量关系。乡村聚落空间结构是在特定生产力水平下，人类认识自然，利用自然的活动及其分布的综合反映，是乡村经济、社会、文化过程综合作用的结果。❷乡村聚落空间结构的构成要素一般包括聚落地域结构、社会结构、产业结构、土地利用结构及文化结构等因素，具体指聚落的区位、分布形态、职能规模、演变的动力因素及模式、内部结构特征、景观外貌、类型、群体结构及乡村文化与地域环境的关系等。[8]按照功能划分，乡村聚落内部功能区主要有公共空间、居住区和生产区等，它们之间的相对位置关系构成了聚落内部空间结构。

4.1 对聚落空间结构的认识

"结构"即英文的"structure"，强调各个组成要素间的逻辑对应关系。空间结构，指不同空间相互之间的关系。人类实践投射到聚落中，形成形态各异的聚落空间。聚落空间形态由建筑实体限定而成，聚落空间遵循一定的组织关系，结构性地组合、生长、显现、调适、变迁、消亡，而其中的组织关系，就是聚落空间结构。

聚落空间形态与聚落空间结构互为表里，形态是表层状态，结构是深层逻辑。在形态学（Morphology）中，空间形态与空间结构的关系是形和的逻辑关系。前者侧重于空间表层物质形态的描述，后者侧重于空间深层结构逻辑的挖掘。对聚落空间形态的认识不能只停留在表层，必须理解形态的成因——聚落空间结构；而对聚落空间结构的理解，又必须在聚落空间形态上展开讨论。因此，二者紧密相关，

❶ 传统村落的空间形态解读[EB/OL]. 百度文库, 2018-06-30. wk.baidu.com.
❷ 范少言. 乡村聚落空间结构的演变机制[J]. 西北大学学报(自然科学版), 1994(4): 295-304.

不可分割。聚落空间不仅是一种图像化的结构状态，更包含了人的主观性和可变性，对其研究应关注地域关系、人地关系、人际关系以及人的存在方式，以通过对聚落空间形态的表层显现的阐述，把握聚落空间深层的结构内涵。❶

4.2 乡村聚落空间结构的层次划分

乡村聚落空间结构可分为以下三个层次。

4.2.1 区域乡村聚落空间结构

区域乡村聚落空间结构，从总体上反映乡村聚落特征的区域差异及组织和空间分布，其主要特征有地域结构形态、聚落密度、类型区划和发展模式等。

4.2.2 群体乡村聚落空间结构

群体乡村聚落空间结构，是指中心乡村聚落与其吸引范围内聚落之间相互作用所形成的地域关系，其主要组成要素有群体的规模、体系、经济社会特征和形成机制等。

4.2.3 单体乡村聚落空间结构

单体乡村聚落空间结构，即单个聚落发展所遵循的空间模式，主要内容有规模、用地组织、区位、社会结构与文化特征、自然特征及景观构成等。[8]

4.3 乡村聚落空间结构与人类社会实践的对应

中国传统农耕社会以血缘关系组织聚落空间，聚落空间结构与社会组织结构基本对应。在空间人类学视野下，聚落空间结构是一种社会文化结构系统，从人类社会的持续生存、群体合作、维持秩序等三个不同层级，对应不同的人类社会实践——生计模式、社会组织以及政治宗教等。

4.3.1 生计模式

生计模式作为最基本的文化生态，对人类社会的空间形态产生了重要而深远的影

响，提供了社会空间的基色和底蕴。生计方式，决定了人们对自然生态环境的改造方式及改造策略，也决定了空间形态的差异。这种差异对空间形态具有本质的影响，往往成为空间的基底。在生计模式下，人类对所处生态环境与资源的获取、改造与利用的过程，直接影响并决定聚落空间形态，成为空间结构。

4.3.2　社会组织

历史上血缘是最基本、最早期的聚居方式，广泛存在于乡村聚落中。随着社会的发展，地缘和业缘等聚居方式成为血缘的有效补充，成为组织群体的方式。这种社会组织方式，成为聚落空间结构。

4.3.3　政治宗教等

聚落空间承载着人类的各种日常活动，成为行为的表达。各种规约作为一种社会规范和人们的日常行为习惯，作用于聚落空间形态，成为一种结构。在空间人类学视野下，政治和宗教为聚落空间的维持与发展提供了重要的保障。宗教在社会组织等方面发挥着非常重要的作用，影响聚落的空间形态，成为重要的组织结构之一。❷

4.4　乡村聚落空间研究状况

乡村聚落空间结构和形态的研究是乡村聚落研究的重要方面。对于乡村聚落空间结构的研究，有学者认为在我国乡村社会经济迅速发展的形势下，乡村聚落空间结构研究的重点应为揭示乡村聚落体系的演变规律。其主要内容可概括为：规模与腹地、等级体系与形态、地点与位置、功能与用地组织、景观类型及区划等方面。不仅要揭示其发展的客观规律，更重要的是针对乡村聚落发展中存在的问题及社会发展对乡村的要求来分析其空间结构可能表现出的演变趋势。[8]对于云南少数民族地区的聚落，其空间结构研究的重点也应是揭示聚落体系的演变规律和演变趋势。

❶倪震宇. 空间人类学视野下聚落空间形态与结构研究[D]. 南京：东南大学，2019.
❷倪震宇. 空间人类学视野下聚落空间形态与结构研究[D]. 南京：东南大学，2019.

近几年来，乡村聚落空间结构与分布、空间格局等是研究的热点，主要研究内容包括空间分布、空间格局、空间变动、空间组织、空间结构、功能与演化等。❶其中，

聚落内部空间格局研究——主要研究土地利用的空间分布特征、内部空间分类与功能划分等，其目的是促进乡村聚落空间用地集约、环境改善、均衡发展。

聚落空间演变因素研究——主要研究人地要素属性的动态变化导致的人地关系作用方式发生的改变，其目的是揭示乡村聚落空间演化的驱动因素。❷从区域经济、城镇化和可持续发展的视角研究我国乡村聚落空间结构的变迁。

分层次量化分析——将聚落空间划分层次，对其逐一进行量化分析。通过量化数据对聚落的各空间层次进行对比研究，挖掘潜藏在形式表面下的深层次联系，为新农村的建设提供参考。[9]

对于乡村聚落空间形态的研究，主要集中在两个方面：一是聚落整体空间形态，主要对聚落空间分布规律进行研究；二是聚落内部空间形态，研究聚落内部各要素之间的相互关系。[10]

此外，还有采用计算机建模方法，分析研究聚落空间所处的地形地貌环境和民居建筑布局的相互关系；建筑学和城乡规划学对乡村聚落空间特征和社会内涵进行对照研究，以认知乡村聚落的整体性和结构性；❸在单一物质空间规划的基础上，积极探索全新的组织规划，注重解决"质"的问题，实现从"量变"到"质变"的转变——即规划观念、规划方法和规划策略的转变等。[11]

5

关于"三生"空间

如前所述，乡村空间包括物质空间和非物质空间。物质空间即实体的地理空间，是人类能够最为直观地感受与认识到的空间[1,3]，从功能属性上讲，乡村物质空间包括生产空间、生活空间和生态空间❹，即"三生"空间。

根据国务院《乡村振兴战略规划（2018—2022 年)》，"乡村生产空间是以提供农产品为主体功能的国土空间，兼具生态功能。乡村生活空间是以农村居民点为主体、为农民提供生产生活服务的国土空间。乡村生态空间是具有自然属性、以提供

生态产品或生态服务为主体功能的国土空间。"综合人们的理解和学术界的相关解释，对"三生"空间可以作出以下概括：生产空间具有专门化特征，是人们从事生产活动，在一定区域内形成的特定功能区；生活空间为人们的生活提供必要的空间条件，是人们日常生活活动所使用的空间；生态空间是具有生态防护功能，对于维护区域生态环境具有重要作用，能够提供生态产品和生态服务的地域空间。[12]

5.1 "三生"空间的概念及内涵

根据空间发挥的功能来认识，生态空间是人类生产和生活的保障，是必须严格管控和维护的区域；生产空间是指以提供农产品、工业品和服务产品为主的，从事生产经营活动的地域空间，农业生产空间主要包括耕地、园地、林地等进行农业生产活动的空间；生活空间为人们的居住和公共活动提供必要的空间条件，农村生活空间主要包括村庄用地与农村道路用地。[1]生产、生活、生态三种功能空间基本涵盖了人们物质生活和精神生活中的空间活动范围，是城乡环境中生产、生活和生态三类功能要素在空间上的投影。❺"三生"空间落实到土地利用上，反映的是土地利用方式，体现了物质空间环境之间存在的关系，包含生产功能、生活功能、生态功能的复合型功能特征。"三生"空间分类体系示于表 11-1。[13]"三生"空间的利用状况既是人类在特定政治、经济、社会、自然条件和技术背景下进行活动的空间反映，又是城市社会经济活动发展的基础和制约因素，也是城市问题产生的根源之一。[14]

"三生"空间相互独立，又相互关联，具有共生融合、制约效应，具有密不可分的关系。生态空间是一切生产、生活活动有序运行的基础，为生产、生活空间提供坚实保障，但也受其他两者影响；生产空间是生产劳动活动的空间存在形式，决定生态、生活空间存

❶ 李小建，胡雪瑶，史焱文，等. 乡村振兴下的聚落研究：来自经济地理学视角[J]. 地理科学进展，2021，40(1)：3-14.

❷ 付孟泽，等. 人地关系驱动下浙北乡村聚落空间演变及发展研究[J]. 地域研究与开发，2019(6)：152-157.

❸ 杨贵庆. 我国传统聚落空间整体性特征及其社会学意义[J]. 同济大学学报(社会科学版)，2014(3)：60-68.

❹ 龙花楼. 论土地整治与乡村空间重构[J]. 地理学报，2013(8)：1019-1028.

❺ 刘星光，葛慧蓉，赵四东. 生态文明背景下水岸线"三生空间"规划探索：以珠海市水岸线保护利用规划为例[J]. 规划师，2016(S2)：142-145.

在状态的根本，而生活空间是人们日常生活的空间存在形式，宜居适度的生活空间既要有生产空间的支持，也包含了对生态空间的要求，生态、生产空间最终都为生活空间服务[2]。正确认识"三生"空间的内在联系，分析三者之间的功能，协调和优化"三生"空间结构，将推进可持续发展的乡村空间规划，实现"生态空间山清水秀，生产空间集约化，生活空间宜居适度"的最终目标。

表 11-1 "三生"空间分类体系

一级空间	二级空间	土地用途分区		开发方式
		土地用途分区	分区管控	
生产空间	农业生产空间	基本农田保护区	基本农田保护红线	禁止开发区
		一般农地区	一般农业空间	限制开发区
		林业用地区		
		牧业用地区		
	工业生产空间	孤立工矿区	一般工业空间	优先开发区，重点开发区
生活空间	城镇生活空间	城镇建设用地区	城镇开发边界	优先开发区，重点开发区
	农村生活空间	村镇建设用地区		
生态空间	重要生态空间	生态环境安全控制区	生态保护红线	禁止开发区
		自然与文化遗产保护区		
		风景旅游用地区		
		林业用地区	生态保护红线	禁止开发区
		牧业用地区		
	一般生态空间	生态环境安全控制区	一般保护区	限制开发区
		自然与文化遗产保护区		
		风景旅游用地区		
		林业用地区		
		牧业用地区		

5.2 "三生"空间对象的特征

生产、生活、生态"三生"空间是通过用地的主导功能来确定其空间划分的，具有空间尺度差异性、功能复合性、范围动态性等特征。

5.2.1 空间尺度的差异性

在不同的城乡规划空间尺度下，"三生"空间中的主要对象存在差异：在宏观城乡区域规划以及区域城镇整体规划的层面上，各个城市以及乡镇都可以看作是一个点状集中的生活空间和生产空间，其中自然区域可以看作是生态空间。[1]在中观城市空间尺度下，工业用地集中的区域可以被归为生产空间，集中居住用地的区域是生活空间，城市周围的生态绿地、城市中的公园绿地及街头公园可以看作生态空间。在微观的城市街区，每一个地块甚至每一座建筑都能在"三生"空间中找到各自的对象定义，如街边的住宅楼所在地块是生活空间，而在这一地块中如果有房屋是小型加工厂，那这栋房屋就是生产空间，街头小公园属于生态空间。

5.2.2 空间功能的复合性

空间功能的复合性主要表现在以下方面。

(1) 生产、生活、生态空间的功能呈现出多元复合的状态

"三生"空间中，生产、生活、生态代表的只是其所在空间的主导功能，三类空间的功能性质在多数情况下是多元复合的，往往相互交错，呈现出多元复合的状态。例如，通常将城市中的工业园区视为生产空间，但园区中的宿舍楼则是生活空间；风景名胜区是明显的生态空间，但其中的酒店等服务设施却属于生活空间。又如在规划乡村区域的时候，生活空间与生产空间之间的界限更加模糊，一般用户集中居住的地方就是生活空间，进行生产劳作的地方就是生产空间。

(2)"三生"空间在不同空间尺度层级具有嵌套性

"三生空间"中的各个空间可以相互嵌套,即生产空间、生态空间以及生活空间呈现出分层分布的特点,上一空间尺度层级中的单一对象内涵会在下一空间尺度层级中包含多种对象内涵。如宏观尺度的区域城乡范围内,每一个城镇都可以是一个点状的生活空间;而在纵观城镇空间层级中,这个城镇空间就可能包括工业区、住宅区、公园等多种功能属性的空间。

(3)同一用地空间可能具有多种空间属性

由于区域立场视角的不同,同一用地空间也可能具有多种空间属性。从城市规划的视角来看,城市外围的农田果林是城市的生态空间;但从乡村视角来看,这些农林用地则是生产空间。

5.2.3 空间范围的动态性

"三生"空间概念具有极强的概括性,生产、生活、生态三类空间不是一成不变的,会随着城乡的发展而发生相应的改变。对于一个固定的空间场所,这三类空间会呈现出一种此消彼长的空间关系。[12]

5.2.4 空间用地的异质性

在不同的区域空间范围内,生产、生活、生态空间所包含的用地内容是不同的。在城市区域,生产空间主要是指具有工业、物流仓储、公用设施、商务、教育科研办公等用地;生活空间主要是指具有居住及生活服务设施等用地;生态空间主要是指公园、绿地、自然保护区及其他非城镇建设用地等。而在农村区域,生产空间主要是指农业生产所涉及的农林用地;生活空间主要是指农村居民点用地;生态空间则是自然保护区、生态林地及其他非建设区域等。[12]因此,空间用地具有异质性。

由于以上特征,"三生"空间中的各个空间难以绝对识别和划定,生产、生活和生态空间的平衡难以明确地体现出来。对乡村区域,面对不同空间规划层级和空间规划对象,"三生"空间中的生产空间包括农业生产用地、区域基础设施及公用设施、乡镇企业用地等;生活空间包括村民住宅用地、公共服务设施用地、商业设施用地;生态空间包括自然保护区、风景名胜区、生态林地和防护林地等。[12]

5.3 城乡规划中"三生"空间的识别、划定及优化

5.3.1 "三生"空间识别与划定

近年来，优化国土空间规划体系、合理划定"三生"空间日益受到国家层面的重视。党中央国务院的系列文件指出："建立空间规划体系，划定生产、生活、生态空间开发管制界限""按照促进生产空间集约高效、生活空间宜居适度、生态空间山清水秀的总体要求，形成生产、生活、生态空间的合理结构""根据主体功能定位和省级空间规划要求，划定生产空间、生活空间、生态空间""科学布局生产空间、生活空间、生态空间"等。❶这些政策文件标志着我国国土开发方式从以生产空间为主导转向生产、生活、生态空间相协调。❷"三生"空间成为构建国土空间规划体系，完善国土空间开发保护制度和各类尺度空间落实主体功能区规划的重要基础。科学划定"三生"空间是当下推动生态文明建设，优化国土空间开发的重要内容。科学地划定"三生"空间能够提高国家的空间治理能力，加快新型城镇化建设，形成节约资源和保护环境的城乡空间格局，从而实现我国城乡空间的可持续发展。

1)"三生"空间的识别

明确界定各种功能空间是现代主义城市空间优化的核心思想。在城乡规划工作中，科学划定生产、生活、生态空间，是时代发展的需要。

目前，主流的"三生"功能空间识别方法可分为"量化测算法"和"归并分类法"。前者通过构建评价体系实现生产、生活与生态功能的量化识别，但该方法难以进行多主体融合和多尺度集成表达；后者实质是对土地利用数据进行归并与分类，一定程度上弥补了土地利用分类对生态功能考虑不足的缺点，并可实现与城市用地

❶十八届三中全会通过的《中共中央关于全面深化改革若干重大问题的决定》，2013年11月12日；中央城镇化工作会议，2013年12月12日；《生态文明体制改革总体方案》，2015年9月；《关于建立国土空间规划体系并监督实施的若干意见》，2019年5月。
❷黄金川，林浩曦，漆潇潇. 面向国土空间优化的三生空间研究进展[J]. 地理科学进展，2017(3): 378-391.

分类等的衔接。

"三生"功能空间识别的具体步骤包括单一功能空间的识别和主体功能空间的判别。影响划分效果的主要因素是基本分析单元的选择、指标体系的构建、识别方法的选取等。目前，单一功能空间的识别主要利用 GIS 空间分析技术，将各种专题功能区划图自上而下地分解和土地利用类型图自下而上地归并相结合的空间叠加方法；主导功能的空间判别主要基于国土空间的多功能性，进行定性或定量的判别。"三生"功能空间识别的实证研究主要包括国家、城市群、省、市县、乡镇和村落等不同尺度，涵盖城市、乡村和城乡交错地带等不同区域，但尚未形成统一且覆盖不同尺度、涵盖不同地域类型的"三生"功能空间划分技术体系。[15]

2)"三生"空间的划定

科学划定生产、生活、生态空间是城乡规划工作的重要内容之一。

(1) 划定原则和思路

根据国家政策对于国土空间用途管制及生态文明建设的要求，在进行"三生"空间划定时，需要遵循生态优先原则、最优使用原则和底线控制原则，从而协调各个规划之间的矛盾与冲突，实现生态保护与资源利用的完美结合。[16]根据这一原则，在"三生"空间划定工作中，首先划定生态空间，再划定生产空间和生活空间。

早在 2010 年，国务院发布了我国第一个国土空间开发规划——《全国主体功能区规划》。根据该《规划》，以开发内容划分的城市化地区主要提供工业品和服务产品，也提供农产品和生态产品；农产品主产区主要提供农产品，也提供生态产品、服务产品和部分工业品；重点生态功能区主要提供生态产品，也提供一定的农产品、服务产品和工业品。这一主体功能区划对国土空间的分类，体现了"三生"空间的空间尺度差异性和空间功能复合性，为宏观尺度上对"三生"空间划分提供了归纳思路。❶

(2) 划定方法[16]

①生态空间的划定

明确生态空间划定的重要保护内容，根据自然科学规律和生态规律，通过收集资料（确定保护对象、保护目标、保护等级、保护区数量、保护区面积等）、现场调

查（验证收集资料的准确性和补充完善相关资料）和遥感解译（大面积保护区可采用遥感手段进行观察）等流程[17]，确定生态空间的划定范围。在划定生态空间时，遵循系统性、协调性、等级性和强制性的原则。同时，生态空间划定应与主体功能区规划、土地利用总体规划、城乡规划及生态环境保护规划等各项规划相协调，并且预留一定的环境容量及发展空间，顺应当前社会经济发展需要和监控管理能力。

②生产空间的划定

在进行生产空间的划定时，要遵守基本农田保护区划定原则，严格划定基本农田控制线，保障现有耕地数量稳定，确保粮食安全。

对于基本农田划定，可根据研究区的人口与社会经济发展现状，对基本农田需求量和供给能力进行预测，然后通过指标分解确定各乡（镇）的基本农田数量。为了确定优质基本农田数量，可利用全国土地普查成果，按照分等定级结果，通过地理格网法进行评估确定。再利用 ArcGIS 软件分析研究区现状，明确建设用地扩张对基本农田及区域生态安全格局的影响，从而确定基本农田限制区。还要依据土地利用总体规划，分析基本农田选划、补划对其数量、质量的影响，初定基本农田区。经野外勘察、遥感等成果验证，落实基本农田地块，并建立相应的数据库。[17]基本农田划定时，要尽量使原有农田集中连片，保留高等级农田，避免基本农田的分散。

③生活空间的划定

农村生活空间的划定要引导人口适度聚集，统筹人口数量，进一步优化居民点布局，提升基础设施规模化运营效率；推进乡村人口和土地流转，加快城镇化步伐；加强居住点规模化建设，加快城镇化步伐。[12,16,17]

❶黄金川，林浩曦，漆潇潇. 面向国土空间优化的三生空间研究进展[J]. 地理科学进展，2017(3): 378–391.

(3) 划定步骤

有学者将"三生"空间划定工作划分为"准备阶段"和"分区阶段"两个阶段。

"准备阶段",主要工作内容为进行组织准备,即建立工作机制,加强部门协同;作技术准备,即收集基础资料,确定基础底图和分类体系,制定工作底图,搜集城乡规划中的具体数据资料,包括土地利用总体规划、城乡规划、环境保护规划、各专项规划等的基础资料;作资料准备,即对多项规划的数据进行统一的处理,在保护生态环境底线的同时,为经济社会的发展和城乡规划提供科学的用地保证。[16]

"分区阶段",主要进行"三生"空间识别,即通过各部门现状数据调查获取本底数据,以本底条件为出发点开展资源环境承载能力和国土空间开发适宜性评价,最后综合判断区域适宜生产、生活及生态功能的布局,并制定空间管制措施。

5.3.2 "三生"空间的优化

随着我国城镇化进程的快速推进,城市生产与生活活动对于空间的需求日益提高,"三生"空间利用的失衡已经造成环境污染、生态系统功能退化、生活空间设施配套不全和缺少活力等问题。党中央提出的"促进生产空间集约高效、生活空间宜居适度、生态空间山清水秀"的要求,为"三生"空间的优化指明了方向,是"三生"空间优化的目标。"三生"功能空间结构优化和基于"三生"空间的国土空间格局优化是"三生"空间研究的重要内容。研究"三生"空间内在运行机制,优化"三生"空间布局,统筹"三生"空间发展,对于推进我国生态文明建设,具有重要理论和现实意义。[14]

"三生"空间优化属于国土资源优化配置问题。优化生产、生活、生态空间,需要统筹"三生"空间互动的用地结构关系,向生态优先、生活空间主导、生产-生活-生态空间统筹协调的空间优化模式转变,促进"三生"空间比例规模协调发展。[14]"三生"空间优化要依据土地特性和土地利用系统原理,借助一定的科学技术和手段,对土地资源的利用结构和方向在时空尺度上分层次进行安排、设计、组合和布局,以提高土地利用效率和效益,维持土地生态系统的相对平衡,实现土地资源的可持续利用。❶

"三生"空间优化的关键在于生态、生产和生活空间的数量配比与空间配置。"三生"

功能空间优化的主要理论支撑来源于"区域资源环境承载能力理论"和"城市化与生态环境耦合理论"。现有土地优化配置方法主要包括基于 RS 和 GIS 的系统动力学、多目标规划、人工智能算法等计算机模拟模型，以优化数量配比为目的的经济学模型，以及通过信息熵等景观格局指数优化土地配置的景观生态学方法。❷ 有学者基于"三生"空间适宜性评价（即特定条件下特定范围内土地对生产、生活、生态功能的适宜程度）和"多规合一"两个方面，对"三生"功能空间优化进行了评述，认为"三生"空间适宜性评价是优化国土"三生"空间数量配比和空间布局的重要依据；基于"多规合一"的"三生"空间优化研究还停留在方法探索阶段，缺乏大量案例支撑，尚未对各项规划中"三生"空间的相关内容进行系统梳理。❸

开展三生空间研究的最终目的是服务于国土空间开发格局的优化。目前，基于"三生"空间的国土格局优化研究还处于探索之中，对国土空间格局优化思路的系统梳理和总结尚不够完善。通过对不同类型案例的总结凝练，进一步深化"三生"空间优化配置的理论内涵，完善"三生"空间的国土优化思路与方法，将更好地指导"三生"空间的国土优化实践。

综上所述，乡村空间包括物质空间和非物质空间。乡村物质空间从功能属性上划分，又包括生产空间、生活空间、生态空间，即"三生"空间。乡村非物质空间包括社会空间和文化空间。物质空间、社会空间和文化空间共同构成乡村空间系统。乡村聚落空间是乡村空间系统的重要组成内容，具有物质层面的价值和文化层面的价值。充分挖掘、研究和传承乡村聚落空间的价值，将有助于传统聚落的保护和发展。传统聚落空间具有整体性特征，分析、认识这些特征表象下的社会学意义，将使传统聚落保护与再生规划设计得到启发。乡村聚落空间结构和空间形态的研究是乡村聚落空间研究

❶ 刘彦随，刘玉，陈玉福. 中国地域多功能性评价及其决策机制[J]. 地理学报，2011(10): 1379–1389.
❷ 谢正峰，董玉祥. 我国城市土地优化配置研究演进与展望[J]. 经济地理2011(8): 1364–1369.
❸ 黄金川，林浩曦，漆潇潇. 面向国土空间优化的三生空间研究进展[J]. 地理科学进展，2017(3): 378–391.

的重要方面，对其开展深入研究，将有助于探索规划理念、规划方法和规划策略的转变和创新，促进乡村聚落空间用地集约、环境改善、均衡发展。

主要参考文献

[1] 李红波，等. 乡村空间辨析[J]. 地理科学进展，2018，37(5).
[2] 张小林. 乡村空间系统及其演变研究：以苏南为例[M]. 南京：南京师范大学出版社，1999.
[3] 冯雷. 理解空间：20世纪空间观念的激变[M]. 北京：中央编译出版社，2009.
[4] 孙招谦，周游. 国内乡村空间形态研究综述[J]. 小城镇建设，2019(8).
[5] 金其铭. 中国农村聚落地理[M]. 南京：江苏科学技术出版社，1989.
[6] 杜力，陆邵明，钟晨. 少数民族传统聚落的空间逻辑：以云南怒江自治州独龙江乡普卡旺村为例[J]. 城市发展研究，2015(10).
[7] 李东徽，等，基于聚落量化分析下澜沧县拉祜族村落空间形态研究[J]. 云南农业大学学报(社会科学版)，2018(6).
[8] 范少言，陈宗兴. 试论乡村聚落空间结构的研究内容[J].经济地理，1995(2).
[9] 冯蕾成. 基于空间句法指导下成都平原农村聚落空间研究[D]. 成都：西南交通大学，2016.
[10] 吕晶. 国内传统村落空间形态研究综述[J]. 广西城镇建设，2012(4).
[11] 倪震宇. 空间人类学视野下聚落空间形态与结构研究[D]. 南京：东南大学，2019.
[12] 扈万泰，王力国，舒沐晖. 城乡规划编制中的三生空间划定思考[J]. 城市规划，2016(5).
[13] 白丽然. 国土空间规划体系下"三生"空间划定初步探讨[J]. 基层建设，2019(13).
[14] 江曼琪. 城市"三生"空间优化与统筹发展[N/OL]. 中国社会科学网—中国社会科学报，2019.
[15] 黄金川，林浩曦，漆潇潇. 面向国土空间优化的三生空间研究进展[J]. 地理科学进展，2017(3).
[16] 莫长斌. 基于城乡规划编制中"三生"空间划定的探讨[J]. 红地产，2017(2).
[17] 苏东霞，方巍. "三生"空间划定对改善城乡人居环境的意义[J]. 基层建设，2019(19).

第十二章 云南边疆民族地区空间治理与规划

"治国必治边"是习近平总书记对边疆问题的重大论断和深刻阐述。"不断增强边疆民族地区治理能力"是习近平总书记对云南提出的重要指示和要求。边疆治理体系和治理能力现代化是我国国家治理体系和治理能力现代化的重要组成部分，对于当代我国国家治理体系及治理能力现代化具有重大而深远的意义。

如前所述，我国是 56 个民族组成的统一的多民族国家，第七次全国人口普查显示，少数民族人口占全国人口数的 8.89%[1]，而 80% 以上的少数民族人口居住在我国西部地区，少数民族聚落大量集中在西部地区，占我国疆域很大的比例。以云南省为例，云南地处祖国西南边陲，与老挝、越南、缅甸接壤，在 4060 多公里长的边界中方一侧，散布着近 2000 个少数民族聚落，生活着怒、独龙、傈僳、景颇、阿昌、布衣、布朗、拉祜、傣、佤、德昂、哈尼、瑶、苗、壮、彝等 16 个世居民族。边疆民族地区的和谐、稳定、发展，关系到民族地区的全面小康、国家的稳定和民族的团结，还将深刻制约我国的现代化进程和社会的全面进步。开展边疆民族地区综合治理，构建科学规范、运行有效的边疆治理体系；加强空间规划的编制与实施，促进边疆地区经济社会、文化、教育、卫生事业全面发展，对促进边疆地区农业农村现代化，具有重要的战略意义。

1 云南边疆民族地区的特征

我国近现代的边疆，仍然是少数民族聚集的地区，边疆被看成民族地区，边疆民族地区具有"边疆"和"民族"的属性[1]，因此，云南边疆传统聚落除具有前述传统聚落的基

❶ 国家统计局. 第七次全国人口普查公报: 第二号[EB].2021-05-11.

本特征，即传统聚落社会组成的血缘性，传统聚落分布与形态的多样性和复杂性，传统聚落正常运行和稳定秩序的自发性，传统聚落社会组织的初级性，传统聚落自我保护的防御性，传统聚落的封闭性与村民的互助性，传统聚落资源获取的自给性，以及传统聚落的独特性（详见第五章）以外，还具有以下特征。

1.1　边疆民族的多元性和聚落的民族性

在云南与老挝、越南、缅甸接壤的边疆地区，居住着 16 个世居民族。不同的民族有各自不同的、鲜明的本民族历史、文化及生产生活方式等个性特征。在不同的地域，不同民族的习俗各不相同，"十里不同俗，百里不同天"是这一现象的真实写照。传统聚落的民族性和民族文化属性是其本质特征。不同的传统聚落有各不相同的住屋建筑形式、人居环境、服饰、饮食、歌舞等，传统聚落的民族性不仅从物质方面表现出来，更从各民族独特的信仰和心理认同中表现出来。作为以一定的血缘、地缘和宗教信仰为基础的社会生活共同体，在地域基础上体现的传统聚落的民族性是少数民族地区聚落区别于普通聚落的最根本性标志之一和最基本的特征，主要表现在以下四个方面：[2]

一是聚落的人员构成以少数民族为主。

二是聚落一般使用本民族语言和汉语两种语言（在一些边远山区的民族聚落中，民族语言是主要的交流工具）。

三是聚落的建筑及人居环境具有鲜明的民族特点。

四是在乡村传统聚落中，有很强的基于共同宗教信仰上的民族认同感。

1.2　边疆地域的特殊性

边疆传统聚落具有地域的特殊性。云南省在中老、中越和中缅边界中方一侧的民族聚落与老挝、越南、缅甸边境线上的聚落，山水相连；有的甚至一寨两国（详见本书第六章中的"边寨文化"）。同一聚落的两国人民语言相通、习俗相同，"共饮一井水，同赶一场集"，村民和睦相处，彼此往来密切，相互通婚，体现了"胞波"情谊。这是"一寨两国"的边境奇观。改革开放以来，随着云南边境地区与邻国经济合作与文化交流不断扩大，滇老、滇越、滇缅的经济文化联系与合作交流关系的不断加强，云南与老、越、

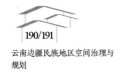

缅三国的公路、铁路、航空交通运输的迅速发展，一些边境村寨所在地已成为对外开放的通道及口岸，边疆地域的特殊性造成了边疆民族地区的传统聚落与内地传统聚落的显著区别，是边疆传统聚落的一个重要特征。

1.3　边疆社会的复杂性

边疆地区远离国家核心区，不可避免地面临着许多复杂的因素和多种多样的挑战。因此，边疆往往是国家疆域中敏感性和脆弱性都十分突出的区域，也是矛盾和问题的多发区域。我国边疆地区聚居的民族种类多，民族问题是边疆问题的核心；此外，边疆地区的自我发展能力较弱，社会发育程度较低，发展程度与内地有较大差距；我国边疆民族地区边境线长，边疆与边界相连，相当一部分是边境区，在管理方面有着特殊的要求。[1]边疆独特的地域、文化、历史、民族等特点，"大杂居、小聚居"以及"跨境而居"的民族居住格局等，形成了边疆民族地区发展不充分、各民族发展不平衡、发展不可持续，经济社会发展水平较低，曾经是我国的贫困集中区，宗教信仰复杂、境外干扰因素多的局面。这一切使边疆地区成为我国区域环境、人文环境和社会环境最为复杂的地区之一。

上述特征使我国边疆民族地区既面临着发展的压力、稳定的压力，也面临着安全的压力和分裂的压力。[3]

2
边疆治理

边疆多民族聚居地区边境线长、少数民族众多，各民族历史、民族、宗教等存在较大差异，因此，维系民族内部和民族之间平等、团结、互助、和谐的关系已成为当地基层治理的重要任务。边疆民族地区的治理，是提升国家治理能力和推进国家治理体系现代化的重要组成部分。[4]

2.1　关于边疆

"边疆"是用以标志国家与边界相连区域的概念，既有地理的意义，也有政治的意义，还有文化的意义。[1]从疆域的角度来看，边疆是国家疆域的边缘性区域，是邻近国家边界的区域，是国家陆地疆域内一个相对于核心区来说的边远区域，是国家一个重要的区域。当今世界各国的实践认为，那些疆域规模较大且疆域内不同区域间存在明显差异的国家，疆域的边缘区域因为明显的特殊性而需要采取专门的方式进行治理而被界定为边疆。所谓"边疆"是指在某一个国家疆域内，某一地理区域（通常是该国地理上的边缘部分）因其社会安全程度和经济发展程度不够高，仍需要巩固社会安全和发展经济，这个地理区域被认为是这个国家的"边疆"。

我国的边疆是具有多种形态的一个立体结构，是一个具有复杂结构的整体，大致上可划分为主权性边疆和非主权性边疆等类型。前者是中国拥有主权的范围，即领土的边缘性区域，包括陆地边疆、海洋边疆（拥有主权的岛礁，以及主权权利区）、空中边疆、底土边疆等形态；后者是中国虽然不拥有主权但按照现行国际规则而实际控制的区域，包括利益边疆、战略边疆、太空边疆、按照国际规则取得使用权并形成实际控制的其他区域等形态。[3]中华人民共和国成立以来，边疆被定义为"边疆民族地区"，通常用"民族地区"来指称边疆，并把边疆问题等同于民族问题。本书所论述的"边疆民族地区"系指"陆地边疆民族地区"。

2.2　关于边疆治理

边疆是国家陆地疆域内的重要组成部分，边疆的安全与稳定及边疆的繁荣与发展，历来是一个主权国家繁荣稳定的指示器与风向标。[5]我国的边疆治理关乎占国土面积60%的边疆地区的稳定和发展，关乎"一带一路"、周边外交等国家重大倡议和战略的实施成败，关乎国家总体安全格局的建构与完善。具体来说，边疆治理对国家治理的作用体现为：经济层面上决定着国民经济的可持续发展；政治层面上影响国家的主权和安全；社会层面上影响国家的治理效能；文化层面上担负着中华文化认同建设的重任；生态层面上关系着美丽中国建设；外交层面上承担着落实我国周边外交战略的具体任务❶，边疆治理在国家治理中具有半壁江山的意义[3]，处于具有特殊重要性的地位。边疆民族地区的治理对于我国的长治久安和高质量发展至关重要。

如前所述，我国陆地边疆地区自然条件较差，经济和社会发展水平与内地存在较大的差距；社会存在多种矛盾和各种矛盾的相互纠缠，稳定和安全的压力较大。边疆少数民族地区经济发展相对较为滞后，而且社会发育不足，民族宗教问题错综复杂，跨境婚姻、跨境赌博等社会问题凸显。因此，我国目前的边疆问题，内容多且表现形式复杂，概括起来是三大基本问题：一是边疆发展，二是边疆稳定，三是边疆安全。其中，边疆发展包括边疆开发、边疆建设、边疆生态与环境保护等方面的内容；边疆稳定包括民族问题、宗教问题和利益分化与利益协调等方面的内容；边疆安全包括边境管理、边疆社会管理和边防建设等方面的内容。边疆问题产生并存在于边疆，但其影响却会波及整个国家，不仅影响国家的稳定，也影响国家的盛衰；不仅影响国家的现在，也会影响国家的将来。[1]边疆能否在国家发展中发挥作用，有赖于边疆的巩固和有效利用，而边疆的巩固和有效利用，又取决于边疆的治理。从这个意义上说，边疆只有得到有效的治理，才能发挥其应有的作用。由于边疆问题是全局性的、根本性的、战略性的问题，从本质上看，边疆治理是一个运用国家权力并动员社会力量解决边疆问题的过程。[1]

2.3 边疆治理的主要内容

从本质上看，边疆治理是一个运用国家权力并动员社会力量解决边疆问题的过程。边疆治理现代化就是指边疆治理行动及其过程逐渐符合法治化、民主化、科学化、标准化等治理现代化特征的要求。

我国边疆存在边疆发展、边疆稳定、边疆安全三大基本问题。由于我国的边疆具有不同的形态，不同形态的边疆面临的问题各不

❶ 方盛举. 边疆治理在国家治理中的地位和作用 [J]. 探索，2015(6)：110-115.

相同，治理的任务和目标各有其特点。当前我国边疆治理最重要的政策措施是 1999 年中央民族工作会议上提出的"兴边富民行动"。通过边疆治理实现"富裕边疆、法治边疆、文明边疆、和谐边疆、平安边疆和美丽边疆"的陆地边疆治理价值追求。[6]边疆治理既是国家战略，也是民生事业，边疆治理现代化是一项涉及多重维度的综合性系统工程。边疆地区最为迫切的，是需要改变经济社会依然落后的局面，要不断致力于人民生活水平的提高，满足人民日益增长的美好生活需要。其中最为基础和关键性的，就是要促进边疆地区的经济社会发展，构建区域协调发展新机制，形成主体功能明显、优势互补、高质量发展的区域经济布局。[5]

概括起来，目前我国陆地边疆治理的主要内容为：

一是全面开发和建设，促进边疆地区经济社会发展。

二是保持社会稳定，维护国家安全，促进国家的统一。

三是积极实施"一带一路"建设等国家倡议及战略，为国家的周边战略、地缘政治战略等提供有效支撑。[3]

3

边疆地区空间治理

3.1 空间治理及其意义

1. 空间治理的内涵

"治理"的内涵可以概括为通过调动多种资源，落实事务管理的正式与非正式的制度安排。[7]"空间治理"是以空间资源分配为核心，通过调动多元主体共同参与，协调不同利益群体诉求，实现国土空间的有效、公平和可持续利用，以及各地区间相对均衡发展的过程。[7]空间治理作为空间管控的关键手段，强调除了政府行为主体以外，应进一步明确以资本为代表的市场主体和公众参与为代表的社会主体在空间治理中的地位❶。国土空间治理的本质是对空间关系的重建与重构，既包括人—地关系，也包括人—人关系和地—地关系。在治理内容上，国土空间治理包括要素整合、结构优化、功能提升和价值实现四个维度。其中，"国土要素"指人类活动影响下的山水林田湖草海等生态系统组分，是国土空间系统存在的基础和载体。在国土空间治理中，以加强自然要素"地-地"联系，推动人、地、业等资源要素互补流动等实现国土空间要素整合治理。

"国土结构"指一定空间内各类土地要素的比例或组合关系，可视为国土空间系统的内在规则，约束着要素的作用机制。在国土空间治理中，构建"三区三线——网络"（"三区三线"是根据城镇空间、农业空间、生态空间三种类型的空间，分别对应划定的城镇开发边界、永久基本农田保护红线、生态保护红线三条控制线）的国土空间功能分区，并在以"三区三线——网络"为核心的国土空间功能分区基础上，构建"功能分区＋控制线＋管制规则"的国土空间用途管制体系，建立健全政策制度保障体系等实现国土空间结构优化治理。

"国土功能"是国土作用的表现，反映国土空间系统提供给人类福利的能力。在国土空间治理中，以完善和落实主体功能区制度、提升和协调"三生"功能等实现国土空间功能提升治理。

"国土空间价值"是国土空间系统深入参与人类社会经济活动的表征，也是决定国土空间多元主体利益分配的关键因素，可划分为经济、社会、文化和生态价值，具有主观性、主体性和相对性。在国土空间治理中，以完善国土空间价值多目标权衡管理、建立健全农业与生态产品价值实现机制等推动国土空间价值实现治理。[8]

2. 空间治理的意义

空间治理是国家治理体系的核心组成。空间治理通过对国土空间关键资源配置的调控和引导，实现对地域空间结构和功能的管理，进而直接或者间接地影响空间承载的政府治理行为、社会治理逻辑和市场治理策略。❷空间治理通过系列调控手段，实现优化国土空间开发格局、协调地域空间结构和功能、保障社会经济发展目标等国家治理体系的有效运转。❸❹❺在我国全面深化改革的进程中，国家空间治理体系和治理能力现代化是改革目标的重要组成。❻空间治理体系和治理能力现代化是深化国家治理体系，提升治理能力的重要抓手。❼❽❾

❶ 张京祥，陈浩. 空间治理：中国城乡规划转型的政治经济学[J]. 城市规划, 2014(11): 9-15.
❷ 龙花楼. 论土地整治与乡村空间重构[J]. 地理学报, 2013(8): 1019-1028.
❸ 董祚继. 以空间治理转型提质促农村社会转型发展：江苏宿城创新城乡统筹土地管理的做法与启示[J]. 中国土地, 2019(1): 16-20.
❹ 邓红蒂，袁弘，祁帆. 基于自然生态空间用途管制实践的国土空间用途管制思考[J]. 城市规划学刊, 2020(1): 23-30.
❺ 樊杰. 地域功能：结构的空间组织途径：对国土空间规划实施主体功能区战略的讨论[J]. 地理研究, 2019(10): 2373-2387.
❻ 张兵. 国家空间治理与空间规划[EB]. 中国城市规划网, 2019-03-19.
❼ 樊杰. 我国"十四五"时期高质量发展的国土空间治理与区域经济布局[J]. 中国科学院院刊, 2020(7): 796-805.
❽ 戈大专，龙花楼. 论乡村空间治理与城乡融合发展[J]. 地理学报, 2020(6): 1272-1286.
❾ 张京祥，夏天慈. 治理现代化目标下国家空间规划体系的变迁与重构[J]. 自然资源学报, 2019(10): 2040-2050.

3.2 乡村空间治理

在国土空间用途分类中，乡村空间主要包括农业生产空间（如耕地、草地、林地和设施农用地等）、农民生活空间（如农村宅基地等）、农村生产生活配套空间（如基础设施用地、乡村公共服务用地等）。[9]

乡村空间治理是国土空间治理的重要组成部分。[10]乡村空间治理作为国土空间治理的一部分，既是国土空间规划对乡村空间管控的核心目标，也是推进和完善"自上而下"和"自下而上"相结合治理逻辑的重要突破口。[9]乡村空间治理一直是农村治理研究的核心内容。乡村空间治理，是以乡村空间为治理对象，在乡村多元主体（政府、市场、社会群体等）的共同参与下，通过规划和协商等方式，协调主体间权益关系，实现乡村空间用途有效管制和权利有序配置，"自上而下"和"自下而上"相结合的综合治理过程。乡村空间治理强调：通过乡村空间的综合治理，实现"自上而下"的国土空间用途管制和空间治理目标的层级传导机制❶❷❸，进而为提升国土空间治理能力和完善治理体系创造条件；乡村空间治理还强调：乡村多元主体在空间治理中的参与能力，强化治理主体的自组织，通过"自下而上"的治理路径完善乡村空间治理体系，推动乡村空间治理"刚性约束"与"弹性引导"的结合。乡村空间治理应以问题为导向，通过治理不适应城乡融合发展的乡村空间结构、空间组织体系、空间权属关系，实现乡村空间高效治理的目标，进而服务国土空间治理的宏观要求。[9]

本书所论述的乡村空间治理，主要指乡村物质空间、社会空间和文化空间的治理。

1. 乡村物质空间治理

乡村物质空间资源泛指土地及其附属物，土地利用是物质空间的实体表现形态和核心主体。[11]按照土地功能，物质空间的功能可以细分为三类：一是生产功能，为社会生产提供产品和服务；二是生活功能，为人类发展提供各种空间承载、物质和精神保障；三是生态功能，维持人类生存的自然条件及其效用。因而，乡村物质空间可以划分为乡村生产空间（耕地和工矿用地）、生活空间（以农村居民点用地为主）和生态空间。[12]

乡村物质空间治理强调对（城乡区域）空间资源和要素的使用，以及收益和分配的系统协调过程，须坚持"人口-土地-产业"治理模式。治理的核心要点是资源重组。通过资源重组提高资源利用率，进而实现城乡生产要素自由流动，促进城乡融合发展。[12]在"人口-土地-产业"物质空间治理模式中，人口要素对应的是农村人力资源；土地资源是物质空间治理的基础，合理的规划和布局有益于优化土地利用功能，构建生态宜居的生活环境；产业振兴是乡村振兴的关键，应因地制宜发展特色产业，大力推动三产融合发展，不断延伸产业链，走产业可持续发展之路。[12]物质空间治理需要对整个乡村空间进行重构和调整，重点协调人地关系，进而推动乡村"人口-土地-产业"的可持续转型，重构乡村发展内外部条件，实现乡村振兴。[11]对边疆民族地区，以"人口-土地-产业"+"边疆-民族"多要素协调耦合的治理模式，进行物质空间治理，统筹空间优化与产业发展、人居环境改善与社会发展主体能力提升，将促进边疆民族地区乡村地域的可持续发展。

2. 乡村社会空间治理

社会空间是社会关系和社会活动的产物。社会空间是建立在物质空间基础上，人类各种社会行为构成的关系空间。社会空间治理是在物质空间基础上，建构行动者网络和社会关系结构，治理的核心要点是关系重组。❹在乡村社会空间治理中，要培养村民的内生动力。以"自上而下"和"自下而上"相结合的综合治理模式，完善社会组织治理体系，进行社会空间的治理。

3. 乡村文化空间治理

文化空间是由精神空间发展而来的，作为非物质文化遗产的一个重要概念被认知。文化空间是乡村民众文化活动、精神意识和价值观念存在的场所。文化空间治理强调人、文化与环境之间的互动关系。一是从文化治理的视角认识乡村文化空间，乡村文化空间的发展要以农村居民的文化需求为导向，建立"政府引导-市场运作-社会参与和共享"的文化运行模式[13]，健全农村现代公共文化

❶董祚继. 以空间治理转型提质促农村社会转型发展：江苏宿城创新城乡统筹土地管理的做法与启示[J]. 中国土地，2019(1)：16-20.
❷张京祥，夏天慈. 治理现代化目标下国家空间规划体系的变迁与重构[J]. 自然资源学报，2019(10)：2040-2050.
❸林坚，武婷，张叶笑，等. 统一国土空间用途管制制度的思考[J]. 自然资源学报，2019(10)：2200-2208.
❹张琦. 空间治理：乡村振兴发展的实践路向：基于 Q 市"美丽乡村建设"的案例分析[J]. 南京农业大学学报(社会科学版)，2021(6)：128-139.

服务体系，重构农村传统公共文化空间，保障民众日常文化权益；二是在文化场景论视角下考察乡村文化空间的发展，包括文化空间的建构对非物质文化遗产和民俗文化的影响等。[14]乡村振兴文化空间治理的核心要点是价值重塑，文化应当从经济逻辑和政治逻辑中剥离出来，作为乡村治理的对象。[12]以"创造性转化＋创新性发展"模式，进行文化空间治理，维护民众文化权益，布局文化产业，将能更好地发挥乡村地域的文化功能。

4
边疆地区空间规划（村庄规划）

4.1 关于"空间规划"

"空间规划"是一个舶来的专业术语，20 世纪 90 年代后期"空间规划"的概念传播到我国，影响了规划界对社会主义市场经济条件下我国城市规划发展定位的认识。2019年发布的《中共中央 国务院关于建立国土空间规划体系并监督实施的若干意见》(中发〔2019〕18 号，以下简称《若干意见》) 明确提出，"建立国土空间规划体系并监督实施，将主体功能区规划、土地利用规划、城乡规划等空间规划融合为统一的国土空间规划，实现'多规合一'."国土空间规划是国家空间发展的指南、可持续发展的空间蓝图，是各类开发保护建设活动的基本依据。国土空间规划是国家空间治理行为，是国家治理现代化的必然结果。[15]新时代国土空间规划是引领性的空间治理手段，是边疆治理体系和治理能力提升的重要举措，乡村治理作为国家治理体系的重要部分，亟须借助乡村空间规划作为治理抓手。

我国的规划体制改革把"空间规划"定位为"国土空间开发保护制度"的"基础"，解决"因无序开发、过度开发、分散开发导致的优质耕地和生态空间占用过多、生态破坏、环境污染等问题"。❶"空间规划"的主要内容是"以主体功能区规划为基础，全面摸清并分析国土空间本底条件，划定城镇、农业、生态空间以及生态保护红线、永久基本农田、城镇开发边界 (以下称'三区三线')，注重开发强度管控和主要控制线落地，统筹各类空间性规划，编制统一的国土空间规划"。

1. 国土空间规划体系

根据《若干意见》，国土空间规划按层级和内容分为"五级三类四体系"：

"五级"是对应我国的行政管理体系，分为五个层级，即国家级、省级、市级、县级、乡镇级，如表 12-1 所示。

表 12-1 "五级三类四体系"国土空间规划体系

总体规划	详细规划		专项规划	
全国国土空间规划			国家级专项规划	
省级国土空间规划			省级专项规划	特定区
市级国土空间规划	城镇开发边界内编制详细规划	城镇开发边界外编制详细规划（村庄规划）	市级专项规划	域、特定领域
县级国土空间规划			县级专项规划	
镇（乡）国土空间规划				

规划编制审批体系	规划实施监督体系	规划法规政策体系	规划技术标准体系

表 12-1 中的全国国土空间规划是对全国国土空间作全局安排，是全国国土空间保护、开发、利用、修复的政策和总纲，侧重战略性。省级国土空间规划是对全国国土空间规划的落实，指导市县国土空间规划编制，侧重协调性。市县和乡（镇）国土空间规划是市县和乡（镇）级政府对上级国土空间规划要求的细化落实，是对市县和乡（镇）行政区域开发保护作出的具体安排，侧重实施性。

"三类"是指规划的类型，分为总体规划、详细规划、相关的专项规划。其中，总体规划是对一定空间层级的综合性规划。总体规划强调规划的综合性，是对一定区域，如行政区全域范围涉及的国土空间保护、开发、利用、修复作全局性的安排。

详细规划是对具体地块用途和开发强度等作出的实施性安排。详细规划强调实施性，一般在市县以下组织编制。详细规划是开展国土空间开发保护活动，包括实施国土空间用途管制、核发城乡建设项目规划许可，进行各项建设的法定依据。

相关专项规划是指在特定区域（流域）、特定领域，为体现特

❶ 中共中央办公厅、国务院办公厅印发的《省级空间规划试点方案》（厅字〔2016〕51 号）。

定功能，对空间开发保护利用作出的专门安排，是涉及空间利用的专项规划，如交通、基础设施、针对自然灾害和传染病的安全专项规划等。[15]

在国土空间总体规划、详细规划和相关专项规划之间，国土空间总体规划是详细规划的依据及相关专项规划的基础；相关专项规划要相互协同，并与详细规划做好衔接。

2. 空间规划编制要求

根据《若干意见》，空间规划编制的要求为体现战略性，提高科学性，加强协调性，注重操作性，确保规划能用、管用、好用。

1）体现战略性

从以下两个落实来体现空间规划的战略性。

(1) 全面落实党中央、国务院重大决策部署，体现国家意志和国家发展规划的战略性，自上而下编制各级国土空间规划，对空间发展作出战略性、系统性安排。

(2) 落实国家安全战略、区域协调发展战略和主体功能区战略，明确空间发展目标，优化城镇化格局、农业生产格局、生态保护格局，确定空间发展策略，转变国土空间开发保护方式，提升国土空间开发保护质量和效率。

2）提高科学性

从以下五个坚持来提高空间规划的科学性。

(1) 坚持生态优先、绿色发展，尊重自然规律、经济规律、社会规律和城乡发展规律，因地制宜开展规划编制工作。

(2) 坚持节约优先、保护优先、自然恢复为主的方针，在资源环境承载能力和国土空间开发适宜性评价的基础上，科学有序统筹布局生态、农业、城镇等功能空间，划定生态保护红线、永久基本农田、城镇开发边界等空间管控边界以及各类海域保护线，强化底线约束，为可持续发展预留空间。

(3) 坚持山水林田湖草生命共同体理念，加强生态环境分区管治，量水而行，保护生态屏障，构建生态廊道和生态网络，推进生态系统保护和修复，依法开展环境影响评价。

(4) 坚持陆海统筹、区域协调、城乡融合，优化国土空间结构和布局，统筹地上地下空间综合利用，着力完善交通、水利等基础设施和公共服务设施，延续历史文脉，加强风貌管控，突出地域特色。

(5) 坚持上下结合、社会协同，完善公众参与制度，发挥不同领域专家的作用。运

用城市设计、乡村营造、大数据等手段，改进规划方法，提高规划
编制水平。

3）加强协调性

从以下两个强化来协调国土空间总体规划、详细规划、相关专
项规划的关系。

（1）强化国家发展规划的统领作用。

（2）强化国土空间规划的基础作用。

关于国家发展规划，2016 年发布的《中共中央国务院关于统一
规划体系更好发挥国家发展规划战略导向作用的意见》要求："理
顺规划关系，统一规划体系，完善规划管理，提高规划质量，强化
政策协同，健全实施机制，加快建立制度健全、科学规范、运行有
效的规划体制，更好发挥国家发展规划的战略导向作用，为创新和
完善宏观调控、推进国家治理体系和治理能力现代化、建设社会主
义现代化强国提供有力支撑。"按照该文件，"国家发展规划居于规
划体系最上位，是其他各级各类规划的总遵循。国家级专项规划、
区域规划、空间规划，均须依据国家发展规划编制。"

国土空间总体规划要以国家发展规划为依据，统筹和综合平衡
各相关专项领域的空间需求。详细规划要依据批准的国土空间总体
规划进行编制和修改。相关专项规划要遵循国土空间总体规划，不
得违背总体规划强制性内容，其主要内容要纳入详细规划。

4）注重操作性

空间规划编制要按照谁组织编制、谁负责实施的原则，做到以
下两个明确，并制定和提出确保规划操作性的要点。

（1）明确各级各类国土空间规划编制和管理的要点。

（2）明确规划约束性指标和刚性管控要求，同时提出指导性
要求。

（3）制定实施规划的政策措施，提出下级国土空间总体规划和
相关专项规划、详细规划的分解落实要求，健全规划实施传导机制，
确保规划能用、管用、好用。

4.2 关于"村庄规划"

按照前述《若干意见》，在城镇开发边界外的乡村地区，以一个或几个行政村为单元，由乡(镇)政府组织编制"多规合一"实用性村庄规划，作为详细规划。

从对《若干意见》的理解，可以认识到：

村庄规划对应到详细规划，是法定规划。村庄规划是开展国土空间开发保护活动、实施国土空间用途管制、核发乡村建设规划许可、进行各项建设等的法定依据。[16]

村庄规划是"国土空间规划"体系中乡村地区的详细规划。因此，要求通过村庄规划优化村庄土地空间布局，落实生态保护红线和永久性基本农田，划定历史文化保护线，明确生态、农业、农房等各类用地布局。

村庄规划是开展乡村建设、推进乡村治理的重要手段，是实施乡村振兴战略和完善国家治理体系的基础性工作。

由上所述可知，村庄规划对改变农村落后面貌，加强农村地区生产设施和生活服务设施、社会公益事业和基础设施等各项建设，推进社会主义新农村建设具有重要的现实意义。

1. 村庄规划编制工作原则、要求和主要目标

2019 年，习近平总书记指示："按照先规划后建设的原则，通盘考虑土地利用、产业发展、居民点布局、人居环境整治、生态保护和历史文化传承，编制'多规合一'的实用性村庄规划"，指明了编制村庄规划的原则、要求和规划的内容。

村庄规划的范围为村域全部国土空间。编制村庄规划，要整合村土地利用规划、村庄建设规划等乡村规划，实现土地利用规划、城乡规划等有机融合，编制"多规合一"的实用性村庄规划。村庄规划以乡村为主要规划对象，包括不同的空间层次，上至省市县域层面对乡村发展的宏观引导，下至行政村层面多规合一的实用性村庄规划、自然村层面的村庄建设规划。

1) 编制村庄规划的工作原则

按照自然资源部的通知，编制村庄规划要遵循以下工作原则。❶

(1) 坚持先规划后建设，通盘考虑土地利用、产业发展、居民点布局、人居环境整治、生态保护和历史文化传承。

(2) 坚持农民主体地位，尊重村民意愿，反映村民诉求。

(3) 坚持节约优先、保护优先，实现绿色发展和高质量发展。

(4) 坚持因地制宜、突出地域特色，防止乡村建设"千村一面"。

(5) 坚持有序推进、务实规划，防止一哄而上，片面追求村庄规划快速全覆盖。

2）编制村庄规划的总体要求

根据中央农办等五部门（中央农办、农业农村部、自然资源部、国家发展改革委、财政部）联合发布的《关于统筹推进村庄规划工作的意见》（农规发〔2019〕1号），编制村庄规划的总体要求如下。

(1) 坚持县域一盘棋，推动各类规划在村域层面"多规合一"。

(2) 以多样化为美，突出地方特点、文化特色和时代特征，保留村庄特有的民居风貌、农业景观、乡土文化，防止"千村一面"。

(3) 因地制宜、详略得当规划村庄发展，做到与当地经济水平和群众需要相适应。

(4) 坚持保护与建设并重，防止调减耕地和永久基本农田面积、破坏乡村生态环境、毁坏历史文化景观。

(5) 发挥农民主体作用，充分尊重村民的知情权、决策权、监督权，打造各具特色、不同风格的美丽村庄。

3）村庄规划的主要目标

村庄规划的目标是：促进村庄社会经济发展，统筹村庄内国土空间开发保护，优化村庄人居环境，并自下而上解决"三农"问题。在村庄规划编制中，村庄发展目标的确定要以上位规划为依据。要明确各项约束指标，落实"三区三线"在本区域范围内的划定成果，统筹安排各项基础设施、公共服务设施以及农村住房等建设用地布局，提出近期实施项目及其落实方式。❷

2.村庄规划编制的思路及内容

1）村庄规划编制的思路

国土空间规划体系下实用性村庄规划强调"多规合一"和实用性。

(1) "多规合一"

衔接市县级国土空间规划内容，并整合原村庄规划、村庄建设规划、村土地利用规划、土地整治规划等形成"多规合一"，真正

❶《自然资源部办公厅关于加强村庄规划促进乡村振兴的通知》（自然资办发〔2019〕35号）。
❷李娜. 乡村空间与国土空间规划体系的链接路径探索[J]. 城乡规划，2021(Z1): 82-89.

实现"一张图"指导规划建设管理。

(2) 实用性

①从农村实际出发，适应乡村的实际需要，体现地方特色和农村特色。

②充分考虑村民的生产方式、生活方式和居住方式对规划的要求，合理确定发展目标与实施措施。

③节约和集约利用资源，保护生态环境，促进城乡可持续发展。

④针对规划体系改革的要求，采用关注和尊重村民意愿的规划方法。

⑤以服务农业、农村和农民为基本目标，坚持因地制宜、循序渐进、统筹兼顾、协调发展的基本原则；避免过度的行政化以及过度的自治化。在推动村庄规划编制时要强调规划的全覆盖性，最关键的是一套规划许可制度的全覆盖。[17]

总之，"能用，管用，好用"的村庄规划的编制，需要因地制宜、切合实际，合理划分县域村庄类型，统筹谋划村庄发展，尊重历史人文传承文化，充分发挥村民主体作用，组织动员社会力量开展规划服务，建立健全县级党委领导政府负责的工作机制。村庄规划内容的确定要因地制宜、因村制宜，要与村庄资源环境禀赋相匹配。要编制好空间规划，"战略引领""底线管控""全方位协同"是自始至终需要把控的三个关键要素。❶这些需求对规划编制人员的规划水平、工作态度和作风提出了更高的要求。村庄规划编制人员需要深入调研地方情况，深入学习理解当地历史文化，并予以"创造性转化、创新性发展"，[18]提出具有创新性的规划新思维。

2) 实用性村庄规划的主要内容

"乡规划、村庄规划的内容应当包括：规划区范围，住宅、道路、给水、排水、供电、垃圾收集、畜禽养殖场所等农村生产及生活服务设施，公益事业等各项建设的用地布局及建设要求，以及对耕地等自然资源和历史文化遗产保护、防灾减灾等的具体安排。乡规划还应当包括本行政区域内的村庄发展布局。"❷

村庄规划应确定国土空间综合整治与生态修复、永久基本农田和耕地保护、历史文化保护传承、公共服务设施和市政公用设施布局、产业发展、近期建设项目等内容。对于边疆民族地区，村庄规划还必须严格遵循我国与接壤国家相关的边界条约；同时，必须有助于我省与相邻国家经济文化的正常交流与发展。其村庄规划的内容主要包括：

(1) 科学合理地确定村庄类型及发展定位和主导产业，引导产业集聚发展

对于边疆民族地区，基于其具有的"边疆"和"民族"两个属性，从边疆治理视角研

究乡村地区空间，以形成对乡村空间特征、空间价值、多形态结构等的全面认知，为村庄规划提供发展重点；根据边疆民族村寨发展的主体功能区类型、资源禀赋、经济发展水平、发展转型特征和区位条件等，科学合理地确定村寨类型、发展定位和主导产业；做好基于空间基础的差异化分类，引导产业集聚发展。

（2）按照节约集约用地原则，安排用地布局

安排农业生产用地布局，村寨居住和生活服务、公益事业等公共设施，以及道路、工程等市政公用设施等的用地布局；提出村寨居民点宅基地控制规模，严格落实"一户一宅"法律规定。

（3）按照经济适用、维护方便、群众接受的原则，有序推进人居环境整治和生态保护

以人与自然和谐为中心、以居住环境为对象，推进人居环境整治和生态保护；开展村寨垃圾治理、污水处理和厕所改造、畜禽养殖场所治理等工作，确定垃圾分类及运转方式，确定垃圾收集点、公厕等环境卫生设施的分布和规模，建设等项目。

（4）按照传承保护、突出特色的要求，保护村寨特色风貌

提出村寨景观风貌控制性要求和耕地等自然资源和文化遗产保护措施；按照硬化、绿化、亮化、美化要求，规划村寨内道路，合理布局村寨绿化、照明等设施，有效提升村容村貌。

（5）依据人口规模和服务半径，合理规划供水排水、电力电信等基础设施

确定村寨内给水、排水、供电等工程设施及其管线走向和敷设方式；统筹安排村民委员会、综合服务站、基层综合性文化服务中心、卫生室、养老和教育等公共服务设施。确定防灾减灾、防疫设施的分布和规模，以及具体安排。

在边疆民族地区空间治理和空间规划的编制及实施中，一个重要的问题是如何通过国土空间规划促进边疆民族地区治理能力的提高和经济社会的发展。本书认为，针对当前存在的空间类规划难以有效落实到乡村空间，空间规划实施困难、实施偏差等问题[19,9]，

❶ 张兵，胡耀文. 探索科学的空间规划：基于海南省总体规划和"多规合一"实践的思考[J]. 规划师，2017，33(2)：19-23.
❷《中华人民共和国城乡规划法》(2019 年修改版)。

需要开展面向国土空间规划的乡村空间治理机制与路径研究，特别是边疆民族地区乡村空间治理机制与路径的研究，如与边疆民族地区独特的社会基础相契合，将乡村空间治理作为国家空间规划体系的终端机制，研究空间规划与边疆治理的内在协同机制，将规划纳入治理体系之中，形成"边疆+民族+空间规划"的规划指导思想，构建国土空间规划框架以及规划体系有效的践行机制和治理的可操作模式；立足于"人口-土地-产业"+"边疆-民族"等要素耦合互动关系，探索以多民族融合、边境安全与开放和跨境产业合作等为重点的国土空间规划思路；研究"三生"空间优化和"能用、管用、好用"的边疆民族地区实用性村庄规划编制策略；以治理的思路来推动规划在乡村地域的实施，解决国土空间规划在具有特殊性和复杂性的边疆民族地区编制的问题和"落地"实施的问题；提出差异化的乡村空间治理模式和对策的村庄规划编制研究等。

同时，要加强国土空间规划相关学科建设。国土空间规划是城乡规划实践的重要领域，"城乡规划学"要创造性地发展人居环境科学指导下的规划理论、技术方法与实践应用，为国土空间规划提供坚实的学科支撑；要适应国家对国土空间规划编制、实施、监督和城乡人居环境建设、管理等多类型高层次人才需求，培养新时代卓越规划人才；积极开展国土空间规划知识体系建设，促进城乡规划课程教学改革，加强学科之间的交叉融合，促进城乡规划学更好地满足新时代国土空间规划的知识与技能需求。[20]

此外，对于村庄规划和乡村规划需要作进一步的认识。

按照《若干意见》的精神，在城镇开发边界外的乡村地区，以一个或几个行政村为单元，由乡（镇）政府组织编制"多规合一"实用性村庄规划，作为详细规划。村庄规划是"国土空间规划"体系中乡村地区的详细规划。因而，村庄规划体系是基础性和法定性的，其作用是通过法定规划来实现多规合一，村庄规划是多规合一的基础。

而乡村规划可以理解为是对乡村可持续发展问题的公共干预。乡村规划本身是一个体系，它包含了从政策性到实施性的不同层次、各种类型的规划。[17]乡村规划是建立新型城乡关系、实现城乡融合发展的重要工具。[20]乡村规划体系建设包含编制体系、法规体系、政策体系和运行体系四个方面。[17]

乡村规划作为空间规划体系的组成，与不同层面的空间规划相关，由不同层面的空间规划构成，既有宏观层面，也有中观层面、微观层面。其中，宏观层面是指国家层面和省域层面，其乡村规划的内容体现政策性和指导性。

中观层面是指市县域和乡（镇）域层面。这一层面的规划目前存在的矛盾比较多，是乡村规划研究的薄弱环节。

　　微观层面的乡村规划，即是村庄规划或者村庄设计，这个层面的规划更加强调要从实际需求出发。❶

　　综上所述，我国目前的边疆问题，概括起来是边疆发展、边疆稳定和边疆安全三大基本问题。边疆民族地区的治理，是提升国家治理能力和推进国家治理体系现代化的重要组成部分。空间治理是国家治理体系的核心组成。基于我国边疆民族地区具有的"边疆"和"民族"属性，开展边疆民族地区空间治理，构建科学规范、运行有效的边疆治理体系；加强实用性村庄规划的编制与实施，促进边疆地区经济社会、文化、教育、卫生事业全面发展，将促进边疆地区农业农村现代化，具有重要的战略意义。

❶ 李娜. 乡村空间与国
土空间规划体系的链接
路径探索[J]. 城乡规划,
2021(Z1): 82–89.

主要参考文献

[1] 周平. 我国的边疆与边疆治理[J]. 政治学研究, 2008(2).

[2] 郑杭生. 民族社会学概论[M]. 北京: 中国人民大学出版社, 2005.

[3] 周平. 国家崛起与边疆治理[J]. 广西民族大学学报(哲学社会科学版), 2017, 39(3).

[4] 张志远. 边疆多民族聚居区基层治理创新: 以西双版纳城乡社区建设实践为例[J]. 社会学评论, 2014(1).

[5] 青觉, 吴鹏. 新时代边疆治理现代化研究: 内涵、价值与路向[J]. 中国边疆史地研究, 2020(1).

[6] 方盛举, 苏紫程. 论我国陆地边疆治理的价值追求[J]. 思想战线, 2016(3).

[7] 孟鹏, 王庆日, 郎海鸥, 等. 空间治理现代化下中国国土空间规划面临的挑战与改革导向: 基于国土空间治理重点问题系列研讨的思考[J]. 中国土地科学, 2019(11): 8–14.

[8] 朱从谋, 等. 国土空间治理内涵及实现路径: 基于"要素–结构–功能–价值"视角[J]. 中国土地科学, 2022(2).

[9] 戈大专, 陆玉麒. 面向国土空间规划的乡村空间治理机制与路径[J]. 地理学报, 2021(6): 1422–1437.

[10] 刘彦随. 中国新时代城乡融合与乡村振兴[J]. 地理学报, 2018(4): 637–650.

[11] 杨忍, 刘彦随, 龙花楼. 中国环渤海地区人口–土地–产业非农化转型协同演化特征[J]. 地理研究, 2015, 34(3): 475–486.

[12] 张琦. 空间治理: 乡村振兴发展的实践路向: 基于Q市"美丽乡村建设"的案例分析[J]. 南京农业大学学报(社会科学版), 2021(6): 128–139.

[13] 耿达, 傅才武. 公共文化服务体系建构: 内涵与模式[J]. 天津行政学院学报, 2015, 17(6): 11–16.

[14] 杨宪武. 对非物质文化遗产中"文化空间"的认识: 以孔府饮食为例[J]. 山西师大学报(社会科学版), 2011(S4).

[15] 吴志强. 国土空间规划的五个哲学问题[J]. 城市规划学刊, 2020(6).

[16] 自然资源部办公厅关于加强村庄规划促进乡村振兴的通知: 自然资办发〔2019〕35号[S].

[17] 张尚武. 国土空间规划体系改革背景下的乡村规划: 2019乡村振兴与规划建设系列学术报告[Z].

[18] 杨贵庆. 新时代村庄规划的使命和特点: 《关于统筹推进村庄规划工作的意见》解读[J]. 小城镇建设, 2019(1).

[19] 陈前虎, 等. 共同缔造: 高质量乡村振兴之路[J]. 城市规划, 2019(3).

[20] 武廷海. 因势利导地推进国土空间规划时期城乡规划学科的新发展[D]. 北京: 中国城市规划学会, 2019.

第十三章 云南边疆地区新乡村规划探索

乡村规划是指导乡村发展和建设的基本依据。乡村规划是建立新型城乡关系、实现城乡融合发展的重要工具。❶我国乡村规划的研究从 20 世纪改革开放之初才开始，总体起步较晚，至今，全面、系统的乡村规划体系尚未形成，法律法规建设还不成熟，乡村地区在规划、建设、管理领域缺乏理论支撑，研究和实践均存在不足，❷关于乡村规划现有的研究多集中在农业与农村经济发展和劳动力转移等方面。[1] 新时代广大乡村的现代化建设需要对乡村进行规划，需要建立符合乡村现代化发展趋势和要求的规划理论和方法。新时代乡村规划要有针对性，要能够指导乡村经济发展，能够在空间落地，能够指导具体建设。[2]

在乡村规划的编制中，借鉴国外乡村规划的成功经验，传承我国乡村的传统规划思想及乡土智慧，创新发展乡村规划思维，将借鉴、传承和创新有机结合，是使新乡村规划更具有科学性、针对性、实效性、实用性的有效途径。

1
国外乡村规划的成功经验

村镇的规划建设与管理，已被国际经验证明是引导农村有序健康发展的重要力量。欧美各国在 20 世纪 50—60 年代，在以工业化、城市化为核心发展方式的基础上，从 20 世纪 60 年代开始注重乡村地区农业和农村的发展。20 世纪 70—80 年代，随着整个社会对乡村价值的重新认识，乡村的发展得到关注，现代乡村发展理论随之开始出现。

如英国前首相斯坦利·鲍德温曾说过，"英国即乡村，乡村即英国"，表明英国乡村建设的成就在世界上具有重要地位。法国以土地整治和一体化农业为突破口，通过一

系列社会经济变革，完成了由传统农村社会向现代社会的转型。德国走上了农村现代化和生态化的道路。美国在加强大都市圈和城市带建设的同时，重视小城镇建设，在 20 世纪 60 年代开展了"示范城市"试验计划。❸亚洲国家中，日本于 20 世纪 70 年代开展村镇综合建设示范工程；1979 年发起"一村一品"运动，旨在改善农村生活环境，缩小城乡差距，是典型的农村产业融合实践。韩国从 1970 年开始正式实施以农村开发为核心的"新村运动"，重点改善农村生活环境和基础设施，增加农民收入。国外在经历了战后初期的发展以后，在 20 世纪 70—80 年代进入了与我国当前相类似的阶段，这些国家所采取的一系列举措值得我们认真借鉴。[1]

梳理和分析欧美国家和亚洲发达国家乡村规划的成功经验，大致可以归纳为以下七个方面。

1.1 乡村规划体系的"空间全覆盖"

"空间全覆盖"的理念是城乡统筹规划的前提。将城乡空间作为一个整体进行规划不仅是解决城乡空间利用矛盾的途径，同时也是城乡经济社会发展以及生态建设的内在需求。城乡统筹规划要在充分认识乡村振兴战略重要性的基础上，树立"规划空间全覆盖"的思想。国际上乡村规划体系较为成熟的国家，都经历了由村庄建设的"点"规划到乡村地区的"面"规划，从而实现"空间全覆盖"。国外乡村规划的"空间全覆盖"主要体现在城乡统筹规划和乡村规划的区域性和全面性两方面。

1. 城乡统筹规划

如英国西南英格兰乡村规划虽然以乡村地区为主要对象，但并未将乡村地区与城市地区割裂开来进行规划，而是将城市地区作为影响乡村发展的重要因素之一开展研究，在功能研究与空间规划中将其作为点状要素进行城乡统筹规划分析。❹

❶武廷海. 因势利导地推进国土空间规划时期城乡规划学科的新发展 [EB]. 中国城市规划网, 2019-05-24.
❷邹德慈, 等. 新型城镇化背景下的我国村镇发展规划策略 [J]. 中国工程科学, 2019(2): 1-5.
❸贺贤华, 毛熙彦, 贺灿飞. 乡村规划的国际经验与实践 [J]. 国际城市规划, 2017(5): 59-65.
❹胡娟, 朱喜钢. 西南英格兰乡村规划对我国城乡统筹规划的启示 [J]. 城市问题, 2006(3): 94-97.

2. 乡村规划的区域性和全面性

乡村规划的对象具有区域性，强调乡村的区域特征，包含乡村地区的全部地域；乡村规划的内容具有全面性，强调乡村地区生活空间、生产空间和生态空间的一体化规划。

如西南英格兰乡村规划，其对象是城市地区以外的所有地区（即乡村地区），内容包含住房、交通、农业、基础设施和生态等。

又如法国的乡村规划以"乡村开发"的形式，涵盖了实现乡村地区空间优化和利用的所有活动，涉及土地开发与利用、产业发展、生态旅游等方面。德国的乡村规划包括乡村更新、田地重划和农业结构优化，涉及土地利用、基础设施、生态环境等内容。日本的乡村规划包含社会经济计划和物质环境规划，实现了生活、生产和景观的一体化。❶

1.2 乡村与城市的地位平等

欧洲国家均从行政上保证城市和乡村地位的平等，并利用政策和法规进一步将城乡平等体现在规划体系中，促使政府同等重视乡村和城市的发展，促进城乡协调发展。

如英国在 1932 年颁布的《城市和乡村规划法案》，将乡村规划纳入城乡规划体系中，实现城乡整体发展；第二次世界大战后建立的"城市与乡村计划"规划体系，高度重视农业发展；2010 年以来的规划政策将城乡一体化目标融入地方政府发展计划中，增强了英国乡村的发展动力。英国西南英格兰乡村地区规划将乡村地区的功能分析、城乡空间功能联系作为规划研究的重点内容，以功能联系为核心，制定不同的发展策略，实现城乡平等发展；将基础设施与公共服务设施纳入到发展支撑体系中，建立城乡融合发展的共建共享机制。[3]

又如法国无论在城市地区还是乡村地区，均遵循从大区到省、再到市镇的行政等级体系，以市镇作为最基本的行政单元，建立城乡融合发展的共建共享机制。德国从 19 世纪 20 年代开始就有空间规划的传统，在第二次世界大战后的城市建设中，实行城乡均等发展的区域政策；1965 年颁布了《空间秩序法》，强调用"密集型空间"和"乡村型空间"划分国土空间，从法律上消除了城乡地位的差别；1987 年颁布的《建设法典》，与《空间秩序法》构成德国空间规划法规体系的基础。❷德国部分财政来源于乡村，其重要的政策基础是城乡等值的国土规划。

1.3 以土地集中为基础的土地综合整治

乡村地区以农业生产为主,最能直接体现乡村规划的手段就是土地整治。农业现代化要实现机械化和规模化生产,分散的土地和权属分割不清的土地显然不利于实现现代化的目标。与土地有关的一些问题,如城市蔓延以及乡村自身的无序发展对土地格局造成的破坏、随着时间推移和空间变化造成的土地权属分割混乱等,都对推进农业现代化带来消极影响。此外,土地问题不可避免地受到多种历史因素的影响,历来是社会变革的重要内容。农业要实现机械化和规模化生产,首先就需要土地集中,统一产权,并划分成适于生产的最佳规模。在过去的两个世纪中,调整农业结构对各国社会和政治的发展具有重要作用,而土地整治一直是农业结构调整的主要手段[4],它为持续改善和提高农林经济的生产力水平创造了关键的前提条件,从而能够为不断增长的人口供应充足的生活资料。国外对土地整治开展了大量卓有成效的工作,主要包括土地集中和土地综合整治两方面。

1. 土地集中

如德国乡村发展规划的核心就是土地结构的改革,具体内容包括土地整治和土地管理。从原联邦德国开始,乡村土地整治就具有完整的法律基础和技术体系:1953 年颁布的《联邦土地整理法》,从法律上明确了土地整理的内容和要求;1976 年重新修订并再次颁布的《土地整理法》,成为各州土地整治的法律基础。德国政府组织开展的土地整治,先后经历了三个阶段,其目的从最初的"提高农地生产力,确保国家粮食安全"到"确认土地权属,推进农地集约规模化经营",再到"缩小城乡差距,推进区域化可持续发展"。其中,土地综合整治的第一阶段(20 世纪 50—70 年代)是以土地集中为基础,开展农村土地整理,主要包括土地合并、农业生产设施改善、土地开发复垦和居民点建设等方面的专项规划和措施,以土地集中为基础,促进生产经营规模化、设施机械化,并建设基础

❶ 贺贤华,毛熙彦,贺灿飞. 乡村规划的国际经验与实践[J]. 国际城市规划, 2017(5): 59-65.
❷ 贺贤华,毛熙彦,贺灿飞. 乡村规划的国际经验与实践[J]. 国际城市规划, 2017(5): 59-65.

设施，提高农业生产力。第二次世界大战以后，原联邦德国的乡村土地整治经过长期的实践取得了显著效果，在改善农林生产经营条件、合理开发和利用土地资源、保护乡村自然环境和景观、促进乡村基础设施建设等方面都发挥了十分重要的作用[4]，在制度、规模、范围和技术等方面都具有代表性。如今，德国的土地整治已经从单纯的促进农业生产和保障国民粮食安全，成功转型为集农业规模化集中经营、生态环境保护、水资源利用与保护、村镇革新、城镇区域发展等为一体的农村区域整体可持续发展。

又如法国政府在 20 世纪 50 年代中期开展了大规模的土地整治工作，推进土地集中，实现规模经营。同时，法国政府为了避免土地过于集中，也采取了限制土地合并的政策，防止在一些大型农场中土地过分集中，使农业生产尽可能维持效率最佳的规模。❶

2. 土地综合整治

欧洲各国开展乡村地区土地整治时，通常进行产业调整，实现生产力重新布局，或加强基础设施建设，进行村庄更新。

(1) 产业调整

如法国政府在促进土地集中，调整农业生产最佳规模的同时，十分重视推动农业机械化和现代化，并大力推进交通、水利、供电以及通信等基础设施的建设，在 20 世纪 50—60 年代兴建了大量的农田水利设施、公路网、铁路网，发展海运、航运，推动电气化；在实现农业装备现代化之后，又积极促进农业的专业化经营，通过成立农业合作社、推广农业科技、培养专业农民等措施，大力推行产业与农业生产有机结合的"一体化农业"（Agricultural integration）；政府还通过设立奖金、提供政策优惠以及进行技术支持等方式，积极促进乡村地区非农产业的发展，在不影响乡村地区自然环境的前提下，鼓励发展农村工商业和旅游业，恢复农村手工业。在法国现行的规划体系中，"乡村开发"依然是国土开发的重要组成部分，它通过对乡村地区的土地进行开发建设，达到提高农业生产力、促进非农产业发展、建设一定水准的公共设施、在不影响环境质量的前提下发展旅游业等四个目的。

(2) 村庄更新

除了产业调整以外，村庄更新也是土地综合整治的重要内容。

以德国巴伐利亚州为例，1965 年，根据《联邦德国空间规划》，制定了《城乡空间发展规划》，提出"城乡等值化"的发展战略，其最重要的手段就是乡村土地综合整治。在土地集中的阶段，将村庄更新作为独立项目与土地整治联系在一起。20 世纪 70 年代，

随着德国提出"我们的乡村应更美丽"的战略转型计划，以及 1976 年对《土地整理法》的修订，巴伐利亚州的乡村土地综合整治进入第二阶段，开始建立法律，引入景观规划。1982 年乡村景观规划被作为强制性规划合并到土地整治程序中。1984 年巴伐利亚州基于新的《土地整理法》中关于村庄更新的内容，制定《村庄改造条例》，指出土地综合整治的最终目标是实现乡村的居住、就业、休闲、教育和生活五种功能。在原联邦政府和州政府提供的财政支持下，巴伐利亚州的乡村土地综合整治取得了良好的效果。

1.4 乡村地区发展与自然环境保护间的平衡

欧美各国促进乡村发展的法规和政策呈现多元化形态，但都十分注重乡村生态产业发展与生态系统保护，探索适宜的产业发展模式。随着"可持续发展"理念的提出，生态农业逐渐成为人们的共识，以保持乡村地区发展与自然环境保护之间的平衡。

如英国社会活动家霍华德于 1898 年率先提出"田园小城镇"的理念。1919 年英国城市规划协会明确提出为健康、生活，以及产业而设计的"田园城市"。20 世纪 70 年代，英国开始寻求乡村地区发展与自然环境保护之间的平衡，重视并加大对自然景观的保护，颁布了大量针对乡村自然和人文资源的保护政策。从 1978 年开始，英国政府建立了农村生态服务系统，为乡村生态系统保护提供保障。英国乡村保护和农业发展的总原则是：任何发展必须有利于农村经济的发展，并且能够维护或强化自然生态环境的质量。具体的保护对象主要是"绿带""国家公园"和"杰出自然景观区"。规定绿带内严格控制新项目开发，即使位于现有乡村地区也禁止开发；国家公园要保护乡村的生态环境和自然景观，其土地性质同样处于严格控制之中；杰出自然景观区与国家公园的功能类似。英国的小城镇建设注重综合规划，重视生态环境保护及传统文化的保护，特别重视保护利用周边农田，以及湖泊、湿地、山林等自然资源，通

❶ 贺贤华，毛熙彦，贺灿飞. 乡村规划的国际经验与实践[J]. 国际城市规划, 2017(5): 59-65.

过对经济、土地、建筑、景观等系统的综合规划，注重在城镇周围配置大量的绿化以促进城镇生态环境建设，使小城镇建设进入绿色生态的可持续发展轨道中。近年来，"低碳、零能源消耗"等生态理念在众多英国小镇得到倡导，太阳能、风能等天然能源广泛运用，同时实现能源的循环利用，更好地促进了小城镇的生态环境保护。[5]

又如美国于20世纪70年代开始开展乡村环境保护和农业可持续发展工作。1969年公布了《国家环境政策法》，对乡村环境保护作出明确规定。20世纪90年代以后，国家公园管理局相继出台了一系列保护项目，将生态环境保护与节能环保和发展生态农业等相结合，促进了乡村地区的可持续发展。美国的乡村区域规划主要遵从四个原则：一是强化基础设施建设，满足当地民众生活的基本需求：要求乡村在整体建设过程中保证"七通一平"（给水通、排水通、电力通、电信通、热力通、道路通、煤气通和场地平整）；美国乡村的基础设施较好，其开发建设投资由地方政府、联邦政府和开发商共同承担。二是最大限度地绿化美化乡村环境：20世纪60年代，美国政府引导乡村进行"生态村"建设，强调保持乡村土壤肥力、保护水源和空气清新、人与自然和谐相处[1]，保护生态环境政策的实施，使乡村自然环境大为改善。三是充分尊重和发扬当地民众的生活传统，挖掘并合理利用生态旅游与文化，推动生态产业化与产业生态化。美国的乡村旅游产品丰富多样，主要包括农业旅游、森林旅游、民俗旅游、牧场旅游、渔村旅游和水乡旅游等，广袤的自然景观成为吸引投资和推动经济结构多样化的动力。四是充分尊重和发扬当地民众的生活传统，妥当地突出乡村固有的鲜明特色。[6]瑞士的每个乡村小镇都奉行生态优先的设计理念，多维地展示地貌特色和生态特色，发展生态产业和生态建筑。用嵌入式开发方式，将房屋建筑融入大自然，使一个个特色小镇都保留了原始的自然风貌。荷兰的成功经验主要在于利用高科技支持现代农业与绿色生态发展。日本和韩国等国也十分重视乡村地区的发展与自然环境的保护。[7]日本政府在历次全国规划中，对乡村在不同发展阶段都有着明确、具体的定位，通过明确和围绕这样的定位，乡村规划从空间环境、多领域协作(社会、经济、文化、土地等)的视角出发，以目标为导向确定规划编制的核心内容。在编制过程中，充分重视村民自治组织的意见和决议，注重借专家指导及政府协助，以村民、专家、政府三方合作的形式共同完成目标明确、实施性强的乡村规划。乡村规划呈现出目标导向以及村民、专家、政府三方合力编制的特征。日本的神户

214/215

云南边疆地区新乡村规划探索

市, 在乡村土地利用、空间治理等方面的探索, 居于该国的领先地位。神户市市域依据空间分类被划分为城市化区域、人与自然共生区域、绿地与神圣区域。其中, 人与自然共生区域便是以乡村生产生活空间为主要对象的区域。指导该区域规划与建设行为的《人与自然共生区域条例》包含两个部分: 第一部分是人与自然共生区域的进一步空间划定, 空间类型主要包括环境保护区域、农业保护区域、村落居住区域; 第二部分是通过成立乡村建设协议会确立乡村建设规划及空间整治方案, 推进乡村建设。日本神户市乡村建设规划中的核心内容, 土地利用项目建设标准, 如表 13-1 所示。❶

❶ 冯旭, 王凯, 马克尼. 日本乡村规划建设治理研究[J]. 中国工程科学, 2019(2): 34-39.

表 13-1　日本神户市"人与自然共生区域"土地利用标准

设施名称		农业保护	村落居住	环境保护	特定用途	
					A 区域	B 区域
温室、育苗设施		○	○	○	○	×
农舍、农产品揽货发货设施		△*1	○	○	○	×
农产品贮存设施、农机具等保管仓库		△*1	○	○	○	○
畜舍		○	×	○	×	×
肥料堆放设施		○	×	○	×	○
农家住宅, ☆分家住宅, ☆集会场所		△*1	○	○	○	×
☆农产品加工设施	不足 500m²	△*1,2	△*2	△*2	○	○
	超过 500m²	△*1,3,4	×	△*3,4	△*4	△*4
☆日常生活设施	零售店铺等	△*1,2,4	○	○	○	×
	农机具修理工厂	△*1,2,4	△*2,4	△*2,4	△*2,4	○
☆道路服务设施　☆加油站 ☆沿路便利店		△*1,2,4	△*2,4	△*2,4	△*4	×
☆社会福利设施　☆医疗设施 ☆学校		△*1,2,4	△*2,4	△*2,4	△*4	×
太阳能发电设施	不足 3000m²	△*1,2	△*2	○	○	○
	超过 1000m²	△*1,2	△*2	△*2	△*2	○

设施名称		农业保护	村落居住	环境保护	特定用途	
					A 区域	B 区域
☆运动、休闲设施	不足 3000m²	△*1,2,4	△*2,4	△*2,4	△*4	×
	超过 3000m²	△*1,3,4	×	△*3,4	△*4	△*4
村建设相关设施	以乡村协议会为主体的建筑、构筑物	△*1,3,4	△*3,4	△*3,4	△*3,4	×
	乡村定住与创业计划制定者所设置、运营的构筑物	△*1,2,4,5	△*2,4,5	△*2,4,5	△*2,4,5	×
与村民生活相关、村落内部事务、企业人员所使用的停车场和物资堆放场所（不足 1000m²）		△*1,2,4	△*2,4	△*2,4	△*2,4	○
停车场、物资堆放处、洗车场		△*1,3,4	×	△*3,4	×	△*4
物资放置场所（特指以下两个条件的构筑物）高度在 10m 以上，使用重型机械进行加工作业；每年使用 1/3 以上的天数，且需占据基地 1/3 以上面积进行加工作业		×	×	△*3,4	×	△*4
废弃车放置处和采土场以及废弃物处理厂		×	×	△*3,4	×	△*4
与公共事业有关的假设设施暂时性资材放置处和停车场		△*1,2,4	△*2,4	△*2,4	△*2,4	△*4

注：资料来源于神户市政府。图例○：允许；△*：附带条件的允许；×：不允许；☆：必须经过开发许可（依据城市规划法）的设施。

条件：*1 该土地为农地时，无替代土地。

*2 已得到乡村建设协议会的批准。

*3 已在乡村建设规划中对该土地利用进行定位。

*4 需根据计划书等确认以下事项：(1) 土地利用要充分考虑实现周边区域的农业经营、生活、自然环境的完善、保护、利用，以及保护、形成乡村景观。(2) 伴随建筑物（含构筑物）的设置时，建筑物的位置、规模、形态需要考虑周边区域良好乡村景观的保护与形成。(3) 土地利用区域内应设置的绿地条件：a. 绿地面积与占地面积的比例如下所示：占地面积不足 1hm² 时，绿地比例须在 10% 以上；绿地面积超过 1hm² 时，绿地比例须在 20% 以上；b. 通过植栽设置绿化时，需要考虑道路等公用场地的景观。(4) 临时性土地利用项目，需要明确利用后恢复这片土地的计划。此种情况的绿化设置可以考虑与周边环境分隔开的形式。

1.5 对乡村基础设施和公共服务设施建设的重视

乡村基础设施建设是推动农村经济发展、促进农业和农村现代化的重要措施，[1]是

城乡协调发展的关键纽带。要实现乡村振兴，建设完善的、现代化的乡村公共基础设施是基础。❷国外乡村的发展都非常重视乡村基础设施和社会公共服务设施的建设，其主要特点是政府和多方投资，以及建立城乡融合发展的共建共享机制。

1.投资多元化

如欧盟国家农村地区的基础设施和乡村复兴建设均纳入欧盟境内农村发展资助的优先领域。

又如 20 世纪 50 年代初到 70 年代，英国的《农村发展计划》中，通过对乡村小城镇的住宅以及交通、通信、能源供给、学校、图书馆、医院、工厂、电站等基础设施和公共服务设施以及其他相关项目建设的投入，改善了乡村小城镇的生活和就业环境。英国政府先后出台并落实了如《新城法案》《乡村政策白皮书》等一系列有益于推进城镇化发展的优惠政策，保证小城镇的相关规划建设部门能够以最优惠的价格获得用于乡村小城镇农业发展、基础设施建设、生态环境建设、公共服务设施建设所需的土地，并且可以从财政部门获得为期 60 年的贷款用于小城镇的基础设施和其他相关建设。历经 100 多年的城镇化，英国在乡村基础上，建设发展了 600 多个大小不等的田园小城镇，几乎每个中心城市附近都有相当数量规划科学、公共服务设施完善、环境宜人、经济活跃的田园小镇。[5]美国乡村的基础设施由地方政府和联邦政府共同投资建设，农村区域规划的实施由开发商承担。具体为联邦政府投资建设连接乡村间的公路；地方政府建设垃圾处理厂、污水处理厂、供水厂等；开发商负责乡镇社区内的交通、水电、通信等配套生活设施的建设。韩国"新农村建设"的第一阶段，政府规划设计改善乡村基础设施和生活环境，如建设乡村公路、桥梁、新农村会馆以及其他公共服务设施等，并免费提供钢筋、水泥等材料，村民根据生产生活情况决定项目建设的安排。"新农村建设"的第二阶段，政府实行分类指导，对于基础设施相对薄弱的村庄，继续支持提高基础设施建设水平；对于农业发展潜力大的村庄，倡导"自助"意识，重点是疏通

❶马晓河. 完善基础设施建设和公共服务供给[N]. 光明日报, 2018-10-11.
❷唐任伍. 乡村公共基础设施建设是乡村振兴的关键[EB]. 光明网-理论频道, 2021-03-03.

河道、改良土壤，提高农业生产装备水平，同时合理布局村庄，促进多种经营发展；对于发展基础较好的村庄，重点协助产业发展，如农副业、种植业、畜牧业发展等，政府鼓励并支持村民采用机械化并组织集体耕作，以及修建更加完善的生活福利设施。

2.建立城乡融合发展的共建共享机制

如英国西南英格兰乡村规划除制定整体的空间发展战略外，在次区域层面因地制宜地制定不同的城乡发展策略，将基础设施与公共服务设施纳入发展支撑体系中，建立城乡融合发展的共建共享机制，完善城乡融合发展的支撑体系。同时，兼顾基本公共服务设施均等化配置，有效避免因体制壁垒产生的重复性投资建设。在市政设施的配置中体现适当弹性设施布局策略，综合使用集中式市政管网与分散式的微循环系统并举的解决方案。[3]

又如日本乡村的公共服务设施及基础设施建设覆盖全国、城乡一体，使乡村地区生产生活条件舒适便利、环境宜人、景观优美。❶

1.6 公众参与和"自下而上"的规划

作为政府的公共管理手段，规划应逐渐从"自上而下"向"自下而上"转变，从物质规划向人本规划转变，更多考虑社区居民的需求和意愿。[1]公众参与乡村规划是通过一系列正规及非正规的机制使公众直接介入乡村发展决策。由于村镇居民最了解当地文化，是科学传承乡村传统文化的关键。因此，国外在乡村小镇的改造和规划建设过程中充分尊重民意，听取村民对乡村小城镇环境的需求，鼓励民众全程参与小城镇的综合规划与建设实施。村民参与乡村规划设计已成为乡村区域规划制定和实施的基本模式，各国还制定了乡村规划公众参与的具体内容和途径。

如欧盟国家的农村发展必须遵循规划先行的原则，规划方式是自下而上由地方社区主导，在规划之前更多地注重民众参与。[8]

又如英国在乡村城镇化过程中，村民的愿望与规划师思想的有效结合合理保护了自然环境，有效传承了传统文化，因而赢得村民对于城镇化的理解和支持，保护了地方的人文环境和生态环境。[5]又如德国的《建设法典》规定，公民有权参与规划制定的整个过程，并提出自己的建议和利益要求。在德国的村庄更新过程中，"村民参与"贯穿各个环节，对项目的完成起着决定性作用。1955年，日本提出"新农村建设构想"，在造村

運動中，公众参与机制得到很好的体现。政府确立了村民参与规划编制的模式，鼓励村民根据自身需求提出公共设施、产业与文化建设等方面的议题和建设方案；各项建设和规划从发起到实施，几乎都由村民自发进行，政府仅从政策和技术方面给予支持。此外，在政府的倡导、扶持和技术支持下，村民自愿结合成立了"农业协同组合"，为村民提供快速、周到、高效的服务。[1]

1.7 数字化乡村和数字农业建设

世界各国尽管经济社会发展程度各不相同，但在数字化乡村和数字农业建设等方面都积累了很多经验。数字化为乡村振兴带来新的发展机遇，数字乡村建设在应对人口出生率降低、农业人口外迁与人口老龄化等带来的巨大挑战方面发挥了重要作用。

1. 数字化乡村建设

如美国的城乡发展包括乡村通信设施、乡村电子医疗网络和远程教育网络设施等数字化建设，使农村社区获得了教育、远程医疗服务、远程工作等机会。

又如欧盟委员会 2017 年启动了包含 16 项行动计划的"欧盟智慧乡村行动"，旨在通过智慧乡村建设，释放乡村发展活力，促进乡村繁荣。在技术应用方面，涉及大数据、物联网、物流运输、数据分享应用等关键前沿技术；在建设内容方面，主要涵盖居民生活、公共服务、可持续发展和乡村产业振兴等。英国的康沃尔地区是英国农村数字化综合战略实践前沿，主要实施了宽带接入、数字培训、社区数字中心和电子健康等新措施。目前的应用包括基于视频通话的互联网医疗、康养 App、护理机器人、阿尔茨海默症监测、应急设备无人机投送等。德国政府资助建设了乡村高速宽带基础设施，并试验推广 5G 网络，特别是智能农业领域 5G 应用。法国著名的葡萄酒产地——勃艮第地区是欧盟和法国数字乡村试点区域，主要实施了宽带接入、数字培训、社区数字中心和电子健康等措施。自

❶冯旭，王凯，马克尼. 日本乡村规划建设治理研究[J]. 中国工程科学，2019(2): 34-39.

2016 年起，为解决农村地区人口外迁的挑战，芬兰政府连续多年开展了"智慧乡村"研究。西班牙农村地区的数字化被认为是解决严重影响农村地区人口减少问题的关键优先事项，确立了宽带基础设施、公共服务、农村数字创新及技能三大工作任务。韩国 2001 年出台了"信息网络村"计划，目的是吸引年轻一代在农村地区生活和工作，并帮助偏远农村地区提高老年人的生活质量。

2. 数字农业建设

如美国自 20 世纪 90 年代起开始应用数字农业技术，包括应用遥感技术检测和预报农作物生长过程，在大型农机上安装 GPS（自动导航）设备、应用 GIS（地理信息系统）处理和分析农业数据等。21 世纪初实现了"3S"技术（遥感技术（RS）、地理信息系统（GIS）和全球定位系统（GPS）的统称）、智能机械系统和计算机网络系统在大农场中的综合应用。完善的农业产业基础和数字技术体系促进了美国现代农业的发展：产业方面，截至 2015 年，美国有超过 83% 的农场采用了精准农业技术，82% 以上的农场使用了 GPS 技术；同时，美国建设了昆虫库（PESTBANK）、生物学文摘数据库（BIOSISPREVIEW）、国际农业科技情报系统（AGRIS）和农业文摘（AGRICOLA）等一系列与农业生产有关的数据库，形成完善的以卫星网、互联网、物联网、遥感网等为支撑的农业信息服务网络，使仅有的 800 万农业人口每年平均出口粮食占世界粮食市场高达 50% 左右的份额。

又如联邦德国食品及农业部（BMEL）制定了《农业数字政策未来计划》，以抓住农业和数字技术两个高度复杂系统集成所带来的机遇，并拨款用于农业部门的数字化和现代化。目前，已启动了园艺、畜牧业、跨学科等领域的 14 个试点项目。日本大力发展以农业机器人为核心的无人农场，并于 2015 年启动了"基于智能机械 + 智能 IT 的农林水产业创造技术"项目。数字化的农事作业系统帮助农民管理农作物种植的各个环节、检测病虫害等环境风险、进行土壤诊断，以及电子商务等事务。一些自动化农机（如 AI 拖拉机、割草机、联合收割机、可变速率喷洒系统）及自动供水阀管理系统等被引入稻谷生产。据估计，智能农业技术将生产成本降低 50%，将农民收入增加 20%。

由上所述可知，欧美及日韩等发达国家和地区乡村规划的成功经验主要包括七个方面，即：乡村规划"空间全覆盖"，城乡地位平等，土地综合整治，乡村发展与自然生态环境保护相平衡，重视乡村基础设施和公共服务设施建设，公众参与与自下而上的乡村规划，数字化乡村与数字农业建设。这些成功经验具有一定的科学性和实用性。"他山之石，可以攻玉"，认真借鉴国外乡村规划的这些成功经验，将有助于我国城乡规划学科的

发展，也将有益于我国乡村规划水平的提高。

2

云南传统聚落规划及乡土智慧的优秀思想

本书第七章"云南传统聚落的规划思想"详细论述了云南传统聚落规划中人与自然和谐共生的生态观、因地制宜的住屋建造理念、体现特色的思想、氏族血缘的影响、宗教信仰的观念和防御灾祸的意识。第九章"云南传统聚落营建的乡土智慧"详细论述了因循自然的村寨选址、井然有序的空间布局、因地制宜的住屋建造、适应居住地自然条件的生产方式和防灾减灾的措施。这些传统聚落规划思想和乡土智慧是云南各民族先民在漫长的历史发展过程中形成、积累、升华而成的优秀思想观念、人文精神和科学技术，是一份珍贵的民族文化遗产。这些规划思想和乡土智慧所蕴含的生态观、生存理念、聚落和建筑营造技术，以及防御灾害的意识等都值得进一步研究和总结，并在民族地区新乡村规划中认真加以传承和弘扬。新乡村规划要把这些智慧加以提炼，在城乡建设中体现其价值所在[2]，以充实、提升和完善民族地区新乡村规划的内容，加强少数民族地区生态保护和生态修复，发展产业，改善人居环境，建设美丽乡村。

3

新时代乡村规划的新要素

2021 年，我国实现了第一个百年奋斗目标，全面建成小康社会，"十四五"时期我国开启了全面建设社会主义现代化国家的新征程。党的十九大提出实施乡村振兴战略，加快推进人与自然和谐共生的农业农村现代化。新时代乡村振兴，要坚持把农村经济建设、政治建设、文化建设、社会建设、生态文明建设和党的建设作为一个有机整体，统筹谋划、协调推进，促进农业全面升级、农村全面进步、农民全面发展。❶在社会、经济、空间、制度等面临全面转型的广大乡村地区，乡村的诸多问题无法单纯依靠建造解决，乡村的建设和发展在挑战固有的建筑规划概念。乡村必须在将新思想、新要求、新机遇、新角色、新空间、新主体等有效结合的基础上，转"建设规划"为"发展规划"进行建设，传统的乡村规划思维、模式与手段需要调整。对于边疆民族地区的农业农村现代化，乡村规划要创新规划思维及编制内容、编制体系、编制方法和编制技术，要注入新理念、新思想、新方法，探寻乡村规划未来的路该如何去走。

3.1 乡村新要求、新目标

党的十九大提出要实现乡村"产业振兴、人才振兴、文化振兴、生态振兴、组织振兴"，其总要求是"产业兴旺、生态宜居、乡风文明、治理有效、生活富裕"，总目标是农业农村现代化。

乡村发展的新要求和新目标为乡村规划提出了新的思考。新乡村规划的主旨是要满足乡村发展的多元需求，新乡村规划要关注与乡村发展密切相关的社会演化、乡村经济、土地政策、自然资源、地域文化以及社会治理等方面，适应乡村发展的全面转型。在产业发展方面，要在以第一产业为主导产业的基础上，挖掘农村地区的潜在优势，逐渐发展规模化产业，建立多元的产业结构，促进村民多渠道就业。在农村用地方面，转变用地理念，以节约和集约方式利用土地，为农村的长远发展留有余地，保证持之以恒地增强农业的发展和支撑能力。❷

3.2 乡村新机遇

随着我国开始步入大数据时代，"互联网+"、5G等信息技术的广泛应用为乡村建设和发展带来了新机遇。在农业生产方面，大数据可实现对农产品生产、加工、销售等全线监测与反馈，从而提升农作物的产量与质量，推进"新农业"；在监督管理方面，大数据可提供乡村智慧化管理，使决策有依据，管控有迹可循，资源最大化利用，形成管理"新体系"；在人才培养方面，大数据可为现代农业生产者等群体提供海量的学习资源，

为培养知识型农民奠定基础，催生现代"新农民"。

乡村发展的新机遇要求将信息技术贯穿乡村规划的全过程，并渗透到乡村规划的方方面面，使大数据成为农业农村现代化必不可少的因素之一。

3.3 乡村新角色

我国农村的传统角色主要表现为初级劳动力的聚集地、传统文化的沉淀区、农民稳定生活的场所。随着我国经济社会的发展，乡村从单一的承载农业生产和农民生活转向承载多元复合功能，从单一的农副产品供应向生态保护和游憩功能、文化传承和发展功能、农村居民的健康居住与发展功能以及绿色农产品的生产与供应功能等全面转型。❸

新时期的中国乡村具有经济价值、生态价值、社会价值和文化价值等综合价值，上升到国家层面体现在乡村承担着保障国家粮食安全、生态安全、文化安全和社会安全的责任，由此构建四个方面的作用：基于粮食安全的绿色农产品的生产与供应作用、基于国家生态安全的生态保护与建设作用、基于国家文化安全的文化传承与游憩发展作用、基于国家社会安全的农村居民健康居住与发展作用。[9]乡村正从城市的附属品和"服务提供者"向着深层次的角色发展，展现出其功能的多面性。未来的农村必须实现经济、文化和政治的同步繁荣，农村需要承担起现代农业文明的承载区、传统乡土文化的传承地和基层政治发展的实践地等角色。[10]然而，由于农业农村地域的分散性、农业生产的小农性和农民整体素质的差异性等，我国的农业农村尚处于传统向现代转型升级的阶段，实现全面建成社会主义现代化强国的伟大目标的短板在乡村。❹

乡村地区仅靠传统的规划技术手段，无法实现我们想要的未来。因此，随着乡村角色的转变，新乡村规划要紧紧地守住耕地红线，更加注重多元协调发展，适应乡村发展的全面转型，着眼于乡

❶朱泽. 以乡村振兴战略推进农业农村现代化[N]. 学习时报, 2018-07-06(A2 版).
❷杨海棠. 论新时期乡村规划新思维[J]. 科学时代, 2015(3): 249.
❸邹德慈, 等. 新型城镇化背景下的我国村镇发展规划策略[J]. 中国工程科学, 2019(2): 1-5.
❹唐任伍. 乡村公共基础设施建设是乡村振兴的关键[Z].

村综合能力的提升。❶

3.4　乡村新空间

在国土空间规划的背景下，乡村规划不只局限于对乡村建筑的保护与修复，而要拓展到对乡村全域的关注，对乡村全域全要素管控。乡村地区物质空间包括生产空间、生活空间和生态空间，需要高度重视"山水林田湖草"的生态保护，落实最大程度保护生态安全、构建生态屏障的要求；明确生态保护红线主要是指在生态空间范围内具有特殊重要生态功能、必须强制性严格保护的区域，它是保障和维护国家生态安全的底线和生命线。

在新乡村规划中，要摸清家底，严格按照国土空间总体规划的具体要求落实三区三线的划定，明确空间管控重点与机制，在确保粮食安全的同时，保障生态空间不被破坏，最大程度地降低因自然和人为因素造成的灾害发生率，从源头上增强乡村的"韧性"，提高乡村抗风险的能力。

3.5　乡村新主体

如前所述，大数据为现代农业生产者等群体提供了海量的学习资源，为培养知识型农民奠定了基础，有利于催生乡村新主体——现代"新农民"。作为乡村人员构成的主体之一，现代"新农民"希望能够与乡村展开新形式的互动，为乡村发展注入新活力，对乡村规划提出新要求。

乡村规划在乡村新主体的全程参与下，以"自上而下"和"自下而上"相结合的方式，将能更好地推进农业农村现代化。

4
农业农村现代化视角下云南边疆民族地区
新乡村规划的基本思路

在乡村振兴及农业农村现代化背景下，构建乡村发展新格局、发展乡村特色产业、

建设生态宜居环境、传承与弘扬乡村优秀文化、建设农村基础设施和公共服务设施，以及乡村治理等多个方面都需要乡村规划的指引。云南边疆民族地区的乡村和全国各地乡村一样，需要能解决问题的规划，需要能带来发展的规划，需要能改善生活的规划[2]，民族地区的发展呼唤新乡村规划的编制和实施。

4.1 新乡村规划的特征和原则

1. 新乡村规划的特征

从本质上理解，乡村规划是对于乡村地区可持续发展和"三农"问题进行的公共干预。❷作为一种公共干预的手段，乡村规划的意义不仅在于对乡村空间的现代化改造，更是一个从多层次推进乡村治理现代化的重要工具。[11]随着乡村功能、乡村角色、乡村主体等的转变，现代的新乡村规划应具有如下特征。

（1）综合性规划

乡村规划表现为生产与生活相结合，是综合性规划。乡村规划强调多学科协调、交叉，即需要规划、建筑、景观、生态、产业、社会等各个相关学科的综合引入，实现多规合一。

（2）制度性规划

乡村规划与实施管理的表征是对农村地区土地开发和房屋建设的管制，其实质是在政府、市场主体、村集体和村民之间对土地开发权及其收益的制度化分配与管理，凸显了乡村规划制度的重要性。因而，乡村规划是制度性规划。

（3）服务型规划

乡村规划是对乡村空间格局和景观环境方面的整体构思和安排，包括乡村居民点生活的整体设计、乡村基础设施和公共服务设施的有效配置等。由于乡村规划实施的主体是广大村民、村集体、政府、企业等多方利益群体，在现阶段基层技术管理人才不足的状况下，需要规划编制单位在较长时间内提供技术型咨询服务。因而，

❶2021 霍普杯，乡村困境：新乡村规划[EB].
❷张尚武. 重温|对乡村振兴战略与乡村规划建设的若干关系认识[EB].2022-05-15.

乡村规划是服务型规划。

(4) 契约式规划

乡村规划应该是一种共识的发展契约。[12]乡村规划的制定是政府、企业、村民和村集体对乡村未来发展和建设达成的共识，形成有关资源配置和利益分配的方案，是政府、市场和社会共同遵守和执行的"公共契约"。《城乡规划法》规定乡村规划需经村民会议讨论同意、由县级人民政府批准、不得随意修改等原则要求，显示乡村规划具有私权民间属性，属于没有立法权的行政机关制定的行政规范性文件，具有不同于纯粹的抽象行政行为的公权行政属性和"公共契约"的本质特征。[9]

2.新乡村规划的原则

基于上述对乡村规划的本质和特征等的认识，新乡村规划的编制、实施、管理要秉承以人为本、因地制宜、生态保护的原则。

(1) 新乡村规划"以人为本"

以人为本的乡村规划是统筹乡村空间资源配置的重要政策工具。乡村规划应基于现阶段乡村人地关系，实现以人为本的村域空间规划重构；结合村庄实际情况制定产业发展策略，形成三产融合、适应产业新业态发展要求的产业空间和用地布局；全域谋划村庄发展，在明确建设、农业、生态用地安排和空间管制要求的基础上，挖掘生态与文化特色，促进农村特色资源与自然资产的快速增值。

乡村规划要开展乡村宜居性建设。要对人居环境整治、农房建设及风貌管控作出具体安排，进行人居环境、村容村貌、生活垃圾、排水工程、厕所等整治；建设完善的、现代化的乡村公共基础设施，展现乡村特色，塑造特色乡村场所空间，体现识别感、认同感；建设农村供水保障工程、乡村生态环境优化设施、乡村清洁能源工程，以及乡村公共服务、社会治理等数字化智能化设施；促进城乡公共服务（如医疗卫生、教育等）均衡化、基础设施建设一体化；保护乡村有价值的物质实体，保障乡村基本的现代化生活条件，使乡村留得住人、有吸引力、有竞争力。[13]

编制乡村规划要以村民为主体。要充分了解与分析当地村民的实际需求，并在规划中将村民的具体需求真实地反映出来。为此，要建立有效的村民主导型规划机制，充分发挥村民主体作用，形成村委会和村民的全流程参与；尊重村民意愿，确保村民、村委会的知情权和参与权；采取"上下结合"的规划编制方式，为村民共谋、共建村庄提供便利条件。乡村规划既要保护传统村落的原真性，又要满足新时代农村多样化的生活生

产需求, 让村民过上有品质的生活。❶

(2) 新乡村规划"因地制宜"

乡村规划要充分考虑当地实际情况, 因地制宜, 避免千村一面。新乡村规划的"因地制宜"包括: 因地制宜精准引才, 为乡村振兴注入强大的人才支撑; 因地制宜精准施策和创新施策, 将当地的优势与特点挖掘出来, 让每一项政策都带有浓郁的地方特色, 以产业振兴推动乡村振兴; 因地制宜从实际出发, 作出科学预测, 规划村镇的人口以及用地的实际规模, 使规划具有更好的指导意义; 因地制宜优化村镇的选址和布局, 合理确定村镇的具体发展方向, 为今后的农村城镇化奠定良好的基础; 因地制宜推动发展, 加强农村经济、政治、文化、社会、生态文明建设, 推进城乡一体化发展, 不断满足群众日益增长的物质和精神文化需求, 以特色发展的方式推动宜居宜业的美丽乡村建设。

(3) 新乡村规划"生态优先"

乡村规划应该是人与自然之间的平衡之道。乡村规划要以生态为主线, 保持自然生态格局和生态单元的肌理; 在村落选址、营建过程中强调自然生态原则, 加强绿色低碳生态技术在民居建筑中的应用; 把复合农业产业化作为调节人与自然环境的手段, 实现生态效益、经济效益、社会效益的平衡与永续发展; [12]推动"农业生产清洁化、农村废弃物资源化、村庄发展生态化"。[14]

总之, 乡村规划要结合乡村特色科学地编制, 使其具有针对性、实效性、实用性; 要以需求为导向把规划与建设结合起来, 通过规划加强空间和土地的精细化管理, 以规划引领产业振兴、引导改善人居环境、推进生态文明建设。

4.2 新乡村规划的基本思路

❶ 罗伟玲, 赖雪梅, 良洪, 等. 乡村振兴战略下以人为本的村规划应对[J]. 土地科学动态, 2018(4): 16-19.

1. 产业融合, 形成多样化农业集聚发展格局

2015 年中央"一号文件"正式提出"三产融合"(即农村一二

三产业融合）发展。"三产融合"是指农业内部各部门、农业与农村第二产业、第三产业通过相互间的融合渗透、交叉重组等方式形成农业新产业、新业态、新模式的新型农业组织方式。"三产融合"发展，是拓宽农民增收渠道、构建现代农业产业体系的重要举措，是加快转变农业发展方式、探索中国特色农业现代化道路的必然要求。[14]对于"三产融合"发展，引入与集聚现代先进要素、挖掘与开发农业多功能、产业融合渗透与交叉重组、完善与创新体制机制和制度，以及推进质量变革、效率变革和动力变革是其路径和手段。推进"三产融合"发展，需要打造有效平台和载体，聚集多方资源和力量协同推进。[15]

为了引导产业集聚发展，在新乡村规划中，需要体现：

（1）一二三产业融合发展与城乡规划、土地利用总体规划、村庄规划等的有效衔接。

（2）统筹乡村资源，调整优化农业产业空间布局和功能定位，转变用地理念，以节约和集约方式来利用土地，有效地推动乡村产业的发展。

（3）通过农村闲置宅基地整理、土地整治等方式新增的耕地和建设用地，优先用于农村产业融合发展。[14]

2. 发展农业，推进现代化乡村建设

2019 年，中共中央、国务院办公厅印发的《数字乡村发展战略纲要》指出：数字乡村是乡村振兴的战略方向，也是建设数字中国的重要内容。农村发展离不开农业发展，农业现代化需要实现农业机械化、集体化，生产加工一体化。

为了推进农业现代化，在新乡村规划设计中，需要关注：

（1）融入农业机械化的内容，以提高生产效率、增加村民收入和减轻劳动强度。

（2）开展以土地集中为基础的乡村土地综合整治，以实现规模化和现代化生产。

（3）推进农村数字经济的发展和农业生产由传统农业向精准农业数字化转型；推进实施"互联网 + 现代农业"行动。

对于第一产业，要增强农业产业链智慧化，借助互联网平台，从多种渠道进行农产品的供应，带动农业电商服务、物流流通体系的建立，推动农业现代化发展。

对于第二产业，一方面要通过村企合作的方式，利用企业的工业生产技术与优势平台，延伸其产业链，发展农产品加工、冷链物流等服务；另一方面，推动乡企联动，乡村作为基层农产品加工点，构建农产品加工纵向产业链，促进城乡要素双向流动。❶

对于第三产业，要结合乡村自身特点发展旅游业，以及电商、物流等产业。

(4) 将现代信息技术应用于农业生产、加工、营销和服务等环节；推进发展农村电商、智慧农业等新产业新业态，以及农商直供、产地直销、食物短链、个性化定制等新型经营模式。[15]

对于云南民族地区，因山地与高原占云南全省面积的 94%左右，地理环境十分复杂，新乡村规划还需要：

(1) 为高原地区农业机械化提出土地集中整治和农机推广应用的方案，创造高效、便捷的农业生产条件。

(2) 关注乡村信息基础设施建设和基础设施数字化转型，加强基础设施共建共享。

(3) 引导传统聚落等特色保护类村寨发掘其独特资源，建设互联网特色乡村，推进智慧绿色乡村建设，提升乡村生态保护信息化水平；完善民生保障信息服务，推动乡村教育信息化，大力培育新型职业农民；活化乡村产业，积极发展乡村新业态。

3. 引入教育，开发"第四产业"

将教育作为乡村的第四产业是一个全新的规划理念，可以为乡村规划注入新动力。

新乡村规划要重视教育本身所拥有的内在价值，将教育植入乡村并作为乡村的第四产业，服务于当地。乡村规划可依据各个聚落不同的地理位置、自然风貌、民俗文化，筛选其可发展为教育产业的特色点；利用数字化和互联网基础设施，通过引入特色教育产业，以活化利用乡村的自然环境、乡土文化等资源，吸纳城市资金，运用乡土材料因地制宜地建设教育产业。教育产业的兴办，一方面可以对村民进行义务教育，缓解留守儿童的教育问题，提高村民的文化素养和创新意识，可以开展技能培训，培养乡村新型农民；另一方面，可以满足城市的研学需求，城市居民可以到乡村接触大自然，学习课堂之外的知识，寓教于乐，同时，也为当地带来就业岗位和经济收入。

4. 挖掘特色，营造乡村独特景观

如前所述，云南是一个多民族聚居的地方，各民族独具特色的

❶ 简单. 新冠疫情背景下乡村规划与发展的新思考[C]//中国城市规划学会. 面向高质量发展的空间治理: 2020 中国城市规划年会论文集. 北京: 中国建筑工业出版社, 2021: 1756-1762.

民族文化以及聚居地的自然生态环境和人文环境造就了具有鲜明民族特色的传统聚落和民族建筑。

在新乡村规划中，要根据乡村的自然环境和人文环境，挖掘乡村固有的特色，包括建筑特色及文化特色，从而依据乡村特色建设具有地域文化特色的现代化乡村，营造乡村的独特景观，避免同质化，以改变"千村一面"的状况。

(1) 建筑特色

新乡村规划要挖掘和保护乡村特有的传统建筑风貌和建筑形式，采用"小规模渐进式"的模式来规划乡村。❶对乡村老旧建筑进行保护与更新，在不破坏聚落的建筑肌理、保持聚落传统风貌的情况下，注重与周边环境融合，预留发展空间，满足未来发展的弹性需要。同时，对聚落建设提出风貌控制导则，新建建筑不规定统一的形式，只要和聚落的风貌保持一致即可，实现聚落建筑景观的多元统一。

(2) 文化特色

保护乡村特有的文化资源。一方面保护当地的历史遗产和传统习俗，挖掘农耕、山水和人居文化中蕴含的思想观念，实现特色文化的保护和传承；[16]另一方面充分利用文化资源，通过打造特色文化旅游来发展乡村旅游业等，提升乡村的魅力和吸引力。

5. 保护生态，统筹生态系统保护与治理

我国国土面积的97%以上是乡村，乡村承担着为整个国家提供生态屏障和生态产品的功能，是承担保护生态环境、维护生态安全这个重点任务的主体。

规划作为一种制度和作为一种政策，需要以生态保护为原则，实现经济、社会、文化的共生共荣。[12]为此，新乡村规划需要：

(1) 严格落实国土空间规划所提出的新要求，严格划定"三区三线"（"三区三线"主要指生态空间、城镇空间（亦即建设空间）和农业空间，以及生态保护红线、城镇开发边界和永久基本农田保护线），明确生态保护红线是保障和维护国家生态安全的底线和生命线；与生态保护红线和永久基本农田保护红线完美结合，构建生态安全格局，明确环境质量的底线，提出环境准入负面清单；[17]在划定上，落实最大程度保护生态安全、构建生态屏障的要求。

(2) 在梳理乡村生态资源的基础上，针对山、水、林、田、村、居等生态要素，提出生态保护措施，把山水林田湖草作为一个生命共同体统一保护和修复，健全生态保护的修复制度，构筑村域生态空间体系，包括构建村域整体生态格局、维护村域生态基

底等。

(3) 推进发展生态农业，同步规划农业产业化与产业生态化，培养农民的生态农业理念，提高农民的生态文明素养。

(4) 推动现代科技和管理手段的运用，将乡村的生态优势转化为乡村经济发展的优势，为外来消费者提供更多更好的绿色生态产品和服务，以促进乡村自身生态和经济的良性循环。

(5) 促进城乡一体的环境保护机制与适合乡村的环境整治技术的建立，以及全覆盖、网络化的环境保护三级（省、市、县）监管体系的建立。

6. 村民参与，"自上而下"与"自下而上"相结合

乡村规划是乡村地区的规划，关注对象主要是村民、农业和农村的发展，其特点是与土地紧密结合。

新乡村规划需要关注乡村长期存在的问题，如农村人口流失、生产效率低下、生活环境恶化等；要了解村民的需求，让村民参与规划的全过程中来，让村民"审核"规划方案，采取"陪伴式"规划建设；通过"自上而下"和"自下而上"相结合的方式来编制村民满意的、真正实用的新乡村规划。

7. 理念更迭，乡村规划师责任

推广乡村规划师制度。乡村规划师是具有规划或相关专业背景的专业人员，乡村规划师是践行国家生态文明思想，用科学规划引领乡村科学发展的基层队伍，是实现农业农村现代化最活跃的生力军。按照成都"1573 模式"[18]，乡村规划师是乡镇规划技术负责人，是城市和农村之间的桥梁和纽带，是乡村规划决策参与者、规划编制组织者、规划初审把关员、实施过程指导员、乡镇规划建议人、基层矛盾协调员和乡村规划研究员。乡村规划师制度的实践，将保障乡村规划师全方位地参与乡村规划建设的各个环节，从而促进乡（镇）政府规划职能的落实，形成有效的基层规划管理模式，培养接地气的基层管理队伍，探索规划引领乡村现代治理能力的模式，使乡村规划服务从短期逐渐转向中长期跟踪服务。乡村规划师

❶闫琳，曾婧．基于乡村可持续发展和社区营造理念的村庄规划方法研究：以北京市怀柔区北沟村村庄规划为例[C]//中国城市规划学会．城乡治理与规划改革：2014 中国城市规划年会论文集．北京：中国建筑工业出版社，2014：222-238．

应通过乡村规划解决乡村问题，同时应适当放下经济导向思维进而向社会导向思维转变，除了关注规划设计本身以外，更多地去关注规划设计所承担的社会责任，寻找乡村特色、因地制宜、村民参与的规划策略。

梳理县、镇、村三级规划编制的内容和深度要求，逐步建立县、镇、村三级规划联合编制或动态反馈的工作机制；大力推进"需求导向、解决基本、因地制宜、农村特色、便于普及、简明易懂、农民支持、易于实施"的实用性乡村规划编制，将乡村规划的主要内容纳入"村规民约"中付诸执行；发展乡村设计和新乡土建筑，鼓励规划师、设计师下乡，提倡"陪伴式"和"在地式"规划，传承和创新传统建造工艺，发展适合现代生活的新乡土建筑和乡村绿色建筑技术，开展对村镇建筑风貌的系统性研究。❶

乡村规划的科学编制与实施，对于乡村地区的有序建设和可持续发展具有引导和调控作用，对于推进全面建设小康社会具有重要意义。乡村规划设计一定要针对乡村建设的热点、重点和突出问题，做到有针对性，讲究实效性，注重实用性。[2]乡村规划是综合性系统性工程，应有系统性、多元性的思考，在进行乡村规划时要建立长效机制，以统筹城乡一体化发展，建设新型城镇化乡村。在设计中要寻求和突出乡村特色，反映乡土风貌，探索适应不同乡村的可持续发展之路。

由上所述可知，新乡村规划的基本思路涉及乡村"三产融合"发展、乡村现代化建设、发展乡村教育产业、营建乡村独特景观、保护乡村生态环境、实施村民全程参与乡村规划，以及推广乡村规划师制度等七个方面。显而易见，这些乡村规划思路，较之以往的传统乡村规划不仅视野大大拓展了，更重要的是，具有明显的时代内涵，体现了创新性发展的理念。这些基本思路在新乡村规划中，必将产生积极作用。

综上所述，在新乡村规划的编制中，要借鉴国外乡村规划的成功经验，包括乡村规划体系的"空间全覆盖"，乡村与城市的地位平等，以土地集中为基础的土地综合整治，乡村地区发展与自然环境保护间的平衡，对乡村基础设施和公共服务设施建设的重视，公众参与和"自下而上"的规划，数字化乡村和数字农业建设等七个方面；传承云南传统聚落的规划思想，包括人与自然和谐共生的生态观、因地制宜的住屋建造理念、体现特色的思想、氏族血缘的影响、宗教信仰的观念、防御灾害的意识；传承云南传统聚落营建的乡土智慧，包括因循自然的村寨选址、井然有序的空间布局、因地制宜的住屋建造、适应居住地自然条件的生产方式和防灾减灾的措施；创新发展乡村规划思维，在将新思想、新要求、新机遇、新角色、新空间、新主体等有效结合的基础上，转"建设规划"为"发展规划"进行乡村建设，注入新理念、新思想、新方法，按照"以人为本""因地制宜""生态优先"的原则，科学编制乡村规划，以引导乡村地区的有序建设和可持续发展，推进全面建成小康社会。

❶罗伟玲，赖雪梅，良洪，等. 乡村振兴战略下以人为本的村规划应对[J]. 土地科学动态，2018(4): 16-19.

主要参考文献

[1] 贺贤华，毛熙彦，贺灿飞. 乡村规划的国际经验与实践[J]. 国际城市规划，2017(5).
[2] 方明. [乡村振兴]现代乡村规划的意义与实施方法[EB]. 2021-04-22.
[3] 胡娟. 英国乡村规划的思路及启示[J]. 城乡建设，2017(7).
[4] 埃利希·魏斯(Erich Weip). 联邦德国的乡村土地整理[M]. 贾生华，译. 北京：中国农业出版社，1999.
[5] 李文娟，李妍. 英国特色乡村小城镇规划设计的经验与启示[J]. 美术大观，2015(10).
[6] 关于乡村振兴，英美日韩农村区域规划经验[J]. 世界热带农业信息，2018(4).
[7] 世界各国乡村发展运动的经验：上：日本韩国篇[EB]. 2020-03-20.
[8] 张梦霞. 国外发达国家农村基础设施建设管理特征和启示[J]. 城市建设理论研究，2013(15).
[9] 顾朝林. 新时代乡村规划新理论[M]. 北京：科学出版社，2018.
[10] 王文彬. 历史沿革中的农村角色转变及趋势分析[J]. 福建农林大学学报(哲学社会科学版)，2017(1).
[11] 孙莹，张尚武. 城乡关系视角下的乡村治理变迁与发展[J]. 城市规划学刊，2022(1).
[12] 李凤禹. 乡村规划设计的生态含义[J]. 乡村建设研究，2017(6): 14.
[13] 张尚武. 重温对乡村振兴战略与乡村规划建设的若干关系认识[EB]. 2022-05-15.
[14] 关于推进农村一二三产业融合发展的指导意见：国办发〔2015〕93 号[S].
[15] 肖卫东. 农村一二三产业融合：内涵要解、发展现状与未来思路[J]. 西北农林科技大学学报(社会科学版)，2019(6).
[16] 李洁，等. 新时期对村庄规划发展的探讨[J]. 新建筑，2016(4).
[17] 童俊，黄银，肖运来，等. 基于底线思维的乡村规划策略探讨[J]. 华中农业大学学报，2021，40(5).
[18] 成都日报，2020-11-07.

第十四章 云南传统聚落乡村风貌及其保护

乡村风貌是美丽中国的重要组成部分。乡村风貌是乡村特色的标志，是农耕文明的载体。古老的村寨以及其中的历史街巷、传统民居和自然山水等承载着村寨的传统文化和历史记忆，延续着村寨的历史文脉，蕴含着乡土味道，让人们记住乡情乡愁。它也是乡村发展特色产业和乡村旅游业的基础。近年来，相关文件指出"保留乡村风貌，留住田园乡愁"，对特色保护类村庄，要"切实保护村庄的传统选址、格局、风貌以及自然和田园景观等整体空间形态与环境""保护传统村落和乡村风貌""编制村庄规划要立足现有基础，保留乡村特色风貌……加强村庄风貌引导"。❶国家明确提出要加强风貌整体管控，集中连片建设生态宜居的美丽乡村，乡村风貌成为"实用性乡村规划"编制中的重要内容。❷可见，保护乡村风貌对于全面推进乡村振兴，建设美丽中国具有十分重要的意义。

本书对"乡村风貌"的概念、"乡村风貌"的结构特性、"乡村风貌"的演变历程、"乡村风貌"面临的危机，以及"乡村风貌"的保护原则分别论述如下。本书论述的"乡村风貌"系指乡村传统聚落风貌。

1 "乡村风貌"的概念

对于传统聚落风貌的概念，不少学者作了论述。如：传统聚落的风貌是聚落外在物质空间的环境形象和内涵特质的有机统一，是其自然地理环境特征、经济社会文化因素、村民生产生活方式等长期积淀而形成的总体特征。[1]风貌是基于地域的自然基底与人文背景，通过空间与环境形态意识的外显和表达，所呈现的可感知的景观特征和文化内涵。❸

聚落风貌是聚落文化的展现，而聚落文化是聚落风貌的内涵。聚落的特色风貌是指聚落呈现出的区别于其他的聚落，具有鲜明地域特征和乡土气息的风格与外貌[2]等。从以上论述可以说明"风貌"不是纯物质的表象，而是事物的内在属性和本质特征通过一定的物质外化形象表现出来的具体印象。

聚落风貌，是通过自然景观和人工景观以及非物质文化景观体现出来的、在聚落发展过程中形成的、聚落传统文化和生活的环境特征，是历史文化和社会生活内涵的总和，是通过聚落外在物质层面的空间环境和内在文化所表现出来的地域特色形象。换言之，传统聚落的风貌是由聚落的产业经济、社会文化、生态环境和物质空间等因素综合显现出的外在形象和个性特征的集合。聚落风貌反映了特定地域、特定时期聚落的经济、社会、文化和建造技术的特征。[1]

乡村风貌与城市风貌和乡村景观不同。与城市风貌相比较，乡村风貌的自然生态特征和地域文化特征属性更加显著；与乡村景观相比较，乡村风貌除自然、人文等物质空间特征外，还包括传统文化、生活习惯、风土人情等非物质要素。[3]

传统聚落的风貌一般包括下述六个方面。

1.1 聚落布局

传统的聚落布局践行环境伦理学和中国传统"天人合一"哲学理念，利用山、水、河流、地形等自然条件，自由灵活布置，因地制宜。聚落形态不仅仅是建筑布局形成的空间肌理，还应包含山水自然、顺应地势、协调营造所形成的整体环境意境。人与自然环境的和谐关系是我国聚落布局的"基因"，具有普遍性。

1.2 建筑及院落

不同民族、不同地域的传统聚落中，其建筑风格各具特色，表

❶习近平总书记在安徽凤阳县小岗村召开农村改革座谈会上的讲话，2016年4月25日；《国家乡村振兴战略规划(2018—2022年)》；《中华人民共和国国民经济和社会发展第十四个五年规划和2035年远景目标纲要》；《关于全面推进乡村振兴加快农业农村现代化的意见》(即2021年1号文件)。
❷孙莹，张尚武. 我国乡村规划研究评述与展望[J]. 城市规划学刊，2017(4)：74-80.
❸朱锡金. 上海郊区特色风貌构造说[J]. 上海城市规划，2006(3)：3-5.

现在不同的建筑形式、建筑高度、色彩、主体结构、墙体构造、立面、屋顶形式、材料、质感、门窗、装饰、院落空间等方面；而同一民族、同一地域的传统聚落中，其建筑却具有整体性、统一性和稳定性。

1.3 街巷和公共空间

街巷和公共空间是传统聚落最重要的生活空间、活动空间、文化空间和形象空间。街巷特征是由其两侧建筑、景观和人的活动共同构成的。街巷及两侧建筑的尺度、比例，两侧建筑的风格、色彩、高度变化等具有多样性。聚落中的传统街巷还具有历史记忆感和地域独特性，是历史文化传承的重要载体。

1.4 农业景观

农业景观是最主要的聚落环境特征，是聚落的自然和生态基底。我国农耕历史悠久，不同的社会发展阶段、不同的地域环境形成不同的农业景观特点。生产性农事活动与农耕文化相结合，展现传统聚落田园风光的丰富性、生命力、季相变化、质朴野趣等，本身具有很高的审美情趣和艺术价值，见图14-1。

图14-1 根植于农耕文明中的传统聚落风貌（董正东摄）

1.5 传统农耕技术和手工艺技术

传统农耕技术既包括世代沿袭的农业耕作技术，还包括犁、锄、耙、风车、水车、

石磨等金属和木制农具及其制作技术，以及选育良种、积肥施肥、兴修水利、改革农具、轮作复种等一整套农业技术措施，是农业文化的重要构成。

1.6 乡土文化

传统聚落的布局、建筑、景观是有形的，但文化、生活氛围却是无形的，由人在生产生活中通过各种行为活动表现出来，通过人的感知去认识、发现，是真正的内涵和精神所在。[4]

2
乡村聚落风貌的结构特性及乡村聚落风貌要素分类

2.1 聚落风貌的结构特性

聚落风貌具有物质与精神两重含义，反映了特定地域和特定时期聚落的经济、社会、文化和建造技术的特征。聚落风貌由最小的空间场景组成，逐级向上构建整体风貌。❶传统聚落风貌是由具有自身属性的物质要素以某种空间关系来组织空间所呈现出的整体形态。各风貌要素分属不同的空间层次，相对独立又相互作用。它们具有较强的内在关联，会随着聚落及其功能的发展而发生变化。传统聚落的风貌要素是聚落长期以来生产生活方式、技术水平以及风土人情等非物质特征的物质载体。它由多种载体要素组成，如街巷、建筑、铺地、广场等，每一个物质要素又可再细分为次一级的要素。多种载体要素以不同的方式来组织空间，从而形成特色各异的要素载体特点。[1]可见，传统聚落风貌是聚落在长期发展过程中由各风貌要素组成的复杂综合系统。

❶袁青. 我国乡村风貌的发展与演变研究[J].建筑与文化，2020(5)：83-84.

2.2 传统聚落风貌要素的分类

构成传统聚落风貌的要素包括物质要素和社会人文等非物质要素。传统聚落风貌的物质要素可分为人工要素和自然要素两大类（图14-2）。[1]

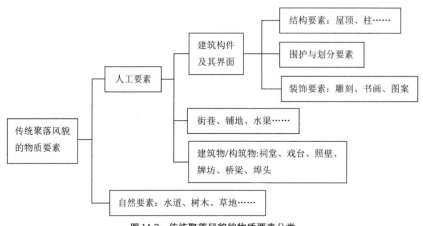

图14-2 传统聚落风貌的物质要素分类

传统聚落风貌要素同时包含聚落及其周边的自然与人文要素，如山川格局、沟渠水利等。传统聚落风貌的多元要素在组合分布上存在间断性和多样性，使得其特征存在地域差异性。❶

对传统聚落风貌要素可作以下分类：

1. 按宏观、中观和微观的系统层次分类

可将聚落风貌要素空间分为宏观、中观和微观三个系统层次，这种分类有助于理解聚落风貌的表层感知要素与深层认知要素。聚落风貌中的部分要素因其特征的丰富性而贯穿于三个风貌层次之中，如街道风貌的宏观、中观、微观层面分别表现为道路网络、街道肌理和街巷空间。不同层次的风貌要素互相影响，相互包含。[5]

2. 按空间形态特征分类

将聚落风貌的物质要素按其空间形态特征分为点状要素、线状要素和面状要素：[1]

1) 点状要素

点状要素是聚落风貌中空间实体面积相对较小或整体形状为团块状的一种单要素空间类型，主要包括聚落中的祠庙、教堂、戏台、钟鼓楼、古树、照壁等。

2) 线状要素

线状要素是聚落风貌中由多种载体要素共同组成、呈带状分布的空间，主要包括主

街通道、主巷通道、主要街巷两侧的建筑界面。

(1) 主街——是聚落发展的主轴线，也是聚落公共活动最频繁的发生地，它包含了聚落相对完整的历史信息。同时，聚落街巷的空间序列具有明显的组织功能，是聚落空间形态系统的主骨架。此外，主街还承载着聚落中绝大部分的商业活动和公共活动，它既是村民生产、生活、通勤的主要路线，也是串联起聚落重要公共设施以及公共空间的载体。

(2) 主巷通道——是主街的分支，在聚落内部起着连接主街与其他区域的作用，在整个聚落街巷中居于次要地位。

主要街巷两侧的建筑界面——主街、主巷由其街巷界面构成，街巷界面通常包括侧界面和底界面。侧界面是街巷空间的重要组成部分，临街店铺、建筑墙体等是侧界面的主要构成要素。街巷空间的公共服务功能以及重要的空间景观效果由侧界面的服务设施、围合程度、比例以及墙体、门窗材质、细部等来决定，并成为塑造聚落风貌的重要元素。底界面为街巷空间水平方向的界面，由街巷路面及其附属场地和路面两侧及路面下的市政基础设施等要素构成。

3) 面状要素

面状要素是聚落风貌中空间实体面积相对较大、由多个要素组成且呈面状分布的载体要素，包括村口、各种类型的广场、街巷的交叉口空地、水塘等。

(1) 村口——是展示聚落形象的窗口，是人们感知聚落经济、社会、文化等各方面发展的第一印象，对内外不同的空间起着较强的标志性作用。

(2) 各种类型的广场——主要是结合聚落商业活动、宗教活动、街巷交通等形成的日常活动场所，具有宗教祭祀、公共交往、商品交易、交通转换等功能，在空间导向上起着承接转换的作用。[6]

(3) 街巷交叉口空间——是人流交汇的地方，在聚落中还起到疏导人流、减缓交通压力的作用，同时也是人们停留或开展交往活动最频繁的场所。

❶ 杨亚妮. 我国乡村建设实践的价值反思与路径优化[J]. 城市规划学刊, 2021(4): 112–118.

(4) 水塘——对于村民的生活具有非常重要的意义，集供给用水、抗旱排涝、防火避灾、调节气温、装饰庭院等功能于一体，兼具民俗风水观念的寓意，寄托人们美好的愿望。

点状、线状、面状三类风貌物质要素形成了一个系统，这个系统由整体的场所构成，给予人们心理上的认知，使聚落风貌特征极富地方特色。[1]

3. 按功能类型分类

上述三类要素按其功能类型可划分为经济功能要素、社会功能要素、文化功能要素、居住功能要素以及交通（联系）功能要素。它们作为物质支撑，承载了聚落日常生活的经济功能、社会功能和文化功能。在聚落风貌特色营造中，风貌特征的功能结构强调的是各要素之间相互依赖的关系，即各风貌要素之间、各功能类型要素之间以及风貌要素与功能类型要素之间的关系。因此，风貌功能结构的核心是通过强化风貌要素与聚落系统中功能要素的关系，在保护特色要素的基础上，促进整个聚落系统的提升。

只有整体地、系统地认识聚落风貌特征的物质要素，才能更加深入地认识单独存在的物质要素在聚落整体的风貌特征中所具有的功能和作用，也才能够更加深入地体会到先人传承至今的聚落的建造智慧和文化价值，从而更加准确地把握聚落保护和利用的关键。避免"对聚落局部的改造行为造成对整体聚落空间结构的破坏"，导致"建设性破坏、破坏性建设"。[1]从物质要素、构成方式及其功能整体的角度系统地分析聚落的风貌特色，对研究聚落风貌特色的营造具有一定的指导意义。

3
乡村风貌的演变历程

我国在不同时期乡村风貌的演变及其根源见表14-1。❶

从表14-1可知，在近现代中国乡村变迁的历史中，乡村风貌的发展与演变受到决策者与村民两种力量的推动或制约，同时受到社会背景与自然环境等因素的影响。当前，乡村风貌的良性发展需要决策者和村民共同配合，了解这两方主体对于乡村风貌的认知和诉求才能够更好地促进乡村风貌的建设。

表 14-1　乡村风貌在不同时期的演变及其根源

时间	乡村发展阶段	风貌演变根源	风貌特征	
			显性要素	隐性要素
1840—1949 年	近代时期	受时局动荡影响,被各方势力支配	功能简单,规模较小,布局肌理自然	以家族为基础,由宗教信仰、风俗习惯构成的社会组织关系
1950—1978 年	计划经济时期	计划经济背景下,随人民公社发展	规划布局公社化,建筑空间集体化	农民的生活活动具有鲜明的政治色彩,传统文化习俗减少
1979—2002 年	改革时期	农村政治体制改革,出现大量自主性建设	住房面积增加,空间自发性明显,但专业性缺失	农民的生产生活高度解放,建设发展自主性得到满足
2003—2013 年	深化改革时期	政策调控与乡村社会结构变化	现代化程度提高,传统空间减少	城乡人口流动导致乡村人口结构发生改变,人文社会衰败
2014 年至今	乡村振兴新时代	政策支持与外界力量激发乡村内生动力	综合发展,多点复兴,人居环境持续改善	农民深度转型,社会力量介入,重视人文风貌的挖掘与保护

4

乡村风貌的危机及其主要原因

　　随着工业化、城镇化的快速发展,传统聚落衰落、消失的现象日益加剧。我国不少传统聚落内村民的住屋虽然仍具有与当地山水相协调的整体风貌特色,但房屋破败,居住方式不适应当前乡村的社会结构和设施需求;有一些聚落,大量农村劳动力流入城市,导致公共设施和基础设施等民生设施衰败,地方传统建筑和聚落风貌特色加快消亡。此外,我国经济的快速发展对传统聚落风貌带来一

❶袁青. 我国乡村风貌的发展与演变研究[J]. 建筑与文化, 2020(5): 83-84.

定的冲击。在乡村建设中，由于对现代生活方式、价值观和审美观的不同理解，以及设计引导缺失等原因，陆续新建的村民住屋，虽然在配套设施水平和建筑材料方面已远远优于传统住屋，但其风貌样式缺乏地方特色，与环境格格不入，普遍存在自然环境破坏、传统聚落风貌凌乱无序、特色缺失、文化传承不足等问题。与此同时，快速城镇化带来乡村的老龄化、空心化等社会问题，传统聚落风貌缺少了人文支持，呈现衰退和消亡现象。在我国中西部边远地区，乡村空心化、老弱化、荒芜化和集体经济薄弱化已到了触目惊心的程度，加强传统聚落保护发展刻不容缓。

4.1 乡村风貌的危机

归纳起来，乡村风貌的危机主要表现在以下方面：

一是地域特色逐渐消失，城市表征日益显著——即乡村风貌城市化。

二是乡村场所景观杂乱化、人工化，田园环境去乡土化、去生态化。

三是聚落社会逐步解构，聚落物质遗产和非物质文化遗产难以接续。[7]

4.2 造成乡村风貌困境的主要原因

一是交通的便利性加剧了城市工业文明的入侵。

二是村民和基层政府认知能力低，导致田园风貌被忽视。

三是聚落与传统的割裂，导致对传统文化的认知迷茫。

四是聚落的认同感出现分化，传统的风貌资源不被认可。

五是村民积极参与的缺位，导致聚落风貌保护缺少支撑。

六是乡村规划学科建设滞后，导致规划手段欠缺。

5
乡村风貌的保护原则

云南省有 25 个世居少数民族，各个民族有自己的发展历史和现存状况，其所聚居

的聚落各具特色，很难用同样的策略对所有的传统聚落风貌进行保护。在传统聚落风貌保护与发展的研究中，以下几条原则具有普遍适用性，可供深入研究和思考。

一是坚持因地制宜，保护地方特色。

二是维护村民主体地位，发挥其文化自信。

三是充分发挥民间团体的协作和支持作用。

四是强化人才队伍建设，充分发挥专业人员的创新理念，实施现代科学技术。

五是充分发挥自组织机制，他组织机制适度介入。

六是保护与发展并重，在保护中发展，在发展中保护。

七是挖掘、保护聚落历史和传统风貌，进一步提升聚落人文居住环境和吸引力。[6]

八是聚落中的住屋建筑因为数量大而直接决定了聚落的面貌。要保持和延续原有的聚落特色和风貌，必须对村民的需求进行引导，以对建筑的形式、色彩、材质等进行控制。

聚落风貌内涵复杂，虽然乡村风貌相关的规划成果已逐渐丰富，但理论方法仍有滞后，实用性规划方法仍待探索。梳理当前的规划方法，主要有聚落主体类与连片聚落类两大类型，[8]新的规划方法尚待进一步探索和研究。

综上所述，传统聚落风貌是通过聚落外在物质层面的空间环境和内在文化所表现出来的地域特色形象，是传统聚落特色的标志，是传统聚落发展特色产业和乡村旅游业的基础。传统聚落的风貌主要包括聚落布局、建筑及院落、街巷和公共空间、农业景观、传统农耕技术和手工艺技术，以及乡土文化等，是"实用性村庄规划"的重要内容。工业化、城镇化的快速发展，对传统聚落风貌带来一定的冲击。聚落风貌缺少了人文支持，呈现衰退和消亡现象。对于传统聚落风貌的保护，除了遵循文中所述原则外，需要加强乡村规划理论方法和实用性规划方法的研究。

主要参考文献

[1] 杨贵庆, 王祯. 传统村落风貌特征的物质要素及构成方式解析: 以浙江省黄岩区屿头乡沙滩村为例[J]. 城乡规划, 2018(1).

[2] 李京珂. 浅谈山地传统村落美丽乡村特色风貌营造[J]. 建筑实践, 2019(24).

[3] 李霞, 王迎, 郭星. 乡村风貌要素构成及提升路径[J]. 城乡建设, 2020(20).

[4] 乡村振兴中的乡村风貌塑造[EB]. 道客巴巴, 2018-09-20.

[5] 袁青. 我国乡村风貌的发展与演变研究[J]. 建筑与文化, 2020(5).

[6] 胡君颜. 注重保护传统村落和乡村特色风貌: 他山之石[N]. 人民日报, 2021-01-26.

[7] 张立. 中国乡村风貌保护的困境、成因和保护策略探讨[J]. 国际城市规划, 2019(5).

[8] 栾峰, 裴祖璇, 曹晟, 等. 实用性乡村风貌规划: 编制方法与实践探索[J]. 城市规划学刊, 2022(3).

第十五章 云南传统聚落美丽乡村建设

建设美丽中国,是新时代中国特色社会主义生态文明建设的主题,是实现中华民族伟大复兴中国梦的重要内容。建设美丽中国要求我们按照尊重自然、顺应自然、保护自然的生态文明理念,贯彻节约资源和保护环境的基本国策,更加自觉地推动绿色发展、循环发展、低碳发展,把生态文明建设放在突出地位,融入经济建设、政治建设、文化建设、社会建设各方面和全过程,形成节约资源,保护环境的空间格局、产业结构、生产方式、生活方式。要坚持人与自然和谐共生的基本方略,处理好人与自然的关系;树立绿水青山就是金山银山的发展理念,处理好发展与保护的关系;加快推动形成绿色发展方式和生活方式,处理好生产与生活的关系;统筹山水林田湖草系统治理和实行最严格的生态环境保护制度,处理好方法和路径的关系❶,为子孙后代留下天蓝、地绿、水清的生产生活环境(图 15-1)。

"美丽乡村建设"是美丽中国建设的重要组成部分,是乡村振兴的主要任务之一。"美丽乡村建设"涵盖广大农村地区经济建设、政治建设、文化建设、社会建设、生态文明建设的各个领域各个环节。云南传统聚落美丽乡村建设是云南民族地区实施乡村振兴战略的基础。

❶ 刘黎明,刘越. 准确把握建设美丽中国的根本要求[N]. 中国环境报,2019-08-20.

图 15-1　欣欣向荣的美丽乡村

1

"美丽乡村建设"的缘起

2013 年以来，习近平总书记对美丽乡村建设多次作出重要指示，先后强调"实现城乡一体化，建设美丽乡村，是要给乡亲们造福""中国要强，农业必须强；中国要富，农民必须富；中国要美，农村必须美。建设美丽中国，必须建设好'美丽乡村'"。党中央和国务院的文件中，对美丽乡村建设也作了专门具体的政策规定，指出要"努力建设美丽乡村""到 2020 年，美丽宜居乡村建设扎实推进……到 2035 年，美丽宜居乡村基本实现""……建设生活环境整洁优美、生态系统稳定健康、人与自然和谐共生的生态宜居美丽乡村"。教育部文件指出"加强美丽乡村建设。支持高校以建设美丽宜居村庄为导向，对农村垃圾、污水治理和村容村貌提升中的关键科学问题开展研究，系统突破农村人居环境整治关键科学问题，助推农村人居环境质量全面提升"。云南省委省政府文件指出"全面实施'美丽乡村建设万村示范行动'，促进全省生态宜居美丽乡村建设，推动乡村振兴……到 2022 年，完成全省 1 万个示范村（自然村）建设。到 2035 年，生态宜居的美丽乡村全面实现""塑造乡村美。以村庄规划管理、农村垃圾污水治理、厕所革命、村容村貌提升为主攻方向，做优集镇、做美村庄、做特民居，着力塑造规划布局美、环境整洁美、乡风文明美的美丽乡村。"❶

由上所述，可以看出美丽乡村建设对于乡村振兴和农业农村现代化具有十分重要的意义。美丽乡村建设是我国社会主义新农村建设的升级版，其核心在于解决乡村发展理念、乡村经济发展、乡村空间布局、乡村人居环境、乡村生态环境、乡村文化传承以及实施路径等方面的问题。[1]

2

"美丽乡村"的定义、模式和要求

2.1 "美丽乡村"的定义

"美丽乡村"是指"经济、政治、文化、社会和生态文明协调发展，规划科学、生产

发展、生活宽裕、乡风文明、村容整洁、管理民主，宜居、宜业的
可持续发展乡村（包括建制村和自然村）。"[2]

2.2　美丽乡村建设的模式

农业部于 2013 年启动了"美丽乡村"创建活动，于 2014 年 2
月正式对外发布了美丽乡村建设的十大模式 (表 15-1) [3]，为全国，
包括云南民族地区美丽乡村建设提供了借鉴和指导。

2.3　云南省美丽乡村评定条件

云南省美丽乡村评定的条件❷，即美丽乡村的要求，包括下述
五个方面。

1. 产业兴旺

因地制宜发展特色产业，产业规模化、绿色化、专业化、组织
化、市场化水平高，"一村一品"基本形成，"双绑"机制 (合作社
绑定农户、龙头企业绑定合作社的"双绑"利益联结机制) 有效建
立，有稳定的村集体经济收入，产业基础设施完善，带动农户增收
明显。

2. 生态宜居

村庄山清水秀，田园清洁，水源保护达标，河湖水质达标，宜
林宜草荒山荒坡全面绿化，生态保护措施完善。村落规划布局合理，
民居建筑风貌协调，具有特色。村庄保洁制度健全，垃圾、污水得
到有效治理，环境干净、整洁、有序。

3. 乡风文明

弘扬社会主义核心价值观，传承乡村优秀传统文化，遵纪守法，
邻里和睦，尊老爱幼，风气和善，婚丧事从简，文体活动持续有效
开展。

❶ 习近平总记2013年
7月22日到鄂州市长港
镇峒山村视察的讲话；
习近平总书记 2013 年
"中央农村工作会议
上"的讲话。
❷《云南省人民政府办
公厅关于印发云南省美
丽乡村评定工作方案的
通知》(云政办函〔2019〕
143号)。

表 15-1 美丽乡村创建模式

序号	模式	特点	分布地区
1	产业发展型	产业优势和特色明显，农民专业合作社和龙头企业发展基础好，产业化水平高，初步形成"一村一品""一乡一业"，实现了农业生产聚集、农业规模经营，农业产业链条不断延伸，产业带动效果明显	东部沿海等经济相对发达地区
2	生态保护型	自然条件优越，水资源和森林资源丰富，具有传统的田园风光和乡村特色，生态环境优势明显，把生态环境优势变为经济优势的潜力大，适宜发展生态旅游	生态优美、环境污染少的地区
3	城郊集约型	经济条件较好，公共设施和基础设施较为完善，交通便捷，农业集约化、规模化经营水平高，土地产出率高，农民收入水平相对较高，是大中城市重要的"菜篮子"基地	大中城市郊区
4	社会综治型	区位条件好，经济基础强，带动作用大，基础设施相对完善	人数较多，规模较大，居住较集中的村镇
5	文化传承型	乡村文化资源丰富，具有优秀民俗文化以及非物质文化，文化展示和传承的潜力大	具有特殊人文景观，包括古村落、古建筑、古民居以及传统文化的地区
6	渔业开发型	渔业在农业产业中占主导地位，通过发展渔业促进就业，增加渔民收入，繁荣农村经济	沿海和水网地区的传统渔区
7	草原牧场型	草原畜牧业是经济发展的基础产业，是牧民收入的主要来源	牧区半牧区县(旗、市)，占全国国土面积的40%以上
8	环境整治型	环境基础设施建设滞后，当地农民群众对环境整治的呼声高、反应强烈	农村脏乱差问题突出的地区
9	休闲旅游型	旅游资源丰富，住宿、餐饮、休闲娱乐设施完善齐备，交通便捷，距离城市较近，适合休闲度假，发展乡村旅游潜力大	适宜发展乡村旅游的地区
10	高效农业型	以发展农业作物生产为主，农田水利等农业基础设施相对完善，农产品商品化率和农业机械化水平高，人均耕地资源丰富，农作物秸秆产量大	我国的农业主产区

4. 治理有效

村级党组织坚强有力，村组干部公道正派、清正廉洁，村民会议制度健全，"四议两公开"(指村党组织领导下对村级事务进行民主决策的一套基本工作程序，是基层在实践中探索创造的一个行之有效的工作方法。"四议"是指村党支部会提议、村"两委"会

商议、党员大会审议、村民代表会议或村民会议决议;"两公开"是指决议公开、实施结果公开) 有效执行,村规民约规范管用,矛盾纠纷化解及时,治安秩序良好。

5.生活富裕

农村常住居民人均可支配收入达到所在县市区平均水平,医疗和养老保险应保尽保,住房安全适用,卫生户厕基本普及,进村入户道路通畅,电力、通信等公共设施满足生产生活需要。

3
美丽乡村建设的成功经验及存在的主要问题

近年来,通过目标引导、政策扶持、项目带动、科技支撑、典型示范和宣传推介,美丽乡村建设在全国总体上形成政府重视、群众响应、社会支持的良好局面,在很多地方都取得显著成效, [4]积累了一些成功经验,也暴露出不少困难与问题。

3.1 美丽乡村建设的成功经验

1.基础设施建设日趋完善

在美丽乡村建设中,各级政府投资逐年增加,农村地区基础设施日趋完善:国家统计局公布的数据显示,2013—2015 年,全国农、林、牧、渔业新建固定资产投资额 (不含农户) 增长了 76.3%。交通运输部公布的数据显示,党的十八大以来,全国新改建农村公路98.2 万千米;2013—2016 年,新增 406 个乡镇和 5.96 万个建制村通硬化路,全国乡镇、建制村通硬化路率分别达到 99.0%和 96.7%。

2.生态环境治理成效显著

近年来,以村庄绿化、村容整洁为主要特征的农村人居环境改善工作快速推进。2016 年,全国农村生活垃圾处理率达到 60%,预计 2020 年可以达到 90%。

3.农业转型升级明显加快

在美丽乡村建设推动下，现代农业、休闲农业和乡村旅游业等发展迅速，农业转型升级明显加快：我国休闲农业和乡村旅游上规模的经营主体达 30.57 万个，比 2015 年增加近 4 万个；2016 年，全国休闲农业和乡村旅游业接待游客近 21 亿人次，营业收入超过 5700 亿元人民币，从业人员 845 万人。❶

4.乡村精神文化生活日益充实

乡村优秀传统文化进一步得到保护和传承，特色文化资源被深入挖掘，农村地区群众精神文化生活更加充实。2012 年以来，全国有 8155 个有重要保护价值的村落被列入《中国传统村落名录》，大批国家级非物质文化遗产得到保护和传承。此外，乡镇文化站群众业余文艺团体数量迅速增加。[4]

3.2 美丽乡村建设面临的困难和问题

1.村庄规划编制工作有待加强

党中央、国务院和云南省委省政府的《乡村振兴战略规划》都强调编制乡村建设规划，坚持"规划先行"，但在实际执行中存在如下所列的很多问题。

（1）规划断档

往往是省市级有原则性规划，而村镇甚至县级很多地方都缺乏科学具体的规划指导，并且各部门之间的规划和方案还存在"打架"现象。

（2）规划脱离实际

很多规划单位用城市理念来规划农村，不适合当地农民生产生活方式的需要。

（3）规划执行不力

部分农村在进行宅基地划分、基础设施建设等具体操作时，不按规划操作，执行不力，造成土地大量浪费。

2.村民自觉意识有待提高

有的地方对于美丽乡村建设的认识仍停留在短期、外在层面，群众参与不足，"等、靠、要"心理依然严重。实践中不同程度存在过度用地、大拆大建、"千村一面"以及试点村的选取"嫌贫爱富"等问题。

3. 资金支持难题有待解决

对于经济发展水平较落后的地区，资金短缺已成为深化美丽乡村建设的瓶颈。在资金使用上，存在部门分散难成合力、分配不均等问题。

4. 长效机制建设有待完善

各层级完善的责任体制没有完全建立，家庭、村寨、政府、企业共同参与的机制没有形成。由于相关考核评价机制未完全建立，有些基层干部认识不到位，没有深刻认识到美丽乡村建设的重要性和紧迫性，没有把这项工作摆到应有位置，仅仅当作临时性任务。

5. 乡村基础设施建设有待加强

长期以来，政府对农村基础设施和公共服务投入严重不足，历史欠账严重。农田水利、道路、水电气、垃圾污水处理等基础设施建设严重滞后，不适应广大农村地区和村民群众生产生活改善及提高的需要，特别是边远山区和贫困地区，基本生产生活条件较差。

6. 垃圾污水处理环节有待优化

许多村寨和乡镇基本上不具备垃圾污水处理能力，有的垃圾污水处理设施建设水平和运行质量不高，配套设施不齐全，存在污染隐患，影响农村环境。垃圾处理的技术手段相对简单，科技含量低、综合利用率低、无害化程度低，还没走上资源化的综合处理道路。

7. 美丽乡村与城镇化衔接有待加强

当前，尽管很多村寨道路建设便捷、房屋建设档次较高，但多数人还是进城务工，农村留守的基本上都是老人和儿童。因此，在建设过程中，应充分考虑乡村人口向城镇聚集的趋势，以合理规划，避免边建设、边闲置、边拆除的浪费情况。

8. 环保理念和认识有待提高和深化

在美丽乡村建设过程中，广大农村要处理好致富与环保的关系，要始终贯彻清洁生产的理念。[5]

❶农业部农村社会事业发展中心. 中国休闲农业和乡村旅游发展研究报告: 2016 年度[R]. 北京: 农业部农村社会事业发展中心, 2017.

4
美丽乡村建设规划的编制

4.1 美丽乡村建设坚持规划先行

在美丽乡村建设中，规划的编制和实施十分重要。近年来，国家和地方政府的一系列文件都强调了乡村建设规划的编制工作。指出"科学规划村庄建筑布局，大力提升农房设计水平，突出乡土特色和地域民族特点……综合提升田水路林村风貌，促进村庄形态与自然环境相得益彰""全面完成县域乡村建设规划编制或修编，推进实用性村庄规划编制实施，加强乡村建设规划许可管理"。❶"强化村镇规划。坚持规划先行、'多规合一'，充分发挥规划刚性控制和引领作用，实现村镇规划建设从无序到有序、从强化到优化。推进集镇规划编制全覆盖，落实上位规划内容，深化细化乡（镇）域村庄空间体系、布点规模、设施布局，提升完善集镇区综合服务及人口空间承载能力。以行政村为单元，确定村级非建设用地范围……编制实用性村庄建设用地规划和修建性详细规划，加快编制乡村空间布局、产业发展、基础设施和公共服务设施、生态环境、传统村落保护、特色民居建设等专项规划。推进乡村建设规划许可制度全覆盖。探索将村庄规划以适当有效方式转化为村规民约。"❷"着力实施空间规划大管控、城乡环境大提升、国土山川大绿化、污染防治大攻坚、生产生活方式大转变等五大行动，谱写好美丽中国建设云南篇章"。❸对于"空间规划大管控"，要求做好以下方面工作。

1. 高水平编制国土空间规划

创新规划理念，把以人为本、尊重自然、山坝统筹、规划留白、产城融合（"产城融合"是指产业与城市融合发展，以城市为基础，承载产业空间和发展产业经济，以产业为保障，驱动城市更新和完善服务配套，进一步提升土地价值，以达到产业、城市、人之间有活力、持续向上发展的模式）等理念融入国土空间规划全过程。

按照开发建设不破坏山体、不占坝区良田好地、不临河湖、不沿道路线状分布、不分散的原则，制定重点生态功能区和农产品主产区产业准入负面清单，科学划定并严守生态空间、农业空间、城镇空间和生态保护红线、永久基本农田、城镇开发边界，开展资源环境承载能力和国土空间开发适宜性评价，建立监测预警长效机制，规范开发秩序，控制开发强度。

2.全面推进"多规合一"

将主体功能区规划、土地利用规划、城乡规划等融合为统一的国土空间规划，强化国土空间规划对各专项规划的指导约束作用，按照建设资源节约型、环境友好型社会的要求，推进"多规合一"，整体谋划新时代国土空间开发保护格局，统筹人口分布、经济发展、国土利用、生态环境保护，统筹预期性和约束性指标，高起点编制区域规划、专项规划、控制性详细规划等各类规划，形成层级清晰、功能互补、相互协调的规划体系。

3.严格实施规划

突出规划实施的强制性和权威性。城乡建设必须严格按照规划实施，新增建设项目必须纳入规划进行管控。实行规划实施动态评估，建立健全违反规划行为追究机制，严肃追究责任。[6]

4.2 美丽乡村建设规划编制的原则和要素

❶国务院《乡村振兴战略规划(2018—2022年)》。
❷《云南省乡村振兴战略规划(2018—2022年)》。
❸云南省委省政府办公厅《关于努力将云南建设成为中国最美丽省份的指导意见》。

1.规划编制原则[2]

编制美丽乡村建设规划，要按照因地制宜、村民参与、合理布局、节约用地的原则。具体为：

因地制宜

根据乡村资源禀赋，因地制宜编制村庄规划，注重传统文化的保护和传承，维护乡村风貌，突出地域特色。

村庄规模较大、情况较复杂的，宜编制经济可行的村庄整治等专项规划。历史文化名村和传统村落应编制历史文化名村保护规划和传统村落保护发展规划。

村民参与

村庄规划编制应深入农户实地调查，充分征求意见，并宣讲规划意图和规划内容。

村庄规划应经村民会议或村民代表会议讨论通过，规划总平面图及相关内容应在村庄显著位置公示。经批准后公布、实施。

合理布局 { 村庄规划应符合土地利用总体规划，做好与镇域规划、经济社会发展规划和各项专业规划的协调衔接，科学区分生产生活区域，功能布局合理、安全、宜居、美观、和谐，配套完善。

结合地形地貌、山体、水系等自然环境条件，科学布局，处理好山形、水体、道路、建筑的关系。

节约用地 { 村庄规划应科学、合理、统筹配置土地，依法使用土地，不得占用基本农田，慎用山坡地。

公共活动场所的规划与布局应充分利用闲置土地、现有建筑及设施等。

2. 规划编制要素（表 15-2）[2]

表 15-2　村庄规划编制要素

序号	要素
1	以需求和问题为导向，综合评价村庄的发展条件，提出村庄建设与治理、产业发展和村庄管理的总体要求
2	统筹村民建房、村庄整治改造，并进行规划设计，包含建筑的平面改造和立面整饰
3	确定村民活动、文体教育、医疗卫生、社会福利等公共服务和管理设施的用地布局和建设要求
4	确定村域道路、供水、排水、供电、通信等各项基础设施配置和建设要求，包括布局、管线走向、敷设方式等
5	确定农业及其他生产经营设施用地
6	确定生态环境保护目标、要求和措施，确定垃圾、污水收集处理设施和公厕等环境卫生设施的配置和建设要求
7	确定村庄防灾减灾的要求，做好村级避火场所建设规划；对处于山体滑坡、崩塌、地陷、地裂、泥石流、山洪冲沟等地质隐患地段的农村居民点，应经相关程序确定搬迁方案
8	确定村庄传统民居、历史建筑物与构筑物、古树名木等人文景观的保护与利用措施
9	规划图文表达应简明扼要、平实直观

5

云南传统聚落美丽乡村建设的思路

美丽乡村建设是一个系统工程，涉及各方面的统筹和协调。美丽乡村建设要坚持规划先行，把村庄布局和建设规划的编制放在首位。习近平总书记说："规划科学是最大的效益，规划失误是最大的浪费，规划折腾是最大的忌讳。"云南民族传统聚落美丽乡村建设需要科学地编制规划，要统一规划和建设聚落的居住环境、公共服务设施与基础设施配套。

5.1 分类推进，精准施策，引导美丽乡村建设

《国家乡村振兴战略规划（2018—2022年）》指出："顺应村庄发展规律和演变趋势，根据不同村庄的发展现状、区位条件、资源禀赋等，按照集聚提升、融入城镇、特色保护、搬迁撤并的思路，分类推进乡村振兴。"

1. 美丽乡村建设，必须准确划分乡村类型

云南省由于"自然条件的多样性，民族构成的复杂性，历史发展的特殊性，文化特质的多元性"，[7]产生了各具特色的传统聚落。少数民族特色传统聚落属于特色保护类村庄。传统聚落因其不同的民族文化及特殊的地理位置、资源禀赋、生态系统、人文氛围，自然条件千差万别，发展水平各不相同，可以分为民族风情型、田园风光型、产业带动型、历史文化型、交通便捷型等类型。根据其类型和发展趋势，因地制宜、因村施策，精准、科学地引导美丽乡村建设：

（1）民族风情型传统聚落

依托世居少数民族，统筹保护、利用与发展的关系，切实保护聚落的传统选址、格局、风貌、地方民族特色和地域特色，努力保持聚落的完整性、真实性和延续性；全面保护民居等传统建筑，尊

重村民生活形态和传统习惯；加快改善聚落基础设施和公共环境；深度挖掘、保护、传承民族优秀传统文化，充分展示多姿多彩的民族风情，合理利用聚落特色资源，发展乡村旅游业。通过挖掘聚落特色和优秀传统文化，实现美丽乡村有特色、有风景、有文化、有产业，避免"千村一面"。❶

(2) 田园风光型传统聚落

依托现有山水脉络等独特风光，保护自然景观和田园景观等整体空间形态与环境，体现尊重自然、顺应自然的理念，塑造回归自然的田园格局和生态风貌，让美丽乡村融入大自然；传承农耕文化，发展观光农业和休闲体验农业。

(3) 产业带动型传统聚落

依托传统特色产业和民族工艺产业，进一步提升产品质量、品牌价值和影响力，推动传统产业在新时代焕发生机；以市场需求为导向，科学确定聚落发展方向，培育特色产业，做强做精优势产业，打造经济新增长点，发展"一村一品"专业村，增强农村发展的内生动力。实现产业立村、产业强村、产业富民。

(4) 历史文化型传统聚落

加强古镇、古村落和传统聚落的历史建筑保护，避免拆真建假，传承好历史文脉；注重传统聚落民族文化传承，保护民族文化资源。

(5) 交通便捷型传统聚落

随着现代公路、铁路的不断兴建，给沿线传统聚落带来了物流、人流和信息流。在规划中，要充分利用交通便捷的优势，大力发展特色产业，推出高质量的农副产品、手工艺品，发展高品质文化旅游，推动传统聚落经济社会的快速发展。

2. 美丽乡村建设，必须紧密结合乡村的实际状况

(1) 坚持因地制宜、循序渐进。

科学把握乡村的差异性和发展趋势分化特征，做好顶层设计，注重规划先行、因势利导、分类施策、突出重点，体现特色、丰富多彩。要科学规划聚落建筑布局，大力提升农房设计水平，突出乡土特色和地域民族特点。

(2) 加快推进道路建设，基本解决村民出行不便等问题。

(3) 推进乡村绿化，建设具有乡村特色的绿化景观。完善聚落公共照明设施。

(4) 整治公共空间和庭院环境。继续推进城乡环境卫生整洁行动。

(5) 鼓励具备条件的地区集中连片建设生态宜居的美丽乡村，综合提升田水路林村风貌，促进村庄形态与自然环境相得益彰。

5.2 "多规合一"，规划引领，科学编制实用性村庄规划

在美丽乡村建设中，必须坚持"多规合一"，规划引领。按照村域全覆盖的要求，充分整合原有的自然村建设规划、村土地利用规划等乡村规划及其他专项规划（包括历史文化名村保护规划、林业规划、旅游规划等），编制"多规合一"的实用性村庄规划。

将主体功能区规划、土地利用规划、城乡规划等融合为统一的国土空间规划，强化国土空间规划对各专项规划的指导约束作用；按照建设资源节约型、环境友好型社会的要求，推进"多规合一"；整体谋划新时代国土空间开发保护格局，统筹人口分布、经济发展、国土利用、生态环境保护，统筹预期性和约束性指标，高起点编制区域规划、专项规划、控制性详细规划等各类规划，形成层级清晰、功能互补、相互协调的科学规划体系，指导村庄保护、建设和发展。实现"一村一规划"，避免"千村一面"。❷

美丽乡村建设规划的编制，要以改善村民生产生活环境、提高村民生活质量为目标，以农村基础设施建设为重点，结合村民生活需求和聚落存在的普遍问题，因地制宜，统筹规划农村的民居、道路、垃圾污水处理、厨厕改建等基础设施建设。

5.3 村民主体，多方合作，构建农村环境治理长效机制

在美丽乡村建设中，要突出村民主体地位，做好组织动员、政策引导、技术支持，充分发挥村民热爱家园、关心家园和管理家园的主人翁作用，把村寨环境整治的主动权交给村民；尊重村民意愿及历史、文化和农村习俗的传承，以村民为主体，政府规划为指引，社会力量积极参与，构建以群众为主的多元合作农村人居环境建设和管护长效机制，保障村民参与建设和日常监督管理。

❶《云南省乡村振兴战略规划(2018—2022年)》。
❷云南省委省政府办公厅《关于努力将云南建设成为中国最美丽省份的指导意见》。

5.4　保护传承优秀传统文化，增强乡村振兴内生动力

优秀传统文化是传统聚落的根脉，也是乡村振兴的基础。在美丽乡村建设中，要挖掘民族优秀传统文化，并将其与社会主义文化紧密结合，赋予其新的时代内涵，丰富其表现形式，推动优秀传统文化创造性转化和创新性发展，为美丽乡村建设提供丰厚的文化滋养和无穷的动力。

云南传统聚落优秀文化主要包括历史文化、古迹文化、农耕文化、茶文化、建筑文化、工艺文化、服饰文化、歌舞文化、生态文化、乡规文化、节庆文化、边寨文化等十二个方面。这些优秀传统文化具有鲜明的民族特色和显著的时代价值。其中，农耕文化等优秀传统文化是村民增强文化自信的优良载体和发展乡村特色产业及现代农业的深厚基础；历史文化等优秀传统文化是重塑乡村文化生态的基底；乡规文化等优秀传统文化是乡村文明建设的珍贵乡土教材；工艺文化等优秀传统文化是开发特色工艺产业的优质资源；建筑文化等优秀传统文化是发展乡村文化旅游业的重要资源；古迹文化等优秀传统文化是建设乡村公共文化服务体系的本底；生态文化等优秀传统文化是美丽乡村建设的基因。

在美丽乡村建设中，要从以下方面切实保护与传承乡村优秀传统文化：

(1) 实施农耕文化传承保护工程，深入挖掘农耕文化中蕴含的优秀思想观念、人文精神、道德规范，充分发挥其在凝聚人心、教化群众、淳化民风中的重要作用。

(2) 保护与传承传统建筑文化，使历史记忆、地域特色、民族特点融入当代乡村保护与建设之中。

(3) 保护与传承传统生态文化，要把生态文明理念融入美丽乡村建设的整个进程之中。保护和修复村寨生态系统、整治水土污染和生活污水，采用现代科技，大力改善村寨人居环境。自古以来，云南各族人民世世代代尊重自然、顺应自然、保护自然，人与自然和谐共生的思想，正是当下传统聚落改善生态环境和人居环境，建设生态宜居、生活富裕、文化繁荣、乡风文明的美丽乡村的正确道路。

此外，要划定聚落历史文化保护线，保护好文物古迹、传统聚落、传统建筑、农业遗迹、灌溉工程遗产。还要完善非物质文化遗产保护制度，实施非物质文化遗产传承发展工程。实施乡村经济社会变迁物证征藏工程，鼓励修编乡村史志。

综上所述，美丽乡村建设，要坚持以规划为引领，分类、精准、科学编制美丽乡村

建设规划；要以村庄规划管理、农村垃圾污水治理、厕所革命、村容村貌提升为主攻方向；要遵循乡村生态、生产、生活空间和文明形态的发展规律，坚持保护肌理、保护建筑、保存风貌、保全文化，进行统筹规划；要充分发挥村民主体作用，构筑农村环境治理长效机制。

美丽乡村建设是一项系统工程，需要各级政府、广大村民、各个相关部门以及社会力量的积极参与。在党和政府的领导和各个方面的共同努力下，做优集镇、做美村庄、做特民居，着力塑造规划布局美、环境整洁美、乡风文明美的美丽乡村。

主要参考文献

[1] 美丽乡村建设存在的问题及成功模式借鉴[EB/OL]. 2018-10-12. www.sohu.com.
[2] 美丽乡村建设指南: GB/T 32000—2015[S]. 北京: 中国标准出版社, 2015.
[3] 中国农业部发布美丽乡村建设十大模式[EB/OL]. 中新网, 2014-02-24. www.chinanews.com.
[4] 陈秋红. 人民日报调查研究: 深入推进美丽乡村建设[N/OL]. 人民网—人民日报, 2017-10-20.
[5] 聂振邦. 关于美丽乡村建设的调研[J]. 全球化, 2014(5).
[6] 中共云南省委办公厅, 云南省人民政府办公厅. 关于努力将云南建设成为中国最美丽省份的指导意见[N]. 云南日报, 2019-05-09.
[7] 蒋高宸. 云南民族住屋文化[M]. 昆明: 云南大学出版社, 2016.

第十六章　云南传统聚落案例

本章是云南省独有民族中 5 个具有典型性的传统聚落案例.这 5 个传统聚落一是中国最早开发旅游业的民族地区之一的西双版纳州傣族传统聚落——曼尾村;二是具有民族类型多样性、民族语言类型多样性和宗教信仰类型多样性的傈僳族与怒族等民族混居的传统聚落——丙中洛村;三是创造"红河哈尼梯田"世界文化遗产、人与自然和谐共生典范的哈尼族传统聚落——箐口村;四是靠歌舞脱贫的拉祜族传统聚落——老达保村;五是毁于一把火的"中国最后一个原始部落"、佤族传统聚落——翁丁村.这些案例全面论述了这 5 个聚落的民族渊源、迁徙入滇、自然环境、社会经济形态、空间构成、民族建筑、传统文化,以及保护与发展等内容.这 5 个案例展示了不同民族的传统聚落充满民族风情的特色风貌;揭示了传统聚落因地制宜、因山就势、相地构屋、就地取材、适用方便,人与自然和谐共生的营建思想和生存智慧;挖掘了具有多元性、多样性、原生性和特殊性特征,历史悠久、内涵丰富、特色鲜明的传统聚落文化,探索了这 5 个传统聚落所代表的不同类型的传统聚落保护与发展的思路.

1 中国最早开发旅游业的民族地区之一的西双版纳傣族自治州勐海县傣族传统聚落——曼尾村

1.1 傣族的族源

傣族是云南 25 个少数民族中人口较多的民族之一, 又是生活在西双版纳地区历史最为悠久的民族之一, 属汉藏语系壮侗语族壮傣语支。傣族是跨境少数民族。根据考古资料和历史文献记载，傣族的祖先起源于古代的百越——文献中描述的公元前 3 世纪至 2 世纪的著名族群，主要分布在我国的长江流域、珠江流域和澜沧江流域。随着几千年的历史进程，生活在澜沧江流域的古越人，由于地理位置偏远、地形复杂而危险、军事征伐较少，形成了保守型的文化特点。尽管中国古代中原文化、氐羌文化、楚文化和外来印度文化不断影响，但古越人发现自己"唯有印度文化的影响发生了奇迹般的威力，并且两种文化相互融合，改变了越人的文化取向，丰富了越人的文化内涵，重塑了越人的文化性格，推动了越人的文字创造"❶，从而由原来的越人转变为傣（泰）民族。傣族继承了百越族群最显著的文化特征：干栏式建筑、农耕和水稻种植。

云南省是中国的傣族以群集而居的形式定居的主要地方，傣族主要以聚落的形式居住在云南省西双版纳傣族自治州（以下简称为"西双版纳州"）和德宏傣族和景颇族自治州（以下称"德宏州"）。根据 2010 年中国人口统计，傣族在云南省的人口数量为122.2 万人（2021 年第七次全国人口普查，傣族在云南省的人口133 万），这两个州的傣族人口组成占云南全省傣族总数的 60%。在云南的孟连、耿马、景谷、元江、新平、双江、金平等 7 个自治县和其他县市的一些河谷地区，也有少量傣族零星地定居，人数约数十万。

1.2 曼尾村的自然环境

西双版纳州位于横断山脉纵谷区的最南端，境内的山脉属于横断山系的南段和怒山、无量山的尾梢，是由澜沧江下游及其支流切割而形成的中低山地。境内丘陵广布，山谷盆地（当地俗称"坝子"）相间排列。这些"坝子"海拔相对较低，地势平坦，水源丰富，土壤肥沃，自然气候条件优越，适于发展农业生产。长期以来，西双

❶ 黄惠焜. 从越人到泰人[M]. 昆明：云南民族出版社, 1992: 25.

版纳地区形成了傣族和汉族是居住在坝区的主体民族，其他民族主要居住在盆地周围的半山区、山区的分布状况。[1]西双版纳地区夏季受到印度洋西南季风和太平洋东南气流的影响，形成了高温多雨、干湿季分明而四季不明显的气候特点，全年无四季，只有明显的干季（从 11 月到次年 4 月）和湿季（从 5 月到 10 月）之别，属热带雨林气候类型。西双版纳州辖景洪市、勐海县、勐腊县和 11 个国营农场。

勐海镇隶属于勐海县，是县政府驻地，位于勐海县中部偏东的勐海坝子上，地处东经 100°17′42″～100°32′，北纬 21°52′～22°9′之间，境内最高海拔 1987.2m，最低海拔 1090m，面积 365.38km²。全镇总人口 18031 户，66697 人（2019 年）；其中农业人口 6919 户 34507 人；以傣、汉、哈尼、拉祜、回、景颇等民族为主，少数民族人口 46230 人，占总人口 69.31%。勐海镇辖沿河、象山、佛双 3 个社区，景龙、曼贺、曼袄、曼尾、曼短、曼搞、景真、勐翁 8 个行政村，93 个村民小组、16 个居民小组。

曼尾村（村委员会）是勐海镇的一个行政村，位于勐海镇东面，距勐海镇约 8km，辖曼尾、曼吕等 10 个村民小组，由北面的流沙河、西面的原昆洛公路、南面的新昆洛公路和东面的农田围合而成，属于坝区。到乡镇道路为柏油路，交通方便。村寨呈狭长形，国土面积 12.44km²，海拔 1176m，亚热带气候，年平均气温 18.50℃，年降水量 1340mm，适宜种植水稻、甘蔗、茶叶、石斛等农作物。农民收入主要以种植业、畜牧业为主。村民全都是傣族，现有农户 560 户，共 2894 人。

1.3 曼尾村的社会经济形态

中华人民共和国成立前，曼尾村的社会经济形态和西双版纳其他傣族聚落一样。傣族社会是自给自足的小农经济，大部分村民从事水稻种植。自古以来，西双版纳就建立了一套以封建领主土地所有制为基础的、完整的组织结构形式：村寨称为"曼"，若干个"曼"构成一个较大的聚落——"勐"（一个很大的"曼"），12 个"勐"构成最大的聚落——西双版纳。西双版纳有明确的阶级结构：自元、明、清各封建王朝设置土司制度以来，被原中央王朝册封为"车里宣慰使"的"召片领"（意为"广大土地之主"）是西双版纳最大的领主和最高的统治者，是领主阶层，西双版纳所有的土地、山林、水源等都属于召片领所有；召片领又将土地分封给其宗室、亲信等小领主，这些小领主为各地区的统治者，称为"召勐"（意为"一片地方之主"），世袭领有境内的土地和人民，也是领主阶层；"叭"和

"鲧"是头人阶层；"召庄"和"滚很召"是农奴阶层。在封建领主大土地所有制下，土地的一部分为领主直接占有，另一部分是农奴的份地。领主利用历史上残存下来的农村公社分配土地的形式，通过村寨头人把土地分配给农奴耕种。农奴耕种份地必须承担各种地租（劳役地租和实物地租），这种封建负担是领主剥削农奴的主要方式。西双版纳地处我国的西南边陲，直到 20 世纪 50 年代初，仍然处于封建领主的统治之下，保留着比较完整的封建领主经济。[2]历史上，西双版纳傣族社会的政治经济形态可以归纳为以下 4 个方面。

1.3.1 村民以地域为基础的社会联合

地域的界定使村民对其生存的自然环境具有了可操控性，并统一聚落成员的思想意识，行为习俗，增进相互间的认同和团结、巩固社会关系。傣族社会的这一特点对人们在自然界中求生存具有积极的作用。

1.3.2 土地原始公有制的特征

如前所述，西双版纳傣族聚落中的份地和荒山、草地、森林、水域为聚落集体所有。公有土地被称为"纳曼"，意为"寨公田"即"村寨的公共农田"，是农村公社的经济基础，村民只有权利使用它，"这种土地公有制是一种血缘公社向地缘公社（农村公社）过渡的土地所有制"。❶而房屋及附属物——园地，是村民私有财产，这是马克思在《给维拉—查苏里奇复信草稿》中所归纳的农村公社的特征之一。[3]

1.3.3 个体劳动组织形式与公益劳动相结合

傣族聚落中，最常见、最普遍的劳动组织形式是以小家庭为单位的个体劳动，但村民把聚落内各项公共事务视作自己应尽的义务，承担一定的公益劳动，如兴修水利、筑路、保卫地界等。此外，农忙季节农户在生产中互相协作。

❶赵世林，伍琼华. 傣族文化志[M]. 昆明: 云南民族出版社, 1997: 127.

1.3.4 通过原始民主与平等来管理聚落

为了维护聚落的共同利益，建立了由若干头人组成的"村寨议事会"，处理村里的日常事务。某些村民被赋予了一定的权力或职位来处理村民的迁徙、代领主征收贡赋和管理聚落的土地等问题，这些村民被称为"寨父""寨母"，又被领主封为"叭""鲊""先"等。在"寨父""寨母"之下，还有分管武装、联络、文书、水利灌溉、社神等的人，以及专门的金匠、银匠、木匠、酿酒师、"赞哈"（傣族民间歌手）等。除了由若干头人组成的村寨议事会以外，遇到重大的或争执不下的问题时还要召开聚落民众大会。

从上述四个方面我们可以看出，西双版纳傣族传统的封建领主制社会是由生活在聚居地的单元，即聚落组成，这些单元具有强烈的地域特征，自给自足的经济生活，享有原始民主与平等，以及平均主义。傣族社会的延续正是以聚落为基本单元周而复始地运行。❶

1.4　曼尾村的空间构成

傣族传统聚落的物质形态可以概括为平坝临水而居，高脚干栏式竹楼民居，寨心、寨门等赋予的原始宗教中心性和地域观，以及宏伟显赫的佛寺和佛塔。具体来看，傣族传统聚落空间是傣族先民根据其特有的宗教观和价值观，将寨心、寨门、寨神庙、佛寺和佛塔、竜林（公共墓地）、住屋、道路、水井，以及麦西利（菩提树）等物质形态的构成要素进行人为组织，并赋予其特定的环境秩序而构成的。对傣族传统聚落——曼尾村的空间构成可以作如下解析。

1.4.1 聚落空间的构成要素

曼尾村曾经是典型的傣族传统聚落，基本保持了傣族传统聚落的形态特征和传统文化：选址在依山傍水之处，临水而居，外部呈不规则圆形；聚落中保留了寨心、寨门、寨神庙、佛寺、佛塔、竜林等构成要素；地位显赫的佛寺位于村东南高地处；寨心用巨石埋于寨子中央，周围插上 10 根木柱构成，表示人类的"定心柱"，是聚落的灵魂，寨心周围用作市场和库房；4 道寨门将聚落围于其中，成为一个完整的世界，围起来的椭圆形边界是与外界分隔的地域；聚落内房屋密布，绝大部分住屋均为高脚干栏式竹楼；聚落中道路狭窄，呈"十字"形分布，连接东西南北，或呈"井"字形分布，呈网状；

居住区和竜林区分布在地域内的不同区域。[2]

曼尾村空间的物质形态由包括"地景"在内的 10 项要素构成，这 10 项要素可以分为自然要素（麦西利、地景）、生活要素（住屋、水井、道路）和精神要素（寨心、寨门、寨神庙、佛寺、竜林）。各项构成要素不仅具有独特的功能，还具有丰富的民族文化内涵。

（1）寨心：傣语称"宰曼"，形式上常为在聚落中心埋入地下的巨石或竹、木（图 16-1），是聚落中连接东、西、南、北的"十字街"的交汇点，是傣族原始聚落的灵魂和聚落生命的标志，是傣族传统聚落的第二精神中心，被神话为自然崇拜物，也是傣族百姓祈求天地神灵保佑的祭祀物，具有地域中心标志性和民族意志凝聚性两大功能。

图 16-1　傣族聚落里的寨心
（朱良文先生摄）

（2）寨门：曼尾村有东、西、南、北 4 道寨门，傣语称"巴都曼"，设在聚落通往寨外的路口，为两根直立的木柱（或木棍）上端绑一根横木构成（图 16-2）。寨门既是聚落地域边界的标志，也被赋予一定的原始宗教意蕴，是将生与死、人和"鬼"分开的界限。

图 16-2　傣族聚落里的寨门
（朱良文先生摄）

❶杨庆．西双版纳傣族传统村寨的保护与开发[J]．云南民族学院学报（哲学社会科学版），2001(6)：49—52．

(3) 寨神庙：傣语称"丢拉曼"，位于聚落的主路旁，是村民祭祀神灵的场所(图16-3)。傣族先民相信"寨有寨神"，各位寨神（天、地、水、火、土、祖先等神灵）在保佑着稻谷丰收和人畜平安，因此，建造聚落时，先建各种宗教设施，安排好灵魂的归宿，构筑好神的住居。

图16-3 傣族聚落里的寨神庙
（朱良文先生摄）

(4) 佛寺、佛塔：位于村口和村尾地势较高的地方，是傣族佛教活动的中心地(图16-4)，供村民进行各种赕佛活动和佛教传承（即学校教育），是傣族传统聚落的第一精神中心，体现了"唯我独尊""至尊佛主"的主导思想。佛寺既具有方位认知功能，在傣族先民心目中又是人们进入和离开这个世界的"门槛"。

图16-4 傣族聚落里的佛寺和佛塔

(5) 住屋：曼尾村傣族的高脚干栏式竹楼住屋围绕寨心辐射分布并融入林木之中，体现了古代百越族群"稻作文化"的传承和傣族先民对热带气候和地理条件的适应。傣族的住屋一般包括住宅、竹篱笆、谷仓、稻草棚等。住屋的长脊通常与河流的方向或山坡的等高线方向一致，楼梯朝向主要道路（图16-5）。

图16-5　傣族干栏式住屋（张敏先生摄）

（6）道路：聚落里的主要道路呈"十"字形布局，通向佛寺和寨心；次要道路像汉字"井"字形布局。道路呈棋盘状组合或网状组合，密集分布，线形自然，路面宽度刚好可以让人和家畜并排行走。主要道路两边都有排水沟（图 16-6）。

图16-6　傣族聚落里的道路及排水沟

（7）竜林：位于聚落边缘，浓密的树林之中，体现了傣族百姓信奉来世，灵魂不死，"生为了死，死为了生"的世界观。

（8）水井：傣族人民视水为生命，水不仅是生产生活中不可缺少的物质，而且水可以"洗去罪过"，给人们带来幸福，对水的崇拜表现在水井的建造上特别讲求优美别致（图16-7）。

（9）麦西利：菩提树被视为圣树（图16-8），种植在聚落的寨头、寨尾、寨心及佛寺旁。菩提树是傣族以拴线的方式表示良好祝愿和对未来美好期望的祝福之树。它不仅是重要的标志点，而且是聚落内部对环境自然元素的点缀。

图 16-7　傣族聚落里的水井　　　　　　图 16-8　拴线的麦西利

1.4.2　聚落的空间划分

上述构成要素，将曼尾村的空间划分为三个部分：

（1）环境空间——表现为曼尾村依山傍水，犹如建筑天衣无缝地加入地景之中，基地、材料和形式的选择都基于这个态度[2]，是人与自然和谐共生的空间。

（2）精神空间——由传统聚落中的佛寺、寨心、寨神庙等建筑所构成。佛寺、寨心和寨神庙担负了各不相同、但均极为强大的精神作用，是西双版纳傣族原始宗教和小乘佛教文化影响的结果，是人与佛、鬼、神共存的空间。

（3）生活空间——由独具特色的干栏式建筑及其周边敞开空地所形成，是居住和进行日常交往的场所，是傣族人与人和谐相处的空间。

曼尾村的三个空间划分表现了傣族对大自然的认识和理解，以及人与自然的和谐共生；反映了西双版纳原始宗教和小乘佛教"二元一体"的宗教信仰和宗教文化的影响；体现了傣族朴素的、以家庭为单元的生产生活方式。概而言之，这三个空间的划分是傣族传统聚落区位构成的文化升华。

十多年过去了，由于市场经济的发展加上年代久远，曼尾村和其他傣族传统聚落一样，其面貌发生了较大的变化：昔日视为神灵的寨门已经消失，聚落失去了地域；在传统聚落中如出一辙的傣族干栏式竹楼民居已为多种形式的建筑所取代，既有保存下来的干栏式竹楼和木制"竹楼"（约占 50%），也有干栏式和无干栏特征的砖墙"竹楼"（约占 40%），见图 16-9 和图 16-10，特别是汉式平顶建筑的比例已达 10%；此外，大约有10%的民居建筑沿公路修建，打破了传统民居以寨心为中心呈辐射分布的传统格局和风貌。[4]

图 16-9　干栏式砖墙"竹楼"

图 16-10　非干栏式砖墙"竹楼"

1.5　曼尾村的住屋建筑

西双版纳傣族住屋为高脚干栏式竹楼。曼尾村是典型的傣族传统聚落，继承了百越族群最显著的文化特征之一——干栏式住屋形式。

西双版纳傣族竹楼的外观风格非常简朴，屋顶为歇山式，呈人字形，有陡峭的短脊，两个山脊峰使得日间采光、通风，以及烟尘的吹散变得容易；竹楼的主房四周扩大一圈檐柱，盖披屋面（即偏厦），披屋面将楼层全部罩入其中，以遮挡烈日照射；房屋分上下两层，过去屋顶多用茅草覆盖，现在用瓦片顶取代；下部开放，排有大量的柱子；深深隐藏的屋檐产生深色的背阴处，竹楼的结构空间形状优雅独特，见图 16-11。[2]

图 16-11　西双版纳傣族竹楼

1.6 傣族聚落的传统文化

西双版纳傣族传统聚落经历了漫长的发展演变过程，傣族丰厚的文化蕴含其中，表现出多种文化形态特征，它是傣族民族文化的载体，体现了傣族的民族精神。

文化是西双版纳傣族传统聚落形态和住屋形式主要的决定因素之一。西双版纳地处热带、亚热带地区，降雨量多、气候炎热、丛林密布，与这种自然条件相适应的高脚干栏式竹楼就成为其建筑文化的代表。西双版纳傣族的原始宗教是先民们早期的原始信仰，以"万物有灵"观念为基础，产生于原始社会采集狩猎时期，此后，傣族先民有了各种祭神仪式和习俗。这是傣族先民最初的世界观、道德伦理和习俗的集中表现。南传上座部佛教，即"小乘佛教"，传入西双版纳地区后，经过与原始宗教的"斗争"，即对抗与融合，成为傣族首领统治傣族的精神武器，并广泛迅速地传播开来，成为傣族的主要精神支柱和共同信仰，[5]使西双版纳傣族具有原始宗教和小乘佛教"双重信仰"，既拜佛又祭鬼[6]。这种"二元一体"的宗教文化对西双版纳傣族传统聚落形态产生了重要的影响。

1.6.1 住屋文化

曼尾村的传统住屋是高脚干栏式建筑。干栏式建筑是中国最早、南方最具代表性的建筑形式之一，是中国长江流域及其以南地区广泛存在的一种土著建筑形式，为古百越和百濮族群所创建，是古百越族群最显著的文化特征之一和百越民族社会文化遗产的一部分❶。曼尾村的傣族继承了古百越族群的干栏式住屋形式及其建筑文化，以干栏式建筑为代表的居住文化是傣族文化的重要特点之一。曼尾村住屋的布局组合充分体现了对当地热带气候和地理特征的适应。曼尾村的傣族因地制宜，以当地盛产的竹材为主要材料建造住屋，称为"傣族竹楼"。

(1) 干栏式建筑的由来

在傣族创世史诗《巴塔麻嘎捧尚罗》中，描述了"竹楼"的起源。传说被傣族尊为始祖的"建造房子的帕雅桑木底"不断探索、不断创新，从"芋叶房"、"狗棚"到"凤凰屋"，摸索出了干栏式房屋建造的经验和真谛（图16-12）。

图 16-12　傣族竹楼的产生
（引自朱良文. The Dai or the Tai and their architecture & customs in south China[M].
Bangkok: (泰)D.D.Books, 1992: 78-79）

(2) 建房过程

过去，在建房的活动中，原始宗教的神灵观念起着重要的作用：一旦这个地方被选中建造房屋，房主人就会请巫师或长老来吟唱经文以驱逐鬼魂，这个地方就会平安。在选择了中心支柱（男性支柱和女性支柱）的树木之后，人们必须为树木的"灵魂"献祭。傣族非常崇敬火神：火给人们带来温暖、光明、熟食；人们还以刀耕火种的方式，通过在荒地上燃烧杂草作为肥料，使荒地变成为耕地；火也是傣族家族变得越来越兴旺的希望所在；火塘除了用作烹饪和取暖设施外，傣族还认为它是傣家竹楼的灵魂。火塘由木板制成，看起来像一个没有盖子的长方形木箱，人们在上面放上香蕉茎做的板，用泥土压密实，再放上一个铁三脚架，新房建成还不算完工，直到三脚架放置好并点燃了火，房子才算建造完工。

(3) 住屋中的禁忌

傣族住屋中有一些禁忌，如火塘的禁忌：不允许跳过它，不能随意敲击它，三脚架不能移动，火不能熄灭，脏东西不能放入火塘里焚烧，人们必须注意往火塘中添加木柴的方式，火塘周围的座位也按照家庭成员的性别安排，女性坐内侧，男性坐外侧等。此外，室内的顶梁柱是最神圣的柱子，不能随便依靠和挂放东西。

曼尾村的住屋建筑，充分体现了傣族先民与自然和谐共生的思想，因地制宜的住屋建造理念和宗教文化的影响。

1.6.2　"二元一体"的宗教文化

原始宗教与小乘佛教构成的二元宗教是傣族传统文化的主要内容，也是其社会文化的主要力量，它从隐性角度控制着显性的和

❶ 蒋高宸. 云南民族住屋文化[M]. 昆明: 云南大学出版社, 1997: 141.

实质性的生存环境，决定了西双版纳傣族传统聚落的形态、结构和傣族的住屋形式，并将傣族的宇宙观、世界观、人生观、价值观等传统文化构成的主要层面映射在小尺度的生活空间中。

(1) 原始宗教文化

云南傣族的祖先在了解以群聚而居的形式生存的地方的自然环境和自然生态的过程中，产生了对与人们的生产和生活息息相关的自然物和自然现象的崇拜，并怀有对先人的感恩、敬畏和顺从之情，因此，自发形成了以崇拜自然为特征的、信仰神灵和鬼魂的原始宗教的心理基础。傣族先民出于对崇拜对象的依赖之感和敬畏之情，便将物加以神化，祈求得到神灵的恩赐和保护，形成了傣族的传统信仰——"万物有灵"的世界观。傣族将对神灵的崇拜与对祖先的崇拜结合起来，对神灵的崇拜逐渐成为傣族原始宗教的主流，而祖先崇拜成为神灵崇拜的核心。在傣族的原始宗教中对家神、寨神、勐神的崇拜，形成了"建寨要先立寨心，建勐要先立勐心"的成规。对地域神灵的崇拜是傣族原始宗教中神灵崇拜的顶峰。原始宗教意识的逐步形成和完善以及对神灵的崇拜和敬畏，形成了傣族最基本的、初始的价值观——从功利的角度出发，排定了与傣族的生存方式密切相关的神系和位次。原始宗教对民族心理、行为和文化的控制作用，最直接地体现在傣族原始聚落的空间构成、组织体系和民族的祭祀活动中。包含在原始宗教中的傣族传统的宇宙观、世界观和价值观不同程度地在聚落的建制和住屋的建造中被物化。

(2) 小乘佛教文化

小乘佛教大约于公元 7 世纪由缅甸传入云南。佛教传入西双版纳地区的初期，傣族的原始宗教和外来的佛教进行了激烈的冲撞，文化冲突中出现了相互间某种程度的文化调适和磨合，从而导致了文化重组。小乘佛教主张和宣扬的"脱离现实、自我解脱"的人生观不仅适合个体农民的心理，也符合统治者的愿望，成为西双版纳领主政权的精神支柱。在西双版纳傣族封建领主阶层的大力支持和倡导下，"经过长期的传播和土著化过程"❶，小乘佛教逐渐成为西双版纳傣族社会具有统治地位的意识形态，形成了政教并存、相互利用的格局，在原始宗教所形成的建寨规矩中毫无疑问地加入了佛寺和佛塔这一极其重要的内容。

佛教地位的上升直接反映在聚落中佛寺的建制上：几乎所有傣族聚落都建起了佛寺；佛寺位置的选择有特殊要求，或建在聚落内较高的山坡上，或聚落附近的林间空地上，或聚落的主入口处，或聚落中位置显要或风景最好的地方；佛寺和佛塔建造得优雅而独特，并对其周围的住屋有严格的限制。傣族宗教信仰中鲜明的二元性使西双版纳傣族既信佛，又信神灵和鬼魂。于是，佛教的内容掺入到神灵崇拜之中；而在佛教的活动中，许多神灵和鬼魂以及神灵崇拜的内容也变成为佛教教义的一部分。甚至，在佛寺正殿的一侧都建造一座干栏式神龛，一般高 2m，1m 见方，神灵被称为"帝娃拉瓦"，意为佛寺的守护神（图 16-13）。在傣族民众的思想观念中，"养寨心求天地，赎佛（供献，谓之赎罪）求生死"，即"祭神为活得好，拜佛为上天堂"[2]。也许这就是为什么佛教中心和神鬼中心在傣族聚落形态中长期共存的原因所在。

图 16-13　帝娃拉瓦神殿

总体来说，小乘佛教的渗入，在思想上形成了云南傣族"脱离现实，自我解脱"的人生观；在聚落的形态上，引入了至今仍为聚落核心的佛寺、佛塔建筑；佛爷取代聚落长老成为聚落选址的首要决策人。

1.6.3　生态文化

西双版纳拥有最适合农业的气候以及土壤和灌溉的优势，其丰富的植物资源和动物资源被誉为"植物王国"和"动物王国"，这是傣族传统聚落生态环境的特点。正是由于对生态环境的依赖和与生存环境的融合，形成了傣族传统的自然观或生态观，即"有山才有水，有水才有田，有田才有粮，有粮才有人"和"大地是母亲，森林是父亲，只有从父母那里才能得到食物"。这种生态观的核心

❶ 史波. 神鬼之祭: 云南少数民族传统宗教研究[M]. 昆明: 云南教育出版社, 1992: 35.

❷ 朱德普. 傣族神灵崇拜觅踪[M]. 昆明: 云南民族出版社, 1996: 10.

是山体、水源、田地和树林。我们可以看到，傣族传统的生态观是其祖先在长期生存斗争中对生态环境变化规律的总结，也是他们对山体、水源、田地与森林关系的理解和把握。在漫长的寻找理想生存环境，与自然配合，适应生态环境的历程中，西双版纳傣族的传统聚落形成了三种自然类型：

沿水而居型——居住在河边或溪流边，这是傣族及其先民典型的和主要的生存和生活形式。

坐山朝水型——这也是比较常见的类型，通常有两种情况：一是居住在坝区边缘，水源丰富，靠近山林的地方；二是居住在靠近河谷盆地的地方。

半山或山地型——这是分散居住的傣族主要的生存形式。

傣族的这三种聚落类型都能适应高温、多雨、潮湿的自然环境。聚落顺应地形的布局和有序的结构，成为自然地景中的一部分，形成十分自然的与环境为友的图案与"背景"的格式塔关系（图7-3）。

1.6.4　傣族传统聚落文化的发展历程

西双版纳傣族传统聚落的发展经历了约两千年，其形态特征总是随着傣族文化的变化而变化。我们从文化内涵的角度将这一漫长的过程划分为五个时期，并将时期的划分、聚落的文化核心、社会时代特征与相应的民族价值观和聚落的物质形态归纳如下：

第一时期，以敬天地为聚落文化的核心；以天神、地神的赐福为全民族人生之所盼；向自然索食和狩猎为生。聚落形态表现为略似太阳符号的聚落原形，以寨心、寨门、寨边界、道路等为主要构成要素。

第二时期，以敬天地、敬祖先为聚落文化的核心；以天地神灵的赐福和祖先神灵的保佑为生存之信念；以种植水稻和狩猎为生。聚落形态中加入寨神的元素。

第三时期，以小乘佛教传入为标志；敬天地、敬祖先、敬佛为聚落文化之灵魂；以神灵的赐福保佑和佛教的轮回转世为民族精神之寄托；种植水稻为主，狩猎为辅，少许手工业出现。聚落形态中融入了佛寺和佛塔这两个非常重要的元素。

第四时期，以民主改革为标志，敬天地、敬祖先、敬佛三个"敬"为聚落文化之核心；在神灵保佑和佛祖赐佛的人生寄托中，由于民主改革和社会主义改造的进行，西双版纳傣族人民当家作主精神萌芽；以种植水稻为主，种植多种经济作物为辅，手工业发展。聚落中出现了村公所、小学等构成元素。

第五时期，以改革开放为标志，敬佛仍为聚落文化的内核，敬天地和敬祖先有所弱化；随着市场经济的发展，拜金主义开始抬头；求神拜佛依然如故，但傣族群众的自我观念逐渐增强；傣族传统文化已开始向现代文化过渡，自给、半自给的自然经济向商品经济、市场经济转变，乡村社会向小城镇社会转变，封闭、半封闭的社会文化向多样性和开放性的文化转变；种植水稻为主，种植水果、甘蔗、橡胶等经济作物为辅；在城市边缘的聚落和公路沿线聚落中出现了以经商为主的经济活动；旅游业开始发展。聚落形态中出现商店、旅馆、娱乐场等元素，空间意向由传统的内聚型走向分散型。

从以上对五个方面的特征和变化的分析，不但将西双版纳傣族聚落文化发展中的物质因素和精神因素有机地统一起来，而且将文化发展与时代特征有机地统一起来。这样的分析使我们可以更好地探索民族聚落文化的演化进程。

1.7　曼尾村的保护与开发

西双版纳州于 20 世纪 80 年代初开启旅游业，是我国最早开发旅游业的民族地区之一。借助得天独厚的区位条件、神秘稀有的热带雨林景观和以傣族文化为代表的浓郁民族风情，西双版纳州成为云南最早打造的世界旅游品牌。在现代旅游冲击下，以曼尾村为代表的民族传统聚落的保护与发展具有一定的典型性。

1.7.1　传统聚落文化的继承和发展

曼尾村和西双版纳地区的其他傣族传统聚落一样，是傣族民族精神和理念的物质载体，是傣族民族文化的精髓。在云南民族文化大省和旅游大省的建设中，西双版纳傣族传统聚落是一种重要的民族文化资源、宝贵的民族风情和文化旅游资源，可以向游人展示"原汁原味"景观的文化价值，具有明显的文化资源保护与文化产业开发价值。在对曼尾村的保护和规划建设中，传统聚落文化的继承和发展是必须首先考虑的问题。对于民族地区传统聚落文化的继承和发展，应从物质和文化两个层面来进行分析：

(1) 从物质层面继承和发展传统聚落文化

传统的核心在于聚落的空间构成和传统风貌，它体现了聚落的"个性"。继承的重点是聚落形态模式中传统要素及其布局的存在；发展的重点是新要素的添加。

(2) 从文化层面继承和发展传统聚落文化

重点在于物质层次传承和发展所蕴含的文化观念的继承和发展，主要通过文化调适手段，使聚落在保持传统文化的同时进一步吸收新的文化内涵，实现聚落文化的现代化重构。

1.7.2　重视传统聚落的文化意义，减少旅游业对传统聚落的冲击

发展迅猛的旅游业，对乡土聚落而言是一次难得的历史机遇。但是旅游业给遗产地带来的负面甚至破坏性的影响，也是一个相当普遍的现象。[7]因此，在传统聚落经济发展中需要注意：

(1) 开展乡村旅游不能牺牲聚落的传统风貌

为了发展勐海县的经济，当地创办了"曼尾民族生态旅游村"，开展"傣族农家风情游"，完成了曼尾生态旅游村整体规划设计，村内主干道建成硬化的水泥路面。按照规划，在未来几年里，生态旅游将成为曼尾村全村经济收入的主要来源之一。随后的几年里，曼尾村村民的收入增加了，至 2009 年，曼尾村 560 户住屋建筑中 534 户变为砖混结构住房，只有 25 户仍为土木结构住房，❶传统的吊脚楼变成了钢筋水泥的楼房，一座座临街而立。游客认为：如果没有不时走过的穿傣族服装的女子，以及汉字招牌边的傣族文字，人们还以为走在汉族村子里。[8]曼尾村的建筑风格和空间格局发生了很大改变，傣族聚落的传统风貌基本丧失。

曼尾村委会从 2008 年起，在聚落的一边建设"农家乐"，有 120 户村民加入农家乐建设。至 2009 年初，在"农家乐"的建设中，有 108 户再建起傣族农家竹楼。乡土聚落保护的两大原则是真实性和整体性。上述做法对曼尾村这一传统乡土聚落的真实性和整体性造成了极大破坏，不利于曼尾村的保护，造成的负面影响将是长期的，甚至是不可挽回的。

这一切反映出曼尾村，这一主要从事农耕生产的傣族传统聚落固有的传统产业受到

削弱，曼尾村这一傣族社会经济发展的见证物正在逐步消亡。旅游业的冲击使曼尾村失去傣族传统聚落的特色风貌和蕴含于其中的民族文化内涵。一个个像曼尾村一样的傣族传统聚落的消亡将导致傣族文化的瓦解及民族自信心与凝聚力的消失，随之而来的将是傣族热爱家乡和弘扬本民族文化精神作用的削弱，以及傣族民族文化资源和旅游文化资源总量的减少。[2]发展乡村旅游对曼尾村传统聚落的冲击的教训是值得认真汲取和研究改进的。

曼尾村于 1999 年被勐海县命名为"民族生态文明示范村"，曼尾村委会是西双版纳州民族宗教局的"民族示范村之一"，于 2010 年被列为云南省第二批实施特色乡村旅游建设项目村寨。曼尾村入选 2020 年云南省卫生村名单。

(2) 发展地方经济要充分考虑村民的长期利益

曼尾村与勐海县工业园相邻，建设工业园区时征用了农民的土地，产生了征用土地对农民经济补偿的问题。曼尾村土地的承包期 50 年，采取的补偿措施是前 20 年给予所在村民小组一次性征地补偿，之后的 30 年再次补偿。村民们认为现在获得的征地补偿款是"花了子孙的钱"，等到 10 年之后，子孙没有土地，当地又没有合适的就业机会，村民就会越来越贫穷。届时，经济发展与村民的基本生活保障之间就会存在严重的矛盾，失地农民没有合适的生活出路，他们就会返回头来向工业园区要回自己的土地。因此，对于被征地农民，应提供多种就业渠道，给予他们合适的发展机会，转移农村剩余劳动力，解决农地紧张的问题；在征地补偿协议上，根据未来经济预期发展条件，制定合理的、双方共同承担的征地补偿浮动空间将是可行的对策。[3]

(3) 应对市场经济导致的文化及其价值观念的变迁

旅游业的导入，带来市场原则，也带来文化的变化，村民的宗教观念、价值观念、审美情趣等观念均受到现代化的挑战。文化的变化导致村民的商业意识大大增强，文化认同有所弱化；教育理念变化巨大，价值观念日趋迷失；宗教信仰日趋式微，宗教观念趋于

❶云南省勐海县勐海镇曼尾村调研报告[R/OL]. 道客巴巴. http://www.docin.com.

❷杨庆. 西双版纳傣族传统村寨的保护与开发[J]. 云南民族学院学报(哲学社会科学版), 2001(6): 49-52.

❸云南省勐海县勐海镇曼尾村调研报告[R/OL]. 道客巴巴. http://www.docin.com.

淡化。有学者认为,在现代旅游开发的背景下,需要发挥政府的主导作用,保护传统聚落的民俗文化资源;大力弘扬优秀传统文化,结合时代要求加以创新发展;加强公民思想道德建设,全面提升村民道德素质,来应对市场经济导致的文化及其价值观念的变迁。❶

2 ⌂

具有民族类型、民族语言类型和宗教信仰类型多样性的怒江傈僳族自治州贡山独龙族、怒族自治县傈僳族、怒族等多民族混居的传统聚落——丙中洛村

怒江傈僳族自治州(以下简称为"怒江州")是以傈僳族为主体的少数民族自治州,有傈僳、怒、独龙、白、普米、景颇、藏、汉等 22 个民族在这一地区繁衍生息,其中,傈僳族、怒族、独龙族、白族、景颇族是云南"特有的少数民族"(其 80% 以上人口分布在云南省);傈僳族、怒族、独龙族、景颇族是从原始社会末期"一步跨千年"直接过渡到社会主义社会的"直过民族";怒族、独龙族,景颇族属于"人口较少民族"(其人口在 20 万以下)。怒江州的少数民族类型、民族语言类型和宗教信仰类型多种多样,在世界范围罕见。怒江州独特的地理区位造就了该地区独特的传统聚落及特色鲜明的各民族建筑,以及同一地区不同民族聚居状况,是云南少数民族"不同民族大杂居,同一民族小聚居"的一个缩影。

2.1 傈僳族和怒族的族源及迁徙入滇

傈僳族是一个历史悠久的民族,是跨境民族。傈僳族源于古老的氐羌族系,属于蒙古人种南亚类型。从傈僳族和彝族的居住地域、语言特征、氏族图腾、风俗习惯等方面,以及从对《创世纪》《人类起源的传说》《虎氏族的传说》等神话传说的研究对其族源进行考察,表明傈僳族与彝族是同属于汉藏语系藏缅语族彝语支的民族,傈僳族与彝族有着密切的渊源关系,其先民同为秦汉时期的"叟",即唐朝时期的"乌蛮"部落集团的一个组成部分。[9]公元 1—3 世纪傈僳族先民和彝族先民居住在今西昌、冕宁、盐边一带。元明时期,傈僳族先后受丽江路军民府和丽江知府木氏的统治。明嘉靖二十七至二十八年(公元 1548—1549 年),沦为木氏土司农奴的傈僳族人民从金沙江两岸跨过澜沧

江，翻越碧落雪山进入怒江，这是最早进入怒江地区的傈僳族荞氏族。19 世纪以后，傈僳族又进行了几次由东向西（傈僳族称之为"顺着太阳落的地方迁移"）的民族大迁徙，傈僳族的 18 个氏族先后进入怒江地区，各自以家庭或氏族为单位，建房筑篱，繁衍开拓，逐步成为怒江州各民族中人口最多的一个民族（怒江州傈僳族人口占总人口 70.66%）❷，并形成今天傈僳族以怒江为聚居中心的地理分布状况。

怒族是怒江和澜沧江两岸的古老民族，也是跨境民族，源于古代的氐羌族系，属汉藏语系藏缅语族，因"怒江"而得名。怒族按来源不同分为四个支系：贡山怒族自称"阿龙"，主要分布在今贡山县茨开镇、捧当乡、丙中洛镇等地；福贡怒族自称"阿怒"；碧江怒族自称"怒苏"；兰坪怒族自称"若柔"。怒族四个支系的语言各不相通，其宗教、神话传说、迁徙路径、社会发育程度乃至习俗都有差异。史学家们认为，怒族的四个支系中有的是土著居民（如贡山、福贡的怒族），有的是从外地迁入的居民（如碧江的怒族），他们在后来的历史发展进程中不断融合，进而形成了今天的怒族。[10]但是，从"阿龙"的语言、习俗、神话传说及生产生活方式来看，他们与独龙族有着密切的关系，因此，有学者认为，"包括福贡、贡山在内的怒族，实际上与独龙族为同一族源"。[11]最早记载怒族史料的是唐代地方志《蛮书》。从史料及 20 世纪 60 年代以后相继在怒江地区出土的新石器时代遗物表明，怒族由早期居住在今云南省福贡县、贡山县的土著与唐代"庐鹿蛮"的一部分发展而来，"怒族是最早到达怒江两岸并定居的民族"，怒族在怒江流域聚居见于唐代。贡山县的怒族主要分布于怒江两岸海拔 1500～2000m 的半山地区，多与藏、傈僳、独龙及少数纳西、白等民族交错杂居。

2.2　丙中洛村的自然环境

怒江州地处滇西北横断山脉纵谷地带，是云南省横断山脉"V"

❶赵娟. 现代旅游冲击下的传统村落及其文化变迁：以西双版纳曼春满村为例[M]//石高峰. 云南少数民族传统村落保护与发展研究. 昆明：云南人民出版社，2018：118-125.

❷单军，吴艳. 云南怒江州多民族聚居地田野调查不同民族聚居地建筑调研与思考[J]. 住区，2012(1)：134.

字形地质构造的主体地区，地势变化突出。典型的海拔高差形成复杂的地区环境，有雪山冰川、高山峡谷、森林草甸等不同地貌。[12]怒江州境内自西向东分布着海拔均在4000m以上的担当力卡山、高黎贡山、碧罗雪山和云岭，并有独龙江、怒江、澜沧江三条大江分流其间，形成闻名于世的、南北走向的高山峡谷区（包括怒江峡谷、澜沧江峡谷、独龙江峡谷三大峡谷）。怒江州在地理上属于低纬度高原，大部分地区受季风气候影响，河谷和山巅海拔高差达3000m，气温的垂直差异大大高于水平差异，从山脚到山顶分属河谷亚热带、半山温带、高山中寒带气候，垂直分布明显，形成"一山分四季，十里不同天"的立体气候。[13]南北走向贯穿全境的怒江两岸分布着不少聚落，形成南北线形布局的泸水、福贡、贡山三个县。

丙中洛镇隶属于怒江州贡山独龙族怒族自治县（以下简称为"怒江州贡山县"），位于该县北部，介于东经98°23′～98°42′，北纬27°51′～28°31′之间，是著名的世界自然遗产"三江并流"景观地区的核心部分。丙中洛镇域面积823km²，海拔最高点5128m（噶瓦嘎普雪山），最低点1430m（与棒当乡交界处江面），从山顶到山谷海拔高差3000m以上。丙中洛坝子是怒江峡谷深处难得一见的开阔台地，也是怒江大峡谷在怒江州最大的平坝。丙中洛镇辖秋那桶村、甲生村、丙中洛村、双拉村4个行政村32个自然村，除汉族外有15个少数民族，2015年底，全镇人口中97%以上为少数民族，❶其中怒族、傈僳族、藏族、独龙族是丙中洛镇的主体民族，还有少量白族、纳西族共同聚居。该镇民族分布的特色为在多民族分散杂居的基础上，各民族相对集中分布。[12]绝大多数聚落是民族大杂居，甚至大多数家庭也是由2个以上民族的人口组成，个别聚落纯粹是怒族，集中聚居的傈僳族分布在丙中洛行政村的纳达底村日当组。布局不同、形态各异的传统聚落和建筑散布在丙中洛地区怒江两岸的河谷洼地、半山和高山地段，形成了多民族共同聚居模式，塑造了当地特色鲜明的民族建筑。

丙中洛村（行政村）位于丙中洛镇西侧，隶属于丙中洛镇，是丙中洛镇政府所在地，距县城44km。全村国土面积63.21km²，海拔1766m，年平均气温15.5℃，年降水量1700mm。丙中洛行政村与双拉村、甲生村、秋那桶村3个行政村相邻，辖丙中洛、扎拉桶、日当、那依朵等16个村民小组，现有农户582户，乡村人口1851人。该村以傈僳族、怒族为主（是傈僳族和怒族混居地），其中傈僳族921人，怒族747人，其他民族88人。❷丙中洛村各民族大杂居，但村中同一民族小聚居的特色明显，如傈僳族主要集中在半山或高山地带，怒族主要集中在半山地带，藏族主要集中在江边的平缓坡地。[12]

丙中洛村（自然村）隶属于丙中洛镇丙中洛村委会行政村，建在半山缓坡地带，是靠近乡政府的半山型聚落，有农户 81 户，275 人。其中傈僳族 158 人（占 57.5%），藏族 58 人，怒族等其他民族 59 人[12]。丙中洛村是傈僳族、藏族、怒族及其他民族混居的聚落。傈僳族村民多信奉基督教，村内建有基督教堂。其他民族村民多信奉藏传佛教和天主教。❸丙中洛村景观见图 16-14。

图 16-14　丙中洛村景观
（图片来源于马蜂窝《闲云孤鹤"游记"》，2018 年）

2.3　丙中洛村的社会经济形态

2.3.1　傈僳族的社会经济形态

傈僳族家庭的最初形态是血缘家庭，后来发展到亚血缘家庭（姑表舅婚）。历史上，傈僳族社会发展较为缓慢，直到中华人民共和国建立初期，在傈僳族聚居的一些聚落，仍然存在着亚血缘家庭的遗风，怒江地区的傈僳族还保留着明显的原始氏族制度的残余形式。傈僳族父系大家庭产生于原始公社时期。在父系大家庭中，生产资料属大家庭公有，大家庭为个体生产单位。随着生产力的发展，父系大家庭瓦解，傈僳族在原始平均主义崩溃、私有制经济产生的基础上建立了一夫一妻制家庭，并以一夫一妻制家庭为生产、分配单位。

1949 年中华人民共和国成立以前，傈僳族聚居地的社会经济形态大体可分为两种不同类型的地区：一类是阶级分化不明显的地区，包括贡山县、福贡县、泸水县北部一带，这部分地区的傈僳族，包括丙中洛村的傈僳族，生产力和生产水平低下，社会经济文化落

❶怒江州贡山县丙中洛镇情况简介[EB/OL]. 云南省政府信息公开门户网站. http://xxgk.yn.gov.cn.
❷曹津永. 多元文化视野下的少数民族传统村落保护：以云南省怒江州丙中洛镇多元文化区域为例[M]//石高峰. 云南少数民族传统村落保护与发展研究. 昆明：云南人民出版社，2018：107.
❸云南省数字乡村网（www.ynszxc.gov.cn）.

后，阶级分化不明显，土地所有制处于原始公有制向个体私有制发展的阶段，个体农民私有制占主要地位；另一类是封建经济型地区，包括泸水县南部和南坪县。这里的傈僳族已进入封建社会，其社会经济形态主要有封建领主经济和地主经济两种。[13]怒江傈僳族地区土地所有制可分为个体私有、家族共同伙有、家族或聚落公有等三种形态。其中以个体农民私有制为主，家族或聚落公有制作为原始公有制的残余而存在，但比例很小。

1949年以前，傈僳族虽已进入以农业为主的社会，但生产力和生产水平十分低下，采集、狩猎和捕鱼仍占有较大比重。生产工具十分简陋，铁制和竹木农具并用。按照地势和土地形态，土地分为火山轮歇地、陡坡锄挖地、半坡缓坡牛犁地，以及水田四种，农业生产大多处于"刀耕火种"的原始经济状态，社会分工不明显，小手工业和小商业还未从农业生产中分离出来。[13]丙中洛村地形平缓，交通便利，是一个耕地集中、建筑成组集中布局的大型聚落。因为地区条件的优势，该村经济较其他聚落发达一些。丙中洛由于地域的特殊位置，成了怒江北段重要的集市贸易和商业集散地，又是茶马古道的转口站和商品集散地，从内地来的商贩把商品物资运到这里，有的在当地换成山货药材，有的经过茶马古道运往西藏。

2.3.2 怒族的社会经济形态

怒族在中华人民共和国成立前，一夫一妻制的个体家庭占社会的主导地位，但由于生产方式受到低下生产力的制约，因而，在很大程度上仍然依靠家族、氏族群体的生产协作和团结一致，才能维持人们的生存和发展。中华人民共和国成立前怒江地区的怒族，其土地所有制仍保存着原始公有、伙有共耕和个体私有三种形式，[10]私有制虽已确立，但土地占有还不集中；虽然已出现了初期的阶级分化，但仍保留着原始公社制的一些残余；主要从事刀耕火种、轮歇耕作的原始农业，社会生产力水平很低；内部的社会分工不明显，劳动上只有男女之间的自然分工，即男子主要从事农业生产、狩猎、捕鱼及编制竹篾器，妇女不犁地，只参加一些挖地、薅草、播种、收获等农业劳动和饲养家畜、料理家务等。

中华人民共和国成立后，在怒江地区四个县（泸水县、福贡县、贡山独龙族怒族自治县、兰坪白族普米族自治县）的部分傈僳族、怒族，在党的民族政策光辉照耀下，在各民族同胞的关心和支持下，通过互助合作道路，进行必要的改革措施，走完了人类社会几千年的历史进程，从原始社会末期一步跨越，直接过渡到社会主义社会。昔日贫穷、落后的傈僳族和怒族人民走完了人类社会几千年的历史进程，实现了历史性的飞跃。

2.4 丙中洛村的空间构成

丙中洛村基本保持着聚落格局和住屋建筑的传统风貌，木楞房、土墙房、干栏式住屋占全村住屋的99.7%以上，并都有独特的石板屋顶、石板盖。村民择地、选材、建房、进房等建房过程都保存着完整的祭祀礼仪。傈僳族集中的地方多信奉基督教，该村中建有一座规模较大、装修较好的基督教堂。因为有藏族聚居，部分群众信奉藏传佛教，但丙中洛地区只有一座藏传佛寺，即建于清朝道光四年（即1825年）、距丙中洛村6km、坐落在嘎娃嘎普雪山东南角的普化寺，信众们都到普化寺进行礼佛活动。

对丙中洛村的空间构成，在田野调查的基础上，还可以从以下三个方面来加深认识。

2.4.1 多元融合的文化特征

如前所述，丙中洛村是傈僳族、怒族、藏族等多民族聚居的聚落，是典型的同一地区不同民族聚居地。村中各民族文化特色鲜明，有自己特有的民族建筑、民族服饰、民俗节庆及语言方式等。仅从民族建筑来看，丙中洛村的住屋有傈僳族的"千脚落地"竹篾房、木楞房和土墙房，有怒族的石片顶木楞房、下半部分土墙的石片顶半截木楞房以及石片顶土墙房，还有其他民族代表性的住屋形式。各民族共聚在同一个地区，和睦相处，民族文化交融共生，使丙中洛村的空间构成具有多元融合的文化特征。

2.4.2 "人神共居"的地方

丙中洛村环抱在群山之中，东有5000多米高的碧罗雪山，西有5128m的高黎贡山主峰嘎瓦嘎普雪山。周围的群山中有10座有名有姓的"神山"，且每座"神山"都有自己的"神主"，他们分别是：甲衣更念其布（嘎瓦嘎普雪山），巴拉生更格布（贡当神山），正桶都吉江才（怒江第一湾西面的雪山），信灵干嘎日浓（怒江第一湾西边的仙人洞），衣当吉帕姆（纳依朵村的帕姆乃仙人洞），扎朵达雅初姆（齿科当大悬崖），杰才木拉日吧（达拉村南菁雪山），登雀其吉布卓（仙人洞），将太下灵信木（纳依朵村悬崖）和阿妮日宗甲姆（日宗山）。在丙中洛，每个奇峰怪石，每棵大树，每个菁沟都有自己的"神灵"。

藏传佛教于 1490 年传入丙中洛，是最早传入丙中洛的宗教，曾在丙中洛地区先后修建了日扯寺、娄址寺、香巴拉宫、巴玛拉宫、福禄拉宫、普化寺（图 16-15）等寺庙群。今天，在娄址寺的西坡上还可以看到香巴拉宫的遗址，现存南北两堵残墙断壁，有 26 个完整的佛龛。境内有两座天主教堂，其中一座是耸立于丙中洛镇中央的著名的重丁天主教堂（图 16-16）。在丙中洛境内，傈僳族原始宗教、怒族原始宗教、藏传佛教、天主教、基督教几种主要宗教信仰并存于同一个镇、同一个聚落、同一个民族，甚至同一个家庭之中，形成"布道的布道，拜佛的拜佛，祭鬼的祭鬼，跳神的跳神"的状况，[14]是一个多民族、多宗教和谐共存的宗教博物馆。这一文化奇观使丙中洛成为人神共居的地方，世所罕见。[15]

图 16-15　丙中洛普化寺
（图片来源于马蜂窝《闲云孤鹤"游记"》，2018 年）

图 16-16　丙中洛重丁天主教堂
（图片来源于马蜂窝《闲云孤鹤"游记"》，2018 年）

2.4.3　人间仙境，世外桃源

怒江大峡谷位于滇西横断山纵谷区三江并流地带，被誉为世界上最长、最神秘、最美丽险奇和最原始古朴的大峡谷。峡谷最深处就在丙中洛一带，深度达 3500m。怒江大峡谷的标志性景观——"怒江第一湾"（图 16-17）就在丙中洛境内。位于怒江大峡谷最深处的丙中洛村山高谷深、雪峰绵延、云雾缭绕、田园秀美。绝壁峡谷中奔腾的怒江水，庄严高大的教堂、寺庙，恬静安然的村舍，茂密的原始森林，巍峨壮美的雪山，使丙中洛犹如人间仙境，世外桃源。

图 16-17　怒江第一湾❶

在丙中洛，各民族和谐共处，多种民族文化碰撞交融，多种语言共存，多种信仰融合。这种多元文化相互交融的人文景观与神奇的自然景观交相呼应，使丙中洛村的空间构成产生于多种民族文化和宗教文化交融，是"文化互融，人神共居，世外桃源"的体现。这种现象反映了在丙中洛多元文化背景下，不仅存在民族与民族文化认同，还存在宗教与宗教认同，包括多元文化主体对本民族的文化认同、对"他族"文化的认同、"族际"之间文化的认同，以及"我教"与"我教"文化的认同、"他教"与"他教"文化的认同、"我教"与"他教"之间的"教际"文化认同。[14]

丙中洛村的空间构成具有多样性、多元性、神奇性和相互交融性，让人们充满了遐想。

2.5　丙中洛村的住屋建筑

丙中洛村是傈僳族、藏族、怒族等不同民族聚居的大型聚落，传统住屋建筑主要有属于干栏式建筑类型的"千脚落地房"和属于井干式建筑类型的木楞房、土墙房和木板房。

2.5.1　傈僳族的传统住屋

傈僳族先民与其他民族先民一样，曾经以洞穴为家和"构木为巢"以"树屋"为家。随着生产力的发展和人类认识能力的提高，傈僳族先民开始从地下和树上转移到地面居住。居住在横断山脉中

❶云南省世界遗产管理委员会办公室.三江并流[M]. 昆明: 云南美术出版社, 2002: 40.

心地段怒江大峡谷地区的傈僳族，由于居住地地形环境复杂，受到当地原住傈族的影响，其住屋建盖于密集排列的若干柱脚上，称为"千脚落地房"，也称为"竹篾房"——干栏式建筑的一种形式。其屋顶为悬山式，斜面形，上铺茅草或木片；以竹篱笆为墙，木板铺地。[16]除了"竹篾房"外，丙中洛傈僳族的传统住屋还有木楞房和土墙房，这三种住屋均为竹木结构或土木结构建筑，空间单一。

（1）竹篾房

竹篾房即"千脚落地房"，是居住在河谷湿热地区的傈僳族的基本住屋形式。竹篾房为千柱落脚、草顶、篱笆围合成墙体，属于"干栏式建筑"类型，因建房材料主要是竹子，又名"竹楼"。房屋的地基选择在能躲避山洪和泥石流的向阳坡地上，由于这种竹楼是以几十棵木桩作为基脚，所以人们称它为"千脚落地房"（图16-18）。怒江地区山势陡峭，高山峡谷之间没有坝子，凡是较平坦的地方都开垦为耕地，傈僳族居住在较平缓的斜坡上。竹篾房依山而建，不须平整地基。建房时先在地基上打入数十根木桩为基础，再在缓坡上依地势竖几十根长短不等的木桩作为整个房子的支柱，在木柱离地2～3m高处搭上横木，再铺编织好的篾片作地板，四周用单层或双层篱笆围合作为墙壁，房顶用茅草覆盖，或用一尺见方的杉木板像瓦片一样铺设。门前有走廊过道和矮木梯以供上下楼。竹篾房有上、中、下3层，底层用于饲养牲畜，中层住人，顶层阁楼用来存放粮食。规模大的竹篾房有3个房间，主房30～40m^2；中型的2个房间；小型仅1个房间。竹篾房的外间为客房，房中设有火塘，置铁三脚架烧水煮饭取暖；内间为房主人的卧室，外人一般不得入内。竹篾房适合怒江地区陡峭的山坡地势和潮湿多雨的气候环境，其特点是因地制宜，就地取材，省工省料，实用方便，冬暖夏凉，防水防潮，便于搬迁。[9]

图16-18 傈僳族的千脚落地房
（图片来源于国学网：怒族特色民居——千脚落地房，2017）

(2) 木楞房

木楞房是高山半山区傈僳族和怒族的住屋。木楞房由长度约5m，直径约20cm的圆木，两端加工成凹凸型卯榫，交叠围合墙壁，屋顶盖木板或石片（图16-19）建成。较大的木楞房有2~3个房间，规模小的仅1个房间。房屋通常侧面开门，室内设置火塘。

图16-19　怒族的木楞房
（图片来源于云南小村子，2020）

(3) 土墙房

土墙房以木头为屋柱子，用夯土墙围合四周，用木板盖屋顶而建成，墙上一般开有一扇小窗。贡山一带傈僳族和怒族的住屋形式还有石片顶房，其房屋格式与邻近藏族地区的土墙抬梁住房相似，最大的特点是用当地出产的一种风化层岩石破成的石片盖顶，石片厚约1cm（图16-20）。

图16-20　怒族石片顶房的屋顶
（图片来源于参考网：茶马古道通向雾里村，2019）

2.5.2 怒族的传统住屋

怒族早期的住屋多为岩洞草棚、茅草房,后来随着生产力的发展及受到其他民族的影响,逐渐演变为不同的形式。丙中洛地区怒族的住屋主要有两种形式:"千脚落地"的木楞房和土木结构的土墙房。

(1) 木楞房

怒族的木楞房采用直径约 20cm 的圆木楞或方木楞或木板,两头锯成凹凸状,再将一根一根木料交叉相错叠垒而成墙(因墙体采用圆木或木板的差异而被称为木楞房或木板房),到一定高度后横架数根木料,铺以木板作楼板,屋顶以木板、石片或茅草覆盖。多数木楞房住屋采用下半部分土墙,上半部分木楞的形式。住屋一般为两层,底层关牲畜,上层住人。上层通常有两间房间,屋中设火塘。怒族对火塘十分重视,火塘的位置要对着山才是吉祥的象征,火塘通常建得很大,夯围火塘的木框架边长约 1.5m。一般情况下,怒族住屋中有 9 根柱子,中间的一根是中柱。中柱最粗大,是住屋中最重要的地方,与中柱并排的 3 根柱子也是最主要的柱子。中柱表面刻有简单的纹饰,从上到下共分成 3 层:第一层代表人,第二层代表土,第三层代表水。木楞房的特点是防寒保暖,坚实牢固。[17],表现了生活在怒江大峡谷的怒族,在特殊的地理环境中,充分利用当地自然资源,适应当地气候和地形特征的住屋营造思想。

(2) 土墙房

怒族的土墙房与傈僳族的土墙房相似,以夯土墙为外墙。

除了木楞房和土墙房外,也有一些怒族住竹篾房。近年来,丙中洛地区怒族传统的木楞房和木板房逐渐减少,而怒族和藏族相结合的房屋结构逐渐成为聚落建筑的主流。怒族和藏族的住屋融合彼此的建筑特色,汲取双方的优势,既保留了各自的传统民居特点,又融入了对方的建筑风格。[18]

2.5.3 藏族的传统住屋

藏族的住屋多是土墙的藏式碉房。

丙中洛村各民族传统住屋的建筑材料主要有竹子、木材、泥土、石头、石板、石片。[12]近年来,随着公路的修通,新建筑技术的传入,砖木结构、砖混结构,甚至钢混结构盖石棉瓦的住屋建筑已在丙中洛地区出现。丙中洛因为紧邻乡政府,交通便利,信息发达,经济、技术相对其他聚落发展迅速,到 2011 年底,有 51 户居住砖木结构住房；有 461 户居住土木结构房屋。至 2012 年，丙中洛行政村下属的丙中洛自然村 81 户传统土木结构民居中，有 11 户已改为砖木结构建筑，最具当地建筑特色的"石片瓦"也逐步被机械化生产的石棉瓦所取代。

由于丙中洛地区少数民族家庭构成独特，有怒、藏、傈僳、独龙等不同民族共同构成的家庭，各家庭民族文化相似但有差异性，因此，除了住屋的建筑形式和结构有差别外，住屋室内对宗教核心空间的布局和装饰、堂屋中柱的设计等均有不同，体现了丙中洛不同民族聚居的多样性和不同民族共同生活的特色。

2.6　丙中洛村的传统文化

如前所述，丙中洛的自然条件复杂多变：海拔高差明显，地势变化突出，动植物资源丰富，气候变化特殊；丙中洛是典型的同一地区多民族聚居地：当地居民以怒族为主，兼有傈僳、藏、独龙等不同民族，村中"小聚居"的同一民族文化传统鲜明；丙中洛是多种宗教并存和"东西方宗教交融互生、互为消长"的地方：各族群众分别信仰藏传佛教、天主教、基督教、原始宗教等不同宗教，且各种宗教之间和睦相处。因此，丙中洛是集地区多样性、民族多样性和文化多样性为一体的多民族大杂居聚落。丙中洛地区的特殊性造就了聚落传统文化的一个显著特点，即多元融合的文化特征。

有学者认为丙中洛村多元融合的文化特征主要体现在三个层次上，❶其一是多元融合并共享的民族文化；其二是多元融合并共享的宗教文化；其三是基于上述两个基础的多元融合的社会生活文化。并按文化特质的分布，将丙中洛多元文化区划分为核心区和边缘区两个区进行研究。所划分的"核心区"是丙中洛镇及其邻近的多民族、多宗教和谐相处的诸多卫星聚落；"边缘区"是居于核心区之外的地区。研究表明，"核心区是民族文化、宗教文化交融最为集中、多元文化特征表现最为明显的区域。"具体表现如下。

❶曹津永. 多元文化视野下的少数民族传统村落保护：以云南省怒江州丙中洛镇多元文化区域为例[M]//石高峰. 云南少数民族传统村落保护与发展研究. 昆明：云南人民出版社，2018：107.

2.6.1　多元民族文化的交融

从少数民族居住的分布区域来看，丙中洛的核心区域是怒族、独龙族、傈僳族和怒江河谷中藏族较为集中分布的区域，藏文化、怒族文化和傈僳族文化等多元民族文化的交流与融合特征异常显著。

2.6.2　多种宗教文化的交融

从宗教品系来看，丙中洛是原始宗教、藏传佛教、天主教、基督教多教并存并和睦相处的地方，有多样性的宗教文化和宗教建筑，且宗教建筑呈现出多样性和差异性特征。

(1)　原始宗教

傈僳族先民普遍信奉原始宗教，以万物有灵的自然崇拜和灵魂观念为基本内容，在他们的观念中，山川、河流、日月、星辰、动植物等都为"神灵"或"鬼魂"所支配。因而，山有山灵、树有树鬼、水有水神，几乎一切自然现象都成了他们信奉和崇拜的对象。原始宗教也是怒族地区现存的各类宗教中最古老的宗教，怒族先民信仰以自然崇拜、祖先崇拜、图腾崇拜为主的原始宗教，其内容为灵魂不灭和万物有灵的观念，并有拜仙洞、接"圣水"等祭祀活动。

(2)　藏传佛教

藏传佛教约于 1490 年传入丙中洛，是最早传入丙中洛的人为宗教。始建于 1825 年，重建于 1933 年的普化寺是全镇唯一的藏传佛教寺庙，是佛教的中心。由于民族信众多样，丙中洛藏传佛教寺庙采用了多民族因素相互融合的汉式建筑风格。当地信奉佛教的人家的住屋还有烧香台，用于家庭祭祀活动。

(3)　天主教和基督教

天主教于清朝末期由法国传教士仁安守传入丙中洛，并于 20 世纪初修建了中西合璧的重丁天主教堂（1996 年重建，是该区域天主教的中心）、查腊天主教堂、青那天主教堂、白汉洛天主教堂，以及怒族大聚落中的天主教堂。天主教堂的建筑造型、材料、装饰多采用当地民族传统文化和传统工艺，而内部形制和布局则多符合天主教会规定的巴西利卡教堂形制，正立面呈现尖顶的"凸"字形或双尖顶形式的"凹"字形，顶端竖立教会标志"十字架"。[19]。20 世纪 20 年代，基督教传入怒江傈僳族地区，成为怒江地区大部分傈僳族群众中信仰面较广的宗教，在傈僳族聚居的几乎每个聚落都有小型教堂，作为聚落的精神核心。[12]基督教传入怒江后发展很快，到 1956 年，怒江地区共建有基督教堂 207 所，基督教徒 2.1 万多人。怒族还有圣诞节、感恩节、复活节等宗教节日。

2.6.3　多元融合的社会生活文化

丙中洛多元文化区的形成是一个多种因素共同作用的历史过程。

(1) 共享的生计模式

生计模式是民族文化的核心要素之一。最早的怒族以采集狩猎为生，清乾隆时傈僳族的迁入带来了刀耕火种的耕作方法和铁质生产工具，藏族的迁入带来了旱地牛耕技术以及绿肥使用技术，白族支系那马人的迁入带来了水田耕作技术。区域内各民族共享这样的生计模式：居住在水田附近聚落的，无论是怒族、傈僳族、藏族或其他民族均以水田耕作为主，以山地耕作和其他生计方式为辅；居住在山区无水田区域的，则无论是什么民族，均以山地、旱地耕作为主，以其余的生计方式为辅。各村的传统水田、旱地兼采集的生计模式占据着主导地位，在丙中洛的核心区形成了旱地农耕、水田稻作以及采集狩猎并存的生计模式。这种生计方式成为丙中洛多元文化区共享的多元文化的核心特质。❶

(2) 共享的区域文化

日常生活是民族文化的核心要素之二。居住在丙中洛的怒族、傈僳族、藏族、纳西族等在日常生活中，包括语言、衣、食、住等方面，已形成了互通互融且共享的区域文化：

在语言方面，各民族语言不仅互相影响，还互相使用对方的语言。

在饮食方面，怒族受藏族饮食文化影响较大，傈僳族与怒族饮食又互相影响，因此，形成了具有多民族特色的饮食文化。

在民居方面，经过长期的互相影响和融合，丙中洛地区的房屋主要是藏式土墙房和怒族干栏式木屋，而两种住屋都以薄石片做屋顶。

❶曹津永. 多元文化视野下的少数民族传统村落保护：以云南省怒江州丙中洛镇多元文化区域为例[M]//石高峰. 云南少数民族传统村落保护与发展研究. 昆明：云南人民出版社，2018：107.

在服饰方面，怒族、傈僳族和藏族的衣服式样、布料材质和颜色也互相交织和融合，此外，在丙中洛多元文化区，节日、歌舞，以及习俗等也彼此影响。❶

由上所述，丙中洛的传统文化具有多元融合的文化特征。

2.7　多元民族文化视野下传统聚落的保护

由于多样化的地理环境，多民族大杂居、小聚居的聚居模式，多元民族文化和多种宗教并存等诸多原因，三江并流地区传统聚落的保护与其他地区存在着一些差异。在开展同一地区多民族聚居聚落保护工作的研究时，对这种差异需要有深刻的认识：要认识到这种差异代表着当地传统聚落文化的多样性和聚落文化体系的丰富多彩；更为重要的是，这种差异性代表着特殊性，而特殊性为传统聚落的保护工作提供了有别于主流，但却往往非常重要的理论思考和实践经验。对于丙中洛村这一具有多元民族文化的地区，其保护须认识到以下方面。

2.7.1　地域民族文化是传统聚落保护的重要基础

"集中反映本地区的地域和民族文化特色"是我国传统村落五个条件中的第一个条件。❷"地域民族文化"可以指地域性的民族文化，也可以指具有民族特点的地域文化。地域文化是传统村落文化的"文化生境"，传统村落保护不能缺乏对"生境"的认识和认知；此外，传统村落之间，传统村落和周边的非传统村落之间，无论是在历史还是在文化、习俗等方面都有着千丝万缕的联系，谈传统聚落保护要考虑到文化的整体性特征。以丙中洛多元文化区来看，传统聚落都集中于多元文化区的核心区域，具备浓郁的地域文化特征。对丙中洛聚落的保护不能孤立地进行，必须对当地地域民族文化有充分的了解和认知。对地域民族文化的关注要求我们明晰传统聚落的保护内容不仅限于有形的、固态的物质文化遗存，还应当包括无形的、动态的非物质文化遗存。❸

2.7.2　少数民族地区的传统聚落保护应当关注民族主体的历史演变

要梳理出聚落民族文化主体的历史演变（主要是指生存发展的历程，也是文化发展的历程），包括史诗、口头传承，口口相传的民族历史记忆、歌舞、宗教等文化要素中回忆先民历史的部分、民族精英群体、宗教神职人员等。❹

2.7.3 少数民族传统聚落保护应关注区域民族关系的历史

对中国传统村落文化的保护应遵循原生性、整体性、可持续性、活态性四个原则。区域内民族关系发展的历程实际上就是区域文化融合发展的历程。对民族关系进行梳理，有助于了解区域文化融合发展的内在原因和驱动力，认识不同民族在多元文化区域内的文化融合与发展的历程和纹理，以及多民族聚居地各民族互相独立又互相兼容的和谐相处之道，这些是多民族混杂居地区传统聚落保护工作的特殊性所在。保护好传统聚落就是保护好传统文化的根和源，是走文化复兴之路的重要组成部分。❺

3

创造"红河哈尼梯田"世界文化遗产、人与自然和谐共生典范的红河彝族哈尼族自治州元阳县哈尼族传统聚落——箐口村

3.1 哈尼族的族源及迁徙入滇

哈尼族是中国西南边疆历史悠久的少数民族之一，是一个跨境民族。哈尼族与彝族、白族、纳西族、拉祜族等都是古代羌族的后裔。中国境内的哈尼族总人口数约为 166.09 万人，云南省哈尼族人口约 163 万❻，其中 78.97 万（占全省哈尼族人口的 48.44%）生活在红河哈尼族彝族自治州（以下简称为"红河州"）的元阳县、绿春县、金平县，玉溪地区的元江县、新平县。此外，普洱市的墨江县、宁洱县、镇沅县、江城县、澜沧县，西双版纳州的景洪市、勐腊县和勐海县等 10 余个县也有哈尼族，与彝族、傣族、白族、汉族、回族等民族交错共居。分布在云南不同地区的哈尼族分为 11 个支系。红河州的哈尼族主要聚居在"滇南的两山三江地区，即哀牢山、无量山，和红河、把边江、澜沧江流域"。❼

❶曹津永. 多元文化视野下的少数民族传统村落保护：以云南省怒江州丙中洛镇多元文化区域为例[M]//石高峰. 云南少数民族传统村落保护与发展研究. 昆明：云南人民出版社，2018：107.

❷2017 年《住房和城乡建设部办公厅关于做好第五批中国传统村落调查推荐工作的通知》(建办村〔2017〕52 号).

❸曹津永. 多元文化视野下的少数民族传统村落保护：以云南省怒江州丙中洛镇多元文化区域为例[M]//石高峰. 云南少数民族传统村落保护与发展研究. 昆明：云南人民出版社，2018：107.

❹曹津永. 多元文化视野下的少数民族传统村落保护：以云南省怒江州丙中洛镇多元文化区域为例[M]//石高峰. 云南少数民族传统村落保护与发展研究. 昆明：云南人民出版社，2018：107.

❺曹津永. 多元文化视野下的少数民族传统村落保护：以云南省怒江州丙中洛镇多元文化区域为例[M]//石高峰. 云南少数民族传统村落保护与发展研究. 昆明：云南人民出版社，2018：107.

❻云南省统计局. 2010 年云南省第六次全国人口普查主要数据公报[R]，2011-05-09.

❼云南省民族事务委员会. 哈尼族文化大观[M]. 昆明：云南民族出版社，1999：27.

关于哈尼族的族源有以下四种说法。

3.1.1 "土著说"

"土著说"认为"哈尼族是地地道道的云南红河流域土著。"即便有迁徙，也只不过是在云南红河流域的局部迁移。[20]

3.1.2 "东来说"

"东来说"认为哈尼族源于华东、华南、华北的汉族。[21]

3.1.3 "二元文化融合说"

"二元文化融合说"认为云南省的哈尼族是"由青藏高原南下的北方游牧部落和云南高原北上的南方稻作民族'夷越'融合而成的新型稻作农耕民族。"[22]

3.1.4 "北来说"

"北来说"认为哈尼族源于"古代羌人"，与今日彝族、纳西族、拉祜族、白族、傈僳族、景颇族、怒族、普米族、独龙族同源，系"氐羌系统"之北来者。这是近 20 年来，学术界从多学科的角度，结合历史学、民族学、文化学、人类学、考古学、民俗学、语言学的大量资料，对哈尼族的历史渊源与发展脉络进行研究的结果，是学术界对哈尼族族源倾向性的结论。认为哈尼族的祖先从"诺玛阿美"（是"太阳之原"，曾是哈尼人心中最美的家园）逐渐南迁，居于"谷哈"（指大理洱海沿岸和滇池流域）广大地区，后与"昆明人"相互交错杂居，逐渐融合而形成哈尼族。

"北来说"的依据如下❶：

（1）史学界从零星的汉文典籍中清理出的较为清晰的哈尼族由北向南迁徙的历史线索。

（2）哈尼族语言属于汉藏语系藏缅语族彝语支。同一语支的民族一般都有着相同的渊源关系。

（3）哈尼族与诸羌族部落的文化特征有许多相似之处，如，诸羌族部落和古代哈尼族都实行火葬制；哈尼族还保留了西北诸羌族部落游牧文化的重要标志，即以牛羊为祭（明代天启《滇志》、清代康熙《新平县志》中载，"窝泥……焚而葬其骨，祭用牛羊"）。

（4）哈尼族大量民间史诗记述的祖先由北向南的迁徙路线与"北来说"基本吻合。

哈尼族在历史上是一个不断迁徙的民族，在离开"诺玛阿美"后，为了寻找理想的居住环境、躲避战乱和灾荒，开始不断向南迁徙。关于古代哈尼族迁徙进入云南的路线，据流行于元阳等地的哈尼族民间迁徙史书《哈尼阿陪聪坡坡》记载，哈尼族的祖先原来居住在青藏高原，后来从最早的聚居地"虎尼虎那"迁徙到最后的聚居地——红河两岸，途中曾在八个地点居留：虎尼虎那（今巴颜喀拉山麓之长江、黄河源出地区）——什虽湖（川西北高原与青海南部高原交错的纵谷地带）——惹罗普楚、嘎鲁嘎则（大渡河北岸之四川盆地与川西高原交汇地区）——诺玛阿美（四川省雅砻江与安宁河流域）——色厄作娘（云南省大理地区洱海之滨）——谷哈密查（昆明地区）——那妥（云南省通海县）——石七（云南省石屏县）——临安（云南省建水县），大约于唐代后期进入今云南省红河南岸的元阳县。❷

昆明理工大学蒋高宸先生在梳理哈尼族民间文化及史诗《哈尼阿培聪坡坡》后，认为在哈尼人迁徙至"惹罗普楚"时期，出现了一种聚落模式。据此，有学者将血缘族群的聚落及建筑营造模式称为"惹罗"模式，并认为，该时期是哈尼先祖开始成为南方农耕民族并安寨定居的民族更新或形成时期。这种模式是"先居后建——先认同大环境，先站稳、考量这个地方，营造可居的环境，盖房子是之后的事"，而"聚落营造呈现出一种神性和神圣空间"。具体为，第一，认同大环境；第二，选择宅基地；第三，立贝壳，占卜凶险吉祥；第四，举行安寨大典；第五，栽竹子、栽棕树；第六，盖房子；第七，找水源、找水井；第八，开大田；第九，祭寨神。哈尼族的"惹罗"模式可以被认为是血缘族群聚落营造的一个普遍范式。[23]

迁徙途中的"诺玛阿美"是今天居住在哀牢山区的几乎所有不同支系的哈尼族共同认定的古老家园。"诺玛阿美"指的是公元前3世纪，"和夷"所居的大渡河之南、雅砻江之东及安宁河所源出的

❶ 王莉莉. 云南民族聚落的空间解析：三个典型村落为例[D]. 武汉：武汉大学，2010.
❷ 中共红河州委宣传部. 红河哈尼族文化调查[R]，2006.

连三海周围，或大渡河与金沙江交汇的地区。"诺玛阿美"不是哈尼人种田的萌发之地，而是哈尼族最古老的农耕定居之地，是哈尼族从游牧民族变为定居农耕民族的历史大转换之地，因而才具有哈尼族发展史上的"永久的记忆"❶。哈尼人通过在诺玛阿美建立定居的农耕聚落，形成了以聚落为主体的哈尼文化和哈尼族互相认同及民族共同心理。

3.2　箐口村的自然环境

云南省的哈尼族大多分布于今云南省红河哈尼族彝族自治州哀牢山南部末端，红河南岸的元阳县。红河在这里支流众多，沟壑交错，地势高低悬殊十分显著，最高的白岩子山海拔 2939.6m，最低的红河出境处河口仅 76.4m，总体高差达 2863m。[24]。复杂的地形和悬殊显著的海拔高差使元阳县的气候差异较大，从山麓到山顶，依次形成南亚热带、中亚热带、北亚热带、暖温带、温带和寒温带气候，这些不同气候带的温度和湿度差别都相当大，使元阳县有"一山分四季、隔里不同天"的立体气候特点。元阳县是一个以哈尼族、彝族为主，还有苗族、瑶族、傣族、壮族等多种民族聚居的边疆县，其地处的红河南岸哀牢山东麓居住着 7 个民族，各个民族的聚落呈立体分布在不同的海拔范围内：傣族位于海拔 600m 左右或更低的河谷地带，壮族位于 800m 左右的半山区，彝族、汉族位于 1000~1600m 的中山区，哈尼族位于 800~1800m 的中高山区，苗族、瑶族位于 1600~1800m 的高山区❷。哈尼族居于哀牢山的中山区是因为他们认为，低海拔河谷地带气候炎热潮湿，瘴疠肆虐，不利生存；高山地区气候寒冷，四季阴雨连绵，又是猛兽出没之地，人畜庄稼均难以存活；居于中山，既便于下山耕耘，又易于上山狩猎，是梯田农耕生活的理想栖息地。因此，遵循其"择居文化"的精髓，即"要种田在山下，要生娃在山腰""山头宜牧，山坡宜居，山脚宜耕""上方森林，下方梯田"的祖训，便选择居住于山腰地带[25]。元阳县新街镇西南部哈尼族聚落所在的中山区冬暖夏凉，气候温和，高山森林为村中的人畜饮水提供了便利；从聚落边至山脚河谷的整个半山区，气温较高，湿度较大，适宜种植稻谷。

千百年来，元阳县以哈尼族为主的各族人民，巧妙地利用哀牢山的立体气候和"山有多高水有多高"的自然优势，构建起从山顶森林到山脚河流的和谐的自然生态系统，[26]以及与之相适应的人的生存空间及稻作农业生产，形成了举世闻名的梯田文化景观和极具特色的传统聚落。红河哈尼梯田遍布红河州元阳县、红河县、金平县和绿春县，总面积约 100 万亩。

在哈尼族居住的山区，聚落星罗棋布，坐落在向阳坡地的凹塘里，村后是森林茂密的大山，左右低山环绕，村前是万道梯田，形成高山区森林，中山区聚落和下半山区梯田不同层次的分布，构成了哀牢山区独特的森林-聚落-梯田"三位一体"的格局。这种"三位一体"的格局也可称为"三段式立体结构"，它表现出聚落的自然、神性及与基本生产生活相结合的一种整体状态。[23]在这种"三位一体"的格局中，哈尼族聚落多位于森林和梯田的分界线处。当地干热的气候使其下方红河里的水汽大量蒸发，聚集到天空中形成厚厚的云层，然后降雨。雨水落到地面后，聚落背靠的高山上的"神树林"起到保水的作用，涵养大量水分，使哈尼族山区出现"山有多高，水有多高"的奇观。高山上"神树林"涵养的水分滴水成溪，溪水成河，河水流过聚落和田野，保证聚落人畜用水和寨脚梯田稻作生产的灌溉用水，最后又流回到红河。之后再通过蒸发，形成森林-水源-村寨-梯田的良性生态循环机制和哈尼族的生存系统。除了作为水源外，山头上的森林资源为村民提供建筑所需的木材；同时，森林为哈尼族提供了丰厚的食物，成为梯田农耕经济的重要补充部分。❸直到 20 世纪 50 年代初，狩猎仍是哈尼族的一项定期举行的重要集体活动，高山森林区成为哈尼族狩猎的良好场所，是其生存的重要资源之一。

箐口村位于红河州元阳县新街镇南部，地处东经 102°40′～102°49′，北纬 23°05′～23°13′之间，占地面积约 5hm²，隶属于元阳县新街镇土锅寨村委会。箐口村距元阳县城南沙镇 30km，与新街镇相距 6.87km。村民生产生活区域与其周边黄草岭、大鱼塘、全福庄等哈尼族聚落相连。箐口村有耕地 857.76 亩，其中水田 453.3 亩，旱地 404.46 亩，人均耕地面积 1.003 亩，旱地 0.74 亩。据 2015 年调查，全村有农户 222 户，约 1000 人，全部是哈尼族[27]。

箐口村海拔约 1600m，坐落于半山腰（图 16-21）。箐口村上部的观音山海拔 2876m，保持着茂密的原始森林，村民称为"龙林"。

❶ 王清华. 梯田文化论[M]. 昆明：云南大学出版社, 1999: 37.
❷ 元阳县志, 1990.
❸ 李期博. 论哈尼族梯田稻作文化[M]// 李期博. 哈尼族梯田文化论集. 昆明：云南民族出版社, 2000: 14.

箐口村村民生产活动区域在海拔 1400～1800m 之间。当地属山地季风气候垂直分布带的北亚热带气候类型，其基本特征是：干湿季节明显，冬暖夏凉，昼夜温差大，年平均温度 15℃，年降雨量 1500mm 左右，每年 5—10 月为雨季，年内 50% 的降雨量集中在 6—8 月；每年 11 月—翌年 4 月为干季。[28]箐口村的哈尼语名称为"欧补"，"欧"意为水，"补"意为翻滚，"欧补"意为洪水泛滥。"欧补"也是对泥石流的称呼，在元阳县境内，泥石流和山体滑坡并非罕见。

图 16-21　箐口村景观
（图片来源于美篇：哈尼族人的千年杰作 云南元阳梯田，丁虹先生摄）

箐口村东面是麻栗寨河，发源于观音山麓的胜村乡全福庄，自南向北，经天生桥流入红河。西面是者那河，发源于西观音山原始森林，经牛角寨乡的新安所、果期、果统村公社，至新街镇，流入南沙镇排沙河，全长 20km。箐口村处于西观音山半山坡脚外，形成"两河、一山、两面坡"的地形。

据箐口村家谱记载，箐口村建村于北宋末年（约 12 世纪初）。从目前查到的彝文古籍和哈尼族古歌、迁徙史诗看，该村的哈尼族村民是从诺玛阿美迁徙过来的。

3.3　箐口村的社会形态

哈尼族聚落，多为父系血缘纽带连接而成的群落，哈尼语称为"启波然"，意为"同祖的后代"。每个"启波然"一般以 10～15 代父系继嗣为限，超过便自行解体。哈尼族的父系血亲家族，是一种稳定的亲情生产与生活的有效组合，其聚落分布、人口规模、梯田格局均带有明显的血缘纽带痕迹。由于历史的发展和时代的不断演进，哈尼族血亲集团的历史原貌逐渐被地缘关系结成的自然聚落所取代。到 20 世纪 50 年代，哈尼族逐步摆脱了"启波然"的羁绊，进入现代社会小家庭化的潮流之中。

一个合格的"启波然"须具备以下六种标志物，哈尼族传统聚落至今仍遗存"启波然"的下述标志物。

3.3.1 "昂玛俄波"

哈尼语"昂玛俄波"，即护佑本聚落的神灵居住的丛林，即"寨神林"，位于聚落的上方或两侧。

3.3.2 磨秋桩

每年夏历五月举行"苦扎扎节"（苦扎扎节叫六月年，在每年农历6月中旬举行，是红河哈尼族人民盛大的传统节日，犹如汉族过春节一样热闹隆重）祭祀天神庆典时用，立于聚落旁，它是哈尼族聚落的主要标志。

3.3.3 "朗主主波"

哈尼语"朗主主波"是震慑危害聚落禽兽的兽神及丛林，位于聚落旁。

3.3.4 "咪刹刹波"

哈尼语"咪刹刹波"是人与鬼分界的丛林，位于离村约1里的山路边。

3.3.5 水井

位于离聚落不远处，一般以高山密林中的泉水为水源，供人畜饮用；一个哈尼族聚落有几个磨秋桩，几眼水井，就表明该村住着几个"启波然"。[25]

3.3.6 牛皮大鼓

牛皮大鼓位于聚落内，用于召集村民议事，组织节庆活动，古代抵御外敌入侵等。

中华人民共和国成立以前，部分居住在山区的哈尼族仍保留有原始社会的残余，而大部分哈尼族地区已基本进入封建社会，其中红河南岸元阳、红河、绿春等地则处于封建领主经济向地主经济过渡的阶段。

3.4 箐口村的空间组成

历史上，哈尼族先民逐步南迁到红河南岸的哀牢山区定居后，长期生活在封闭的丛林边缘从事农耕活动，其社会总体发展水平相对滞后。哈尼族在漫长的发展过程中，形成了基于"万物有灵"观念的多神崇拜的宗教信仰，认为风、雨、雷、电等自然现象和人类自身的生、老、病、死现象都由超自然的神秘力量主宰，这些神秘力量分为"神"和"鬼"两种不同的属性，并有善恶之别。❶至中华人民共和国建立前，作为观念形态重要组成部分的宗教信仰，仍停留在原始宗教阶段，自然崇拜、祖先崇拜和鬼神崇拜构成了其原始宗教信仰的主要内容。因此，哈尼族建村立寨遵循一套自己的风俗习惯，即"人的生存和发展与自然环境息息相关，人的现实生活与祖先息息相关，人的日常生活与鬼神息息相关。"❷在选择聚落地址和建立聚落这些关系到聚落稳定、人口繁衍和农业生产发展的事宜中，哈尼族聚落保持了原始部落时期的许多特点，原始信仰完整地延续下来，各种崇拜活动神圣不可动摇。[22]

3.4.1 箐口村的选址

哈尼族建造聚落时，选择寨址必须考虑有森林、水源、平缓的山梁或山坡等垦殖梯田不可缺少的自然条件。聚落一般坐落在向阳、开阔的山梁上，四周有山包，寨头的山包上有茂密的森林作为"寨神林"，是护寨神——"昂玛"栖息的地方，还选择一棵树作为"寨神树"；两侧的山包，是聚落的"扶手"；寨脚的山包，是聚落的"歇脚"。[25]聚落两侧及寨脚的缓坡、山梁开垦为梯田，梯田从聚落周边沿着山势盘绕到山脚河谷地带；梯田的分布区域与哈尼族的居住区域合二为一，多数聚落走出寨门就是梯田，哈尼族聚居或散居的地区都有梯田散布其间。海拔 2000m 以上的密林作"水源林"，高山密林孕育的水潭和小溪被盘山而下的水沟引入聚落，除供人畜饮水之外流入梯田，梯田连接沟渠，溪水顺着层层梯田，自上而下长流不断。[29]为了梯田农业定居的长治久安，哈尼族在选择了建村立寨的"风水宝地"后，要进行一系列与祖先、鬼神、子孙繁衍、农业生产有关的祭祀活动及仪式，如"丈克勒"仪式，以将鬼魔邪恶驱逐出寨；此外，对寨神林、水井、磨秋场……每年都要进行全寨性的定期祭祀。以聚落为单位开展的宗教信仰活动成了哈尼族社会生活的基本内容。

箐口村的地貌是一块舌叶形的泥石流冲积扇，整个冲积扇的地势西高东低，村民的房屋坐向也根据地势坐西向东，高低错落有致。在箐口村，哈尼族传统聚落的生态格局依然存在，聚落的西北、西、西南、东南面保存着自建寨之日起就有的4片神树林以及有百年历史的古树，这4片神树林分别是每年农历正月、二月、三月、八月举行祭火神、寨神、山神、田神的祭祀活动地点。在箐口村周围，顺着山势，聚落的层层梯田从西向东延伸至麻栗寨河。

3.4.2　箐口村的空间构成

构成云南传统聚落空间的物质要素，无论聚落的规模大小，也不论其为哪一个民族，都由一些实体单元集合而成。❸一般来说，这些物质要素如表16-1所示。

表16-1　传统聚落构成的物质要素

聚落构成的物质要素	土司、头人住房（衙署）， 佛寺（庙宇、祠堂）， 寨心、寨桩， 神林、神树（风水树）， 节日活动场所（集镇广场等） 住屋及其他辅助用房， 道路、街巷， 寨门、 边界（围栏、围墙） 山林、田地 水体（井）

❶杨煜达.云南乡土文化丛书：红河[M].昆明：云南教育出版社，2003：51-53.
❷王清华.梯田文化论[M].昆明：云南大学出版社，1999：86.
❸杨大禹.云南少数民族住屋：形势与文化研究[M].天津：天津大学出版社，1997：137.

哈尼族认为聚落完整的含义，除了居住的房屋和街道外，还包括寨神林、地神树、寨门、水井、磨秋场、镇邪处等附属设施。[22]哈尼族聚落空间的各物质要素使其充满了神性。如：

（1）寨神，是哈尼族聚落的神王，全寨的人、粮、畜都是在寨神的庇护之下才能安康和发展。

（2）寨神林，哈尼人称为"昂玛"或"普玛俄波"，是寨神的住所。寨神林位于寨头，小型寨子1个聚落1个寨神林，规模较大的聚落有多处寨神林。

（3）寨心，选择寨心的仪式大致有4种：由祭师立海贝择寨心；由祭师在选择的新寨址中，用撒铁渣、投鸡蛋定寨心；由祭师在地上小坑里放谷子，确定寨心；举行"丈克勒"仪式，驱逐鬼魔邪恶出寨定寨心。[25]

（4）寨门，也叫"龙巴门"，是哈尼族社神的标志，神圣不可侵犯。寨门是划分人、鬼两个世界的界限和阻止鬼魂、灾难、邪恶进入聚落的关口。寨门内外是人与鬼魂地域的分界线，[25]聚落内是人的世界，聚落外则是鬼魂的领地。寨门分正门和左右侧门（"坑玛""坑止"和"坑丈"），"坑玛"位于聚落的大路口，专供人出入；"坑止"靠着通向墓地的村口；"坑丈"是丢埋病死牲畜、非正常死亡者进出的门，一般靠近树林深处的茅路。

元阳县的聚落均无寨墙形式的确定边界，而是用树林将聚落与梯田分隔开，形成边界林。不同民族的聚落，其边界林的"厚度"差异很大，树木的种类也不一样。

（5）护寨林，是聚落后的树林，要保留完整，以保证水源，供村民及畜禽饮水，以及梯田用水。

（6）护家林，各户房屋周围的树木，美化居家环境，亦有风水的意义。

（7）水井，哈尼族称"罗活"，他们认为水对人的美与丑有着直接关系，只有清洁的水才能养出俏男靓女来。因而绝大多数哈尼人不喝江河水和死水，只喝流入水井中的泉水或溪水。

（8）磨秋场，哈尼族称为"丛卜"，是哈尼族聚落的象征，设在寨尾，每寨1个。这是迎接农业保护神"威嘴""石批"的地方。每年要在这里举行多次全寨性的祭祀活动。❶磨秋场正面对着聚落下方大片的梯田，后侧是石砌的"秋房"（宰杀公牛的场所）。磨秋场中央立一根木柱"磨秋"，过节时还要将一根中间有孔的长木棍——"转秋"置于木柱之上，哈尼人在两侧旋转木棍，这就是"转秋"。场中还要竖起4根竹竿搭的秋千，届时哈尼人就打着秋千上下飞舞，并向着梯田大声祈福。[26]

寨神林和磨秋场是哈尼族聚落里最重要的2个空间节点，它们一个指向上方的森林，一个指向下方的梯田，在空间上、精神上将村民与其生存环境联系起来。这2个节点界定了聚落的上、下边界，聚落的范围上不超出寨神林，下不越过磨秋场。哈尼人通过定时而且反复地对寨神林、磨秋场、寨门、水井等大小节点的祭祀，在人们头脑中建立起一个空间节点系统，用非建筑的手段在人们的思想意识上建构起聚落的空间结构。[30]

箐口村充满了浓郁的原始乡土气息，聚落内公共建筑相对较少，没有任何祠堂和庙宇；寨心、寨门、寨边界、水井、碓房、公房、寨神住地、磨秋场、住房和公共设施等都依然保留着；住屋建筑主要是蘑菇房（详见后述）。聚落中的广场是聚落的中心地带，全由石板铺就。广场东侧，两个大铜鼓后面，中心广场中轴线的底端，有一座在箐口村作为民俗文化村进行旅游开发时修建的"哈尼族文化陈列馆"（图16-22），该馆是一幢二层楼的蘑菇房，是箐口村的中心建筑。该陈列馆集中展示着哈尼人雕凿哀牢山岭、构筑层层梯田的壮观场面以及绮丽多姿的民俗风情和哈尼族民俗用品。广场北侧是一幢哈尼风格的草棚凉亭休闲楼，北临浩瀚梯田茫茫云海。中心广场周围有一些商店，为游客提供民族服饰，银器和小纪念品，这些商店多为下店上寝，前店后寝。往东穿过竹林、过石桥，是水碾、水碓、水磨。寨脚有一个古老的祭祀场地和磨秋场。人们如果遇上"苦扎扎"节，便能看到哈尼人杀牛祭祀、打秋千欢庆节日的场面。

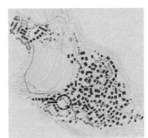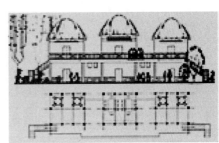

图16-22　箐口村哈尼族文化展览馆［新建筑，2006（4）］

箐口村现有的道路网系统尚不完善，由于受地形的影响，道路衔接不通畅。主干道在通向寨神林和水碓、水磨方向延伸为2条道路。推测这2条道路应该是在聚落建成的初期形成的。巷道大体分

❶王清华. 梯田文化论[M]. 昆明：云南大学出版社，1999：37.

为 2 个级别：主巷道即交通性巷道，有 2 条，其一是出入西北向的道路，此路于 2000 年扩建成 870m 长的弹石路面，与聚落西面穿过的元绿公路连接，是箐口村的公路交通干道和唯一的车行通道；其二是 3 条次要巷道：一条出入南面的巷道深入田间；一条出入东面的田间道路；一条生活巷道，曲折而狭窄。箐口村的生活巷道都有排水沟，一般是明沟，靠民居一侧，局部地段采用暗沟。

箐口村的生活设施包括水井（图 16-23）、碓房（图 16-24）、排水沟、磨秋、坐凳、桥等。箐口村有 8 口水井，均为山泉水，用水管接入蓄水池，其井台借助周围的建筑物围合成半封闭的空间。井台空间不仅具有使用功能，而且还丰富了聚落的景观，井台为点状空间，其存在增强了街巷空间的节奏感。

图 16-23　箐口村的水井
（图片来源于美篇：元阳哈尼村寨（箐口民族村），ZHOU 摄）

图 16-24　箐口村的碓房
（图片来源于彩龙社区：冯工先生摄）

3.5　箐口村的住屋建筑

3.5.1　住屋形式

红河地区哈尼族的典型住屋是土掌房的一种变体——"蘑菇房"。哈尼族的聚落建在半山腰的向阳坡地，背靠茂密的森林，一幢幢住屋依山而建环绕在树林之中，犹如一朵朵、一团团散落在群山绿树间的蘑菇，由此而得名。"蘑菇房"为土木结构建筑，石块垫基，木柱，用土坯砌成或泥土夯成厚实墙体；屋顶有平顶、单斜面、双斜面和四斜面几种形状，用茅草或瓦片铺盖；四斜面草顶的正脊短、坡度大，近似于锥体，状如蘑菇，是红河南岸哈尼族住屋的标志，是当地的独特景观之一，构成了哈尼族住屋文化的特殊风格。[22]

哈尼族的"蘑菇房"是随着哈尼族的迁徙过程，为适应不同的自然环境而有层次、分阶段地经历了山洞—"鸟窝房"—初期的蘑菇房—后期的蘑菇房，一步步完善的（图 16-25）。[31]

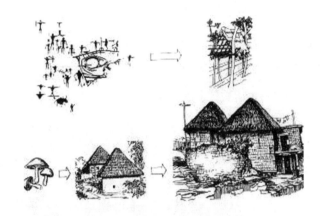

图 16-25　哈尼族蘑菇房的发展过程示意图

箐口村的住屋在 1990 年前为清一色的哈尼族传统蘑菇房，都建在磨秋场和寨神林之间，主要为砖木混合结构的房屋。早期所用的砖主要是传统的泥砖，现在开始用红砖。地基用大块石头铺筑（图 16-26、图 16-27）。[23]

图 16-26　早期箐口村的"蘑菇房"住屋　　　图 16-27　箐口村的"蘑菇房"
（图片来源于元阳县扶贫办）

3.5.2　住屋与梯田农业

哈尼族的住屋建筑依其梯田农业而存在，与梯田农业浑然一体，不可分离，并与哀牢山的气候和地理环境相适应。具体表现在以下方面。

（1）对气候条件的适应

哈尼族的"蘑菇房"适应红河下游元阳一带亚热带高原季风气候、年降雨量大的特点，其坚实的土墙和厚重的草顶能遮风挡雨，隔热良好，使室内冬暖夏凉，通风干燥。

（2）对地理环境的适应

"蘑菇房"分布在地势起伏、开门见山、坡陡谷深、平地十分稀少的哀牢山区，以耳房的土平顶作晒台，创建了稻作生产必需的场地——晒谷场。晒台是人们生产劳动、日常生活和闲暇活动的重要场所，在很大程度上解决了人们在山区生产生活的诸多不便，体现了山居农耕生活的需求以及对梯田稻作农业的适应（图16-28）。

图16-28　蘑菇房的平顶晒台
（图片来源于地方影界，2020）

（3）就地取材

草顶是哈尼族"蘑菇房"的显著特点和重要组成部分，哈尼族每1至2年更换一次房顶，使其功能如初，需要大量适于做草顶的长棵稻草。为了满足这一需求，哈尼族梯田农业所选的稻谷中，无论高山、中山、低山河谷梯田的稻种，都必须具备"高棵"的特点。在哀牢山区，哈尼族所种稻谷的棵高一般都在1.5m以上，可以产生大量稻草，使房屋建造就地取材。

3.5.3　住屋的结构

红河哈尼族的"蘑菇房"建在哀牢山区的缓坡地带，蘑菇房在地形起伏的地段上作分台错半层布置，房屋在坡地上分台，利用平台体系，各家平屋顶相连或辅以楼梯邻挨邻、户接户，在山区建立起立体的第二层面通道。❶

山区建房土地紧张，因此"蘑菇房"房屋狭小。"蘑菇房"一般有2层或3层：地面一层用于关养牲畜、家禽和堆放谷船、犁铧锄头等农具。第二层住人、吃饭和娱乐，用布帘或竹席隔成一个个小房间。公共生活空间主要有火塘和厨房，厨房位于正门的左侧，旁边是火塘。火塘后面一般是老人的卧室，其右侧是兄弟姐妹居住的房间。室内设有祖先的大小神龛（小神龛中供奉着祖先中非正常死亡者的亡灵）。窗户较小，室内比较阴暗。两层房屋之间相距约 1.5m，其间只有木梯或竹梯作上下之用。第三层即顶楼，顶楼的三分之二是四斜面稻草顶覆盖的土楼地板，称为"封火楼"，因具有良好的通风效果而用于堆放稻作农业的产物——稻谷、玉米、豆类等，并用于储存建房换顶需要的稻草。哈尼族住屋一般建有耳房，建有双耳房的建筑形成四合院，耳房建筑为平顶，是在房顶上铺以粗木，再交叉铺以细木和稻草，上加泥土夯实（如今则多用水泥抹顶）而成，成为晒台。屋顶用稻草或野草编成，酷似蘑菇。

传统哈尼族住屋中没有厕所，村民都在野外"方便"。近年来，开始在住屋外修建简单的厕所。

3.5.4　建房过程[32]

（1）准备建房材料。传统房屋所用材料主要有土砖（又称"土基"）、木材、竹子、稻草等。

（2）建房前的祭祀活动。主人先请"莫批"（祭师，又称"贝玛"）确定一个吉日，然后请莫批主持祭祀仪式，祭祀聚落神灵和家族祖先，请求保佑。

（3）打地基。祭祀后，主人清莫批确定动土的吉日，届时人们先将地面按照房屋的结构挖出 40~60cm 深的沟槽，之后，在沟槽里铺上石块，垒得高出地面 30~40cm，形成一堵矮石墙，再在石墙上砌土砖。

（4）修建房屋主体结构。拌稀泥，抹到土砖上一层层地往上砌土砖。砌到该铺楼板的高度，就铺上木楼板。接着，砌第二层的墙，之后，铺平台。然后，在平台上将蘑菇顶竖起。最后，还要在墙上抹稀泥，使房屋呈现出黄色的色彩。房子就建好了。

（5）入住新房。房子建好后，选一个黄道吉日入住新房。请莫批主持入住仪式。先放鞭炮，将牲畜赶入一楼，主人入住二楼。主人杀猪、杀鸡，请亲戚朋友和同寨的人一起吃饭，表示感谢。

❶ 杨庆. 建筑文化[M]// 杨寿川. 云南特色文化. 北京: 社会科学文献出版社, 2006: 324.

3.6　箐口村的传统文化

箐口村的传统文化较为丰富，主要有下述几方面。

3.6.1　迁徙文化

如前所述，哈尼族源于"古代羌人"，在历史上是一个不断迁徙的民族。哈尼族的祖先原来居住在青藏高原，他们从最早的聚居地"虎尼虎那"出发，经过在"诺玛阿美"等八个地点的停留，不断向南迁徙，到最后的聚居地——红河两岸。迁徙路途中的"诺玛阿美"是哈尼族最古老的农耕定居之地，是哈尼族从游牧民族变为定居农耕民族的历史大转折之地，是今天居住在哀牢山区的几乎所有不同支系的哈尼族共同认定的古老家园。哈尼人通过在诺玛阿美建立定居的农耕聚落，形成了以聚落为主体的哈尼文化和哈尼族互相认同的民族共同心理。

3.6.2　梯田文化

哈尼族是一个优秀的山地农耕民族，其先民经过漫长的迁徙，最终进入云南红河南岸的哀牢山区之后，根据当地的地形、地势、土壤、气候、植被、水流等自然生态条件大力开垦梯田。他们依山就势，充分利用每一寸适宜种植的土地，一代接着一代，开垦出大小不一、错落有致的层层梯田；他们不断改进和提升农耕技术，创造了许多别出心裁的梯田耕作技能；他们以其高超的智慧和奇特的方式，充分利用"山有多高，水有多高"的水利奇观和"天然的高山绿色水库"❶的水源，历经多年建成了完整的农田水利系统。今天，红河南岸地区哈尼族开垦和经营的近百万亩梯田沿着蜿蜒的山势铺排展开，伸展数十里，跨村连县，层层叠叠数百级乃至三千多级，似道道天梯由山脚直逼山顶（图16-29）。其规模宏大，气势磅礴，令人震撼。2013年6月22日第37届世界遗产大会正式批准将中国云南"红河哈尼梯田"列入世界文化遗产名录。从此，哈尼族千百年来辛勤创造的梯田名扬世界。红河哈尼梯田作为世界文化遗产，具有十分丰富而深厚的文化底蕴，包含着显著的农耕业绩与农耕奇迹，还具有传承后世的珍贵价值。

哈尼梯田是哈尼族人的命脉与灵魂，它所呈现出的森林-聚落-梯田的良性农业生态系统和独特的梯田文化景观，蕴含了人与自然高度和谐发展、人与人和睦相处的古老的梯田文化特征。

图16-29　从山脚到山顶的层层梯田
（图片来源于彩龙社区：冯工先生摄）

　　哈尼族为便于耕种梯田的需要，其所建聚落的规模、人口和梯田面积及其分布点配置彼此相宜，自成一体。聚落规模的大小和盛衰受梯田耕作条件的制约，最大聚落不过三百余户，小村则三五户不等，并以大村小村适当相隔交错。一般一村经营一片或两片梯田，或大村经营梯田的范围较广，小村耕种梯田的面积较狭窄。有的因受地理条件的限制，其所耕种梯田的面积较为零散。这种人土构建均衡的格局，有效地避免了因人多田少可能引起的纷争，以致人际关系恶化，也不至于人少田多导致土地荒芜。蕴含了"人尽其能，土尽其力，人土吻合，自然和谐"❷的梯田文化思想。

3.6.3　宗教文化

　　如前所述，中华人民共和国成立前，哈尼族作为观念形态重要组成部分的宗教信仰仍停留在原始宗教阶段，自然崇拜、祖先崇拜和灵魂观念构成了其信仰的主要内容。哈尼族建村立寨遵循的法则是"人的生存和发展与自然环境息息相关，人的现实生活与祖先息息相关，人的日常生活与鬼神息息相关。"这种原始宗教观念决定了箐口村的选址、箐口村的空间组成、住屋建筑和公共建筑的形式。可以认为，哈尼族的原始宗教文化蕴含在构成箐口村的所有物质要素之中，使箐口村完整地延传了原始的信仰意识，而具有浓厚的原始宗教色彩。

3.6.4　住屋文化

　　四面坡的草顶"蘑菇房"是红河南岸哈尼族住屋的标志，1990

❶ 王清华. 梯田文化论[M]. 昆明：云南大学出版社, 1999: 92.
❷ 毛佑全. 哈尼族梯田农耕文化与生态系统[M]//哈尼族梯田文化论文集: 27.

年以前箐口村的住屋是清一色的"蘑菇房"。"蘑菇房"适应箐口村当地的气候条件、适应当地的地理环境，适应哈尼族的梯田稻作农业，并就地取材，是哈尼族住屋文化的集中体现。

3.6.5　以"长街宴"为代表的哈尼族民俗文化

"昂玛突节"是哈尼人祭祀护寨神、拜龙求雨的节日，也是作为庄稼人的哈尼人最盛大的节日。节日当天，家家户户做好黄糯米饭、三色蛋、猪鸡鱼鸭肉和牛肉等近40多种哈尼族风味的菜肴，准备好米酒，抬到指定的街道。家家户户桌连桌沿街摆放，成为一条数百米长的街心宴（当地人称"长龙宴"或"长街宴"）。长街宴是哈尼族庆祝丰收、祈福祝愿、保佑平安、交流沟通、凝聚人心、热情好客、朴实善良的一种传统习俗。古老而神秘的长街宴是我国最长的宴席，反映了哈尼人在梯田农耕中对水的认识和对龙的崇拜，也反映了哈尼人勤劳朴实、团结互助的传统美德，包含着哈尼族丰富的生存智慧和文化内涵。

3.7　箐口村的现状、存在的问题、需重视的方面

自2000年以来，箐口村获得一系列发展机遇。2000年，元阳县政府大力发展旅游业，编制了《元阳县箐口哈尼族民俗文化生态旅游村详细规划》，2001年6月实施，投入400多万元资金建设和改造箐口村的道路和传统蘑菇房，新建停车场、观景台、寨门、哈尼民俗文化陈列馆、广场等旅游设施以及对原有活动场地进行整治；箐口村2001年被列为"哈尼族民俗文化生态旅游村"；2004年被国家旅游局命名为"全国农业旅游示范点"；2008年被云南省旅游局列为首批"旅游特色村"；同年，云南省世博集团有限公司和元阳县旅游局签订了50年的旅游开发协议，政府出资33.7%，世博公司出资66.3%组建"云南世博元阳哈尼梯田旅游开发有限责任公司"，开发旅游产业；2009年编制了《元阳县箐口民族特色旅游生态村详细规划》；2013年，元阳县启动了"美丽家园"行动：一方面要求靠近景区的现代房屋外墙刷土黄漆、修蘑菇房顶，恢复蘑菇房样式；另一方面，对于部分破旧的民居，鼓励村民按照蘑菇房外观就地重建，并给予每户3万元补贴，目前元阳县已有近2000户民居完成了拆除重建，而全县的危旧民居改造定于2020年完成。

自从箐口村开发为"哈尼族民俗文化生态旅游村"后，政府携手规划部门对箐口村重新规划。箐口村的改造和建设整体上保留了较为完整的哈尼族聚落的空间组成元素，如寨神林、磨秋场、祭祀房、水碓房、水磨房、水碾房、水井、水渠、分水木刻等；建造了不少新房，同时也对一些破旧的房屋进行了改造。2000 年，全村 149 户人家中有 61 户的蘑菇房重建。至 2015 年，保存较好的传统民居只有 12 栋，占 5%。新建房屋采用新建筑材料，用红砖、水泥和钢筋混凝土修建，水泥平顶和水泥瓦顶代替了土木建筑，但保留了古朴的哈尼族文化特征；在建筑尺度、装饰和结构上尽量与老房保持一致，平屋顶屋面上留出晾晒谷物和活动所需空间，用钢结构搭建四坡顶保持蘑菇房屋顶造型。少数人家在主体建筑外修建了牲畜房、杂物房。原有的水系和巷道系统基本未改变，对破旧的巷道重新铺地整修。[27]

上述规划的实施，总体上推进了箐口村的发展，2015 年箐口村被列入第三批《中国传统村落名录》。但一些项目的实施引发了村民的不满。究其原因，主要为：

(1) 在箐口村保护与发展的过程中，对保护主体"人"的作用及其利益有所忽略，造成聚落空心化、旅游同质化等现象。据 2015 年调查，作为一个从 2000 年就开始旅游开发的聚落，村民收入结构依然以第一产业为主，旅游业并未给村民带来更多好处，村民的实际收入没有得到明显提高。

(2) 规划没有充分考虑人口增长，箐口村的空间肌理相比 15 年前密集了近两倍；2000 年分散的民居布局、零星的院落空间、特色巷道已经所剩无几，街巷空间被建筑占用，导致用地局限密集发展。

(3) 规划实施管理的重要性被忽略。[27]

从箐口村发展的经验和存在的问题中，可以看出，在云南传统聚落的保护与发展中，以下几个方面需要引起重视：

(1) 考虑和体现村民的利益，留住人。

如昆明理工大学朱良文教授所说，"原住民是梯田文化的传承者，要让他们分享梯田开发的利益，才能留住他们。"联合国粮农组织全球重要农业文化遗产（GIAHS）项目指导委员会委员、中国办公室主任闵庆文看来，拓展农业的多功能性，吸引农民回归农业是哈尼梯田可持续发展的根本出路。同济大学建筑与城市规划学院副院长周俭认为，更重要的是让村民留在聚落种梯田，梯田文化景观才能永续保存。[33] "人"是传统聚落保护的主体，要增强农业和农村对人才的吸引力，让农民回归和经营农业，提高其对传统文化的认识，自觉保护优秀传统文化，传统聚落才能得到有效的保护和发展。

(2) 强化国土空间规划对各专项规划的指导约束作用。要预测聚落人口的发展以及环境的承载力，还要尊重少数民族的文化风俗、宗教信仰等因素。

(3) 加强对规划实施的管理。

4
靠歌舞脱贫的普洱市澜沧拉祜族自治县
拉祜族传统聚落——老达保村

4.1 拉祜族的族源

拉祜族是一个古老的南迁民族，其先民源于古氐羌族群，属于古氐羌遗裔之一。❶ 中华人民共和国成立前，拉祜族没有形成文字记载的历史，其民族历史文化全凭口耳相传，传承至今。拉祜族先民随古代羌人族系的迁徙，早期曾辗转于西北地区的黄土高原、青海湖地带，后沿横断山脉南下，经在四川西南部滞留，约在春秋战国时期举族迁入云南。拉祜族大约于清代才相对停止入滇迁徙，而向今澜沧县附近聚集，逐渐生存在今天的澜沧江、红河下游两岸的山林地带，有的跨国界迁徙到越南、老挝等东南亚半岛国家。当今云南拉祜族主要分布在思茅地区、临沧地区、西双版纳傣族自治州、红河哈尼族彝族自治州、玉溪市等地。拉祜族主要分为"拉祜纳"和"拉祜西"两大支系，两大支系有着共同的信仰和习俗、共同的文化传统、大体同步的社会发展进程，只是在方言、服饰等方面略有差别，各自传说的祖先迁徙的路径略有不同。拉祜语属汉藏语系藏缅语族彝语支。

4.2　老达保村的自然环境

老达保村是澜沧拉祜族自治县（以下称"澜沧县"）酒井乡勐根村下辖的一个自然村。酒井乡位于澜沧县东南部，距县城 32km，东靠发展河乡，南接惠民乡，西和西南与东回乡、糯福乡为邻，北与勐朗镇接壤，澜沧县至西双版纳勐海县的国道 214 线从南到北贯穿酒井乡境内。境内面积 381km²，多山，地势北部高，南部稍低，海拔 1355m。年平均气温 17.2℃，雨量充沛，阳光充足，气候温和，适合种植茶叶、甘蔗、南药和各种农作物。酒井乡是全县 4 大有林乡之一，乡内森林资源丰富，有林地面积 304161 亩，森林资源覆盖率 52%。酒井乡辖酒房、岩因、勐根、税房 4 个村民委员会，共 62 个村民小组，有哈尼、拉祜、傣、汉、彝、佤等民族，其中拉祜族 4959 人，占 38.6%。

老达保村位于勐根行政村西边，澜沧县城东南部，国道 214 线旁，距县城 42km，距乡政府 28km，距勐根村委会 3km。国土面积 12.04km²，海拔为 930m，属于半山区，年平均气温 23℃，亚热带气候。年降水量 1800mm，森林覆盖率为 75%。自然风光秀丽，生态良好。适宜种植粮食、茶叶、西瓜等农作物。2018 年全村有 119 户，489 人，全部为拉祜族。传统经济以种植粮食和茶叶，饲养猪鸡为主，曾经是一个贫困的拉祜族山村。❷

4.3　老达保村的社会经济形态

在拉祜族民间口碑中，有大量反映古代拉祜族社会生活状况和经济文化类型的内容，其中，反映原始渔业、原始采集和原始农业的内容比较多。原始采集、渔猎和原始农耕文化长期并存，成为古代拉祜族经济文化的主要特点。❸拉祜族社会进入农业社会后，伴随着农业生产劳动，产生了各种农业祭祀活动和民间歌舞。

从 19 世纪 80 年代至 20 世纪 20 年代，澜沧江以东的景谷、镇

❶ 王正华，和少英. 拉祜族文化史[M]. 昆明：云南民族出版社，1999：1.
❷ 郭家骥. 老达保：民族文化振兴乡村的探索[M]//石高峰. 云南少数民族传统村落保护与发展研究. 昆明：云南人民出版社，2018：32-37.
❸ 王正华，和少英. 拉祜族文化史[M]. 昆明：云南民族出版社，1999：70.

沅、景东、思茅、普洱、墨江、元江等地已初步形成封建地主经济；澜沧江以西的澜沧、临沧、西双版纳一带，18世纪20年代以来，先后实行"改土归流""宜土不宜流""土流兼治"的政策，逐渐形成封建地主经济，但属封建土司统治，经济形态仍处于封建领主经济阶段。中华人民共和国成立前，拉祜族的生产力和生产方式都极其落后，重重剥削和民间的迷信、忌讳等陋习不同程度阻碍着经济社会的发展和民族素质的提高，使拉祜族长期处在极度艰苦的境地。中华人民共和国成立后，国家采取一系列措施，大力扶持，通过互助合作发展生产，提高人民生活水平和政治觉悟，逐步过渡到社会主义。❶老达保村的主要产业为种植业，产品主要在本县销售，目前正在发展茶叶特色产业，计划大力发展种植业产业。

4.4 老达保村的空间构成及住屋建筑

据远古传说，拉祜族先民的住居是石岩洞穴，过着"穴居野处，游猎游居"的生活，18世纪后才逐渐定居下来。拉祜族聚落多分布在山区和半山区的缓坡地带。早期的聚落多为血缘族群的群体居所，随着社会的发展，拉祜族日益过渡到半定居经济，社会组织也逐步地缘化，出现了庞大的聚落。随着聚落的形成和发展，逐渐开始了住屋建筑活动。

一般来说，拉祜族聚落的上方都有茂密的树林，人们将它视作神林，严禁私自砍伐树木和在林中打鸟捕兽。早期聚落的四周有防御设施，除了寨门外还栽种有刺藤。每个聚落中有1至2个广场，其中1个广场在聚落中央，广场中间立有寨桩，年节期间增立1根年桩，寨桩一般分为雌雄两棵；另一个广场位于聚落的一角，供年节时比赛陀螺使用。聚落内道路以聚落中央广场为中心，十字形布局，其中3条路通向3个寨门，另一条通向东北部高地上的寺庙。聚落都有公共墓地，多数位于聚落的西边。

拉祜族传统住屋，有"落地式茅屋"和"桩上竹楼（掌楼房）"两类，桩上竹楼是在落地式茅屋的基础上发展而来的。落地式茅屋用质地坚硬的木料作柱梁，屋面盖茅草，四周用木板、竹篱笆或芦苇围成，建盖方法较简单。桩上竹楼模仿傣族干栏式竹楼的形式，把地基挖平后，不砌石脚、不砌墙，只栽几棵木桩叉，叉上放梁，梁上放椽子，上铺茅草，四周用竹笆或木板围成，甚至可以不用一颗钉子即可建成，具有"构木为巢"的古风。桩上竹楼一般分为2层，楼下一层1分为3，分别用于关养牲畜、堆放柴火或作舂碓房；楼上用竹笆或木板或不设隔墙分成2间房间，前室中央设火塘，供烘烤谷物、烤火、做饭、会客、休息娱乐；后室作卧室。一般从右方顺梁开门，用粗树干砍成楼梯供人出入上下（图 16-30）。

图 16-30　拉祜族民居
（图片来源于百家号，2023）

　　老达保村四周环山，风景秀丽，周边居住着傣族、哈尼族等民族。住屋建筑仍然保存着拉祜族传统桩上竹楼的风格，为木结构，具有浓郁的拉祜族特色，分上下 2 层，底层主要用于关养牲畜或存放杂物、柴火、农具、舂米工具等；楼上用于煮饭、住人、摆放粮食等。其房屋形式、居住方式、内部分隔等大体上仍保持着古老的拉祜族民居建筑特征，即椭圆形草顶干栏式住房，楼上室内分成若干个小房间，设火塘。至 2010 年底，老达保村的住屋仍以土木结构建筑为主，有 25 户居住砖木结构住房。主要公共建筑有教堂和拉祜文化民俗传习广场。教堂是木结构，约 5m 高（2 层），公共建筑拉祜文化民俗传习广场与民居建筑风格相同，有普通砼地坪和葫芦塑像。

　　拉祜族的住屋有一些禁忌：房门要开在正中，不能对着垭口；门前要视野开阔，没有山梁遮挡；烧火做饭要从三脚架的正面添加柴火，柴火要倒着烧，先烧根部；外人不得随意触碰火塘；客人不能坐在主人家的门槛上，行李等物件不能放在神桌上；外人不能进入主人内屋，也不能触碰神台上的小竹筒等。

　　2006 年以来，澜沧县委、县政府实施传统民居提升改造工程，

❶雷波，刘劲荣. 拉祜族文化大观[M]. 昆明：云南民族出版社，1999：290-293.

完成道路硬化，配套建设通电、排水和垃圾池、公厕、文体活动场地等，聚落基础条件得到改善，村容村貌有了明显改观。2017 年启动老达保"文化农庄"项目，新建了老达保观景亭、观景路、体验房等，实施了体验区景观改造、标识牌制作、民族民间歌舞乐提升等工程。村里现有芦笙坊、陀螺坊、青竹坊、艺织坊、茶吟坊、根雕坊、春香坊、耕具坊等拉祜族民俗及农耕文化的展示区。目前，老达保村初步建成了"家家是传习馆、户户是加工坊、楼楼是展销点、个个是文化人"的特色文化庄园。❶

4.5　老达保村的传统文化

老达保村具有浓郁的拉祜族特色，是拉祜族原始文化保留和传承较为完整，拉祜族文化底蕴十分深厚的传统聚落。

4.5.1　宗教文化

拉祜族是一个有多种宗教信仰的少数民族。其中，既有属于本民族原始宗教的"鬼神崇拜"和"厄莎"崇拜，也有来自异民族、异文化的佛教和基督教。这些宗教在拉祜族社会里互相兼容共存，构成了拉祜族特有的宗教文化。而这些不同的宗教信仰，在拉祜族由迁徙游耕社会向定居农业社会转变的过程中，又曾经起过重要的、在某种意义上不可替代的文化整合和社会整合作用。

(1) 原始宗教文化

拉祜族原始宗教信仰大致经历了自然崇拜、图腾崇拜、灵物崇拜、祖先崇拜等复杂的历程，具有明显的地域特征和支系特征。自然崇拜几乎是早期人类社会普遍存在的宗教意识形态。拉祜族的经济长期处于滞后的状态，生产力十分低下，对自然缺乏正确认识，在险恶又奇异的环境中，对各种事象均产生恐惧感和神秘感，认为有一种超自然的神秘力量支配着世间万物的变化，因而产生了"万物有灵"的观念。拉祜族原始信仰中所包含的崇拜对象极为广泛，几乎包括大自然的全部事物和现象。

在佛教传入前，拉祜族的宗教信仰主要是较为原始的"厄莎"(造物主)崇拜。在拉祜族心目中，"厄莎"被认为是创世之神，是操纵、支配万物命运的神灵，是万物的缔造者和主宰者，世界是由于"厄莎"的存在而存在。拉祜族的原始宗教信仰充分展现了以"厄莎"为中心思想的"万物有灵"观念。他们认为，"厄莎"具有"上帝"和"父亲"

的双重身份，"上帝"信仰使人们的意识超越了拉祜族传统的大家庭公社的部落社会界限，进入到一个更为广阔的社会意识空间；而作为"父亲"，"厄莎"以家长的身份与威严，统治着部落社会，捍卫着部落社会的秩序与传统。因此，"厄莎"崇拜对由迁徙向定居，由血缘氏族组织向地缘聚落组织转变的拉祜族社会，具有十分重要的象征意义。

拉祜族的图腾崇拜主要表现为动、植物图腾崇拜。这种原始宗教观念与拉祜族长期经历采集、渔猎生活，久居崇山峻岭有必然的内在联系。

拉祜族的灵物崇拜主要是对"玄"的崇拜。在拉祜族相信的自然物中，有一种叫作"玄"的物质，"玄"是灵物，是具体的物质，又是抽象的理念，是灵物崇拜的对象。

祖先崇拜在拉祜族原始宗教中，居于中心地位，拉祜族将祖先与"厄莎"相提并论。祖先崇拜是拉祜族原始宗教最显著的特征和重要的组成部分之一。

(2) 佛教文化

明末清初，汉传佛教传入拉祜地区，在今澜沧县境内建立了5个佛教活动中心，佛教逐渐取代了原始宗教的位置，成为与政治相结合的宗教思想。佛教活动的形式和内容有明显的拉祜族原始宗教特色。

(3) 西方宗教文化

20世纪20年代初至30年代末，基督教和天主教先后传入拉祜族地区。美国基督教会教徒在糯福，即今天的澜沧县建盖了第一座基督教堂，并成立了基督教糯福总会和双江分会，开始在我国澜沧、双江等县的拉祜族地区传播基督教。基督教对拉祜族的思想和社会生活等方面产生过重要影响。基督教为拉祜族地区带来了西方文化：创建了拉祜族的字母文字，开办教会学校，设立医院，基督教教规对教区内拉祜族的精神文明起了一定作用。至今，澜沧县、双江县等部分拉祜族仍信仰基督教。[2]天主教大约在1939年由法

❶ 林阳西. 澜沧县老达保村：以拉祜民族文化为根奋发追梦新时代[EB/OL]. 中国网七彩云南，2019-07-01. union.china.com.cn.
❷ 王正华，和少英. 拉祜族文化史[M]. 昆明：云南民族出版社，1999：208.

国传教士传入澜沧县拉祜族居住的地区，但由于天主教的许多教规和拉祜族人原有的宗教意识相互冲突，所以天主教在拉祜族中影响不大。

4.5.2 "土""洋"并存的传统聚落歌舞文化

拉祜族生活中的一个普遍爱好是"拨弄琴弦，吹响芦笙，踩着鼓点，放歌起舞"。"会说话就会唱歌，会走路就会跳舞"，这是对拉祜族特点的真实写照。拉祜族的音乐舞蹈艺术有着深厚的群众基础，既是现实的需要，又反映社会发展的必然。❶此外，拉祜族的歌舞文化除了土生土长的民族文化高度富集外，随着基督教传入拉祜族地区而带来的"西洋文化"——唱诗班演唱、吉他演奏的流行和普及，也发挥了重要作用。❷拉祜族歌舞所使用的乐器大部分自己制作，舞蹈与音乐和乐器一样有着全民性的意义。舞蹈形式多为大型集体舞，其主要特点是直接再现生产劳动场景，模仿动物的动作，反映人们对生活的回顾和对于未来的期盼，欢庆丰收、同娱共乐。

老达保村是拉祜族歌舞保留最多的聚落，是澜沧县的音乐歌舞之乡。在老达保村，"是男人就会吹芦笙、跳芦笙舞，是女人就会跳摆舞"。聚落里无论男女老少都能歌善舞，所掌握的芦笙舞和摆舞有近 100 个套路，具有较高的观赏性。"芦笙舞"是拉祜族在欢度年节喜庆时必跳的一种大型集体舞，有着悠久的历史，发展至今，仍保持着男女老幼同欢齐乐和依芦笙手领舞的古老形式，以及欢庆丰收、祈求丰年的内涵。在老达保村，最为突出的是无伴奏和声演唱和吉他弹唱。老达保人的多声部合唱曲调优美动听，歌词丰富多彩，用拉祜语生动地表现了他们喜闻乐见的生产生活情景，加上合唱音乐的旋律和谐、朴实纯真，显示出很强的艺术感染力。聚落里80%村民都会弹奏吉他，最老的有七旬老人，最小的还是幼童。他们虽然从未受过专业训练，甚至连乐谱都不认识，但是凭着对音乐的热爱，以自身的体验和感受，创作出一首首脍炙人口的歌曲，其代表作有《快乐拉祜》《实在舍不得》《真心爱你》《新年在一起》等，他们自创的拉祜民歌有 300 余首，深受广大群众的喜爱。他们自创的吉他弹唱《快乐拉祜》唱响大江南北，获得了"一把吉他走四方，快乐拉祜美名扬"的美誉。老达保村入口示于图 16-31，体现了老达保村是拉祜族歌舞之乡的特点。

2013 年 6 月，老达保村成立了普洱市第一家农民自发的演艺有限公司——"澜沧老达保快乐拉祜演艺有限公司"，常年开展拉祜族民间文化艺术传承、演出活动，多次参加央视、国家大剧院及全国性大型演出。自 2013 年开展商业演出以来，该公司已就地演出 730 多场，外出演出 200 多场，总收入 407 万元，演艺公司 200 多名演艺人员人均分得 16250 元，90 户 398 人建档立卡贫困人口实现脱贫。❸2017 年，普洱市和澜沧县启动了"老达保乡村特色音乐小镇"建设。老达保村的拉祜族通过自己民族文化的复兴与开发，走出一条通过文化脱贫进而带动传统聚落全面振兴的路子。

图 16-31　老达保村入口

（图片来源于搜狐：从黄浦出发｜快乐拉祜一跃千年，伴随旋律穿越云南澜沧，2021）

老达保村形成的"土洋并存"传统聚落歌舞文化，经过 20 世纪 50 年代以后的沉积和衰落，在改革开放过程中得到了复兴和开发，首先成为村民赖以脱贫的产业——歌舞文化产业，吸引了大批国内外游客参观游览，引起了普洱市，澜沧县政府的重视，投资修路、绿化、整治聚落环境，使其成为生态宜居的聚落。村民增加了收入，改善了生活，使老达保村从一个贫困山村，变成了彻底消除建档立卡贫困户的美丽乡村。

老达保村已成为远近闻名的民族文化旅游名村；成功创建了国家 3A 级景区；老达保民族文化助脱贫选题入选联合国"中国扶贫成就展"；老达保村是国家级非物质文化遗产保护名录《牡帕密帕》的传承基地之一，有国家级《牡帕密帕》根古传承人 2 人，市级《牡帕密帕》根古传承人 1 人，拉祜芦笙舞市级传承人 1 人，拉祜摆舞市级传承人 1 人。近几年老达保村的原生态拉祜族文化大放异彩，发展成为脱贫致富的主要产业。随着老达保村的名气越来越大，一条以乡村旅游为主的产业链逐渐发展起来，一些由党员带头发展的

❶雷波，刘劲荣．拉祜族文化大观[M]．昆明：云南民族出版社，1999：290-293．

❷郭家骥．老达保：民族文化振兴乡村的探索[M]//云南少数民族传统村落保护与发展研究．昆明：云南人民出版社，2018：32-37．

❸澜沧县：抓实科技扶贫打好民族文化牌[EB/OL]．云南网（普洱），2020-10-22．www.yunnan1.cn．

新兴种植业、农家乐、民宿、手工作坊等逐渐兴建起来。目前，老达保村有民宿客栈 4 家，农家乐 10 家，各种手工作坊和商店数十家，村里现在建起乡村音乐广场，不少村民开起了农家乐。通过打造拉祜族特色客栈和发展建设特色民宿，完善基础设施建设，打造体验式文化农庄，老达保村，这一美丽的拉祜族聚落正在实现"快乐地发展、快乐地致富。"

4.6 老达保村的保护与发展

老达保村是中国传统村落，入驻《中国传统村落数字博物馆》，是"中国少数民族特色村寨"，已成为民族文化旅游名村。但在旅游开发中还存在云南省少数民族古村落旅游开发方面的如下一些共性问题。[34]

4.6.1 普遍存在的问题——四个不到位

(1) 古村落保护意识淡薄，认识不到位

村民和政府层面普遍缺乏对"传统村落和传统民居、传统民俗、传统耕作方式和生活方式"继续留存的意义，以及对古村落具有可开发利用的经济价值、历史价值和文化艺术价值的认识，缺乏传承与保护的意识。因此，古村落保护措施不力，对村民自行拆除原有古民居的行为监管不力、导致部分古民居建筑损毁，乡村传统风貌丧失。

(2) 古村落保护与旅游开发不足，结合不到位

在古村落的传承与保护中存在就保护而保护、就开发而开发的现象，没有把传统村落的传承与保护很好地利用到乡村旅游开发中，没有形成传承保护与乡村旅游开发的有机融合。如有的农户虽然也办起了民宿、客栈、农家乐等，但大多是把现有的古民居拆除，进行重新修建，虽然部分保留了传统民居的特点，但原有的传统古建筑风格随之消失。

(3) 古村落旅游产品体系单一，开发不到位

在古村落的旅游开发中，民族手工艺品、地方特色产品等旅游文化产品较少，民族文化元素开发挖掘和融入不够，产品多为初级产品，缺乏深加工和包装。如老达保村旅游产品单一，产品体系尚未建立，开发不到位，缺乏深层次的旅游文化产品等。

(4) 古村落文化产品欠缺，挖掘不到位

目前发展旅游业的古村落，对村落的精神文化和制度文化的挖掘重视不够，没有把

民族文化和旅游深度结合。古村落文化产品欠缺，没有形成品牌和文化名片，古村落在挖掘农耕文化、饮食文化、民俗文化等方面尚处于起步阶段。

4.6.2 老达保传统聚落保护与发展的思考

对于民族文化积淀深厚的少数民族聚落，丰富、厚重的民族文化是乡村振兴可以率先取得突破的重点。可以通过传统民族文化的保护与传承实现创造性转化和创新性发展，使之成为带动乡村整体振兴的重要突破口。[1]老达保村是一个具有典型民族文化特色的民族传统聚落。如何使其得到有效的保护与快速的发展，本书提出以下方面的思考。

(1) 保护、传承、发展、提升民族特色文化，使其成为带动乡村发展的重要突破口。

对于老达保村这样文化特色鲜明、民族文化积淀深厚的民族聚落，其独具特色的传统文化，如歌舞文化，可以作为推进乡村振兴率先取得突破的重点。为此，要进一步挖掘拉祜族优秀传统文化，创作更加优秀的歌舞作品，丰富其表演形式，注重对创作和表演传承人的培养。通过对拉祜族歌舞文化的保护、传承、发展和提升，实现创造性发展和创新性开发，使其成为云南民族歌舞之乡的一张名片，带动乡村全面振兴。

(2) 正确处理好文化旅游发展与民族文化保护的辩证关系，实现旅游业发展和民族文化保护与传承双赢。

在文化与旅游融合发展的趋势下，传统聚落的旅游发展应充分考虑区域经济基础、资源状况、客源市场、市场竞争等因素，确定优先发展和重点发展的对象；传统聚落的旅游发展必须坚持可持续发展原则，乡土文化是传统聚落旅游可持续发展的内在支撑，要高度重视自然资源和文化资源的保护与传承，研究传统聚落旅游发展与乡土文化传承的空间耦合模式，为乡村旅游发展与乡土文化传承的耦合提供载体和支撑。[2]

[1] 郭家骥. 老达保：民族文化振兴乡村的探索[M]//云南少数民族传统村落保护与发展研究. 昆明：云南人民出版社，2018：32-37.
[2] 张琳，邱灿华. 传统村落旅游发展与乡土文化传承的空间耦合模式研究：以皖南地区为例[J]. 中国城市林业，2015(5)：35-39.

如老达保村，要大力发展富有特色的、高品质的歌舞节目、娱乐活动和民宿旅游业，让游客在篝火晚会上尽情欣赏拉祜族特有的敬茶歌、芦笙舞和芦笙恋歌等传统歌舞；要以民族歌舞产业为代表的文化产业的发展促进文化旅游业发展，以旅游业发展带动本村民族文化产业和传统特色产业的发展；要采取政府、企业和村民"多主体协同模式"开发旅游产业：即政府主导制定旅游发展规划，建立监督机制；企业按政府要求，制定科学的设计方案和实施步骤，接受政府的监督；村民在政府和企业的指导下，自觉自愿地通过土地资源、人力资源、房屋所有权、农副产品销售、文化艺术表演等形式积极参与其中，并真正得到利益，实现文化旅游业和民族文化产业的可持续发展。在民族传统聚落旅游开发中，还要关注村民在旅游发展中产生的对自我、聚落、邻居及外来游客的心理感知，这些因素也将对旅游发展产生直接影响。❶

(3) 加强古茶园文化的开发，使老达保村成为距此不远的"景迈山古茶园"品牌的重要组成部分，与"景迈山古茶园"一道，申报世界文化遗产。

5

毁于一把火的"中国最后一个原始部落"临沧市沧源佤族自治县佤族传统聚落——翁丁村

翁丁原始村落位于云南省临沧市沧源佤族自治县勐角傣族彝族拉祜族乡（以下称"沧源县"，"勐角乡"），距县城约 30km。原有 105 户人家，491 人。翁丁村曾经是中国迄今为止保存最完整的佤族群居聚落，是佤族文化的活态博物馆，曾被《中国国家地理》称为"中国最后一个原始部落"。

5.1 佤族的渊源

佤族是一个古老的跨境少数民族，是中国最后一个从原始社会过渡到社会主义社会的直过民族。国内的佤族主要分布在澜沧江以西和萨尔温江以东的怒山山脉南段地带的"阿佤山区"，聚居在云南省南部边疆地区的西盟、沧源、孟连、耿马、澜沧、双江、镇康、永德等县和西双版纳傣族自治州，在腾冲、昌宁、景东等县也有少量佤族散居。❷沧源佤族自治县是佤族人口较为集中的一个县。

历史上，佤族由于没有本民族文字，无法记载，致使佤族的历史渊源很难说清。除汉文典籍里有少量零星记载外，主要靠口碑相传的神话故事、民间传说等民俗学和民族学、人类学的资料来推论。关于佤族起源，普遍流传着《司冈里》的神话传说。根据佤族的创世神话，人类起源于"司冈"（西盟佤族认为"司冈"是石洞，沧源等地的佤族认为"司冈"是葫芦。两地的佤族分别认为"司冈里"的意思是"从石洞里出来"和"从葫芦里出来"）。虽然说法不一，但各地佤族都把阿佤山区视为佤族的发祥地。根据有关典籍的记载，学者们倾向于认为佤族源于先秦时期云南境内的"濮人"。[35] "濮人"有"百濮"之称，散居于我国西南直至江汉一带，以及中印半岛，后来分别同化于氐羌、百越、苗瑶等不同民族集团之中。❸ 对"濮"这一族名，现代学者大致有三种观点：一是百濮原来是一个族系，后来分别融合于其他民族❹；二是濮人与越人同族，即为百越族系❺；三是濮人为同名异族❻。佤族语言属南亚语系孟高棉语族佤德昂语支。

5.2 翁丁村的自然环境

佤族主要居住地约在东经 99°～100°，北纬 22°～24°的地区。佤族先民历史上的居住环境是山、坝二者兼之，近现代以居山为主，居坝次之。由于佤族居住地多山少坝，古称为阿佤山乡（区）。阿佤山区，山脉自北向南逐渐低缓，山沟纵横交错。阿佤山区属亚热带低纬度地区，亚热带季风气候，气候垂直变化显著，常年降雨量1500～3000mm，分为雨季（5月至10月）和干季两季，动植物资源丰富。

勐角乡隶属于沧源县，地处沧源县北边，距县政府所在地15km。国土面积 613.7km²，海拔 1250m，年平均气温 21℃，年降水量 800mm，适合种植水稻等农作物，农民收入主要以种植业为

❶陈兴贵，王美. 反思与展望：中国传统村落保护与利用研究 30 年[J]. 湖北民族大学学报(哲学社会科学版)，2020(2)：114-125.

❷魏德明. 佤族文化史[M]. 昆明：云南民族出版社，2001：9.

❸魏德明. 佤族文化史[M]. 昆明：云南民族出版社，2001：20.

❹汪宁生. 中国西南民族的历史与文化[M]. 昆明：云南民族出版社，1989：55.

❺江应樑. 傣族史[M]. 成都：四川民族出版社，1983：60.

❻尤中. 中国西南民族史[M]. 昆明：云南人民出版社，1985：22，62.

主。勐角乡辖勐角村、控角村、翁丁村等9个行政村，该乡以佤族和傣族为主，是汉、佤、彝、傣、拉祜族混居乡。

"翁丁"，佤语意为"云雾缭绕的地方"（图16-32）。翁丁村位于勐角乡西部，坐落在一个群山环抱、云雾缭绕的山麓，地势由北向南逐渐降低。翁丁村距离沧源县城33km，到勐角乡的道路为柏油路，交通方便。全村国土面积12.6km^2，海拔1495m，气候条件为亚热带低纬度山地季风气候，年平均气温24℃，年降水量900mm，气候温和、雨量充沛、水土丰美、环境宜人、自然资源丰富，适合种植茶叶等农作物，农民收入主要以茶叶为主。翁丁村山多林密，森林覆盖率达90%以上，东边有高大雄伟的窝侃大山，海拔2605m，是沧源县境内海拔最高的山；西边有秀丽迷人的翁黑大山；南边有神话色彩浓重的公旱大山；北边有险峻神奇的公劳大山。村民笃信原始宗教，相信万物有灵，敬畏山川草木，且崇尚自然，其植被和自然生态保护较好。

图16-32 翁丁村远景（秦天先生摄）

5.3 翁丁村的社会经济形态

历史上，佤族"巢居山中，刀耕火种，多旱谷"，以采集和狩猎经济为主。❶近代，随着佤族与周围其他民族经济文化联系的不断加强，佤族地区的社会、政治、经济和文化开始发生巨大变化，集中表现在开挖银矿，接受佛教，种植鸦片，接受清王朝赐封，过渡到封建地主经济或封建领主制经济等方面。明清时期，中央王朝对佤族主要通过傣族土司实行间接统治。

中华人民共和国成立前，沧源等地的佤族虽然还存在着浓厚的原始公社残余形态，但已初步具备封建领主制的特征。❷农业是佤族最主要的经济成分，佤族主要种植粮食作物，佤族的农业生产原始粗放，还处于由"刀耕火种"的原始农业向"犁挖撒种"传统农业的过渡阶段，劳动组织多以个体家庭为单位，手工业生产未从农业中脱离。历史上佤族人民曾经大面积种植木棉和罂粟。中华人民共和国成立后，政府下令禁止种植罂粟。佤族人民逐渐打破了单一的生产模式，开始种植各种经济作物，最有代表性的是茶叶。

翁丁村辖上寨、下寨等6个村民小组。现有农户261户，有乡村人口1145人。翁丁村的核心区域——翁丁村老寨有近400年的建寨历史，原有105户，491人，均为佤族。翁丁村的佤族仍然保留着夺铲点播旱谷、水牛耕田的生产方式，用杵臼春米，用腰机织布，用杂粮酿酒；保留着传统家庭手工技艺如印染、织布、纺织、竹编、藤编等。

翁丁村老寨曾经是云南省境内的一个深度贫困村，2004年开始发展旅游业，现已开发成为原始部落文化旅游区，规划面积2.42km²。区内平均海拔1300m，年均气温16.8℃，年降雨量2500mm。2020年"翁丁原始部落文化旅游区"被评为国家4A级旅游景区。政府修建了翁丁村新寨，大量村民于2018年搬迁到翁丁村新寨，至2018年底翁丁村老寨只剩下21户人家，截至2021年发生火灾时居住在翁丁村老寨的原住民还有17户人家。

5.4 翁丁村的空间构成

翁丁村是中国迄今为止保存最为完整的佤族群居聚落。翁丁村老寨整体格局呈集中式，是团型聚落，主要街道将聚落划分为八卦状格局。建筑布局依山就势，坐北朝南，逐级分台，每级平台分散着2~4户住户，平台之间通过垒石分割，形成大大小小的院子。

翁丁村和其他佤族聚落一样，有一片神树林，位于村子的左边，村民把其中的一棵古老的大树作为寨神或树神的居所。树林里有一个祭祀房，是逢年过节或乞求神灵保佑全村平安健康、五谷丰登、人畜兴旺等举行祭祀活动的地方。神林里的树无人乱砍，因而长得非常茂盛。

翁丁村寨心的标志物是木塔幡杆下面的鹅卵石器，是全寨人的

❶ 陈本亮. 佤族文化大观[M]. 昆明：云南民族出版社, 1999: 13–16, 48, 49, 82, 152–154, 262.

❷ 陈本亮. 佤族文化大观[M]. 昆明：云南民族出版社, 1999: 13–16, 48, 49, 82, 152–154, 262.

精神寄托。

寨门和大榕树同处一线，每根门柱上，特别是大榕树上悬挂着若干个牛头骨，共同守护着这个有着数百年历史的聚落。

广场是聚落内的一片开阔的打歌场地。平时聚落里剽牛、拉木鼓等佤族特有的集体活动都在这里举行。

寨桩是翁丁村最神奇的建筑物，是竖立在聚落中央打歌场上的柱桩，代表着有人类在这里繁衍生息，寨桩及其周边已经自然形成了广场，寨桩形成的空间成为聚落独有的文化记忆和传统。寨桩由一杆一塔一木桩组成，是佤族的一种图腾崇拜，是一组典型的佛教景观和聚落的标记，是佤族原始宗教信仰与小乘佛教内容的完美结合。❶寨桩最高的杆是用龙竹制的幡杆，高杆上的图腾物器是司岗里传说，顶部有几圈用竹篾制作的饰物，上部插有篾条头子，这既是饰物，又是避邪的器物。篾圈下面，有只一尺长的木船，代表着一帆风顺。木船下面，有一条木鱼，代表年年有余。幡杆旁是一棵有一人高的木塔桩，雕刻粗犷，塔身刷有生石灰，呈白色，木塔上还刻了一些特殊的图案。木塔幡杆旁，还有一个木桩，顶上钉个木盆，用于赕佛。树有寨桩的广场，既是全村祭神、祭鬼，举行宗教仪式的重要场所，又是全村节庆聚会、歌舞欢庆之地。翁丁的寨桩寄托了佤族人民美好的愿望和诚恳的期盼，充分说明了佤族有自己的信仰和追求。

翁丁村的寨桩、寨心和司岗里，是翁丁部落的神秘之物，同时也是部落的寨心。聚落的建筑以寨桩为中心向周边扩展建造。

翁丁村还保留有佤族图腾、祭祀房、神木、木鼓房以及传统家庭式的手工艺作坊、古老的水碓、佤王府、翁丁白云湖等。翁丁村的寨桩和住屋的走向以及手工作坊、民俗风情等方面都呈现出佤族原始聚落的特点。

5.5 翁丁村的传统建筑

翁丁村的传统建筑包括住屋建筑和公共建筑两部分。

5.5.1 住屋建筑

佤族在山地环境下创造了体现"山地干栏"特点的底层架空"干栏"式住屋建筑和四壁落地的"座地房"两种形式的建筑。翁丁村佤族的住屋丰富了"干栏"式建筑的形式，保留了最为完整的佤族传统竹木草顶结构的"干栏式茅草房"（图16-33）。建筑材料就地取材，除了柱子、梁用木料外，其他大部分材料是竹子和茅草。

图16-33 翁丁村佤族茅草屋
（图片来源于文旅中国，2021）

1.翁丁村的"干栏式茅草房"

翁丁村佤族的"干栏式茅草房"建筑源于远古时期的巢居。从距今约3000年新石器时代晚期的沧源崖画中，可以看到建在树上巢居的"树屋"的图像（沧源崖画第五地点二区（中）和五区）。树屋有屋顶遮雨，四周有壁挡风，人们沿绳梯或长木梯上下。当时可能是古人处于从树上到地面生活的转折时期，树居和"干栏"式并存，树屋便是"干栏"式建筑的"母体"，一直留存至今。由于巢居的特点是依树积木，方形平面最易搭建，因此在巢居基础上演化来的"干栏"式建筑都以方形平面为主。

"干栏式茅草房"的特点是：

（1）底层矮的"楼居"

翁丁村的"干栏式茅草房"用桩柱作为房屋底架；用枋、梁、檐、柱等构成房屋的屋架，房屋屋架高出于地面，形成"楼居"。但与傣族的"高脚干栏式竹楼"有明显的差别，翁丁村的干栏式茅草房底层高度仅1m多高，用于饲养牲畜和堆放杂物，楼上住人；竹板铺地，木板围墙，茅草盖顶；屋顶大多数为"长脊短檐"的形式；屋檐伸出，适应当地的气候，既遮阳又挡雨。

❶林超民，蒋颖荣，等.云南乡土文化丛书，临沧[M].昆明：云南教育出版社，2003：13-15，67-68.

(2) 两端屋面呈弧形，外观独特

翁丁村佤族的住屋建筑体量较小，"茅屋有方形和圆形两种，方形茅屋是由遮风的屏障发展而成，圆形的则系模仿洞穴的形状"。"半圆半方"（半圆形屋顶和方形平面）是佤族民居在平面和空间上独具的主要特点。"半圆屋顶"附着在建筑的方形部分，形成了佤族民居独特的外观形式，丰富了建筑的使用功能和空间类型，同时也是对佤族远古的穴居生活的追忆。❶

佤族住屋的屋面两端呈弧形。佤族采用弧形屋顶是含蓄地象征"葫芦"为母体，抽象地再现早期栖身所居的洞穴。可以说是对葫芦、崖洞或竹筒等所共同含有的"圆形"的抽象表达。或许是他们对自身文化认同所产生的一种民族文化心理回归，以及这种文化心理在空间物质上的外显反映（图16-34）。❷佤族住屋屋面两端呈弧形与屋顶的构架有着密切的关系。无论歇山顶还是四坡顶屋顶，都是由前后两坡加侧面的两坡组成。而圆弧形屋顶不是坡面有交角的歇山顶或四坡顶，侧面屋顶的椽子在到达与两坡屋顶椽子交接处时，顺势成了扇形，随椽子而起的屋檐就成为弧形。

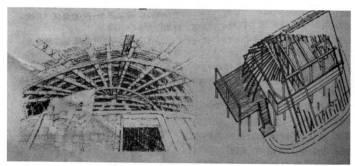

图16-34　佤族弧形屋顶构造示意图

(3) "以火为伴"的楼层平面

翁丁村佤族干栏式茅草房的楼层平面由一个矩形和两个半圆组合而成（图16-35）[36]，内部按功能划分为堂屋、卧室及晒台3个部分。佤族特有的火塘文化及祭祀文化是影响其住屋建筑平面功能的重要因素，住屋室内的划分呈现"以火为伴"的特质。堂屋内设主火塘和客火塘，火塘上方有铁三脚架。火塘上空约1m高处，悬挂一个炕笆，用于防火和炕干谷物。炕笆上空搭有一个简易的大阁楼，用于堆放杂物。在主火塘里边，用木板或竹笆隔一间小阁楼，是妇女更衣的地方。在小阁楼和主火塘之间放有一张简易的床，是户主或长者睡觉的地方。堂屋里还有祭祀的地方。室内正门旁有一架小楼梯，直通晒台。晒台是家庭成员平时做手工活计或晾晒东西的地方。

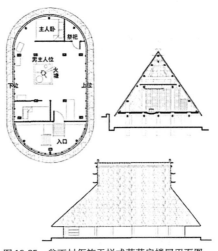

图 16-35　翁丁村佤族干栏式茅草房楼层平面图

2. 翁丁村的"座地房"

翁丁村的"座地房"也叫"鸡笼罩"房，是单身和未婚成年人及孤寡中老年人居住的、屋顶很矮的单层椭圆形住屋，其结构比"干栏式"简单，用 3 棵长楸作柱梁，平直的木条作椽子，房顶至屋檐倾斜度较大，椽子上用茅草铺盖，四壁用竹笆编栅成墙，向东面开一道门。

翁丁村佤族的传统住屋体现了佤族文化的丰富内涵，不同程度地表现出佤族所特有的文化心理结构，包括宗教信仰、哲理思想、审美追求、生殖崇拜、婚姻制度与家庭观念等方面的内容。翁丁村佤族的住屋形式与住屋文化明显地显示出地域性和民族性的特点，这种结构简单、造价低廉的建筑，坐落在亚热带的丛林里，风格古朴、粗犷，具有浓郁的原始韵味。

翁丁村保留着具有特色的传统的建房习俗，如建房要看户主年龄是否适合盖房，根据户主排行选择建房时间，以及下石脚和进新房的日子，讲究开门的方向，选材严格，进新房要举行仪式等。建房时先将主要的 1 根柱子立入土中，然后再立其他柱子，一般有 2 柱、4 柱、6 柱、8 柱和 16 柱。屋顶用草片覆盖，较小的房子需要约 300 至 400 片茅草，大房子需要 500 至 600 片茅草。屋顶上的草片用木叉固定，并在木叉上做一些装饰交叉角，远看如大葫芦顶上插两支小牛角，伞罩锥体的外形顶部呈弧形，是葫芦形与塔形的完

❶ 杨竹芬. 佤族传统民居文化意蕴探析：以翁丁村为例[J]. 黑河学刊, 2015(2): 31-33.

❷ 杨大禹. 云南少数民族住屋：形式与文化研究[M]. 天津：天津大学出版社, 1997: 40.

美结合，屋角为用图腾装饰的交叉角。屋顶类似歇山顶的椭圆形茅草顶，利于雨水外流和散热，茅草顶上有可开启的草窗。

5.5.2 公共建筑

(1) 佤王府：是参照班洪王胡玉山王府重建。佤王府的结构、布局与一般民居相同，只是更宽敞高大，分设 3 个火堂。

(2) 木鼓房：木鼓是佤族的象征，是佤族人民崇拜的神圣之物。木鼓房是佤族传统聚落重要的标志性建筑物，每个聚落有 1 至数个木鼓房。每个木鼓房使用 6 根柱子、3 根横梁及竹片或茅草搭建而成，四周无墙壁，相似于其他民族庙宇的功能与地位。

(3) 寨桩：是聚落的核心，是全寨人的精神寄托。寨桩是全寨人有重大仪式和活动的集聚场所，展现了祭祀文化、种族崇拜等传统信仰。

(4) 寨门：是佤族住屋建筑的附属建筑，也是佤族聚落最具体的标志。佤族非常重视寨门的建造。古时它不仅具有抵御外敌入侵的作用，还具有防兽防盗的作用。

5.6 翁丁村的传统文化

5.6.1 原始文化

翁丁村是迄今为止保存最为完好的佤族原始群居聚落，至今仍传承着佤族部落的原始文化，聚落内外的一切事物都是佤族历史文化的结晶，是原始阿佤山的缩影，记录着阿佤山的远古和现在，是佤族传统历史文化的自然博物馆。

翁丁村保留着完整的佤族寨门、图腾柱、寨桩、祭祀房、神林、木鼓房、传统手工艺作坊、佤族干栏式茅草房等。寨门和大榕树上挂着牛头骨，百年如故，古老沧桑而神秘；寨门内，打歌场中央竖立着寨桩，几个牛头树桩立在空旷的广场上；最高大的建筑——佤王府中，佤王座椅、枪杆与烛台还保持原样，火塘依然熊熊；干栏式茅草房内外布满牛头骨，充满天然古朴的韵味；剽牛桩、捏西栏（公房）、祭祀神林、古老的水碓，以及原始的剽牛祭祀、声势浩大的拉木鼓等活动，待客佳肴鸡肉烂饭、传统服饰等依然存在。佤族传统住屋建筑风格和浓郁的原始佤族风土人情代代传承沿袭至今。从中华人民共和国成立前保持着的刀耕火种的原始社会生活方式，以及寨桩、住屋的走向、手工作坊、民俗风情等方面都呈现出佤族原始聚落的特点。如今的佤族村民仍然在这里和祖先过着相差无几的生活和生产活动，当地居民的言谈举止依然保留着佤族的特色，这一切是活着的生态文化资源，构成了翁丁村佤族的历史和文化特色及主要风格。

如冯骥才先生所说，"它（指翁丁村）有原始部落的特殊性质，系统完整地保存着物质性的和精神性的文化遗存，还有独特的村规村俗，有活化石的意义。"❶

5.6.2 宗教文化

佤族的宗教信仰有原始宗教、佛教和基督教。原始宗教信仰是佤族最具特点和普遍性的信仰，佛教和基督教传入佤族地区的时间不长，信仰者只是部分地区的佤族。

(1) 原始宗教文化

佤族先民古老而神秘的信仰是"万物皆有灵"，历史上佤族的原始宗教信仰处于"万物有灵"的自然崇拜阶段。在佤族先民的观念中，人类、山川、河流、植物、动物和凡是他们所不能理解的一切事物和自然现象如风、雨、雷、电等都有灵魂；人的生、老、病、死都与灵魂有关，都受不可知和不可理解的自然力量所主宰，由此形成了万物有灵的自然崇拜或原始宗教。

木鼓是佤族独有的一种乐器，佤族人认为木鼓是通天的神器，是佤族的母亲，是佤族先民建立的心灵安抚所，因而，木鼓成为一种象征的实体，它是内在的力量，原始的信仰。❷

佤族最崇拜的神是"木依吉"，视他为人世间的最高主宰和创造万物的神灵。翁丁村和每个佤族聚落一样，其附近都有一片长着参天大树的茂密树林，佤族称其为"龙梅吉"，即"鬼林地"，认为是"木依吉"栖息的神林，人们不能随意进入，更不能动神林中的一草一木、一石一土，否则，会受到神灵的惩罚。至今，佤族聚落的神林都得到很好的保护，有的成为风景林，有的仍作为禁忌场所。佤族所进行的较大的宗教活动如拉木鼓、砍牛尾巴和曾经进行的猎人头祭等，都是为了祭祀"木依吉"而进行的。佤族信仰和崇拜的

❶冯骥才. 痛失翁丁之后谁来重建? 学界专家相聚云端反思研讨[N/OL]. 中国新闻网.
❷如何保护中国最后一个原始部落: 翁丁古寨? [N/OL]. 古村之友志愿者网络, 2019-03-15.

另一重要的神是"阿依俄"，又称为"老天爷"，视其为西盟佤族的男性祖先，凡有男性的人家都供奉着他，每当遇到大事如结婚、生子、死亡、生产、盖房、收养子等事情，都要祭拜"阿依俄"。

佤族万物有灵的观念和对大自然神秘力量的恐惧，以及人类祈福避祸的天性，使佤族社会生活中的宗教活动极为频繁。[37]每年全寨性的祭祀照例由祭水鬼祈求风调雨顺开始，接着是拉木鼓、砍牛尾巴、剽牛、曾经的猎人头祭谷、祈求丰收等一系列活动。"猎头"的习俗是原始社会的一种残余，由于生产落后而长期保留下来。随着社会生产力的发展，"猎头"这种落后的习俗已被废除。

(2) 佛教文化

清朝晚期，汉传佛教和小乘佛教相继传入佤族地区。汉传佛教由大理传入沧源岩帅和单甲等村寨，在岩帅建立了佛寺，中华人民共和国成立前信仰佛教的人数已经很少。约一百多年前小乘佛教传入沧源芒摆、糯良、玄井、翁丁和班洪、班老等地，中华人民共和国成立以前，沧源佤族小乘佛教信徒约有两万多人。[37]

(3) 基督教文化

20 世纪初基督教由美国浸信会传教士永伟里传到佤族地区，在糯福修建了教堂，使基督教逐渐在拉祜族和佤族中传播。中华人民共和国成立初期，佤族基督教信徒约有两万多人，主要分布在沧源县和澜沧县。

5.6.3 火塘文化

在佤族人民的思想观念中，火塘是家庭的象征和房屋的心脏，是火神和祖先神灵栖息之地，是家庭成员与神灵相互沟通之地，是家庭生活与宗教活动的地方，是家庭生活必需之物，这是佤族原始崇拜的文化遗存。翁丁村所有家庭都有火塘。佤族的干栏式茅草房中有主火塘和客火塘 2 个火塘。佤族特有的火塘文化以及祭祀文化影响了住屋建筑的平面布局：火塘在楼面占据了中心位置，一般 1.5m 见方；面对火塘正对面，一般是老年人及尊贵客人的座位，也是长辈的卧室，家人一般围着火塘边睡；全部的生活围绕火塘进行，无任何墙面、隔板等划分内部平面功能；由于火塘文化的延续，每栋房屋内都有的祭祀空间、老人房以及主卧室自然形成了区域的划分，使卧室主次分明。佤族人把炕笆喻为父，把阁楼喻为母，外人不能随便触动火塘、三脚架、炕笆和阁楼。[37]以火塘为中心的生活方式让彼此亲近。

佤族住屋里的火塘自搬进新房生起火后，就要让火种保存下来，不得熄灭，除非重建房屋或全村有大灾，或送走旧年时才可以"灭旧火"再"取新火"。火塘上的铁三脚架是每家都必备的，用于生火、支锅做饭。佤族有独特的"新火节"习俗——"灭旧火，取新火"。翁丁村旧历大年三十开始灭旧火取新火，届时，全村共同买一头小公猪，各家各户拿一些茶叶和米送到村外老人钻木取新火处，待各种宗教活动结束，各家各户就依次用干柴在燃烧的新火堆里点上火苗带回家，生起自家的新火。

翁丁村 1986 年通电。直到通电前，茅草一直是照明、取暖、做饭的主要材料，佤族依然保留着在住屋中燃烧茅草，保持火种长年不灭的习俗。佤族住屋以主客火塘为中心建立起佤族仪式化的生活空间秩序，这也是佤族地区火灾频发的主要原因。[36]

2011 年，临沧县提出"新家园行动"——推进危房改造的统拆统建工作。2012 年 9 月"佤山幸福工程"启动，明确要求把危房改造与特色村庄建设、农村环境治理，文化旅游产业发展相结合。2015 年"佤山幸福工程"新房全部建成，原计划 2013 年春节前让佤族村民搬迁入住首批新房，但搬迁工作不顺利，直到 2018 年底，翁丁新村的搬迁才陆续完成。新居里没有设火塘，村民们虽然普遍认为"新房漂亮，但是没有火塘住不惯"。研究佤族茅草屋 35 年变迁的唐黎洲和余穆认为"这种新民居设计从根本上改变了翁丁佤族茅草屋一直所强调的'内向性'空间结构，原有的空间秩序被消解；无处安放的火塘，随之带来的影响就是附着其上的一系列关乎本民族宗教信仰、民俗文化的仪式活动无处容身，其独具特色的'火塘文化'消失殆尽"。

5.6.4 《司岗里》神话传说和"沧源崖画"

佤族在漫长的生产和社会实践中，不仅创造了自己的历史，而且创造了自己独具风格的民族文化，创造了丰富多彩的民间文学艺术，如古老的《司岗里》神话传说，神秘的"沧源崖画"、"通天"

的木鼓声、粗犷飘逸的"甩发舞"等。大约在 18 世纪以前，阿佤山区处于氏族部落的发展时期，认识自然、征服自然是佤族先民的首要任务，也是这个时期文学艺术的重大主题。《司岗里》就是这个时期文学方面的代表作。1965 年发现的"沧源崖画"为这个时期的艺术增添了光彩。[37]

(1)《司岗里》神话传说

关于佤族的来源，根据佤族的创世神话，人类起源于"司岗"。如前所述，对"司岗"的解释各地有所差别：西盟佤族认为"司岗"是石洞，"司岗里"即人从石洞里出来；沧源等地的佤族认为"司岗"是葫芦，"司岗里"即人从葫芦里出来。

《司岗里》神话传说是一部在佤族地区广泛流传的、佤族人民家喻户晓、人人皆知的民间口头文字作品。它有着十分丰富的内容，不仅涉及开天辟地、日月形成、人类起源、民族形成、部族迁徙、语言文字形成、物种驯化与种植、火的发现等各种万物起源神话，而且还包含了佤族原始的历史、哲学、宗教、信仰、伦理、道德、自然科学等多方面的内容。"'司岗里'神话是佤族历史文化的恢宏开篇，它是阐释佤族信仰、心理、伦理、道德与法律的经典，是一部佤族的口传百科全书，在佤族文学中占有重要位置"[38]，是含金量很高的、不可多得的历史文化珍品，是"人类社会活化石"的瑰宝。[39]"在佤族文化中占有重要的地位。"由于佤族在历史上没有文字，"司岗里"神话传说全靠口耳相传的方式一代一代地传承下来。因此，在现代文明不断冲击着古老的佤族传统文化的时代，"司岗里"的搜集、整理就更为重要。20 世纪 50 年代以来，对"司岗里"的搜集、整理工作取得了很大的成绩，推动了《司岗里》文化的研究。

(2) 沧源崖画

沧源崖画位于沧源县勐省镇勐来乡、糯良乡境内，共有 17 处地点，是我国目前为止所发现的最古老的崖画之一，当地人称之为"染典姆"，意为岩石上的画。崖画以赤铁矿颜料绘制于内倾或垂直的石灰石崖面上，共有图形 1200 多个。人物形象千姿百态，栩栩如生，生动地展现了佤族先民采集、狩猎、放牧、舞蹈、祭祀、战争等活动场面，以及建筑和聚落等 (图 16-36)。在系统性铀系年代测定中，确定沧源崖画群的绝对年代为距今 3800 年至 2700 年之间。沧源崖画是史前中国西南地区不同于中华文明起源中心区域的极其精美的史前艺术遗存，罕见地记录了边疆地区先民的社会经济精神状况。❶ "沧源崖画"是中华文明史的象征之一，是不可多得的民族瑰宝，具有较高的历史、科学和独特的艺术审美价值。它真实生动地记录了先民们生产、生活的各种场面，是新石器时代佤族地区的重要文化遗存，是研究南方古代民族的历史、宗教及文化艺术的重要的形象资料。2001 年 6 月沧源崖画被公布为全国重点文物保护单位。❷

图 16-36　沧源崖画
（图片来源于摄影部落："沧源崖画"，2004）

5.7　痛失翁丁的启示

翁丁村老寨，由于历史和自然等原因，其独具特色的佤族原始宗教、生产生活习俗和建筑风格被完整地保留下来。翁丁村老寨集《司岗里》创世史诗、万物有灵的思想于一体，保留了最为完整的佤族传统干栏式茅草房、佤族图腾、寨桩、祭祀房、神林、木鼓房、传统家庭式的手工艺作坊，以及拉木鼓等神圣的祭祀活动，翁丁村老寨成为佤族传统历史文化的特色博物馆，是中国最后一个从原始社会过渡到社会主义社会的民族部落。

除了被《国家地理》杂志誉为"中国最后的原始部落"外，翁丁村拥有各种光环和荣誉：

2006 年被云南省人民政府列入"第一批非物质文化遗产保护名录"。

2007 年被授予"历史文化名村"称号。

2012 年"翁丁佤族传统民居建筑群"被公布为云南省第七批省

❶ 研究表明：沧源崖画绝对年代为距今 3800 年至 2700 年之间[N/OL]. 新华网，2020-10-14. www.xinhuanet.com.
❷ 张彤. 民族瑰宝：沧源崖画[EB/OL]. 云南网，2019-06-04. www.yunnan.cn.

级文物保护单位。

2012 年 12 月，翁丁村被列入第一批《中国传统村落名录》。

2015 年 7 月，翁丁村入选第三批全国特色景观旅游名镇名村示范名单。

2018 年 10 月，翁丁村被农业农村部推介为 2018 年中国美丽休闲乡村。

2019 年 1 月，翁丁村入选第七批中国历史文化名村。

2020 年 8 月，翁丁村入选第二批全国乡村旅游重点村名单。

2021 年 3 月，翁丁村入选 2020 年云南省卫生村名单。

然而，2021 年 2 月 14 日下午 5 时 40 分许，翁丁村老寨发生了建寨近 400 年来最为严重的火灾，全寨一百多栋传统民居建筑除 4 栋幸存外，整个寨子化为灰烬（详见新华社昆明 2 月 20 日电，中国传统村落云南翁丁老寨为何毁于一把火？），据沧源县政府新闻办通报，火灾发生后，当地迅速组织灭火救援人员 1068 人、救援车辆 23 辆参与灭火。火灾明火于当晚 11 时 15 分被扑灭。此次火灾共烧毁房屋 104 间，其中包括寨门 2 个、厕所 4 间，无人员伤亡。

虽然翁丁村老寨内设有 24 个消防栓、2 个消防水池，每家每户还配有灭火器、消防梯等设施；村内有消防队，每天在景区内巡逻；每年，翁丁村都举行消防演练及培训，就在火灾发生前不久的 2020 年 12 月，沧源县还曾在翁丁村举行灭火救援应急演练。但是，火灾还是突然发生了，而且熊熊大火燃烧了约 5 个小时，将翁丁村老寨几乎夷为平地。

翁丁火灾后，天津大学冯骥才文学艺术研究院中国传统村落保护与发展研究中心主办的"翁丁古寨何去何从——翁丁重建专题研讨会"线上举行。中国传统村落保护与发展研究中心主任冯骥才、同济大学国家历史文化名城研究中心主任阮仪三教授等专家学者参加了此次会议。会议对火灾原因、古寨是否重建、如何重建、谁来重建等问题进行了讨论。

从痛失翁丁的事件中，对于传统村落的保护，我们至少有以下两方面的教训：

5.7.1 安全底线思维不足，消防建设短板突出

翁丁村老寨火灾发生后，村民打开消防栓喷水灭火，一开始水能喷到房顶上，然后水压迅速下降，喷水量明显变小。"消火栓在关键时刻'掉链子'"，表明翁丁村老寨的消防等设施（包括公共消防设施和建筑内部的消防设施）配置不完善，消防建设短板突出。

在古村落发生火灾时，消火栓水压不足的情况不是个例。地处偏远地区的多数古村落，消防设施建设和管理滞后，安全压力巨大。"财政对传统村落的补助资金，主要被用于进行道路建设、供水、垃圾处理等人居环境改善，对消防设施投入尚没有硬性要求，许多传统村落甚至连相关规划都还没做。"❶消防演练流于形式，导致发生火灾时，未能及时处置。

因此，保护好传统村落及其他乡村聚落，地方政府和有关部门要组织做好防御各种自然灾害的相关规划，配置完善的公共消防设施和建筑内部消防设施，落实好消防安全责任，建立健全消防安全管理制度和日常管理工作。

5.7.2 开发经营模式不完善，导致"人村分离"，村落空心化

2018 年，当地政府决定：整村易地搬迁到现代化翁丁村新寨，保留翁丁老寨原始风貌，建成民族风情村；村民以老屋入股旅游合作社，年底分红，也可在老寨景区内上班，折合成工分，月底拿工资。翁丁村老寨在保护修缮和旅游开发经营过程中原住居民基本搬离，迁入政府修建的翁丁村新寨，老寨"人村分离"，成为景区，村民只是白天到老寨里上班。原住民搬出老寨，造成巨大隐患。2月 14 日的火灾最初发生在一座没人居住的茅草房里，火苗烧上屋顶后大家才看到。"人村分离"使火灾发生后不能及时发现和有效处置。

有学者指出，"像翁丁村这样的原始部落如何在现代社会中保存并与现代生活兼容是世界性的难题，各国都很关注。"我们建筑师、规划师们要认真思考解决这一世界性难题的思路和策略，提出新时代传统村落保护与农业农村现代化建设的可行的模式。

对于传统村落的保护与发展，特别是在我国进入乡村振兴，建设现代化强国的过程中，传统村落进入现代生活，历史文化如何传承？学界应有通盘思考，制定包括村落建筑、文化生活、非遗、旅游、小康、乡村振兴等多目标兼容的发展规划；传统村落可以发展

❶ 中国传统村落云南翁丁老寨，为何毁于一把火？[N/OL]. 新华网，2021-02-20. www.xinhuanet.com.

旅游，保护和旅游可以并行，但一定要以保护为主；反对"腾笼换鸟"的旅游开发模式，即在发展旅游的过程中，把原住民全请走，房子腾空，经营者进来开发；要唤起当地村民的文化自觉，"有了文化自觉，传统村落才能保护得更好，我们才有更清醒的文化自信。"冯骥才先生说。

对于翁丁村老寨的重建，冯骥才先生特别提到，重建的出发点是佤族人民重建家园，重建后的翁丁村必须还要具备佤族人民原生地的性质，应该是佤族人民的家园和乡愁之地，而不是一个更称心的旅游景点，原住民是重建家园的主体。阮仪三教授指出，应按照原材料、原结构、原工艺、原样式、原环境这"五原"，原样修复，整旧如故。阮仪三教授还认为，村民在参与重建的过程中，把生活情感融入进去，家园就有活力，就可能死而复生。有学者建议，翁丁村可以施行新村老寨的双产权制，鼓励村民更多时间回到老寨生活，还建议每家每户逐项登记烧毁的民俗器具，并加以复原和复制。❶这些都是对于保护传统村落的重要启示。

由上所述，傣族曼尾村等五个传统聚落具有一定的典型性和代表性。在时下正在全面推进的乡村振兴与农业农村现代化中，他们各有不同的发展模式，但是，其发展方式和发展道路也有共通性。概而言之，主要有下述四个方面：

第一，要大力发展传统乡土特色产业，这是乡村发展的基础和根脉。乡土特色产业包括种植业、养殖业、手工业等。在特色产业发展中，要充分运用高新技术，推进实施"互联网＋现代农业"行动，大力提高产品的产量和质量。同时，要充分依靠农贸市场和农业电商服务，确保产品销路畅通。

第二，要大力发展乡村特色文化产业，这也是乡村发展的重要选项。要着力开发乡村优秀传统文化资源，打造具有鲜明特色的文化旅游产品，推出本村叫得响、受青睐的旅游精品。同时，要促进传统聚落中农业与二三产业尤其是文化旅游产业的深度融合，要借助旅游带动民族文化产业的发展，以民族文化产业发展促进旅游业的发展和乡村全面振兴。

对于传统聚落旅游开发，还需要考虑：

"保护区与旅游区分离"是传统聚落发展旅游业较为科学的模式。保护区内的重点文物单位只能保护，不能利用，更不能开发，要完整地保留原来的老聚落；一般民居可以有限度地转化利用。旅游区可以充分利用相关资源建设各种形式的旅游设施，满足游客的需求。

在旅游开发过程中，一些传统聚落具有了"双重身份"，村寨既是传统聚落，又是旅游目的地；村民既是"居民"，又是"东道主"。在现代旅游开发背景下，平衡好这种"双重身份"，恰当地进行"双重身份"之间的调适，才能促进旅游目的地良性发展。❷

传统聚落的旅游开发可采取政府、企业、村民"多主体协同模式"。要加大投入，提升品质，改善民族传统聚落人居环境，提升改造道路交通基础设施和旅游基础设施；要提高村民的参与度，为村民提供新的就业机会、增加收入。

第三，要大力普及农村义务教育，提高全体村民的文化素质，这是乡村发展的关键所在。同时，省、市、（州）县、乡（镇）要高度重视乡村人才队伍建设和人才培养，定期举办多种形式的专业培训班，着力提高村民的专业知识和技术技能水平，使之成为农村现代化发展的骨干精英和乡村"新农民"。

第四，要大力保护传统聚落的历史风貌和优秀传统文化。历史风貌是乡村特色的标志，文化是民族的灵魂。要向村民宣传本村固有的历史风貌和传统文化，使村民充分了解其时代价值与传承意义，增强村民的文化自信，从而，提高村民保护历史风貌和传统文化的自觉性与积极性。同时，要将保护历史风貌和传统文化列入乡村发展规划与新编乡规民约之中，规定明确的奖惩办法，使保护办法成为具有约束力的制度。

综上所述，云南传统聚落是云南少数民族的根，是珍贵的民族文化遗产。以上5个案例表明云南传统聚落的保护与发展，乡村振兴与农业农村现代化需要具有科学性、针对性、实效性、实用性的乡村规划和管用、有用、好用的村庄规划的引领。对云南传统聚落，这一绝美的、弥足珍贵的民族文化遗产，如何进行有效的保护，促进乡村振兴和农业农村现代化？这不仅给规划界提供了新的机遇，也提出了新的课题。通过规划的编制与实施，使传统聚落得到有效保护，使民族地区实现农业农村现代化，使村民过上向往的美好生活，将是我们努力的方向。

❶痛失翁丁之后，谁来重建？学界专家相聚云端反思研讨[N/OL]. 中国新闻网，2021-03-07. https://www.chinanews.com.cn.

❷刘婷. 旅游背景下云南少数民族传统村落的保护与发展研究：以大理州巍山县永健镇永和村委会东莲花村为例[M]// 石高峰. 云南少数民族传统村落保护与发展研究. 昆明：云南人民出版社，2018: 95-105.

主要参考文献

[1] 王东昕. 西双版纳[M]. 昆明: 云南教育出版社, 2003.
[2] 杨庆. 云南西双版纳傣族传统聚落与乡土建筑[M]//云南少数民族建筑及其文化. 昆明: 云南大学出版社, 2022.
[3] 《马恩全集》第19卷.
[4] 杨庆. 傣族传统村寨: 曼尾村保护与发展规划研究[J]. 昆明理工大学学报(理工版), 2002(2).
[5] 王松, 等. 傣族佛教与傣族文化[M]. 昆明: 云南民族出版社, 1998.
[6] 格桑顿珠. 傣族文化大观[M]. 昆明: 云南民族出版社, 1999.
[7] 罗德胤. 乡土聚落研究与探索[M]. 北京: 中国建材工业出版社, 2019.
[8] 勐海行. 曼尾村[EB/OL]. 新浪博客, konglingsong.
[9] 斯陆益. 傈僳族文化大观[M]. 昆明: 云南民族出版社, 1999.
[10] 陶天麟. 怒族文化史[M]. 昆明: 云南民族出版社, 1997.
[11] 杨凌. 南诏浪峨人苗裔追踪考察报告[M]//政协怒江傈僳族自治州文史委. 怒江文史资料选集: 16. [出版地不详]: [出版者不详], 1990.
[12] 吴艳. 滇西北民族聚落建筑的地区性与民族性[M]. 北京: 清华大学出版社, 2016.
[13] 纳溪子樱. 怒江[M]. 昆明: 云南教育出版社, 2003.
[14] 曾豪杰, 王清华. 多民族共聚地区多元文化认同规律及特点分析: 以怒江州丙中洛地区为例[J]. 西南民族大学学报(人文社会科学版), 2013(12).
[15] 中国—东盟博览(文旅版), 2020(6).
[16] 段炳昌, 等. 多彩凝重的交响乐章: 云南民族建筑[M]. 昆明: 云南教育出版社, 2000.
[17] 刘达成. 怒族文化大观[M]. 昆明: 云南民族出版社, 1999.
[18] 杨谨瑜. 怒族与藏族的民居文化交融: 以云南怒江丙中洛地区为视角[J]. 广西民族学院学报, 2018(4).
[19] 吴艳. 丙中洛不同民族聚居地典型宗教建筑对比研究[J]. 建筑学报, 2012.
[20] 孙官生. 从传说与历史看哈尼族族源[J]. 云南社会科学, 1990(2).
[21] 毛佑全. 哈尼族原始族称、族源及其迁徙活动探析[J]. 云南社会科学, 1989(5).
[22] 史军超. 哈尼族文化大观[M]. 昆明: 云南民族出版社, 1999.
[23] 王冬. 记忆与阐释: 彩云之南的乡土聚落与建筑[M]//国家图书馆. 匠意营造: 中国传统建筑/学津清谈. 北京: 商务印书馆, 2019.
[24] 王清华. 哈尼族梯田农耕系统中的两性角色[M]//李期博. 哈尼族梯田文化论集. 昆明: 云南民族出版社, 2000.
[25] 雷兵. 哈尼族文化史[M]. 昆明: 云南民族出版社, 2002.
[26] 霍晓卫, 张晶晶, 齐晓瑾. 云南省元阳县六个少数民族村寨的聚落比较[J]. 住居, 2013(1).
[27] 徐敬瑶, 毛志睿. 一个传统哈尼村寨的开发历史反思: 以云南省元阳县箐口村为例[J]. 价值工程, 2016(9).
[28] 马翀炜. 最后的蘑菇房: 元阳县新街镇箐口村哈尼族村民日记[M]. 北京: 中国社会科学出版社, 2009.
[29] 黄绍文. 论哈尼族梯田的可持续发展[M]//李期博. 哈尼族梯田文化论集. 昆明: 云南民族出版社, 2000.
[30] 阿摩斯·拉普普. 住屋的形式与文化[M]. 台北: 境与象出版社, 1979.
[31] 蒋高宸. 云南民族住屋文化[M]. 昆明: 云南大学出版社, 1997.
[32] 马翀炜. 云海梯田里的寨子: 云南省元阳县箐口村调查[M]. 北京: 民族出版社, 2009.
[33] 新浪网, 2018-01-27.
[34] 张应梅. 重视古村落的保护与旅游资源开发: 以澜沧县酒井乡勐根村老达保拉祜族古村落为例[J]. 社会主义论坛"专题调研", 2019(12).
[35] 马曜. 云南简史[M]. 昆明: 云南人民出版社, 1983.
[36] 任珏. 翁丁拼图①, 佤族与火, 老寨与新村[N/OL]. 澎湃新闻, 2021-02-25. http://www.thepaper.cn/.
[37] 陈本亮. 佤族文化大观[M]. 昆明: 云南民族出版社, 1999: 19.
[38] 赵富荣. "司岗里"神话在佤族民间文学中的重要位置[J]. 民族文学研究, 2003(4).
[39] 邓瑾. "司岗里"的传说初探[C]//杜巍. 文化宗教民俗首届中国佤族文化学术研讨会论文集(2008/4). 昆明: 云南大学出版社, 2008.

结　语

云南传统聚落产生于3000多年前的新石器时代晚期。后来，随着氐羌、百越、百濮三大族群及其诸多后裔民族的迁徙入滇，并在适宜其居住的环境中定居，云南各民族基于其古老的族源、悠久的历史文化、区域性的垂直立体地形和立体气候等因素构成的复杂多样的自然环境和人文环境，以"大杂居、小聚居"的形式营建了上万个大大小小、类型多样的传统聚落。这些聚落星罗棋布地散布在云南的平坝、河谷、半山区和山区，构成了一部鲜活的民族聚落发展史，并成为云南少数民族聚落的活态博物馆。

云南传统聚落具有其显著的特点。由于云南民族种类众多、民族文化多元、自然环境因素与社会人文因素多样而复杂，从而深刻地影响了传统聚落的类型、形态、分布、规模、住屋形式、生产方式、民族关系、风俗习惯、伦理道德等。正是由于这些因素的影响，最后形成了我国其他地区的聚落所不具备的、云南传统聚落具有的民族性、地域性、类型多样性、封闭性与自给性等特点，在我国乡村聚落中占有特殊的重要地位。

云南传统聚落是云南农耕文明的摇篮，是珍贵而厚重的、不可再生的民族文化遗产，具有重要的历史价值、文化价值、科学价值、艺术价值和旅游资源价值。云南传统聚落存储着大量的历史信息，蕴含着丰富而独具特色的民族传统文化、传统规划思想和乡土智慧等。云南传统聚落的优秀文化是传统聚落的灵魂，是当今乡村振兴和农业农村现代化的基础及根脉。

《云南传统聚落研究》一书，对云南传统聚落全面而系统的论述，对云南传统聚落所蕴含的文化内涵、传统规划思想、乡土智慧、农耕文明、传统聚落建筑、空间系统等的深入挖掘、梳理和分析，以及对边疆民族地区空间规划、新乡村规划、美丽乡村建设、不同类型传统聚落的保护与发展的研究，丰富和深化了对云南民族传统聚落的研究，对于云南传统聚落的保护与发展、中国式现代人居环境理论的探索、美丽乡村建设，以及乡村振兴和农业农村现代化，均具有重要的学术价值和时代意义。

后　记

经过三年多的努力工作，《云南传统聚落研究》一书终于画上了句号。在本书完稿之时，著者不禁产生了一些感想和体会，主要有以下方面：

首先是深刻认识到云南传统聚落具有若干显著特点。由于云南民族种类众多、民族文化多元、自然环境因素和社会人文因素复杂，明显地影响了传统聚落的种类、分布、形态、规模、居住模式、景观格局、民族关系、人口流动、风俗习惯、伦理道德等方面。正是这些因素的影响，形成了云南传统聚落明显的民族性、地域性、类型多样性、封闭性与自给性等特点，这在我国其他省区是不多见的。

其次是深刻认识到云南民族传统聚落是一份厚重而珍贵的民族文化遗产。通过对传统聚落的传统文化、规划思想、建筑形式、乡土智慧、农耕文明和历史风貌等的全面挖掘和深入分析，不难发现云南传统聚落是云南农耕文明的摇篮，蕴含着许多优秀的思想观念和人文精神。这些优秀的思想观念和人文精神，正是如今积极推进乡村振兴和农业农村现代化极其需要的珍贵资源、乡土教材和有益借鉴。

再次是深刻认识到云南传统聚落研究具有明显的现实意义。本书撰写之始，国家已实施乡村振兴战略。笔者意识到本书必须以这一国家战略作为指导思想，应服务和助力于乡村振兴。基于此，本书专门列出若干章节，体现乡村振兴的时代主题，针对当前云南民族传统聚落发展中存在的主要问题，在传统文化传承、传统规划思想和乡土智慧挖掘、风貌保护、新乡村规划思路、美丽乡村建设路径，以及五种典型性传统聚落保护与发展等方面都提出了一些体现乡村振兴主题和新发展理念的、具有创新之意的规划思路和策略。

本书即将付梓之际，我要向曾经指导和帮助我的诸多方面人士，表示深切的谢意。

首先要感谢的是我的老师们。同济大学建筑与规划学院教授、中国历史文化名城保护委员会主任、博士生导师阮仪三先生对我的谆谆教诲，使我终身受益，永志不忘。昆明理工大学建筑与规划学院朱良文教授，是我的业师，他在建筑理论与设计以及少数民族建筑方面精深的学养以及对我的循循善诱，对我后来致力于少数民族聚落与建筑研究，产生了深远的影响。同一学院的徐思淑教授、蒋高宸教授、王冬教授、杨大禹教授关于山地城镇规划设计与实践、民族住屋与民族聚落及其文化等方面的研究成果，给了我不少启迪，让我获得了许多教益。此外，省内外一些相关的知名学者的著述，也让我从中获得了许多知识。我谨向这些学者们由衷地深切致谢。

我要向我工作的云南大学、云南大学建筑与城市规划学院表示感谢。我院承担的"云南大学新一轮'双一流'建设项目——边疆民族高原生态共生型人居环境建造理论与实践创新"对本书的出版提供了经费资助。于此，谨向谭纵波院长、徐坚副院长和张军教授表示衷心感谢！

中国建筑工业出版社一经联系便得到了认可，编辑不辞辛劳，认真修改、订正，充分保证了本书的出版质量，在此表示感谢。

杨庆谨记

2023 年 7 月 20 日

图书在版编目（CIP）数据

云南传统聚落研究 / 杨庆著. — 北京：中国建筑
工业出版社，2023.12
ISBN 978-7-112-29475-6

Ⅰ. ①云… Ⅱ. ①杨… Ⅲ. ①聚落地理–研究–云南
Ⅳ. ①K927.4

中国国家版本馆 CIP 数据核字（2023）第 249488 号

责任编辑：吴宇江　刘颖超
责任校对：姜小莲

云南传统聚落研究

杨　庆　著
*
中国建筑工业出版社出版、发行（北京海淀三里河路 9 号）
各地新华书店、建筑书店经销
国排高科（北京）信息技术有限公司制版
北京中科印刷有限公司印刷
*
开本：787 毫米×1092 毫米　1/16　印张：22 ½　字数：389 千字
2024 年 7 月第一版　　2024 年 7 月第一次印刷
定价：**69.00** 元
ISBN 978-7-112-29475-6
（41683）